mona kasten

hope again

roman

LYX

LYX in der Bastei Lübbe AG
Dieser Titel ist auch als E-Book und Hörbuch erschienen.

MIX
Papier aus verantwortungsvollen Quellen
FSC® C019821

Originalausgabe

Textredaktion: Stephanie Bubley
Covergestaltung: ZERO Werbeagentur GmbH
Coverabbildung: © Anna Caitlin Photography
Satz: Greiner & Reichel, Köln
Gesetzt aus der Adobe Caslon
Druck und Einband: C.H.Beck, Nördlingen

Printed in Germany
ISBN 978-3-7363-0834-3

1 3 5 7 6 4 2

Sie finden uns im Internet unter: www.lyx-verlag.de
Bitte beachten Sie auch: www.luebbe.de und www.lesejury.de

Für D.

hope again playlist

There's No Way – Lauv feat. Julia Michaels
Deep Burn Blue – The Paper Kites
When It Hurts You – The Paper Kites
Slow Dancing In A Burning Room – John Mayer
I Don't Trust Myself (With Loving You) – John Mayer
Gravity – John Mayer
It's Not Living (If It's Not With You) – The 1975
Feeling You – Harrison Storm
Natural – ZAYN
Tonight – ZAYN
Dance To This – Troye Sivan feat. Ariana Grande
Youngblood – 5 Seconds of Summer
Waste It On Me – Steve Aoki feat. BTS
Starry Night – Mamamoo
Miracles – Stalking Gia feat. blackbear
Run – Matt Nathanson
In My Head – Peter Manos
Without Me – Halsey
Love Somebody Like You – Joan
Hands – Brandt Orange

kapitel 1

»Ich bin gespannt, wann mein Dad und deine Mom den nächsten Schritt wagen.«

Ich verschluckte mich an meinem Matcha Latte und versuchte erfolglos, den Hustenreiz zu unterdrücken. Dawn merkte es sofort und begann, mir auf den Rücken zu schlagen, was das Ganze nicht besser machte, sondern mich nur noch heftiger husten ließ. Der Kerl vor uns drehte sich um. Als er mich halb ersticken sah, runzelte er die Stirn und beschleunigte seinen Schritt, um den Abstand zwischen uns zu vergrößern.

»Was?«, krächzte ich, nachdem meine Luftröhre wieder frei war.

»Unsere Eltern«, wiederholte Dawn langsam und warf mir einen skeptischen Blick von der Seite zu, so als wäre sie sich nicht ganz sicher, ob ich meine Frage ernst oder rhetorisch gemeint hatte. »Findest du nicht, dass es grandios zwischen den beiden läuft?«

Wieder verspürte ich den Impuls, loshusten zu müssen, verdrängte ihn aber, indem ich die Zähne fest zusammenbiss und stattdessen meine Umhängetasche auf der Schulter zurechtrückte.

Meine Mom und Dawns Dad waren seit neun Monaten ein Paar. Aber auch wenn es gut zwischen ihnen lief und sie nach wie vor glücklich miteinander waren, teilte ich Dawns Optimismus nicht. Ich glaubte nicht daran, dass ihre Beziehung halten würde – so leid mir dieser Gedanke auch tat. Vielleicht war Stanley kein Arschloch wie die anderen Typen, mit denen Mom bislang zusammen gewesen war, aber ihre Männergeschichten gingen immer irgendwann den Bach herunter. Es war nur eine Frage der Zeit.

»Du siehst nicht besonders euphorisch aus«, sagte meine Freundin monoton.

Ich warf ihr einen Seitenblick zu und fragte mich, wie es sein konnte, dass wir uns nach einem Dreivierteljahr schon so gut kannten. Wenn der anderen etwas auf dem Herzen lag oder wenn es ihr nicht gut ging, spürten wir das in der Regel sofort – beinahe, als wären wir Geschwister, die miteinander aufgewachsen waren. Dabei konnten wir gar nicht weniger wie Schwestern aussehen: Während Dawns Haare kastanienrot und ihre Rehaugen tiefbraun waren, hatte ich pechschwarze Haare und kalte blaue Augen, die ich von meinem Erzeuger geerbt hatte.

»Natürlich ist es toll, dass die beiden glücklich sind«, antwortete ich nach kurzem Zögern.

Ich fragte mich bloß, wann es vorbei sein würde. Mom und ich hatten zu viele Geheimnisse, die wir niemandem – nicht einmal den Edwards' – anvertrauen konnten. Ganz gleich, wie sehr Mom Stanley liebte oder ich Dawn ins Herz geschlossen hatte.

»Dann hätte Dad also deinen Segen?«, hakte sie weiter nach.

Mitten auf dem Gehweg zum Hauptgebäude der Universität hielt ich inne. »Meinen Segen wofür?«

Dawn drehte sich zu mir um, ohne stehen zu bleiben. Sie ging rückwärts weiter, beide Daumen hinter die Träger ihres Rucksacks gehakt. »Na, eben so weiterzumachen wie bisher. Ich glaube, er hat Angst, dass er mich vernachlässigt. Ich möchte ihm nur noch mal versichern, wie sehr wir uns für die beiden freuen.«

Ich befreite mich aus meiner Starre, um zu Dawn aufzuholen. Gerade als ich bei ihr angekommen war, stolperte sie, und ich musste sie am Arm festhalten, damit sie nicht hintenüberkippte.

»Sei nicht wieder so ein Anti-Amor«, sagte sie, sobald sie wieder sicher stand, und stieß mit ihrer Schulter gegen meine.

»Ich bin kein Anti-Amor«, gab ich zurück.

Ich hatte nur nicht viel mit Liebe am Hut – und das wollte ich auch überhaupt nicht. Nicht, nachdem ich schon mein Leben lang mit ansehen musste, was die Liebe immer wieder mit meiner Mom anrichtete. Natürlich freute ich mich, dass sie mit Stanley glücklich war. Aber es gab so viele Dinge, die Dawn nicht über mich und die ihr Vater nicht über meine Mom wusste, dass ich mir nicht vorstellen konnte, wie diese Beziehung auf Dauer gut gehen sollte.

»Dann drücken wir es eben ein bisschen anders aus«, sagte Dawn nach einer Weile. »Du bist nicht gerade die größte Romantikerin.«

»Nicht?«, fragte ich ironisch und nippte vorsichtig an meinem Matcha Latte.

»Ich erinnere dich gerne an deine Kommentare zu *About Us*.«

Nur mit Mühe schaffte ich es, ein Grinsen zu unterdrücken. Dawn war Autorin und schrieb Liebesromane. Da ich Literatur studierte und durch die Arbeit meiner Mom schon einiges über die Arbeit an Texten gelernt hatte, hatte Dawn mich gefragt, ob ich ihre Geschichten testlesen würde. Zu ihrem großen Missfallen achtete ich allerdings in erster Linie auf inhaltliche Lücken und weniger auf die Romantik.

Ich warf ihr einen Seitenblick zu und sah ein trauriges Flackern in ihren Augen. Mit einem Mal keimte ein schlechtes Gewissen in mir auf. Nur weil mir Moms Liebesleben in der Vergangenheit immer Grund zur Sorge beschert hatte, bedeutete das nicht, dass ich meinen Missmut darüber an Dawn auslassen musste. Ich riss mich zusammen und lächelte sie an.

»Du hast ja recht.«

Dawn erwiderte das Lächeln. »Ich habe immer recht.« Sie nahm einen Schluck von ihrem Kaffee. »Dad und ich treffen uns morgen im Steakhouse. Dann sage ich ihm, wie froh wir sind, dass es den beiden so gut geht, damit er sich nicht immer so viele Gedanken macht.«

»Das klingt doch nach einem Plan.« Ich legte den Kopf in den Nacken und trank den Rest meines Matcha Lattes in einem Zug aus. Danach verstaute ich den wiederverwendbaren Becher im Seitenfach meiner Tasche.

»Ich glaube, ich möchte mir auch bald so einen anschaffen«, sagte Dawn nachdenklich. Sie betrachtete das Fach, in dem der Becher jetzt steckte, und dann ihren eigenen Pappbecher.

»Ich habe den auf einer Seite bestellt, auf der man die Becher selbst gestalten kann. Wir könnten deine Buchcover draufdrucken lassen oder so«, schlug ich vor.

Dawn zog die Nase kraus. »Ich glaube nicht, dass ich in der Uni mit einem Becher rumlaufen möchte, auf dem ein nackter Oberkörper zu sehen ist.«

»Also, ich habe auf dem Campus schon Skandalöseres gesehen«, gab ich zurück und warf dann möglichst unauffällig einen Blick auf meine Armbanduhr.

Verdammt.

So spät war ich noch nie zur Schreibwerkstatt gekommen. Tief im Inneren spürte ich einen enttäuschten Stich. Meine Chance für diesen Mittwoch war dahin. Wobei sie das schon gewesen war, als Dawn mich gefragt hatte, ob wir vor unserem

Kurs einen Kaffee trinken gehen wollen. Normalerweise kam ich immer mindestens eine Viertelstunde zu früh zum Unterricht, wenn nicht sogar mehr.

»Renn doch nicht so. Meine Beine sind kürzer als deine«, brachte Dawn angestrengt hervor, während wir die Stufen zum Hauptgebäude hinaufgingen.

»Das stimmt überhaupt nicht. Ich bin bloß eine Handbreit größer als du. Außerdem will ich nicht zu spät kommen.«

Jetzt warf sie einen Blick auf ihr Handy. »Es ist kurz vor zwölf. Als würde es Nolan etwas ausmachen, wenn wir einen Tick später da sind als sonst.«

»Nur weil wir uns gut mit ihm verstehen, heißt das nicht, dass wir das ausnutzen müssen«, sagte ich und hielt Dawn im selben Zug die Tür zum Hauptgebäude auf.

»Du hast recht. Wahrscheinlich bin ich ein bisschen verwöhnt.«

Gemeinsam gingen wir durch die Flure, und während Dawn mir von einer Feier erzählte, die Spencer bei sich schmeißen wollte, versuchte ich, das kribbelige Gefühl zu ignorieren, das stärker wurde, je näher wir dem Kursraum kamen. Möglichst unauffällig fuhr ich mir durchs Haar und hoffte, dass meine Wellen noch an Ort und Stelle saßen. Normalerweise hätte ich einen Blick in den Spiegel geworfen, aber für gewöhnlich war Dawn auch nicht bei mir, wenn ich zu früh zum Unterricht erschien.

Ohne zu zögern, drehte sie am Türknauf und betrat den Raum. Bereits drei andere Kursmitglieder waren anwesend und saßen im Schneidersitz auf dem Boden, ihre Notizbücher auf dem Schoß. Mein Blick verweilte nur kurz auf ihnen, bevor er nach vorne ging. Das Pult war ein einziges Durcheinander aus bunten Zetteln, Stiften und Büchern, und das Bild passte perfekt zu der Person, die über dieses Chaos herrschte.

»Hey, Nolan«, sagte Dawn.

Nolan blickte von dem Buch auf, in das er bis vor wenige Sekunden noch versunken gewesen war. Zwischen seinen Zähnen klemmte das Ende eines roten Stifts. Er wirkte eine Sekunde lang verwirrt, als wäre er gerade aus einer fremden Welt gerissen und in unsere katapultiert worden. Er sah erst Dawn an, danach ging sein Blick zu mir. Er lächelte. Dann ließ er den Stift sinken, warf einen Blick auf die Uhr über unseren Köpfen und lehnte sich auf dem Stuhl zurück.

»Gerade noch so geschafft.« Das Lächeln verschwand nicht.

»Wir sind ja wohl überpünktlich«, sagte Dawn.

Nolan hob eine Braue. »Eine Minute später, und ich hätte dich losgeschickt, um mir einen Bagel zu holen.«

Diese Drohung löste ein verhaltenes Lachen im Kursraum aus. Dawn und ich mussten ebenfalls grinsen – auch wenn wir beide wussten, dass seine Drohung kein Scherz war.

Nolans Art zu unterrichten war … unkonventionell. Er behandelte seine Studenten nicht von oben herab, sondern wie Freunde, mit denen er seine größte Leidenschaft teilen wollte. Er war immer gut gelaunt und voller Energie, und seine Unterrichtsstunden waren mit keinem Kurs vergleichbar, den ich bislang an der Uni belegt hatte.

Angefangen von der Tatsache, dass wir ihn beim Vornamen ansprechen sollten, über seine kreativen Strafarbeiten, wenn wir unsere Hausaufgaben vergaßen oder zu spät kamen, bis hin zu den Stunden, die wir auf dem Boden, den Tischen oder draußen auf dem Rasen des Campusgeländes verbrachten – nichts war bei Nolan, wie man es erwarten würde. Das galt auch für die Themen, die wir in seinem Kurs behandelten. So locker Nolan auf den ersten Blick auch wirkte, so tiefgründig und teilweise schmerzhaft waren die Aufgaben, die er uns stellte. Ich hatte mich schon mehr als einmal gefragt, ob es einen

Grund dafür gab, weshalb er ausgerechnet diese Themen auswählte.

Nolan faszinierte mich. Er war wie ein Rätsel, das ich unbedingt lösen wollte, und auch das war ein Grund dafür, weshalb ich es mittwochs nie erwarten konnte, diesen Raum zu betreten.

Nachdem ich neben Dawn auf dem Boden Platz genommen hatte, ließ ich meinen Blick zurück nach vorne wandern, wo Nolan den Stift schloss und auf seinem Pult ablegte.

Sein Gesicht war genauso außergewöhnlich wie alles andere an ihm – weich und markant zugleich, mit grauen Augen und einem immer nachdenklichen Zug um den Mund. Seine dunkelblonden Haare waren halblang, und meistens trug er sie zurückgebunden, was ich an keinem anderen Mann jemals so anziehend gefunden hatte. Zusammen mit dem leichten Bartschatten verlieh ihm das etwas Wildes, was durch seine sanftmütige Art und das warme Lächeln einen faszinierenden Kontrast ergab.

Ich ließ den Blick langsam nach unten wandern und musste mich ein bisschen aufrechter hinsetzen, um das bedruckte T-Shirt besser erkennen zu können. Das war in der Regel das, was ich als Erstes tat, wenn ich mittwochs zum Seminar kam – Nolan hatte nämlich eine Vorliebe für Fanshirts jeglicher Art. Genau in diesem Moment lehnte er sich ein Stück zurück und streckte die Arme über dem Kopf aus. Der Stoff war schwarz und spannte leicht über der Brust, der Print bestand aus bunten Lichterketten, unter denen das Alphabet aufgelistet war. Fast hätte ich gegrinst. Ich hatte nämlich ein ganz ähnliches Shirt zu Hause, weil ich total begeistert von *Stranger Things* war. Ich ließ meinen Blick das gesamte Alphabet entlangwandern, bis ich unten angekommen war.

Wäre das Pult nicht im Weg gewesen, hätte ich vielleicht

einen Streifen Haut an seinem Bauch entdecken können. Kaum war der Gedanke aufgekeimt, rügte ich mich selbst.

Ich sah wieder hoch – und erstarrte. Nolan sah mich geradewegs an, ein fragender Blick in den Augen. Sofort schoss mir eine mörderische Hitze in die Wangen, und ich drehte den Kopf so schnell weg, dass ich mir beinahe den Nacken ausrenkte.

Dass es möglicherweise einen ganz bestimmten Grund dafür gab, weshalb ich mich jeden Mittwoch so auf dieses Seminar freute, war eines der Geheimnisse, die Dawn – oder irgendein anderer Mensch auf diesem Planeten – niemals erfahren durfte.

kapitel 2

Ich hantierte gerade an meinem Sandwichtoaster herum, als mein Handy klingelte. Verwirrt warf ich einen Blick auf das Display und sah Moms Namen aufleuchten. Merkwürdig. Normalerweise telefonierten wir mittwochs nie, weil sie einen Yogakurs besuchte und ich meist einen Berg an Assignments abzuarbeiten hatte. Ich hob das Handy ans Ohr.

»Hi, Mom«, sagte ich und öffnete mit der freien Hand den Sandwichtoaster. Darin bereitete ich gerade das eine Gericht zu, das ich einwandfrei beherrschte: ein Käsesandwich. Für alles andere fehlten mir das Können und die Motivation. Es gab Leute, die ein außerordentliches Talent fürs Kochen besaßen, so wie meine Beinahe-Stiefschwester Dawn. Andere Menschen dagegen mussten sich mit Mensaessen, Fertiggerichten und einem Sandwichtoaster begnügen. Andere Menschen waren ich.

»Hi, Liebling«, sagte Mom. »Wie geht es dir? Wie war dein Tag?«

Ich runzelte die Stirn und klappte den Toaster zu. »Mir geht's gut. Mittwochs ist mein Lieblingstag. Und bei dir?«

»Ich …« Sie räusperte sich. »Ich habe heute schlechte Neuigkeiten im Verlag bekommen.«

Ich spürte, wie mein Puls in die Höhe schoss. »Haben sie dir gekündigt?«

»Gott sei Dank nicht, nein. Aber es wurden ein paar Kürzungen vorgenommen. Ich soll ab sofort weniger Stunden in der Woche arbeiten.«

Ich fluchte leise. Mom hatte eine gute Stelle in einem Sachbuchverlag, aber das Geld reichte trotzdem in manchen Monaten hinten und vorne nicht. Wir hatten einen Kredit für mein Studium in Woodshill aufgenommen, und das Haus, das Grandma uns vererbt hatte, war bereits über fünfzig Jahre alt und mit laufenden Instandsetzungskosten verbunden.

»Wie viele Stunden wurden dir denn gekürzt?«, fragte ich und krallte mich mit einer Hand an der Arbeitsfläche fest.

»Mach dir darüber keine Gedanken, wir kommen schon über die Runden. Ich wollte dir nur davon erzählen. Und ich glaube ...« Ich konnte spüren, dass es ihr schwerfiel, die folgenden Worte auszusprechen. »Ich glaube, es wäre gut, wenn du dich in Woodshill nach einem Nebenjob umsiehst. Nur vorsichtshalber.«

»Natürlich mache ich das, Mom«, sagte ich sofort.

Stille breitete sich zwischen uns aus. Irgendwann räusperte sie sich.

»So sollte es eigentlich nicht sein, Liebling«, murmelte sie. »Du solltest dich voll und ganz auf dein Studium konzentrieren und nicht meinetwegen arbeiten gehen müssen.«

»Ich habe dir doch schon vor einer Ewigkeit gesagt, dass es kein Problem für mich ist, mir einen Job zu suchen.« Ich versuchte, so sanft wie möglich mit ihr zu sprechen, da ihr das Ganze offensichtlich sehr zusetzte. Ich fragte mich, ob sie mir noch etwas verheimlichte – ob ihre Stelle womöglich sogar ganz gefährdet war.

»Ich kann es kaum erwarten, bis wir das alles hinter uns haben und uns endlich unserem großen Projekt widmen können«, sagte Mom und seufzte.

Nur mit Mühe brachte ich einen kurzen zustimmenden Laut hervor und zwang mich zu einem Lächeln, auch wenn Mom das nicht sehen konnte. Genauso wenig wie den Schweiß, der sich bei ihren Worten in meinem Nacken sammelte.

Seit ich denken konnte, wollte Mom eine eigene Literaturagentur gründen – mit mir als Partnerin. Ich war früher nach der Schule immer in ihren Verlag gekommen und hatte dort stundenlang neben ihr am Schreibtisch gesessen und ihr bei der Arbeit zugesehen. Wir hatten dort und auch zu Hause gemeinsam Manuskripte gelesen, bewertet und bearbeitet, uns über Stärken und Schwächen der Autoren und ihr Potenzial ausgetauscht. Doch sie hatte meinen Eifer als ehrliches Interesse an ihrer Arbeit gedeutet und mir nicht nur Sommerpraktika bei anderen Verlagen und Agenturen besorgt, sondern auch den Plan geschmiedet, mit mir zusammen eine Agentur zu gründen, sobald ich mein Studium beendet hatte – und somit ihren größten Lebenstraum zu verwirklichen.

»Tut mir leid, Liebling. Ich weiß, dass das nicht Teil unseres Plans war«, setzte Mom hinterher und riss mich aus der Starre.

»Mach dir keine Gedanken. Ich finde schon einen Nebenjob«, sagte ich, um sie zu beruhigen.

»Das ist toll von dir, danke.« Moms leise Stimme klang bemüht fröhlich.

Ich runzelte die Stirn. »Ist wirklich alles okay, Mom?«, fragte ich. »Oder soll ich morgen mal vorbeikommen?«

»Nein, nein. Ich bin nur ein bisschen durch den Wind, im Büro war heute die Hölle los. Und auch wenn das ein Rückschlag war, halte ich weiterhin daran fest: Nach deinem Abschluss machen wir unsere eigene Agentur auf.«

Krampfhaft suchte ich nach einem Thema, das unverfänglicher war als meine berufliche Zukunft oder die Tatsache, dass das Geld vermutlich bald knapp werden würde.

»Wie geht es Stanley?«, fragte ich.

»Stanley, Schatz, Everly fragt, wie es dir geht?« Ich konnte Stanley eine Antwort rufen hören, woraufhin Mom etwas murmelte. »Gut, danke der Nachfrage.«

»Ist er bei uns?«

Sie zögerte kurz. »Ja.«

Ein Kloß bildete sich in meinem Hals. Stanley war mit Abstand der beste Freund, den Mom jemals gehabt hatte, aber trotzdem konnte ich nichts gegen die Sorge unternehmen, die sich in mir ausbreitete.

»Ist er öfter da?«, fragte ich leise.

Sie antwortete nicht, und ihr Schweigen ließ das ungute Gefühl in meinem Magen auf das Doppelte anwachsen. Krampfhaft suchte ich nach den richtigen Worten.

»Pass bitte auf dich auf, Mom«, sagte ich schließlich.

Sie seufzte. »Everly.«

»Ich mache mir nur Sorgen um dich.«

Dieses Gefühl war so fest in mir verankert, dass ich mir ein Leben ohne gar nicht mehr vorstellen konnte. Ja, Stanley war ein lieber Mensch. Er hatte Dawn allein großgezogen und ihr seine warme Art und sein großes Herz vererbt – aber Mom sollte trotzdem vorsichtig bleiben. Das musste sie einfach.

»Du brauchst dir keine Sorgen machen«, sagte Mom.

Tue ich aber, wollte ich zurückgeben, doch ich schwieg. Die Stille dehnte sich so lange zwischen uns aus, dass es fast unangenehm wurde. Ich suchte nach irgendetwas, was ich sagen konnte, irgendetwas, was die Stimmung zwischen uns wieder auflockerte und den bitteren Nachgeschmack unserer Vergangenheit verschwinden ließ, aber mir fiel nichts ein.

Das kleine blaue Lämpchen meines Toasters rettete mich.

»Ich muss jetzt Schluss machen, mein Essen ist fertig.«

»Hast du dir was Schönes gekocht?«, fragte Mom. Im Hintergrund sagte Stanley wieder etwas. Mein Puls beschleunigte sich.

»Ja.« Die Lüge kam mir schnell von den Lippen. Manchmal erschreckte es mich selbst, wie leicht mir das inzwischen fiel. Dabei war es eigentlich kein Wunder – schließlich tat ich seit Monaten nichts anderes.

»Denk an das Essen am Samstag«, sagte sie noch.

»Steht schon in meinem Kalender.«

»Super.« Sie zögerte kurz, und es kam mir so vor, als würde sie meine Gedanken durchs Telefon lesen können. »Mach dir bitte keine Sorgen. Wir schaffen das schon.«

»Wir schaffen alles, Mom«, erwiderte ich, obwohl die Sorge mich förmlich überschwemmte. Am liebsten wäre ich sofort in den Bus nach Portland gesprungen, um bei ihr zu sein.

»Bis dann, Liebling.« Sie machte ein Kussgeräusch, das ich erwiderte, bevor wir das Gespräch beendeten.

Einen Moment lang starrte ich auf die gemaserte Arbeitsfläche meiner Küchenzeile. Erinnerungsfetzen kämpften sich an die Oberfläche meiner Gedanken. Ich kniff die Augen fest zusammen und zwang sie zurück in die Tiefen meines Bewusstseins, wo sie hingehörten. Mit zittrigen Fingern holte ich mir eine Cola Light aus dem Kühlschrank und ließ mich anschließend auf den ockerfarbenen Sessel fallen, der in meinem winzigen Wohnzimmer stand.

Ich nahm einen Schluck von der Cola und starrte auf den zerlaufenen Käse meines Sandwichs. Mit einem Mal war der Hunger, der meinen Magen bis eben noch hatte rumoren lassen, verschwunden.

Seufzend stellte ich den Teller auf die übereinandergestapelten Holzpaletten, die als mein provisorischer Couchtisch dienten. Von unten konnte ich die wummernde Musik meines

Nachbarn hören. Hank liebte House-Musik – ich eher nicht so. Leider war ich seinem Musikgeschmack nun schon seit über einem Jahr hilflos ausgeliefert. Und manchmal konnten nicht mal die lauten Beats Hanks Stöhnen übertönen, wenn er mal wieder jemanden abgeschleppt hatte. Die Wände hier waren hellhöriger, als es mir lieb war.

Ich blickte mich um. Obwohl ich schon so lange hier lebte, sah meine Wohnung noch immer unfertig aus. Gerade einmal zwei Bilderrahmen mit Familienfotos hatten es an die Wand geschafft, wenn man von dem kleinen Loch absah, aus dem der Putz gebröckelt war, weil ich erfolglos versucht hatte, einen Nagel hineinzuhämmern. Eigentlich wollte ich noch Bilder aufhängen, aber ich war zu wählerisch und suchte schon seit Monaten nach den richtigen Motiven. Für die Dekokissen auf dem alten Sofa meiner Grandma hatte ich noch keine neuen Bezüge gekauft, und ich schob es schon eine halbe Ewigkeit vor mir her, Pflanzen mit schönen Übertöpfen zu besorgen. All das würde den Raum um einiges wohnlicher und gemütlicher wirken lassen, allerdings zweifelte ich insgeheim daran, dass ein bisschen Dekoration das Gefühl in meinem Inneren verschwinden lassen würde.

Wahrscheinlich würde ich mich in Woodshill nie vollkommen zu Hause fühlen. In Gedanken war ich ständig bei Mom. Zunächst hatte ich geglaubt, dass ich Heimweh hatte, aber irgendwann war mir klar geworden, dass dieses unangenehme Kribbeln in mir nichts anderes war als Angst. Und nach diesem Telefonat wurde sie wieder beinahe unerträglich.

Jedes Mal, wenn ich meiner Mom erzählte, wie glücklich ich in Woodshill war, log ich. Jedes Mal, wenn ich Dawn Sorglosigkeit vorgaukelte, schämte ich mich im Nachhinein. Allmählich fingen all diese Lügen an, mich zu erdrücken. Momentan gab es in meinem Leben nur eine einzige Person, der ich zeigen konnte, wie es mir wirklich ging – und diese Person zählte nicht mal richtig.

Mit einer Hand nahm ich den Laptop von dem provisorischen Tisch und klappte ihn auf. Durch die Bewegung schwappte ein Schluck Cola aus der Dose, und ich fluchte leise. Kurzerhand beugte ich mich vor, um die Cola von meinem nackten Bein zu lecken. Gott sei Dank wohnte ich allein. Ich konnte einfach so mein Knie ablecken, ohne dabei von einem nervigen Mitbewohner schräg von der Seite angeblickt zu werden.

Nachdem der Laptop hochgefahren war, öffnete ich das Mailprogramm. Ein leises Ping kündigte die heutige Aufgabe aus der Schreibwerkstatt an. Während ich an meiner Cola nippte und diesmal darauf achtete, nicht zu kleckern, öffnete ich die Nachricht.

Von: Nolan Gates <ngates@woodshill.edu>
Gesendet: Mittwoch, 14. September um 21:01
An: Verteiler Wahlmodul Schreibwerkstatt 2
Betreff: Hausaufgabe

Lieber Kurs,
anbei schicke ich euch die Aufgabe, die ihr mir bitte bis Sonntag um 20 Uhr zurückschickt.
x Nolan
PS: Blake, wenn du die Aufgabe diesmal nicht einreichst, werde ich ein Tinderprofil mit deinem Namen anlegen. Ich meine es ernst.

Schnell lud ich den Anhang herunter. Danach sah ich, dass sich auch eine Antwort von Blake in meinem Postfach befand. Diese öffnete ich direkt im Anschluss.

Von: Blake Andrews <bandrews@woodshill.edu>
Gesendet: Mittwoch, 14. September um 21:55
An: Verteiler Wahlmodul Schreibwerkstatt 2
Betreff: AW: Hausaufgabe

chill, nolan. ich bin schon dran.

Blake und Nolan kabbelten sich ständig. Und meistens vergaß Blake, bei seinen Antworten nur Nolan als Empfänger anzugeben, und schickte seine Nachrichten stattdessen an den gesamten Verteiler. Er tat immer so, als wäre Nolans Kurs eine große Bürde für ihn, aber ich hegte die Vermutung, dass er ihn in Wirklichkeit genoss. Grinsend schloss ich den Mailer wieder und öffnete dann die Aufgabe aus dem Anhang.

Schreibe einen Text, in dem sich der Protagonist fehl am Platz oder unbeholfen fühlt. Konzentriere dich nicht nur auf das Innenleben der Figur, sondern vor allem auf ihr Umfeld. Schreibe zwanzig Minuten lang. Der Text kann fiktiv sein oder auf einer wahren Begebenheit beruhen.

Die Cola prickelte auf meiner Zunge. Ich kippte den Rest in einem Zug herunter und stellte die Dose neben meinem allmählich auseinanderfallenden Sessel ab. Danach lehnte ich mich zurück, zog die Beine in den Schneidersitz und rückte den Laptop auf meinem Schoß zurecht. Ich musste nicht lang überlegen. Die Situation, über die ich schreiben wollte, hatte sich förmlich in mein Gedächtnis gebrannt. Langsam fing ich an zu tippen:

Die Röhren, die über der Theke eingebaut sind, tauchen die Bar in gelbliches Licht und lassen die Flaschen in den Regalen dahinter in allen möglichen Farben leuchten. Ich betrachte jede einzelne von ihnen, aber am besten gefällt mir die, deren Inhalt in einem satten Grün schimmert. Ich frage mich, wie das wohl schmeckt. Am liebsten würde ich hinter die Theke klettern, mir die Flasche schnappen und einen Schluck trinken. Es ist bestimmt lecker. Außerdem habe ich Durst. Ich habe nichts mehr getrunken, seit ich aus der Schule gekommen bin. Mein Mund fühlt sich trocken an, fast wie damals, als ich eine Handvoll Sand gegessen habe.

Der ganze Raum ist mit Leuten im Alter meines Vaters gefüllt. Ich kann nicht sagen, wie lange wir schon hier sind, aber mittlerweile ist die Bar voll, und die Rauchschwaden sind so dicht geworden, dass ich kaum noch etwas erkennen kann.

In meiner Nase brennt es, und meine Augen tränen. Ich will nach Hause, auch wenn Mom bestimmt noch nicht da ist. Sie ist bei Grandma im Krankenhaus und wollte nicht, dass ich mitkomme. Aber ich glaube, dort hätte es mir besser gefallen. Die Menschen hier sind alle ganz wütend, sie pöbeln sich gegenseitig an und werden immer lauter, je mehr sie getrunken haben.

Mein Dad trinkt nie. Er sagt, Alkohol ist für Schwächlinge. Trotzdem verbringt er seine Zeit am liebsten mit diesen Leuten.

»Hallo, Kleines«, erklingt eine dunkle Stimme neben mir. Ich drehe mich auf dem viel zu hohen Stuhl um und blicke den Mann an, der mich angesprochen hat. Er hat einen Bart, und seine Augen sind ganz rot. Je länger er mich ansieht, desto unwohler fühle ich mich.

»Bist du ganz allein hier?«, fragt er.

Ich schaue über meine Schulter in den Innenraum der Bar. Leider kann ich Dad nirgends entdecken. Dann sehe ich zurück zu dem Mann auf dem Stuhl neben mir und schüttle den Kopf.

»Möchtest du vielleicht jemanden anrufen, der dich abholt?«, fragt der Mann weiter und greift in seine Hosentasche. Er holt ein

Handy heraus und schiebt es über den Tresen zu mir herüber. Ich schaue auf das Handy und zurück zu ihm. Dann greife ich danach und springe vom Barhocker. Schnell gehe ich um den Tresen herum in Richtung der Toiletten. Im Flur angekommen klappe ich das Handy auf und fange an, Moms Nummer zu wählen. Wir haben sie zusammen auswendig gelernt, für Notfälle. Hoffentlich wird sie nicht böse, wenn ich sie störe. Ich drücke auf den grünen Hörer und halte das Handy an mein Ohr. Das Freizeichen ertönt einmal – doch bevor ich es ein zweites Mal höre, wird mir das Handy aus der Hand gerissen. Ich zucke zusammen.

»Was zum Teufel machst du da?«, dröhnt eine donnernde Stimme.

Ich starre an meinem Vater hoch, der sich vor mir aufgebaut hat und das Handy des Fremden in der Hand hält. Ich will gerade den Mund aufmachen und etwas sagen, da holt Dad aus und pfeffert das Handy auf den Boden. Ich kann hören, wie es in Kleinteile zerschellt, traue mich aber nicht, den Blick von meinem Vater abzuwenden. Sein Gesicht ist rot, seine Augen gefährlich dunkel. Ich kenne ihn, wenn er so ist. Seine Hände zittern vor Wut, als er ausholt, und ich kneife die Augen zusammen, obwohl ich ganz genau weiß, was passieren wird.

Ich nahm die Hände von der Tastatur. Mit zittrigen Fingern griff ich nach meiner Cola und stellte fest, dass sie leer war. Die Bilder, die beim Schreiben vor meinem inneren Auge aufgetaucht waren, verschwanden erst nach mehreren Minuten. Ich warf einen Blick auf die Uhr und stellte fest, dass ich über eine Stunde geschrieben hatte.

Das war das, was ich an Nolans Kurs liebte und gleichzeitig hasste: Er konfrontierte mich ständig mit meiner Vergangenheit und mit mir selbst. Manchmal kam mir das vor wie ein Befreiungsschlag, aber an anderen Tagen war es mit unendlich viel Schmerz verbunden – so wie heute. Ich wollte nicht an den Tag denken, an dem Dad mich mit zehn Jahren in eine Bar geschleppt hatte, weil er sich lieber mit seinen Freunden treffen wollte, als Zeit mit mir zu verbringen. Ich wollte nicht an die Ohrfeige denken, die er mir verpasst hatte, als ich Mom ohne seine Erlaubnis angerufen hatte.

Ich stand auf und legte den Laptop beiseite. Ich musste den Text noch mal überarbeiten, bevor ich ihn an Nolan schickte, aber dafür war ich gerade viel zu aufgewühlt. Außerdem waren meine Füße eingeschlafen, und mein Rücken schmerzte. Ich streckte die Arme über den Kopf und machte ein paar Dehnübungen, die ich noch vom Cheerleading kannte. Alles in mir kribbelte, was sicherlich nicht nur an dem Text, sondern auch an meinem Telefonat mit Mom lag, das mich nicht losließ. Am liebsten wäre ich ein paar Runden um den Block gelaufen, doch das kam leider nicht infrage. Ich hatte Mom versprochen, nachts nicht mehr allein zu joggen. Auch wenn das wahrscheinlich das Einzige war, was mich jetzt noch müde genug machen würde, um einzuschlafen.

Seufzend ließ ich mich wieder auf den Sessel fallen. Vielleicht konnte ich mich damit ablenken, online nach Stellenausschreibungen für Nebenjobs zu suchen. Ich schaute mir zuerst das digitale schwarze Brett der Uni an, danach die Einträge in den Jobbörsen, allerdings war die Auswahl nicht berauschend. Es gab kaum Stellen, und wenn, dann passten die Arbeitszeiten nicht zu meinem Stundenplan oder der Arbeitgeber hatte sehr schlechte Bewertungen. Ich speicherte trotzdem ein paar der Inserate in der Favoritenleiste meines Browsers.

Danach begann ich halbherzig, auf Netflix eine Doku über eine Kindesentführung zu schauen, doch ich konnte mich nicht konzentrieren. Immer öfter ertappte ich mich dabei, wie ich an meinen Text zurückdachte und die Tatsache, dass er unbearbeitet auf meinem Desktop lag, obwohl er längst bei Nolan sein könnte.

Ich beschloss, dass ich bereit war, ihn mir noch einmal anzusehen, und begann, ihn Satz für Satz durchzulesen. Mir fielen einige Kommafehler und Wortwiederholungen auf, und manche Sätze musste ich umformulieren oder gar ganz neu schreiben, weil sie mir nicht mehr gefielen oder plötzlich seltsam klangen. Ich überarbeitete den Text mehrmals, bis ich damit halbwegs zufrieden war. Und dann folgte der Teil, auf den ich mich jede Woche am meisten freute.

Ich öffnete meinen Mailer und klickte bei Nolans Nachricht auf Antworten.

Von: Everly Penn <epenn@woodshill.edu>
Gesendet: Donnerstag, 15. September um 00:31
An: Nolan Gates <ngates@woodshill.edu>
Betreff: AW: Hausaufgabe

Hi Nolan,
anbei schicke ich dir die Aufgabe zurück.
Alles Liebe,
Everly

Der Pfeil schwebte über dem »Senden«-Button. Ich holte tief Luft und verschickte die Nachricht.

Danach stand ich auf und ging ins Bad, wo ich mich abschminkte und unter die Dusche sprang. Vor ein paar Jahren hätte ich meine Haare nicht mehr um diese Uhrzeit waschen können – dafür waren sie viel zu lang gewesen. Nach dem Highschoolabschluss hatte ich sie allerdings kurz geschnitten und trug sie immer noch so. Ich wollte nichts, was mich an die Person erinnerte, die ich damals gewesen war.

Das Wasser war eine Wohltat auf meiner Haut. Es fühlte sich an, als würde es all die Lügen und Fassaden fortspülen, die ich tagsüber aufrechterhalten musste. Sobald es nach Mitternacht war, hatte ich das Gefühl, endlich sein zu können, wer ich wollte. Dann musste ich niemandem mehr etwas vormachen.

Als ich zurück ins Wohnzimmer ging, spürte ich die Bässe von Hanks Musik unter meinen nackten Füßen. Ich hatte einen Schlafanzug an, und darüber trug ich den Bademantel, den ich in den letzten Weihnachtsferien zusammen mit Mom gekauft hatte. Er war schwarz und so weich, dass es sich anfühlte, als wäre ich in eine Wolke gewickelt. Mir war wohlig warm, als ich mir den Laptop vom Tisch schnappte und damit in mein Schlafzimmer ging. Ich machte es mir im Bett bequem und versuchte, das Kribbeln in meinem Bauch zu unterdrücken, als ich den Laptop wieder aufklappte.

Ein leises Ping kündigte eine neue E-Mail an. Sofort klickte ich darauf.

Von: Nolan Gates <ngates@woodshill.edu>
Gesendet: Donnerstag, 15. September um 00:53
An: Everly Penn <epenn@woodshill.edu>
Betreff: AW: AW: Hausaufgabe

Everly,

1. Es ist viel zu spät, um noch auf E-Mails zu antworten. Trotzdem danke, dass du die Aufgabe so schnell bearbeitet hast.
2. Dein Text ist sehr gefühlvoll geschrieben. Ich verneige mich vor deinem Talent.
3. Am liebsten würde ich dir jetzt eine heiße Schokolade anbieten.

Ich hatte mich immer noch nicht an das Gefühl gewöhnt, das in mir aufkeimte, wenn Nolans Name auf meinem Laptop aufleuchtete, dabei schrieben wir uns schon seit über neun Monaten. Zunächst waren es lediglich Gespräche über das Seminar oder das Schreiben gewesen, bis Dawn uns beide gefragt hatte, ob wir ihren Roman vorab lesen würden. Von dem Moment an hatten wir begonnen, stundenlang über die Figuren, den Plot und die Gefühle in *About Us* zu diskutieren, teilweise ganze Nächte gemeinsam auf Skype verbracht, bis sich unsere Gespräche ausgedehnt und schließlich von allem Möglichen gehandelt hatten.

Ich erlaubte mir nicht allzu oft, über das Kribbeln nachzudenken, das ich jedes Mal spürte, wenn ich eine Mail von ihm bekam. Aber dann, wenn die Welt draußen schlief und nur noch er und ich wach zu sein schienen, wagte ich, es zu genießen.

Ich klickte auf den kleinen Pfeil für eine Antwort.

Von: Everly Penn <epenn@woodshill.edu>
Gesendet: Donnerstag, 15. September um 00:59
An: Nolan Gates <ngates@woodshill.edu>
Betreff: AW: AW: AW: Hausaufgabe

1. Du hast die E-Mail gelesen und sogar geantwortet.
2. Eigentlich muss ich mich eher vor dir verneigen. Bevor ich die Schreibwerkstatt besucht habe, habe ich noch nicht so geschrieben wie jetzt.
3. Gegen eine heiße Schokolade hätte ich nichts einzuwenden.

Ohne zu zögern, schickte ich die Nachricht ab. Nach Mitternacht war ich risikofreudiger als tagsüber. Und ich hatte die

Erfahrung gemacht, dass Nolan schneller antwortete, je später es wurde. So auch jetzt.

Von: Nolan Gates <ngates@woodshill.edu>
Gesendet: Donnerstag, 15. September um 01:01
An: Everly Penn <epenn@woodshill.edu>
Betreff: AW: AW: AW: AW: Hausaufgabe

1. 01:01 Uhr – wünsch dir was.
2. Verneigen wir uns einfach gegenseitig. Wie vor einem Fechtduell.
3. Ich bringe dir nächste Woche eine mit, falls ich es nicht vergesse.

PS: Wenn du noch über deinen Text reden möchtest – ich habe offene Ohren.

Über seinen zweiten Punkt musste ich lächeln. In den vergangenen Monaten hatten wir unzählige solcher Konversationen geführt, eine schräger als die andere. Ich mochte Nolans merkwürdigen Sinn für Humor, den ich während unserer nächtlichen Gespräche erst richtig kennengelernt hatte.

Abgesehen davon war er nicht nur ein guter Zuhörer, sondern auch ein extrem empathischer Mensch. Er schien immer zu spüren, wenn es jemandem nicht gut ging, und tat dann alles in seiner Macht Stehende, um es für die Person besser zu machen, ganz gleich, worum es ging oder wie voll sein Schreibtisch gerade mit anderen Dingen war.

Ich griff hinter mich, um die Kissen an meinem Rücken aufzurichten. Dann setzte ich die Finger wieder an die Tastatur. Die Worte kamen wie von selbst.

Von: Everly Penn <epenn@woodshill.edu>
Gesendet: Donnerstag, 15. September um 01:11 Uhr
An: Nolan Gates <ngates@woodshill.edu>
Betreff: AW: AW: AW: AW: AW: Hausaufgabe

1. Ich habe mir etwas gewünscht. Du dir auch?
2. Haha.
3. Was soll ich für dich mitbringen, um mich zu revanchieren?

Ich ignorierte seinen letzten Satz bewusst. Auch wenn ich ihm viel von mir anvertraute – dass meine Texte auf wahren Erlebnissen basierten, durfte er niemals erfahren.

Für seine nächste Antwort brauchte er länger als für die vorangegangenen. Ich öffnete die Seite von *Urban Outfitters*, um mich abzulenken, und scrollte durch die neu eingetroffenen Kleidungsstücke. Als das leise Ping schließlich ertönte, war mein Einkaufswagen so voll, dass der Betrag beinahe lächerlich hoch war. Ich dachte an Mom und die Tatsache, dass ich ab morgen aktiv auf Jobsuche gehen musste, und schloss den Browser. Dann klickte ich auf die Mail.

Von: Nolan Gates <ngates@woodshill.edu>
Gesendet: Donnerstag, 15. September um 01:37 Uhr
An: Everly Penn <epenn@woodshill.edu>
Betreff: AW: AW: AW: AW: AW: AW: Hausaufgabe

1. Meine Wünsche gehen für gewöhnlich nicht in Erfüllung, von daher habe ich dieses Mal ausgesetzt.
3. Kaffee, schwarz. Je stärker und bitterer, desto besser. Und wenn ich mal besonders abenteuerlustig bin, nehme ich ein bisschen Milch.

PS: Ich muss morgen/heute um 5 Uhr aufstehen und werde nun wohl oder übel schlafen gehen. Auch wenn mich deine virtuelle Gesellschaft wie immer sehr erfreut hat.

Ich seufzte. Ich wollte nicht, dass unser Gespräch schon vorbei war, auch wenn ich wusste, dass normale Menschen ihren Schlaf brauchten. Am liebsten hätte ich nachgehakt, was es mit seinem ersten Punkt auf sich hatte. Obwohl ich es eigentlich besser wusste, setzte ich zu einer letzten Mail an.

Von: Everly Penn <epenn@woodshill.edu>
Gesendet: Donnerstag, 15. September um 01:39 Uhr
An: Nolan Gates <ngates@woodshill.edu>
Betreff: AW: AW: AW: AW: AW: AW: AW: Hausaufgabe

Manchmal gehen Wünsche doch in Erfüllung.
Gute Nacht, Nolan.

Ich hielt den Atem an und hoffte auf eine weitere Nachricht. Es war wie eine Sucht. Ich konnte erst versuchen zu schlafen, wenn er mir noch einmal geschrieben hatte. Andernfalls konnte ich es gleich aufgeben und wieder aufstehen.

Von: Nolan Gates <ngates@woodshill.edu>
Gesendet: Donnerstag, 15. September um 01:41 Uhr
An: Everly Penn <epenn@woodshill.edu>
Betreff: AW: AW: AW: AW: AW: AW: AW: AW: Hausaufgabe

Schlaf schön, Everly.

Ich starrte auf die Buchstaben, bis sie vor meinen Augen verschwammen. Mein ganzer Körper kribbelte, und ich versuchte mit aller Kraft die Gedanken daran auszublenden, was das womöglich zu bedeuten hatte. Stattdessen dimmte ich die Helligkeit meines Laptops runter, ließ ihn aber aufgeklappt, als ich erst meinen Bademantel auszog und mich anschließend in die Decke kuschelte. Dann starrte ich gegen die Decke und klammerte mich an Nolans letzten Worten fest, um die Angst zu vertreiben, die die Nacht in mir aufkeimen ließ.

Schlaf schön, Everly. Schlaf schön, Everly. Schlaf schön, Everly.

Obwohl ich es zu verhindern versuchte, griff die Dunkelheit mit ihren Klauen nach mir und packte mich, bis ich kaum noch Luft bekam.

kapitel 3

Der Pianist, der auf der kleinen Bühne saß, wurde von einem Scheinwerfer in helles Licht getaucht. Er trug einen Frack und spielte sich an dem glänzend schwarzen Flügel die Seele aus dem Leib. Es war eine intensive Blues-Melodie, die mich bis in die Knochen traf.

»Ich glaube, ich habe noch nie jemanden mit so viel Leidenschaft spielen sehen«, sagte ich über die Pianoklänge hinweg.

»Dito. Guck, wie die Zipfel seines Fracks mitgehen.« Dawn nickte in Richtung der Bühne.

Ich versuchte, ihr Grinsen zu erwidern, aber es wollte mir nicht gelingen. Ein Kellner begrüßte uns und führte uns dann durch das Restaurant zu unserem Tisch. Stanley zog für Mom einen Stuhl zurück und drehte ihn anschließend so hin, dass sie sich draufsetzen konnte. Mir entging die leichte Röte auf ihren Wangen nicht. Schnell wandte ich den Blick ab und ließ mich ihr gegenüber nieder.

»Einen Aperitif, die Damen und der Herr?«, fragte der Kellner. Er wirkte weniger leidenschaftlich als der Pianist, war dafür aber mindestens genauso adrett hergerichtet. Auf seinem schwarzen Anzug war nicht ein einziges Staubkörnchen zu erkennen, und seine Haare schienen förmlich an seinen Kopf gepflastert. Irgendwie faszinierend.

»Sehr gerne«, sagte Mom.

Dawn und ich wechselten einen Blick.

»Es ist sehr … schick hier«, sagte Dawn schließlich.

Das war eine Untertreibung. In der Mitte der Decke hing ein pompöser Kristallleuchter, der den Raum in weiches Licht tauchte. Die meisten Gäste trugen teure Abendgarderobe. Offensichtlich traf man sich hier nicht spontan auf einen Feierabenddrink, sondern musste eher Monate im Voraus eine Reservierung aufgeben. Ich hob die zum Schwan gefaltete Serviette hoch und fragte mich einen Moment lang, wie man so etwas wohl hinbekam. Ob ich es schaffen würde, sie auseinander- und wieder zusammenzufalten? Ich wollte das Experiment gerade durchführen, als Dawn sich räusperte.

»Gibt es einen besonderen Anlass für die Einladung?«, fragte sie, und ich konnte nicht anders, als sie mit hochgezogener Braue anzusehen. Ich öffnete den Mund, um ihr zu sagen, dass sie so subtil wie eine Dampfwalze war, als der Kellner mit den Aperitifs zurückkehrte und sie nacheinander vor uns abstellte. In den edlen Gläsern war eine rötliche Flüssigkeit, auf der eine violette Blüte und zwei Erdbeerscheiben schwammen. Ein fruchtiger Duft stieg mir in die Nase.

Mom nahm ihr Glas in die Hand und tauschte einen Blick mit Stanley. Das flaue Gefühl, das sich bereits bei unserem Telefonat in meinem Magen ausgebreitet hatte, kam mit voller Wucht zurück.

»Ja, es gibt einen besonderen Anlass«, sagte sie.

Ich hielt den Atem an.

»Dawny, Everly …«, fing Stanley an und räusperte sich. Er griff nach Moms Hand. »Maureen und ich haben beschlossen zusammenzuziehen.«

Die Melodie des Pianisten kam mir auf einmal unerträglich laut vor. Sie dröhnte in meinen Ohren, während die Stimmen der Gäste immer leiser wurden und im Hintergrund verschwammen. Nur am Rande nahm ich wahr, wie Dawn quiekte und aufsprang, um Mom und Stanley zu umarmen. Ich selbst saß bloß daneben und starrte Mom an, unfähig mich vom Fleck zu rühren. Ich konnte nicht glauben, was Stanley da gerade gesagt hatte.

Mom sah mich erwartungsvoll an. Als würde sie hoffen, dass auch ich aufspringen und vor Freude tanzen würde.

Ich blieb sitzen und hielt ihrem Blick möglichst ausdruckslos stand.

»Was heißt das, ihr zieht zusammen?«, fragte ich ohne jegliche Intonation in meiner Stimme. »Wohin zieht ihr?«

Ich konnte förmlich spüren, wie die Freude in der Luft hängen blieb. Eine unangenehme Pause entstand, in der Mom und Stanley einen Blick wechselten und Dawn unschlüssig neben ihnen stand.

»Unser Haus ist viel größer, deshalb zieht Stanley bei uns ein. Der Platz reicht allemal. Und so können wir ein paar Renovierungsarbeiten zusammen angehen, die seit Jahren anstehen.« Mom zwang sich zu einem Lächeln, das ich nicht erwidern konnte. Ich schaffte es einfach nicht. Das Einzige, was ich hinbekam, war, sie stumm anzusehen.

Wie zum Henker hast du dir das vorgestellt?, fragte ich sie stumm und hoffte, dass sie die Botschaft verstand. *Und wieso hast du mir davon bei unserem Telefonat nichts gesagt? Eine Warnung wäre wirklich nett gewesen.*

Mom wandte den Blick von mir ab und sah stattdessen Stanley an. Sie gab ihm einen Kuss auf die Wange und hob dann ihr Glas.

»Auf uns«, sagte Mom. Rote Flecken hatten sich auf ihren Wangen ausgebreitet, die man statt als Wut auch als Freude interpretieren konnte. Stanleys Blick war liebevoll, als er einen Arm um ihre Schulter legte.

Es kostete mich alle Kraft, in dieser Sekunde ein Lächeln auf meine Lippen zu pflastern. Ich trank den Aperitif in einem einzigen Zug aus und stellte das Glas geräuschvoll zurück auf den Tisch. Ein Brennen trat in meinen Magen.

»Ich finde, das ist eine großartige Idee«, sagte Dawn, die sich inzwischen wieder neben mich gesetzt hatte. »Wann soll es denn losgehen?«

»Im November. Ich habe schon angefangen auszusortieren«, antwortete ihr Dad.

Ungläubig starrte ich Mom an. Stanley erzählte das, als würde dieses Vorhaben schon lange feststehen. Ich hatte mich noch nie so vor den Kopf gestoßen gefühlt.

»Ist … ist das nicht ein bisschen früh? Ihr kennt euch doch gerade mal seit Anfang des Jahres«, brachte ich hervor.

»Das stimmt«, sagte Stanley und streichelte Moms Schulter mit dem Daumen. »Aber wir sind uns sicher. Warum sollten wir da warten?«

Ich wollte seine Worte romantisch finden, doch stattdessen spürte ich, wie Beklommenheit in mir aufstieg. Vielleicht war Stanley der – wenn auch unkonventionelle – Märchenprinz, auf den Mom jahrelang gewartet hatte. Aber ich wollte trotzdem nicht, dass er bei uns einzog.

Es war das Haus, das wir von Grandma vererbt bekommen hatten. Das Haus, in dem wir lebten, seit Mom endlich einen Schlussstrich unter sich und Dad gezogen hatte. Ich wollte nicht, dass der Kreislauf wieder von vorne begann. Ganz gleich, wie nett Stanley auch sein mochte – das war das erste richtige Zuhause, das ich jemals gehabt hatte. Ich besuchte Mom nahezu jedes Wochenende. Mein Zimmer dort war immer noch meine Oase, ich hatte noch nicht mal meinen ganzen Kram mit nach Woodshill genommen, weil ich so oft dort war. Sollte Stanley jetzt einziehen und die Beziehung irgendwann enden – und das würde sie bestimmt –, dann wäre dieser für mich so bedeutsame Ort für immer zerstört.

Ich wusste, dass meine Gedanken selbstsüchtig waren, und verabscheute mich dafür. Doch gleichzeitig war ich machtlos gegen das, was in mir vorging.

»Es wäre toll, wenn ihr helfen würdet«, sagte Stanley.

»Was passiert denn mit dem Bungalow?«, fragte Dawn. Nun konnte ich auch in ihrer Stimme ein leichtes Zögern heraushören, auch wenn sie sich augenscheinlich deutlich mehr Mühe gab, das vor ihrem Vater zu verbergen.

»Ich habe überlegt, ihn zu vermieten. So bleibt er im Familienbesitz, steht aber nicht leer in der Gegend rum und verkommt. Ich habe nächste Woche einen Termin bei einem Makler.«

Dawn wirkte eine Sekunde lang unentschlossen. Dann war ihr unerschütterliches Lächeln wieder da. »Das klingt gut. Ich werde meine Freunde zusammentrommeln, und dann machen wir das Haus leer. Sagt einfach Bescheid, wann ihr Hilfe braucht.«

Ich fragte mich, wie sie das schaffte. Wie sie sich einfach so mit dem Gedanken anfreunden konnte, ihr altes Leben zusammenzukrempeln und sich davon zu verabschieden, während ich mich gerade fühlte, als wäre mir der Boden unter den Füßen fortgerissen worden.

»Bei uns muss nur das Büro leer geräumt werden«, sagte Mom. »Und wir müssen allgemein ein bisschen ausmisten.«

Ich nickte, immer noch wie betäubt.

»Ich kann es kaum erwarten«, sagte Stanley und lächelte in die Runde. »Ich fühle mich wie der glücklichste Mann der Welt.« Schließlich hob er sein Glas in die Höhe.

Ich umklammerte mein leeres so fest, dass ich fürchtete, es würde jeden Moment zerbrechen.

»Auf uns vier«, sagte er.

In mir kämpfte die Zuneigung für ihn und Dawn mit meiner Vergangenheit und der Angst, Mom dabei zusehen zu müssen, wie sie dieselben Fehler noch einmal beging. Als der Kellner zu uns kam, bestellte ich mir einen weiteren Cocktail in der Hoffnung, er würde die Kälte aus meinen Adern vertreiben und die Panik stumm schalten, die durch meinen Körper toste.

Der Alkohol ersetzte die Angst durch Wut. Wut auf die Vergangenheit, Wut auf Mom. Nach ihrer feierlichen Verkündung hatte sich der Rest des Abends wie Kaugummi gezogen. Ich bemühte mich, an den Gesprächen teilzunehmen, war mit den Gedanken die meiste Zeit aber ganz woanders. Von meinem Essen bekam ich kaum einen Bissen herunter und gab meinen Teller schließlich – Moms eisigen Blick ignorierend – beinahe unangerührt zurück. Ich fühlte mich schrecklich. Und ich hasste Mom dafür, dass sie mich in diese Situation gebracht hatte.

Als Stanley und Dawn uns schließlich zu Hause abgesetzt hatten, konnte ich mich nicht mehr zurückhalten. Sobald die Tür hinter uns ins Schloss gefallen war, drehte ich mich zu Mom um und sah sie anklagend an.

»Guck mich nicht so an«, sagte sie und schälte sich aus ihrem Mantel.

»Wie denn?« Meine Stimme war eine reine Provokation.

Mom hob eine Braue. »Du hast dich heute absolut danebenbenommen, Everly.«

Ich schwieg, weil ich wusste, dass ich die nächsten Worte, die aus meinem Mund kämen, mit Sicherheit bereuen würde. Ich verschränkte die Arme vor der Brust.

»Ich dachte, du freust dich für mich«, sagte Mom.

Jetzt schnaubte ich. »Worüber soll ich mich denn freuen? Dass du mir vorenthalten hast, wie ernst es mit dir und Stanley ist? Dass ihr anscheinend ein paar Schritte in der Beziehung übersprungen habt und jetzt schon zusammenziehen wollt, obwohl ihr nicht mal ein Jahr zusammen seid? Weiß er überhaupt von Dad?«

Moms Gesicht verlor jegliche Farbe. Sie presste die Lippen zu einer weißen Linie zusammen. Ich sah, wie ihre Hände zitterten. »Nein, weiß er nicht. Und das soll auch so bleiben.«

»Das kann nicht dein Ernst sein, Mom«, brachte ich fassungslos hervor. Dann keimte ein Gedanke in mir auf. »Ist es wegen des Geldes? Wenn ja – ich finde schon noch einen Job. Ich kann die Wohnung in Woodshill aufgeben und ab sofort pendeln, wenn es so schlimm ist.«

Sie schwieg und hängte ihren Mantel auf einen Bügel an der Garderobe. Dann drehte sie sich zu mir um und schüttelte den Kopf. »Everly, ich glaube, du verwechselst da was. Meine Beziehung geht dich überhaupt nichts an.«

Ich spürte, wie mir Hitze in die Wangen schoss, so wütend wurde ich. Ich tat seit Jahren alles, wirklich *alles*, um sie glücklich zu machen – und sie stieß mich derart vor den Kopf?

»Es geht mich sehr wohl etwas an. Grandma hat uns hier einziehen lassen, weil sie wollte, dass wir einen Ort haben, an dem wir sicher sind. Nicht, damit du hier mit deinem neuen Freund einziehst und wegen deiner ganzen gestörten Beziehungen wieder alles kaputtmachst!«

Mom wich zurück, als hätte ich ihr eine Ohrfeige verpasst. Sofort hob ich beschwichtigend die Hände. Ich wollte gerade eine Entschuldigung formulieren, aber sie kam mir zuvor.

»Ich glaube, es wäre besser, wenn du jetzt ins Bett gehst«, sagte sie kalt und machte auf dem Absatz kehrt. »Denk dran, das Licht auszumachen.«

Ich sah ihr nach, bis sie den Flur durchquert hatte und die Tür zu ihrem Schlafzimmer schloss. Ich wünschte, sie hätte sie zugeknallt. Die Stille drückte auf meine Ohren, und in meinem Brustkorb fühlte es sich plötzlich ganz eng an.

Ich schluckte schwer und machte mich dann auf den Weg nach oben in mein Zimmer. Der weiße Raum mit den Bücherregalen über dem Bett, den leuchtenden Sternen an der Decke und den Topfpflanzen auf der Fensterbank hatte sich sonst immer wie mein geheimer Rückzugsort angefühlt. Obwohl ich schon seit etwas über einem Jahr in Woodshill lebte, war dieses Zimmer mein Zuhause, auch wenn wir erst vor vier Jahren hierher gezogen waren.

Ich fragte mich, wie lange es sich wohl noch so anfühlen würde. Was passieren würde, wenn Stanley hier einzog. Es wäre unmöglich für mich, dann noch ein Auge zuzutun, dessen war ich mir sicher. Nicht, wenn ich fürchten musste, Mom könnte wieder auf meine Hilfe angewiesen sein.

Ich traute keinem Kerl in ihrer Nähe – nicht mal Stanley, dabei hatte er mir in den vergangenen Monaten kein einziges Mal das Gefühl gegeben, er würde Mom ausnutzen oder es nicht ernst mit ihr meinen. Im Gegenteil: Jedes Mal, wenn wir etwas zusammen unternahmen, spürte ich, wie viel sie ihm bedeutete.

Anfangs hatte ich mich für die beiden gefreut. Nachdem Moms letzte Beziehung geendet hatte, war sie ein halbes Jahr lang unglücklich gewesen und hatte bei fast jedem unserer Telefonate geweint. In dieser Zeit hatte ich so oft an Dad zurückdenken müssen. An die blauen Flecken auf Moms Armen, an sein Brüllen, das durch unser ehemaliges Apartment gehallt war. Der Druck in meinem Brustkorb wurde größer, als die Erinnerungen über mich hereinfielen. Ich blinzelte, um sie verschwinden zu lassen, doch das half nicht wirklich.

Ich wollte nicht, dass Mom noch einmal in etwas hineingeriet, aus dem sie zerbrochen wieder herauskam, ich wollte nicht, dass sie sich bedingungslos auf Stanley einließ, nur weil uns finanzielle Probleme drohten. Ja, er war ein netter Mann und hatte Dawn großgezogen, die einer der tollsten Menschen auf der Welt für mich war. Dennoch konnte ich nichts gegen die Vorbehalte tun, die in mir aufkeimten. Wir hatten so hart dafür gearbeitet, ein Team zu sein. Wir konnten niemanden brauchen, der unser Leben durcheinanderbrachte und Mom irgendwann unglücklich machte.

Ich durchquerte das Zimmer und schlüpfte aus meinen High Heels. Gleich darauf folgte das Kleid mit Rückenausschnitt, von dem ich im Nachhinein bereute, es getragen zu haben. Wahrscheinlich würde ich es nie wieder anziehen können, weil ich ab sofort jedes Mal an die Auseinandersetzung mit Mom denken musste, sobald ich es auch nur ansah. Während ich mir ein altes, übergroßes Shirt überzog, fragte ich mich, ob ich noch einmal nach unten zu ihr gehen sollte, um mich zu entschuldigen. Wahrscheinlich würde Mom mich nicht mal in ihr Zimmer lassen, nach dem, was ich ihr an den Kopf geknallt hatte. In mir kämpften Scham und Wut gegeneinander, und davon wurde mir schwindelig.

Wieso konnte nicht einfach alles so bleiben wie vorher?

Ich hatte doch alles getan, was sie sich von mir gewünscht hatte, verdammt. Ich hatte Praktika in Verlagen und Agenturen absolviert. Ich hatte unzählige Abende damit verbracht, Manuskripte zu lesen und ihr zuzuhören, wenn sie mir stundenlang erklärt hatte, worauf ich achten musste. Wir hatten gemeinsam einen Ordner angelegt, in dem wir Inspiration sammelten und Informationen über die Selbstständigkeit zusammentrugen. Und ich war nach Woodshill gezogen und studierte den gleichen Studiengang wie Mom damals, damit wir das Projekt »Literaturagentur Penn« nach meinem Abschluss gemeinsam angehen konnten.

Das alles hatte ich nur für sie getan. Ich dachte, so könnte ich vielleicht das Loch füllen, das in ihrem Leben entstanden war, nachdem sie sich von Dad getrennt hatte.

Anscheinend war ich nicht genug.

Ich glaube an die große Liebe, Everly, war ihre Antwort gewesen, als ich sie einmal gefragt hatte, wieso sie sich immer wieder in die nächste Beziehung stürzte. *Irgendwo da draußen ist mein Seelenverwandter. Ich muss ihn nur noch finden.*

Es hatte einige potenzielle »Seelenverwandte« gegeben. Keiner von ihnen war geblieben. Ich wollte nicht, dass sie noch mal verletzt wurde. Und ich wollte auch nicht, dass wir wieder von vorne anfangen mussten.

Ich setzte mich auf die Bettkante und starrte auf meine Hände. Meine Gedanken drehten sich im Kreis. Leider war der Alkoholnebel nicht stark genug, als dass ich sie ausblenden konnte.

Ich fragte mich, wie Stanley reagieren würde, wenn er erfuhr, was Mom und ich schon durchgemacht hatten. Sie tat einfach so, als wäre all das nie geschehen, während ich ununterbrochen darüber nachdachte und nachts schweißgebadet aufwachte, weil Dads Gesicht in meinen Träumen auftauchte. Wenn sich Mom so unbeschwert gab, kam ich mir schrecklich fehl am Platz vor. Als hätte sie sich meilenweit von mir entfernt, obwohl wir einander gegenübersaßen.

Ich musste an die Hausaufgabe denken, die Nolan uns aufgegeben hatte.

Wenn du noch über deinen Text reden möchtest – ich habe offene Ohren.

Ich hatte seine Worte bewusst ignoriert. Er sollte nicht wissen, wie viel Realität in meinen Texten steckte. Dafür waren sie viel zu persönlich. Auf der anderen Seite gab es niemanden in meinem Leben, mit dem ich offen über so etwas sprechen konnte. Es fühlte sich an, als wäre ich gefesselt und könnte mich nicht von selbst befreien – immer wenn ich auch nur im Ansatz darüber nachdachte, mich zu öffnen, hielt mich irgendetwas zurück, und ich machte zwei Schritte rückwärts statt nach vorne. Mit jeder anderen Sache hätte ich mich an Dawn gewandt – doch wenn es um meine Mom und ihren Dad ging, funktionierte das nicht. Sie würde es nicht verstehen, da war ich mir hundertprozentig sicher.

Ich warf einen Blick auf die Uhr. Es war gleich zwölf – nicht zu früh, nicht zu spät. Im nächsten Moment stand ich auf und schnappte mir die Tasche, die ich fürs Wochenende gepackt hatte. Ich zog den Laptop heraus und klappte ihn auf. Dann öffnete ich Skype. Während sich das kleine Rädchen für die Anmeldung drehte, griff ich nach der Wasserflasche, die neben dem Bett stand. Das Skype-Fenster erschien mit einem leisen Ploppen. Ich klickte auf die Kontakte, die noch online waren.

Trotz des schrecklichen Abends stahl sich ein kleines Lächeln auf meine Lippen.

Das Zeichen von NoGa leuchtete grün.

Er war online.

Zögerlich ließ ich den Cursor über die Sprechblase neben seinem Namen kreisen. Wir hatten uns kurz vor den Sommerferien bei Skype geaddet, um uns über Dawns Manuskript auszutauschen. Ich hatte es genossen, mich auch in den Ferien zu jeder Tages- und Nachtzeit mit Nolan unterhalten zu können, doch jetzt, wo das Semester wieder begonnen hatte und Dawns Manuskript bei ihrer Lektorin lag, hatte ich keinen Grund mehr gehabt, ihn hier zu kontaktieren.

Mein Finger verharrte eine gefühlte Ewigkeit über dem Touchpad.

Nimm lieber den E-Reader und lies ein bisschen, schlaf deinen

Rausch aus und entschuldige dich morgen früh bei deiner Mom, lautete die Anweisung von meinem Gewissen.

Schütte Nolan dein Herz aus, flüsterte der Alkohol in meinem Blut. *Sei ehrlich. Sei persönlich. Sag ihm, was in dir vorgeht. Was* wirklich *in dir vorgeht.*

Alkohol und der überaus große Teil von mir, der immer mit Nolan sprechen wollte, egal ob es mir gut oder schlecht ging, gewannen. Ich warf einen schnellen Blick auf die Uhr.

Jetzt oder nie.

Pengirl: 00:00 Uhr – wünsch dir was

Ohne zu zögern, drückte ich auf Enter. Dann warf ich einen Blick aufs Handy. Mehrere Nachrichten von Dawn blinkten auf.

Was war heute los mit dir?
Dad ist total traurig.
Könntest du nicht vielleicht beim nächsten Mal ein klitzekleines bisschen freundlicher zu ihm sein?

Das schlechte Gewissen überkam mich. Dawn hatte recht. Ich war heute nicht nur eine schreckliche Tochter gewesen, sondern auch eine miserable Freundin. Während sie ihre alten Erinnerungen einpacken musste, konnte ich mein Zimmer – diesen für mich heiligen, friedlichen Ort – behalten.

Ich setzte zu einer langen Antwort an, löschte die vielen gelogenen Ausflüchte aber wieder. Letztlich tippte ich ein einfaches *Es tut mir leid.*

Ich sperrte das Handy und verstaute es in der oberen Schublade meines Nachtschranks. Danach legte ich mich bäuchlings aufs Bett, ein Kissen unter meinen Brustkorb geschoben.

Ich öffnete Netflix und versuchte, mich von einer Folge *Brooklyn 99* ablenken zu lassen, aber die Wände drehten sich zu sehr, und Jake, Amy, Gina und Co. verschwammen immer wieder vor meinen Augen. Erst als das Skype-Symbol in der rechten Ecke meines Laptops hüpfte, war ich schlagartig wieder hellwach.

NoGa: Gesagt, getan. Du auch?

Das flaue Gefühl in meinem Magen stieg weiter an.

Nolan und ich hatten in den letzten Monaten unzählige Gespräche geführt. Doch auch wenn viele von ihnen intensiv gewesen und mir unter die Haut gegangen waren, hatten wir uns immer auf einer Ebene bewegt, die Privates ausgeschlossen hatte. Er wusste nicht, wie real meine Texte wirklich waren und wie viel ich ihm mit ihnen eigentlich über mich erzählte.

Meine Finger klebten förmlich auf der Tastatur, und ich haderte mit mir selbst. Nolan war online. Es war spät. Vielleicht konnte ich das Gefühl, das ich normalerweise immer hatte, wenn ich ihm Texte schrieb, ausnutzen und etwas Persönliches – etwas wirklich Persönliches – mit ihm teilen?

Zögerlich tippte ich eine Antwort. Danach las ich sie mehrmals hintereinander durch, löschte sie wieder, nur um sie erneut zu tippen. Ein letztes Mal überlegte ich, ob ich es wirklich tun sollte. Ob ich ihm anvertrauen sollte, was mich belastete.

Dann drückte ich mit bebendem Finger auf Enter.

Pengirl: Ich wünschte, ich könnte diesen Abend rückgängig machen.

Die Zeit dehnte sich bis in die Unendlichkeit aus, bis die Worte »NoGa gibt eine Nachricht ein …« erschienen.

NoGa: So schlimm?
Pengirl: Ja.
Pengirl: Und jetzt geht mein Wunsch erst recht nicht in Erfüllung, weil ich ihn dir verraten habe.

Wieder dauerte es einen Augenblick, bis er antwortete.

NoGa: Das bleibt einfach unser Geheimnis, Everly.

Ich stellte mir vor, wie er meinen Namen aussprach, und eine Gänsehaut breitete sich auf meinen Armen aus. Ich konnte mich noch genau an den Tag erinnern, an dem ich Nolan kennengelernt hatte. Ich war zu früh zu meiner ersten Stunde in der Schreibwerkstatt erschienen. Nolan hatte auf einem der Stühle gesessen, die Beine auf dem Tisch überkreuzt, ein aufgeklapptes Buch auf dem Schoß. Es hatte mich einiges an Überwindung gekostet, das Gespräch anzufangen, weil ich ihn auf Anhieb sehr attraktiv gefunden hatte, was mir so gut wie nie passierte.

Hi, ich bin Everly, hatte ich gesagt.

Nolan hatte sich zu mir gedreht, mir ein echtes, warmes Lächeln geschenkt und geantwortet: *Wunderschöner Name.*

Es hatte sich angefühlt, als wäre ein Blitz in meinem Körper eingeschlagen. Gleichzeitig hatte ich eine mörderische Angst gespürt. Ich war doch nicht in die Uni gekommen, um mein Herz direkt am ersten Unterrichtstag an einen Kerl zu verlieren.

Der Moment, als er aufgestanden und nach vorne gegangen war, um seinen Namen an das Whiteboard zu schreiben, war pure Erleichterung für mich gewesen. So brauchte ich keinen weiteren Gedanken daran zu verschwenden, dass ich mich zum ersten Mal in meinem Leben so sehr zu jemandem hingezogen gefühlt hatte.

NoGa: Wieso wünschst du dir, den Abend rückgängig machen zu können?

Langsam tippte ich meine Antwort, zögerte diesmal aber nicht, sie abzuschicken. Es war ohnehin zu spät. Der Zauber der Nacht hatte mich eingelullt, und ich hatte die Grenze zwischen oberflächlich und persönlich überschritten. Jetzt hielt mich nichts mehr zurück.

Pengirl: Meine Mom hat mir heute etwas gesagt, was mich ziemlich aus der Bahn geworfen hat, und ich habe nicht so nett darauf reagiert. Dabei habe ich sie sehr verletzt. Jetzt fühle ich mich wie ein schrecklicher Mensch.

Um nicht dabei zusehen zu müssen, wie Nolan eine Antwort tippte, versuchte ich *Brooklyn 99* weiterzuschauen, gab es aber gleich wieder auf. Ich bekam nichts von der Handlung mit, dazu war ich viel zu aufgewühlt. Mein Herz machte einen Hüpfer, als seine Nachricht in dem Chat-Fenster erschien.

NoGa: Das bedeutet aber doch nicht, dass du ein schrecklicher Mensch bist.

Ich spürte eine Woge von Erleichterung, auch wenn dieses Gefühl nur kurz anhielt.

Pengirl: Du weißt nicht, was ich alles zu ihr gesagt habe.
NoGa: Glaub mir, Everly, du bist kein schlechter Mensch. Jeder macht seine Eltern mal unglücklich. Würde ich alle Momente aufschreiben, in denen ich etwas Verletzendes zu meinen Eltern gesagt habe, würde ein Buch herauskommen, das so dick ist wie *Jonathan Strange & Mr Norrell.*

Darüber musste ich lächeln.

Pengirl: Das ist ein ziemlich dickes Buch.
NoGa: Ist es.

Obwohl ich mich immer noch schlecht fühlte, wurde der Druck auf meiner Brust mit jeder seiner Nachrichten leichter.

NoGa: Soll ich dir erzählen, was ich mir eben gewünscht habe?

Sofort schickte ich ihm den nickenden Smiley.

NoGa: Ich habe mir gewünscht, ich hätte meinen Hund besser erzogen.

Ich lächelte. Jetzt hatte er mir auch etwas Persönliches von sich anvertraut. Vorsichtig legte ich die Finger wieder auf die Tastatur.

Pengirl: Ich wusste nicht, dass du einen Hund hast! :o
NoGa: Habe ich. Einen sehr ungezogenen Beagle namens Bean, der heute einen Haufen Papier von meinem Schreibtisch gefressen hat. So bekommt »Mein Hund hat die Hausaufgaben gefressen« eine ganz neue Bedeutung. Nur dass Bean nicht meine, sondern die Aufgaben meiner Studenten gefressen hat.

Ich stieß ein kurzes Lachen aus.

Pengirl: Ich möchte bitte ein Foto von Bean!!

Nach einer Minute kam eine Datei bei mir an. Ich öffnete sie, und dann füllte das niedlichste Hundegesicht, das ich jemals gesehen hatte, meinen Bildschirm. Der kleine Beagle saß mit schräg gelegtem Kopf vor einem Haufen zerfetztem Papier.

NoGa: Das war Bean, nachdem ich ihn auf frischer Tat ertappt habe.
Pengirl: Dabei sieht er so unschuldig aus.
NoGa: Oder? Direkt im Anschluss hat er in den Flur gekotzt.

Wieder musste ich lachen. Ich speicherte das Foto auf meinem Desktop ab und öffnete es ein zweites Mal. Außer Bean und dem Chaos, das er angerichtet hatte, konnte ich einen gemusterten Teppich erkennen, außerdem verschwommen im Hintergrund Schreibtischbeine sowie direkt dahinter ein paar dunkle Regale. Ich fragte mich, wie Nolans Apartment aussah. Wie viele Bücher er wohl besaß, was sein Lieblingsleseplatz war und ob sein Schreibtisch zu Hause genauso unordentlich war wie das Pult im Seminarraum. Ich hätte alles dafür gegeben, einmal einen Blick in sein Büro zu erhaschen.

Pengirl: Vielen Dank für die Aufmunterung.
NoGa: Freut mich, dass dich mein Leid erheitert.

Innerhalb kürzester Zeit hatte er dafür gesorgt, dass die Wut in meinem Inneren abgeflaut war. Ich warf einen Blick auf die Uhr und überlegte erneut, ob ich noch mal nach unten gehen sollte. Wahrscheinlich würde ich ohnehin kein Auge zumachen können, solange der Streit mit Mom noch so ungeklärt war. Ich wollte mich zumindest entschuldigen.

Pengirl: Ich glaube, ich gehe noch mal zu meiner Mom. Die Wogen glätten und so.
NoGa: Gute Idee. Bestimmt fühlst du dich danach besser.
NoGa: Ich werde jetzt alle Aufsätze noch mal ausdrucken und ein drittes Mal lesen und bewerten.
Pengirl: Pass bloß auf Bean auf.
NoGa: Ich werde sie vor ihm verstecken und den Raum am besten noch abschließen.
NoGa: Viel Erfolg mit deiner Mom.
Pengirl: Danke. Und du halte durch x
NoGa: Gleichfalls x

Ich klappte den Laptop zu. Meine Hand verharrte einen Moment lang auf dem warm gewordenen Gehäuse. Es fühlte sich an, als hätte ich dadurch noch immer eine Verbindung zu Nolan, und ich kostete den Moment aus, solange es ging. Es war eine gute Entscheidung gewesen, ihn anzuschreiben. Er hatte genau das Richtige gesagt, um mich zu beruhigen und gleichzeitig dazu zu bringen, noch mal nach unten zu gehen – ein Gedanke, der mir vor einer halben Stunde noch völlig abwegig vorgekommen war.

Auf leisen Sohlen machte ich mich auf den Weg zu Moms Zimmer. Unter dem Türspalt war ein schmaler Streifen Licht zu erkennen. Vorsichtig klopfte ich.

»Mom?«

Keine Antwort.

»Ich … ich wollte nur sagen, dass mir leidtut, was ich gesagt habe.«

Ich konnte ihre Decke rascheln hören, doch sie schwieg weiter.

»Schlaf schön, Mom«, wisperte ich.

Ich wartete noch einen Augenblick, aber Mom sagte nichts.

Im nächsten Moment knipste sie das Licht aus, und der Flur wurde in Dunkelheit gehüllt. Ich schluckte schwer und ging dann wieder nach oben. In meinem Zimmer angekommen setzte ich mich auf die Bettkante und starrte ins Leere. Ich griff nach meinem Laptop und bereute kurz, dass ich mich so früh von Nolan verabschiedet hatte. Ich öffnete das Bild von Bean auf meinem Desktop und betrachtete den kleinen Hund, in der Hoffnung, die dunklen Wolken, die in meinem Kopf die Überhand zu gewinnen drohten, zum Verschwinden zu bringen. Leider funktionierte es nicht.

In dieser Nacht tat ich kein Auge zu.

kapitel 4

Links von mir versuchte jemand erfolglos, ein Schniefen zu unterdrücken, als Ryan Gosling und Rachel McAdams sich den angeblich romantischsten Kuss der Filmgeschichte gaben. Ich drehte den Kopf, um Dawn und Allie anzusehen, dann schaute ich über die beiden hinweg zu Scott, der am anderen Ende der Couch saß und dessen Gesichtsausdruck genau das wiedergab, was ich in diesem Moment fühlte. Wir wechselten einen Blick, und ich musste mir ein Grinsen verkneifen.

Erneut ertönte neben mir ein erstickter Laut. Dawns Augen waren ungefähr so groß wie zwei riesige Chocolate Chip Cookies, und sie hatte den Mund zu einem verzückten O geöffnet, während ihre beste Freundin Allie gerade dabei war, sich möglichst unauffällig die Tränen von den Wangen zu wischen.

Ich drehte den Kopf zurück zum Fernseher. Jetzt trug Ryan Gosling seine Angebetete ins Haus, beide völlig durchnässt vom Regen. Während ich den Anblick der halb durchsichtigen Kleidungsstücke schon irgendwie ansprechend fand, ließ mich alles andere an diesem Film mit einem großen Fragezeichen zurück.

Möglichst unauffällig holte ich mein Handy aus der Tasche und warf einen Blick darauf. Manchmal wünschte ich, ich hätte Nolans Handynummer, um ihm auch in solchen Situationen schreiben zu können. Beispielsweise interessierte mich jetzt, ob er Liebesfilme mochte oder eher auf Crime und Horror stand wie ich.

Ich hielt mein Handy seitlich neben meinem Oberschenkel, damit Dawn nicht sehen konnte, wie ich den Film googelte, um herauszufinden, wie lange er noch gehen würde.

Hundertdreiundzwanzig Minuten, lautete die deprimierende Antwort.

Hundertdreiundzwanzig Minuten voller Liebe, Schmerz und einem Ryan Gosling, der seine Angebetete durch den Regen in ein von ihm eigenhändig gebautes Haus trug.

Mit dem echten Leben hatte das wirklich nicht viel gemein. Im echten Leben baute niemand Häuser mit blauen Fensterläden. Im echten Leben knutschte man nicht im Regen und wurde durch die Gegend getragen. Im echten Leben wurde man nur kaputtgemacht und als leere Hülle zurückgelassen, die nichts mehr mit sich anzufangen wusste.

Kurz überlegte ich, ob ich Nolan eine Mail schreiben konnte, um ihn nach einem weiteren Foto von Bean zu fragen. Ich öffnete gerade den Mailer, da stieß Dawn mir den Ellenbogen in die Seite. Die Luft entwich mir mit einem leisen *Umpf.*

»Everly!«, sagte Dawn vorwurfsvoll und sah mich streng an.

»Was denn?«

»Du verpasst gerade die ungefähr romantischste Liebesszene der Welt«, antwortete Allie. Ihre Stimme klang inzwischen ein bisschen nasal.

»Eigentlich war ich diesmal dran mit Film-Aussuchen«, merkte ich an.

»Das Recht hast du verwirkt, als du gestern gemein zu meinem Dad warst.« Dawns Bemerkung traf mich genauso heftig wie der Hieb in die Seite, auch wenn ich wusste, dass ich sie verdient hatte.

Es hatte mich überrascht, als sie mich heute Morgen zu Spencer nach Hause eingeladen hatte. Er hatte uns zurück nach Woodshill gefahren, und die erste halbe Stunde war die Stimmung im Auto so angespannt gewesen, dass ich es bereut hatte, nicht mit dem Bus gefahren zu sein – bis Dawn sich auf dem Beifahrersitz umgedreht hatte, um mich zu fragen, ob ich beim Filmabend dabei sein wollte und ich ihr vor Erleichterung am liebsten um den Hals gefallen wäre.

»Wieso warst du gemein zu Stanley?«, fragte Scott neugierig. Am liebsten hätte ich mich in Spencers Sofa verkrochen, weil er mich so eingehend ansah.

Wie schon so oft zuvor überkam mich das Gefühl, nicht in Dawns Clique zu passen. Ihre Freunde wussten jedes noch so kleine Detail übereinander, während ich alles daransetzte, bloß niemandem auch nur ein Fünkchen zu viel über mich zu verraten.

Ich spürte, wie meine Handflächen feucht wurden, als ich nach einer passenden Antwort auf Scotts Frage suchte. »Unsere Eltern wollen zusammenziehen«, fing ich vorsichtig an. »Und ich habe es nicht so gut aufgenommen.«

Nun traf mich auch Allies fassungsloser Blick. »Was hast du denn gegen Stanley?«

Ich sah wieder auf den Bildschirm, wo die beiden Protagonisten immer noch dabei waren, übereinander herzufallen.

»Ich habe nichts gegen ihn.«

»Aber?«

»Ich … ich kann nicht so gut mit Veränderungen umgehen. Mom hat mir gerade erst eröffnet, dass ich mir einen Job suchen soll, weil ihr Stunden gekürzt wurden. Dann hat sie die Bombe platzen lassen, dass sie mit Stanley zusammenziehen möchte. Dieses Haus hat meiner Grandma gehört, und seit sie gestorben ist …« Ich brachte nur ein Schulterzucken zustande, mehr war gerade nicht möglich. »Das war alles ein bisschen viel auf einmal.«

Ich sah Moms verletzten Gesichtsausdruck vor meinem inneren Auge. Dann gesellte sich Grandmas Gesicht dazu. Wäre sie noch bei uns, hätte sie mir die Hölle heißgemacht, weil ich Mom so etwas an den Kopf geworfen hatte. Obwohl ihr Tod schon zwei Jahre zurücklag, vermisste ich sie immer noch schrecklich.

Dawn riss mich aus den Gedanken, als sie die Hand auf meinem Bein ablegte. Überrascht sah ich sie an.

»Das hättest du mir doch erzählen können«, sagte sie sanft.

Ein Kloß bildete sich in meinem Hals, und für einen kurzen Moment fragte ich mich, wie es wohl wäre, wenn ich ihnen noch mehr anvertrauen würde. Schnell verwarf ich den Gedanken.

Ich konnte den Rest nicht erzählen. Ich wollte nicht, dass meine Freunde mich mit anderen Augen betrachteten. Ich hatte schon nachts solche Angst – wenn ich Dawn und die anderen einweihte, würde ich jedes Mal, wenn wir uns trafen, nur noch daran denken können. Das wollte ich auf keinen Fall. Verdrängen half mir. Verdrängen ließ die Schuld und die Scham verschwinden.

»Tut mir leid«, murmelte ich.

Dawn drückte mein Bein noch einmal, danach lehnte sie sich zur Seite, bis ihr Kopf auf meiner Schulter lag. Wärme breitete sich in mir aus.

»In der Stadt hat ein neues Tattoostudio aufgemacht. Die suchen, glaube ich, noch jemanden am Empfang«, sagte Allie. »Ich kann dir die Adresse nachher schicken.«

»Das wäre toll«, sagte ich und lächelte Allie dankbar an.

»Weißt du was? Du darfst den nächsten Film aussuchen«, sagte Dawn unvermittelt.

Überrascht sah ich sie an. »Wirklich?«

Sie nickte, ohne den Kopf von meiner Schulter zu nehmen.

»Das ist sehr lieb von dir«, sagte ich.

»Ich weiß.«

»Du brauchst gar nicht so großzügig tun, Dawn. Ich kenne dich. Du schläfst beim zweiten Film immer ein«, sagte Scott, ohne von seinem Handy aufzuschauen. Er hatte es in dem Moment aus seiner Hosentasche geholt, als Dawn mir die Wahl für den nächsten Film überlassen hatte.

»Nicht, wenn ein Horrorfilm läuft.« Dawn schüttelte sich, während Scott mir den Bildschirm seines Handys hinhielt, damit ich einen Blick auf seine Filmliste werfen konnte. Er war genauso vernarrt in True-Crime-Podcasts wie ich, und auch bei Filmen hatten wir einen ähnlichen Geschmack und gaben uns immer mal wieder gegenseitig Tipps. Ich war froh über die Ablenkung. So musste ich nicht mehr an Mom und ihre Umzugspläne denken oder die Tatsache, dass ich Dawn, Allie und Scott gerade in einem Atemzug mehr anvertraut hatte als in den neun Monaten, die ich sie vorher gekannt hatte.

»Ich kann immer noch nicht glauben, dass Ryan euch beide so kaltlässt«, merkte Dawn an. »Damit wäre bewiesen, dass ihr Roboter seid.«

Ich richtete mich auf, sodass ihr Kopf von meiner Schulter rutschte. Vorwurfsvoll sahen wir einander an. »Ich bin kein Roboter!«

»Selbst Allie kann sich Ryan völlig hingeben, und sie schaut normalerweise nur Blockbuster. Ich kenne niemanden, der *Wie ein einziger Tag* nicht mag. Sogar Spencer liebt diesen Film.«

Ich schnaubte. »Der Vergleich hinkt gewaltig. Spencer liebt Liebesfilme.«

Dawn sah mich nachdenklich an und zwirbelte dabei das Ende ihres geflochtenen Zopfes zwischen ihren Fingern, was meine Aufmerksamkeit auf ihre Haare lenkte. Früher hatte ich mal versucht, mein schwarzes Haar in genau so einem Kastanienrot zu färben – leider nur mit mäßigem Erfolg. Falls man orangefarbene Flecken überhaupt als Erfolg bezeichnen konnte. Ich erinnerte mich noch genau daran, wie geschockt Mom ausgesehen hatte, als sie nach Hause gekommen war.

»Habe ich gerade meinen Namen gehört?«, erklang Spencers Stimme aus dem Treppenhaus.

»Wie macht er das?«, flüsterte Allie und beugte sich ein Stück vor, um zwischen Dawn, Scott und mir hin und her zu sehen.

»Bestimmt hat er die ganze Zeit auf der Treppe gesessen und gelauscht, weil er den Film so gerne mag«, sagte Scott extra laut, woraufhin wir alle lachten. Diese Unbeschwertheit tat unglaublich gut. Es grauste mir schon vor dem Augenblick, an dem ich wieder in meinen eigenen vier Wänden war und gegen die Decke starrte, weil ich partout nicht einschlafen konnte.

»Ich lausche überhaupt nicht«, erklang Spencers Stimme wieder. Seine Schritte wurden lauter, bis er schließlich im Flur auftauchte und an der Schwelle zum Wohnzimmer im Türrahmen stehen blieb. Er griff über sich und lehnte sich grinsend nach vorne. »Ich war nur auf dem Weg nach unten, um zu schauen, ob ihr alles habt, was ihr braucht.«

Während Dawn vor wenigen Momenten noch von Ryan Gosling geschwärmt hatte, schien dieser und alles andere vergessen, sobald ihr Freund im selben Raum war. Sie sprang auf, lief zu ihm und packte ihn beim Kragen seines karierten Hemds, um ihn zu einem Kuss runterzuziehen. Spencer stieß ein überraschtes Geräusch aus, bevor er ihr Gesicht mit den Händen umfasste und den Kuss erwiderte.

Die Zeit vor den Sommerferien, als ich jede Woche zu Dawn nach Hause gefahren war, um ihr die Aufgaben und Notizen aus der Uni zu bringen, kam mir in diesem Moment vor wie aus einem anderen Leben. Die damalige Dawn hatte mir Angst gemacht, weil sie so blass und am Boden zerstört gewesen war. Der Liebeskummer hatte ihr sämtliche Energie entzogen. Sie jetzt wieder so glücklich zu sehen erleichterte mich ungemein. Ich freute mich für sie und Spencer – doch gleichzeitig machte es mir auch Angst, wie sehr ihr Glück von ihrer Liebe zu Spencer abhing. In gewisser Weise erinnerte sie mich an Mom, auch wenn ich mir verbot, diesen Vergleich zu häufig zu ziehen.

Mir war klar, dass nicht alle Beziehungen zum Scheitern verurteilt waren, genauso wenig wie alle Männer auf dieser Welt so schlimm waren wie mein Erzeuger. Trotzdem beobachtete ich die Beziehungen in meinem Umfeld eher unter Vorbehalt. Das geschah ganz automatisch. Ich wollte, dass die Menschen, die ich lieb hatte, glücklich waren. Und Dawn damals so traurig zu sehen, war schrecklich gewesen.

Ich wandte den Blick von Dawn und Spencer ab und schaute wieder auf den Fernseher. Die Liebesszene war endlich vorbei. Inzwischen hatten wir den größten Teil des Films geschafft.

»Bald sind wir dran, Scott«, sagte ich grinsend.

»Ich habe dir meine Filmliste schon geschickt«, gab er zurück.

Ich warf einen Blick auf mein Handy und öffnete seine Nachricht.

Conjuring, The Witch, The Visit, Texas Chainsaw Massacre, Halloween, Poltergeist, The Grudge und ein paar Filme, die ich noch nicht kannte, waren dort aufgelistet.

»Wie wäre es mit *The Grudge*?«, schlug ich vor.

Scott grinste. »Ich liebe *The Grudge*.«

»Mir ist unbegreiflich, wie man so etwas lieben kann«, sagte Allie kopfschüttelnd.

»So allgemein lässt eure Filmauswahl eher zu wünschen übrig«, entgegnete Dawn vom Türrahmen. Inzwischen hatte sie sich uns wieder zugewandt, während Spencer sie von hinten umschlungen hielt und das Kinn auf ihrem Kopf ablegte.

»Ihr wisst das einfach nicht zu schätzen. Den Nervenkitzel«, warf Scott ein.

Dawn zog die Nase kraus. »Aber du guckst ja noch nicht mal richtig hin. Weißt du noch, als wir letztes Mal einen von deinen Filmen geguckt haben? Du hast dich beinahe unterm Sofa versteckt.«

»Sagt die Richtige.« Scott sah sie mit einem vielsagenden Blick an. »Ich war nicht derjenige, der drei Meter in die Luft gesprungen ist, weil er sich so erschreckt hat.«

Das Argument schien zu wirken. Dawn schwieg und setzte sich wieder zu uns aufs Sofa. Spencer nahm in der Ecke bei Scott Platz.

»Aber gibt es neben dem Nervenkitzel noch andere Gründe, um sich so was anzuschauen?«, fragte Allie.

»Ich liebe es, über die Vorgeschichten der Dämonen und Geister nachzudenken«, antwortete ich. »Die haben alle Tragisches erlebt und können nicht damit abschließen.«

Dawn schnaubte. »Das klingt fast, als hättest du Mitleid mit den Dämonen.«

Ich zuckte mit der Schulter. »Ich finde es bloß interessant.«

»Genau wie deine Mörder-Podcasts.«

»Hallo? True-Crime-Podcasts sind das Beste, was der Menschheit jemals passiert ist«, sagte ich aus vollster Überzeugung.

»Mir würden da andere Dinge einfallen«, merkte Spencer trocken an.

»Ich hätte zwanzig Dollar drauf wetten können, dass du das sagst«, sagte Scott. Spencer hielt ihm die Faust hin, und er stieß seine dagegen.

»Und was ist so spannend an True Crime? Da können es ja nicht die Dämonen sein, die dich faszinieren.« Allie sah mich fragend an.

Ich musste kurz überlegen. »Ich weiß auch nicht. Aus psychologischer Sicht finde ich es total faszinierend, Serienkiller zu verstehen. Oder es zumindest zu versuchen. Man bekommt so einen Rausch, beinahe wie … beim Achterbahnfahren«, bemühte ich mich zu erklären.

»Das ist ein Vergleich, mit dem ich was anfangen kann. Ich liebe Achterbahnen«, sagte Spencer.

Das wunderte mich nicht. Spencer hatte stets eine riesige Menge an geballter Energie in sich. Er war immer in Bewegung, machte Witze und schaffte es irgendwie, alle Leute im Umkreis von hundert Meilen für sich zu gewinnen. Ich kannte niemanden, der Spencer Cosgrove nicht mochte.

»Vielleicht sollte ich auch mal anfangen, härteres Zeug zu schauen«, überlegte Dawn laut.

Spencer blickte sie mit hochgezogener Braue an. »Oh, das will ich sehen.«

»Was soll das denn heißen?«

»Ich bin gespannt, wie lange du durchhältst«, erwiderte er. Mir entging das leichte Lächeln nicht, das er zu unterdrücken versuchte.

»Ich halte ja wohl *alles* aus.«

Spencer sah Scott und mich an. »Vielleicht hätte ich sie nicht herausfordern sollen.«

Ich grinste. »Dass das ein Fehler war, hätte dir vorher bewusst sein sollen.«

»Dawn, Süße …«, fing Spencer an, aber sie drehte sich wieder zu mir.

»Als Nächstes gucken wir *The Grudge*«, beschloss sie laut.

Spencer schmunzelte bloß, als er den Blick von uns abwandte und auf den Fernseher richtete. Dort lief inzwischen der Abspann.

»Jetzt habe ich das Ende verpasst«, sagte Allie vorwurfsvoll. »Weil ihr so viel gequatscht habt.«

»Du hast den Film ja nicht schon zwanzigmal gesehen«, kommentierte Scott und streckte sich.

Allie verschränkte die Arme vor der Brust. »Ich bin gespannt, was du sagst, wenn ich bei den letzten Minuten von *The Grudge* ein lautes Gespräch mit mir selbst führe.«

Scott ignorierte Allies bitterernsten Blick und schnappte sich den Controller von Spencers Konsole vom Couchtisch. Im Netflix-Menü scrollte er durch die Genres nach oben bis zu seiner Liste und klickte, ohne zu zögern, auf *The Grudge*.

Obwohl ich den Film beinahe auswendig mitsprechen konnte, bekam ich trotzdem eine Gänsehaut und zog schon bei der ersten Szene die Knie an, nur für den Fall, dass unter Spencers Sofa ein Monster saß, dass es auf meine Füße abgesehen hatte. Als die gruseligen Knackgeräusche des Geists zum ersten Mal ertönten, zuckte Dawn heftig zusammen und erschreckte mich gleich mit.

»Ich habe Todesangst«, sagte sie.

»Ich auch«, murmelte Allie.

Sogar Spencer war ein bisschen blass um die Nase geworden. Und mir war nicht entgangen, dass auch er die Beine aufs Sofa angezogen hatte. Ich sah Scott grinsend an.

»Vielleicht sollten wir unseren Horrorfilmabend zu zweit starten«, schlug er vor.

»Kommt überhaupt nicht infrage!«, protestierte Dawn.

»Ich möchte nur nicht, dass du Spencers schönes Sofa ruinierst, weil du dir in die Hose machst.«

Dawn verschränkte die Arme vor der Brust und schaute demonstrativ auf den Fernseher. Ein paar Minuten später stand sie auf und holte etwas zu trinken aus der Küche. Sie kam zurück, schenkte jedem von uns ein Glas ein. Danach verließ sie wieder den Raum und besorgte etwas zu knabbern, obwohl wir die Schüssel mit Chips noch nicht mal geleert hatten. Anschließend holte sie sich einen von Spencers Hoodies und zog ihn über. Mit in der Vordertasche vergrabenen Händen kehrte sie zurück ins Wohnzimmer und setzte sich hin. Als eine weitere Person im Film getötet wurde, erhob Dawn sich erneut und holte ihren Laptop. Sie setzte sich damit neben mich und öffnete ein Dokument.

Ich wusste genau, was sie da tat, verkniff mir aber einen stichelnden Kommentar.

»Woran arbeitest du?«, fragte ich stattdessen.

Dawn blickte kurz auf und lächelte. »An dem Folgeroman von *About Us*. Er heißt *By My Side*.«

»Ich wusste gar nicht, dass du einen zweiten Band schreibst«, sagte ich überrascht.

»Ich schreibe die Geschichte auch eigentlich nur für mich. Meiner Lektorin habe ich noch nichts davon verraten. Ich wollte erst gucken, was meine Testleser dazu sagen«, erwiderte sie und sah mich eindringlich an.

Ich setzte mich aufrecht hin. »Soll ich wieder testlesen?«

»Ich weiß, du hattest heute Abend wahrscheinlich genug Romantik für den Rest des Jahres, aber ich würde mich freuen, wenn du dir die ersten Kapitel anschauen könntest.«

Ein Grinsen breitete sich auf meinem Gesicht aus. »Natürlich mache ich das. Das weißt du doch.«

Dawn spielte unentschlossen mit ihren Fingern an den Bändern des Hoodies herum. »Ja?«

Ich nickte. »Na klar.«

Nur weil ich mit Romantik oder Beziehungen nichts anfangen konnte, hieß das nicht, dass ich mir Dawns Geschichten entgehen lassen würde. Sie hatte ein großes Talent fürs Schreiben, und die Figuren, die sie erschuf, wuchsen einem von der ersten Seite an so heftig ans Herz, dass man gar nicht anders konnte, als mit ihnen mitzuleiden.

»Ich melde mich auch freiwillig«, warf Scott ein, ohne von der Szene wegzusehen, in der gerade das nächste Opfer des Fluches getötet wurde.

»Danke, Scott. Das weiß ich zu schätzen«, sagte Dawn.

Scott warf ihr einen kurzen Seitenblick zu. »Ich wünschte mir nur, du würdest irgendwann darauf zurückkommen.«

»Ich erinnere mich noch an deine Kommentare, als du meine D.-Lily-Bücher gelesen hast«, erwiderte Dawn.

»Und?«

»Du hast nur Herzchen kommentiert, Scott.«

»Weil ich nun mal wirklich, wirklich begeistert war.«

»Ich weiß, und das freut mich auch sehr, aber ich brauche eher einen kritischen Blick. Everlys kritischen Blick, um genau zu sein.«

»Du hast mich Roboter genannt, als ich dir die erste Datei von *About Us* zurückgeschickt habe.«

»Aber doch nur, weil du bei den ganzen romantischen Szenen Kommentare eingefügt hast und mit Nolan über die Glaubwürdigkeit diskutieren musstest.«

Ich grinste, als ich mich an Nolans und meine Gespräche über Dawns Geschichte erinnerte. Bei vielen Szenen waren wir einer Meinung gewesen, bei anderen waren unsere Ansichten so weit auseinandergegangen, dass wir uns die Datei bestimmt zehnmal hin und her geschickt hatten. Zum Schluss waren die Kommentare so lang gewesen, dass sie sich über den gesamten Rand der Seite erstreckt hatten.

»Also ist Nolan bei eurem Testleser-Duo für die Romantik zuständig?«, fragte Allie.

Schlagartig spürte ich, wie mein Gesicht warm wurde, aber glücklicherweise rettete mich Scott davor, antworten zu müssen.

»Ich möchte auch mit Nolan über Liebesszenen diskutieren«, seufzte er. »Ich habe zwar nur die Fotos auf der Seite der Uni gesehen, aber ich wette, in echt sieht er noch besser aus. Wenn ich ihr wäre, könnte ich mich im Unterricht kein bisschen konzentrieren.«

Allie kicherte, während Dawn nur den Kopf schüttelte.

»Ach, damit habe ich keine Probleme«, sagte Dawn. »Aber Paige sieht das wohl genau so wie ihr beide.«

»Wer ist Paige?«, fragte Scott.

»Ein Mädchen in unserem Kurs. Sie himmelt Nolan so offensichtlich an, dass es manchmal schon fast ein bisschen unangenehm ist.«

»Wirklich? Paige?«, fragte ich und sah Dawn überrascht an.

Sie hob die Augenbrauen. »Hast du das noch nicht mitbekommen? Letzte Woche hat sie ihn fast angesabbert, so weit stand ihr Mund offen, als er ihr Feedback gegeben hat.«

Ein flaues Gefühl breitete sich in meinem Magen aus. Das hatte ich überhaupt nicht bemerkt.

»Darüber brauche ich mir bei dir immerhin keine Sorgen machen. Denn du hast mich. Und ich … nun ja, wir wissen beide, was meine Reize sind«, warf Spencer ein und lächelte Dawn schief an, woraufhin sie rot anlief.

»Also, ich kann es dieser Paige nicht verübeln. Bist du auch so immun wie Dawn?«, fragte mich Scott unvermittelt.

Ich zuckte betont lässig mit den Schultern, auch wenn dieses Gespräch in eine Richtung ging, die meinen Puls doppelt so schnell wie normal schlagen ließ. »Ich mag Nolan. Er ist cool.«

Wie das klang. Als würde ich über einen Bekannten sprechen und nicht über jemanden, den ich so gerne mochte und mit dem ich so viel teilte wie mit Nolan.

»Vielleicht sollte ich in euren Kurs wechseln und ihm die Aufmerksamkeit schenken, die er verdient«, murmelte Scott.

»Die Schreibwerkstatt ist so klein, Nolan würde sich mit Sicherheit freuen, wenn noch jemand dazustößt«, sagte Dawn grinsend und heftete den Blick dann wieder auf den Bildschirm ihres Laptops. Inzwischen nahm ich die Geräusche vom Fernseher kaum noch wahr. Vor meinem inneren Auge tauchte ein Bild von Nolan auf. Er hielt einen Stift in der Hand und war dicht über das Chaos auf seinem Pult gebeugt, die Brauen konzentriert zusammengezogen. Ich dachte an unsere nächtlichen Gespräche, an seine Witze, an das Foto von Bean. Ich dachte an seine Worte gestern Nacht, als ich ihm meine Sorgen geschildert hatte. Es hatte sich gut angefühlt, mich ihm anzuvertrauen. Und es war leichter gewesen, als ich gedacht hatte.

»Liest Nolan auch wieder test?«, fragte ich und bemühte mich, dabei völlig neutral zu klingen.

Dawn nickte. »Ich hatte gehofft, dass wir das Dreamteam für *By My Side* wieder zusammenführen können.«

Ich nahm einen Schluck Wasser und erinnerte mich daran, wie Nolan und ich in der vorlesungsfreien Zeit bei Skype über Dawns Geschichte diskutiert hatten. So würde ich die Gelegenheit bekommen, wieder mehr mit ihm zu reden. Mein Herz machte einen aufgeregten Satz.

»Dann warte ich gespannt auf deine Mail«, sagte ich.

Sie lehnte sich mit dem Kopf auf meine Schulter. »Du bist die Beste.«

»Ob du das noch sagst, wenn du die Datei zurückbekommst?«

Dawn boxte mich in die Seite. Und obwohl es wehtat, fühlte ich mich glücklicher als das gesamte Wochenende zuvor.

kapitel 5

»Ein schwarzer Kaffee für Everly!«, rief die Barista. Ich schob mich zwischen zwei anderen Studenten hindurch und griff nach meinem Becher. »Sehr schlichte Wahl heute«, kommentierte sie, als ich den Deckel zuschraubte. Sie kannte meine reguläre Bestellung – einen Matcha Latte – und grinste mich an, als wüsste sie, dass dieser Kaffee für jemand anders bestimmt war. Ich bedankte mich, hob den Becher zum Abschied und machte mich dann auf den Weg zum Hauptgebäude der Universität.

Als ich die Stufen zur großen Eingangstür hochging, warf ich einen Blick auf meine Uhr. Ich hatte noch zwanzig Minuten, bis die Schreibwerkstatt offiziell anfing. Ich bemühte mich, langsam durch die Flure zu laufen, um nicht zu übereifrig zu wirken. Keine Ahnung, wieso ich mich so schuldig fühlte. Als würde ich irgendetwas Verbotenes tun, dabei war zu früh zum Unterricht zu erscheinen eigentlich das genaue Gegenteil. Bevor ich um die letzte Ecke bog, fuhr ich mir durchs Haar und trug mit einem Finger ein bisschen Lippenbalsam auf. Ich überprüfte, ob der Verschluss des Bechers geschlossen und nichts ausgelaufen war, dann atmete ich noch einmal tief durch und legte die letzten Meter zum Kursraum zurück.

Ich drehte den Knauf und öffnete die Tür.

Nolan saß vorne an seinem Tisch, um ihn herum das gewohnte Chaos an Papier, Büchern und Stiften. Ich mochte, dass er so arbeitete. Es zeigte mir, dass man entgegen der allgemein vorherrschenden Meinung chaotisch, aber gleichzeitig organisiert sein konnte – auch wenn das paradox klang.

Zuerst bemerkte er meine Anwesenheit nicht. Er war dicht über ein Blatt gebeugt und hielt einen roten Stift in der Hand, dessen Ende er nachdenklich gegen seinen Mund tippte.

Ich erinnerte mich daran, wie ich ihm mal gesagt hatte, dass ich Rot als eine aggressive und Furcht einflößende Farbe empfand. Seitdem benutzte er für meine Aufgaben einen grünen Stift.

Ich machte mich mit einem Räuspern bemerkbar. Nolan hob den Kopf und sah mich einen Moment lang verwirrt an, bevor sich seine Mundwinkel zu einem Lächeln verzogen.

»Everly.« Er lehnte sich zurück und streckte die Arme über dem Kopf aus. Dann warf er einen Blick auf seine Armbanduhr. »Du bist früh dran.«

Ich nickte und schloss die Tür hinter mir. »Weil ich dir den hier versprochen hatte.«

Ich ging zu ihm nach vorne und stellte den Kaffeebecher vor ihm ab.

Sein Lächeln wurde breiter. »Kaffee?«

»Schwarz und bitter, wie gewünscht.«

Nolan hob einen Finger, wie um zu zeigen, dass ich kurz warten sollte, und beugte sich runter, um die große Schublade unter dem Pult zu öffnen. Kurz darauf holte er eine Thermoskanne aus Edelstahl mitsamt Becher heraus. Er stellte den Becher auf dem Tisch ab und nahm die Kanne, um einzuschenken. Anschließend schob er das dampfende Getränk in meine Richtung.

»Heiße Schokolade?«, fragte ich und hob den Becher mit beiden Händen hoch. Er war angenehm warm.

»Selbst gemachte heiße Schokolade«, korrigierte er mich. »Nach einem Geheimrezept meiner Mutter.«

Ich wusste nicht, ob das ein Scherz sein sollte oder nicht – bei Nolan wusste man das nie so genau –, aber ich freute mich so oder so und nippte daran. Ich seufzte. »Was auch immer hier drin ist – es schmeckt großartig.«

Er lehnte sich auf seinem Stuhl nach hinten und trank ebenfalls einen Schluck. Erst danach nahm er meinen Becher in Augenschein. »Wie passend«, sagte er und deutete auf den »But first coffee«-Schriftzug.

Ich schenkte Nolan ein kurzes Lächeln und legte meine Sachen auf einem Stuhl in der ersten Reihe ab. Dann trank ich ein weiteres Mal von der Schokolade. Sie wärmte mich von innen heraus und erinnerte mich an einen kalten Herbstabend, den man am besten mit einem dicken Buch, eingekuschelt in eine Decke auf dem Sofa verbrachte. Zwar war es noch nicht kalt draußen, aber langsam ging der Sommer zu Ende. Bald würde es wieder früher dunkel werden und die Zeit für dickere Jacken und Stiefel anbrechen.

»Die Schokolade erinnert mich an Herbst.«

»Deine Lieblingsjahreszeit«, antwortete er. »Dann habe ich ja alles richtig gemacht.«

Dass er sich an eine solche Kleinigkeit erinnerte, ließ mein Herz einen aufgeregten Satz nach oben machen. Dann dachte ich daran, dass Nolan sich solche Sachen von allen seinen Studenten merkte – so war er nun mal. Es bedeutete nicht, dass ich etwas Besonderes war.

Nolan trank einen letzten Schluck von seinem Kaffee, dann stand er auf und legte den Stift auf dem Aufsatz ab, den er bis eben noch korrigiert hatte. Er kam um das Pult herum und fing an, die Stühle und Tische an den Rand des Raumes zu räumen. Ich machte mich stumm daran, ihm zu helfen, und nahm den Stuhl, auf dem ich meine Sachen abgelegt hatte, um ihn ebenfalls aus dem Weg zu schieben. Als ich mich wieder umdrehte, war Nolan gerade dabei, einen Tisch hochzuheben. Er war schwer, aber Nolan ließ es aussehen, als würde er nicht mehr als eine Feder wiegen. Ich fragte mich, ob er Sport machte. Außerdem fragte ich mich genau wie letzte Woche, wie sein Bauch unter diesem Shirt aussah. Was hätte ich nicht alles dafür gegeben, um …

»Ich habe gehört, dass wir beide wieder testlesen dürfen«, sagte er unvermittelt.

Ertappt richtete ich den Blick schnell auf den nächsten Stuhl, den ich zur Seite räumte. Ich musste einmal tief durchatmen, bevor ich Nolan wieder ansehen konnte. »Ich freue mich schon.«

»Ich mich auch. Vor allem auf die romantischen Szenen«, sagte er, und ich nahm den neckenden Unterton in seiner Stimme deutlich wahr.

»Ob du es glaubst oder nicht, ich bin bereit für die romantischen Szenen. Ich wurde am Wochenende darauf vorbereitet.«

»Ach ja?«, sagte Nolan, ohne mich anzusehen. Stattdessen hantierte er an einem weiteren Tisch herum.

»Dawn hat mir eine Überdosis Ryan Gosling verpasst.«

Nolan lachte auf.

»Ja, ja, lach nur. Aber denk dran, dass ich diejenige sein werde, die lacht, wenn das Happy End kommt und du Dawn wieder davon überzeugen möchtest, dass ihre Protagonisten auch für immer getrennt leben können.«

Er schmunzelte. »Geschichten müssen nicht immer ein glückliches Ende haben.«

»Ich weiß. Aber findest du nicht, dass es etwas Befriedigendes hat, wenn man am Ende das Buch zuklappen kann und glücklich ist, weil alles aufgelöst wurde?«

»Doch, schon. Aber ich mag es auch, mich zu fragen, was mit den Menschen passieren würde, wenn es kein klassisches Happy End gibt. Wie es danach mit ihnen weitergeht.« Er nahm den nächsten Tisch hoch, und ich bemühte mich, in sein Gesicht statt auf seine angespannten Arme zu sehen. »Wie gehen sie mit Verlusten und Niederlagen um? Inwieweit wird sich ihr Charakter dadurch verändern? Wohin wird sie ihr Schicksal treiben?«

Ich hob eine Braue. »Du kannst Dawn nicht wieder vorschlagen, dass sie den Protagonisten am Ende sterben lässt.«

»Spielverderberin.« Er stellte den Tisch ab, kam zurück und schnappte sich mit jeder Hand einen Stuhl. Seine verfluchten Arme würden mir noch zum Verhängnis werden. Ich konnte nicht wegsehen.

»Ich bin keine Spielverderberin. Du bist einfach nur sadistisch veranlagt«, sagte ich abgelenkt.

Er stapelte die Stühle übereinander. »Sadismus ist nicht so meins. Meine Vorlieben liegen woanders.«

»Wo denn?«, fragte ich, ehe ich mich zurückhalten konnte.

In dem Moment drehte er sich wieder zu mir um und sah mich mit einem Blick an, den ich noch nie zuvor an ihm gesehen hatte. Er war hypnotisierend. Obwohl noch ein Stuhl vor mir stand, konnte ich die Hand nicht heben, um nach ihm zu greifen. Ich war wie festgefroren, gefangen von Nolans Blick und der verheißungsvollen Dunkelheit, die darin lag.

Ich hatte bei diesem Schlagabtausch unbedingt die Oberhand haben wollen, aber jetzt fragte ich mich, ob das eine gute Idee gewesen war. Ich überlegte fieberhaft, was ich sagen konnte, um die Situation wieder aufzulockern und die Spannung zwischen uns verschwinden zu lassen.

In diesem Augenblick ging die Tür zum Seminarraum auf, und Blake kam rein.

Nolans Blick klärte sich innerhalb eines Wimpernschlags. Er sah weg, und das riss mich aus der Starre. Mit wild klopfendem Herzen schaffte ich es, nach dem letzten Stuhl zu greifen und ihn zur Seite zu räumen.

»Ich habe dir einen Donut mitgebracht, werter Dozent«, verkündete Blake feierlich hinter mir. »Als Entschädigung für letzte Woche.«

»Wie aufmerksam. Aber ich habe trotzdem nicht vergessen, dass du die Aufgabe einen Tag zu spät geschickt hast. Du weißt, was das bedeutet.« Nolans Stimme klang völlig normal. Bestimmt schlug sein Herz gerade nicht so schnell wie mein eigenes.

Während Blake ein Stöhnen ausstieß, rang ich immer noch mit mir. Ich ließ mich auf den Stuhl fallen und fragte mich, was zum Teufel das gerade gewesen war. Mein Gesicht glühte, und ich hätte am liebsten eines der Fenster geöffnet, um mich abzukühlen.

»Wusstest du eigentlich, dass Nolan auf Französisch ›Gnade‹ heißt?«, fragte Blake.

Nolan hob skeptisch eine Braue. »Und ich dachte immer, mein Name ist irisch und bedeutet ›vornehm‹ oder ›berühmt‹. Aber vielen Dank für die Erleuchtung, Blake.«

»Gern geschehen. Ich finde übrigens, wenn dir mein Wohl am Herzen liegt, könntest du das mit der Gnade ein bisschen mehr verinnerlichen.«

»Ich werde der Sache nachgehen.«

»Danke, Master Gates«, sagte Blake und setzte sich verkehrt herum auf den Stuhl neben meinem. Er stützte seine Arme auf der Lehne ab und grinste mich an. »Hallo, Teuerste. Was geht?«

Da ich gerade alles in meiner Macht Stehende versuchte, Nolans Blick auszuweichen, war Blake mir eine willkommene

Ablenkung. Ich lächelte ihn an. »Nicht viel. Wie war deine Woche bisher?«

Er zuckte mit den Schultern und fuhr sich durchs braune Haar. »Genauso ereignislos.«

»Sag mal, reichst du deine Aufgaben eigentlich absichtlich zu spät ein?«, fragte ich und drehte mich nach links, um ihn richtig ansehen zu können.

Blakes einer Mundwinkel hob sich leicht. Er linste nach vorne zu Nolan, der sich wieder hinter seinen Tisch gesetzt und sich über einen Stapel Blätter gebeugt hatte.

»Wo wäre denn der Spaß, wenn ich dir das verrate?«, fragte er.

»Das ist ja wohl ein eindeutiges Ja«, sagte ich. Irgendwie war sein Lächeln ansteckend – ich konnte gar nicht anders, als es zu erwidern, auch wenn meine Wangen immer noch brannten. »Ich frage mich nur, was du davon hast.«

Er hob eine Schulter. »Spaß? Abenteuer? Einen Lichtblick in meiner sonst ziemlich trostlosen Woche?«

Ich kannte Blake seit über einem Jahr. Wir waren Freunde, und ich wusste, dass seine Wochen nicht besonders trostlos waren. Eher im Gegenteil. Er spielte Basketball bei den Woodshill Eagles und konnte sich über fehlende Aufmerksamkeit wirklich nicht beschweren.

»Drillt euch der Coach, weil ihr die ersten beiden Testspiele verloren habt?«, fragte ich.

Blake presste sich eine Hand auf die Brust. »Mitten ins Herz, Everly.«

»Sorry«, sagte ich und versuchte Nolan, der vorne mit Papier raschelte, bestmöglich auszublenden und nicht darüber nachzudenken, wie seine Antwort auf meine Frage wohl ausgesehen hätte. Stattdessen konzentrierte ich mich auf Blakes grüne Augen und sein schiefes Grinsen, das inzwischen genauso ein fester Bestandteil meines Mittwochs war wie die Konversationen mit Nolan.

»Wir haben bestimmt nur verloren, weil du bisher bei keinem unserer Spiele warst.«

»Ich bin nicht so der Basketballfan«, gab ich zurück.

Ich hatte immer ein schlechtes Gewissen, wenn ich meine Freunde belog – aber diese Lüge schmerzte richtiggehend.

»Sag nicht, dass du eher ein Baseballmädchen bist, Everly. Ich glaube nicht, dass ich noch einen Stoß ins Herz verkraften würde.«

»Auf keinen Fall. Beim Baseball gibt es keine Cheerleader«, sagte ich leichthin und streckte mich über drei Stühle hinweg, um an meinen Becher mit der heißen Schokolade zu kommen. Ich nippte daran und musste enttäuscht feststellen, dass sie inzwischen nur noch lauwarm war.

Blake öffnete den Mund und schloss ihn wieder. Dann wurde sein Grinsen noch breiter. »Sag nicht, du hast gecheert.«

Ich erstarrte in meiner Bewegung. Dieser Tag würde mir noch zum Verhängnis werden. Normalerweise hätte ich mich nicht so verraten. Das lag nur daran, dass Nolan mich derart aus dem Konzept gebracht hatte.

»Das ist keine große Sache.« Um nichts mehr sagen zu müssen, nahm ich einen weiteren großen Schluck.

»Ich würde alles dafür geben, dich mal cheeren zu sehen.«

Ich hob eine Braue. »Weil du einen seltsamen Fetisch hast oder weil du den Wettkampfsport genauso wertschätzt wie Basketball?«

Blake grinste. »Natürlich Letzteres. Wo denkst du hin?«

Er griff den Becher aus meiner Hand und trank daraus, als würde die Schokolade ihm gehören. Ich kam gar nicht dazu, ihn aufzuhalten. In diesem Moment öffnete sich die Tür zum Seminarraum erneut. Ich blickte nach vorne und sah Paige reinkommen, die eine Begrüßung murmelte. Ein Kribbeln machte sich in meinem Nacken bemerkbar, und wie von selbst schaute ich zu Nolan.

Ich war nicht auf die Intensität vorbereitet, mit der mich sein Blick traf. Er sah mich und Blake an, und obwohl sein Gesicht dabei völlig ausdruckslos war, wirbelte ein Sturm in seinen grauen Augen. Der Moment dauerte nur eine Sekunde – als er blinzelte, lichteten sich die düsteren Wolken so schnell, dass ich mich fragte, ob ich sie mir eingebildet hatte.

kapitel 6

»Tut mir leid«, sagte der Kellner und schenkte mir ein entschuldigendes Lächeln. »Wir haben im Moment wirklich genug Personal. Aber sonst frag doch mal nebenan. Ich glaube, die suchen noch Verkäufer.«

»Okay, trotzdem vielen Dank«, sagte ich, obwohl ich nebenan schon gewesen war und dort auch keinen Erfolg gehabt hatte. »Das ist mein Lebenslauf. Falls ihr doch noch jemanden sucht, wäre es toll, wenn ihr an mich denken würdet.«

»Machen wir«, sagte er und ging dann zurück zur Küche, wo er die Bestellungen weitergab, die er eben aufgenommen hatte.

Ich verließ das Restaurant und blieb neben der Eingangstür stehen. Dort holte ich meine zusammengefaltete Liste aus der Jackentasche und zog den Stift hervor, den ich mir hinters Ohr geklemmt hatte. Seufzend strich ich den Laden durch.

Es war viel schwerer, einen Nebenjob zu finden, als ich gedacht hatte. Mein anfänglicher Optimismus war nach vier Stunden erfolgloser Suche deutlich eingestampft worden. Ich war bei über sieben Läden in der Innenstadt gewesen, sogar bei *Wesley's*, einem Technikfachhandel, der so zugestopft war, dass es Jahre gedauert hätte, um ihn wieder auf Vordermann zu bringen. Der (zugegebenermaßen sehr unsympathische) Chef hatte mich weggeschickt, da er gerade jemand Neues eingestellt hatte, aber auch wenn er merkwürdig gegrinst hatte, war er immer noch netter gewesen als der Chef in dem Laden davor, der meinen Lebenslauf nicht mal behalten wollte und ihn mir wortwörtlich hinterhergeworfen hatte, sodass ich ihn vom Boden aufsammeln musste.

Ich blickte die Straße hinauf und seufzte erneut. Ich war fast am Ende angelangt. Als Nächstes kam ein Laden, der gerade renovierte, danach eine Reinigung, die geschlossen hatte, und zu guter Letzt … das Tattoostudio, das Allie letzten Samstag erwähnt hatte. Am liebsten hätte ich mir gegen die Stirn geschlagen. Ich hatte völlig vergessen, dass sie mir davon erzählt hatte, und es nicht auf meine Liste geschrieben.

Ich ging auf die Eingangstür zu, über der in simplen Lettern *Get Inked* stand. Im Gegensatz zu den Läden davor waren die Fensterscheiben sauber und der Innenraum hell erleuchtet. Kurzerhand ging ich die zwei Stufen zum Eingang nach oben und betrat das Studio.

Ich war überrascht, wie hell und einladend der Empfangsbereich auf mich wirkte. Er hatte hohe weiße Wände, an denen gerahmte Fotos von Tattoos und Menschen, die ihre Tattoos stolz präsentierten, aufgehängt waren, und der Boden sah auf den ersten Blick aus wie echtes Parkett. Im Gegensatz zu einigen anderen Läden, in denen ich heute gewesen war, roch es hier sauber, ein bisschen holzig und gleichzeitig nach Minze. Auf einem kleinen antikgoldenen Tisch stand ein Wasserspender mit Gurken und Orangen und direkt daneben mehrere Gläser. Obwohl mein Hals trocken war und ich nichts gegen ein Glas Wasser einzuwenden gehabt hätte, ging ich direkt auf den Tresen zu, der in der Mitte des Raumes stand und hinter dem eine junge Frau saß, die an beiden Armen tätowiert war.

»Hi«, sagte sie und lächelte mich freundlich an. Sie tippte noch etwas in den Computer ein, dann rutschte sie von ihrem Hocker und wandte sich mir zu. »Was kann ich für dich tun?«

»Hi.« Ich räusperte mich. »Ich habe gehört, dass ihr vor Kurzem erst eröffnet habt, und wollte fragen, ob ihr noch Aushilfen sucht?«

Sie nickte. »Wir brauchen dringend noch jemanden für den Empfang. Ist nicht besonders spannend: Telefonate führen, Termine koordinieren, die Kunden begrüßen und dafür sorgen, dass sie sich wohlfühlen.«

Sie ließ es wie die langweiligste Aufgabe der Welt klingen, dabei hörte es sich perfekt für mich an. Sofort holte ich meinen Lebenslauf aus meiner Tasche und hielt ihn ihr hin. »Ich möchte mich dafür bewerben.«

Mit einem Grinsen nahm sie das Blatt entgegen, überflog es kurz und gab es mir dann zurück. »Hast du Tattoos?«

Die Hoffnung, die in mir aufgekeimt war, verflüchtigte sich wieder. Ich versuchte nicht allzu verunsichert zu wirken, als ich den Kopf schüttelte. »Nein, habe ich noch nicht. Aber ich habe ein Piercing.« Ich schob die Haare hinter mein linkes Ohr, um meine Helix freizulegen.

Die Tätowiererin lächelte. »Cool. Und an welchen Tagen könntest du arbeiten?«, fragte sie.

»Dienstag, Donnerstag und Freitag. Notfalls auch an Samstagen, aber eigentlich suche ich nichts fürs Wochenende.« Normalerweise besuchte ich da nämlich Mom, auch wenn ich mich im Moment bemühte, jegliche Gedanken an sie zu vermeiden.

Sie winkte ab. »Du müsstest nur unter der Woche kommen, am Wochenende haben wir in der Regel feste Termine. Hast du einen Moment Zeit? Dann würde ich den Chef holen gehen.«

Ich nickte. »Klar, gerne.«

Sie ging durch eine breite Tür in den hinteren Bereich des Studios. Wenig später kehrte sie mit einem groß gewachsenen Mann zurück, der vom Hals abwärts tätowiert war. Ich hätte mir die schwarzen Bilder, die sich über den Großteil seiner

Haut zogen, gerne genauer angesehen, um Details auszumachen, aber ich wollte nicht unhöflich sein. Stattdessen hob ich den Blick und sah in sein Gesicht. Ein paar wirre Haarsträhnen schauten unter der schwarzen Beanie-Mütze hervor und fielen in seine Stirn. Er war jünger als alle anderen Chefs, die ich heute getroffen hatte.

Ich konnte seinen Gesichtsausdruck nicht deuten, als er mir die Hand hinhielt. »Ich bin Zev.«

»Everly«, gab ich zurück und ergriff seine Hand. Er drückte sie kurz und fest.

»Freut mich, dich kennenzulernen, Everly. Ich habe gehört, du suchst einen Job?«

Ich nickte. »Deine Kollegin …« Ich sah sie fragend an.

»Katie«, half sie mir aus.

»Katie hat gesagt, ihr sucht noch jemanden für den Empfang. Bei meinem Praktikum bei einem Verlag habe ich auch öfter die Wochentermine koordiniert.« Ich glaubte zwar nicht, dass die beiden Tätigkeiten vergleichbar waren, aber trotzdem versuchte ich, mich bestmöglich zu verkaufen.

»Klingt doch gut.« Er warf einen Blick auf meinen Lebenslauf und las ihn konzentriert. »Hast du Lust, probezuarbeiten?«

»Sehr gerne.«

»Am besten nächste Woche«, sagte Zev und sah wieder hoch. »Diese Woche sind schon alle Termine voll, und wir müssen noch ein bisschen Kram ausräumen und fertig machen. Komm am besten Dienstag vorbei. Katie und ich zeigen dir, wie alles hier funktioniert.«

»Und wenn es gut läuft, können wir dir auch gleich dein erstes Tattoo stechen«, warf Katie ein.

»Ich …«, fing ich an, doch dann realisierte ich, was sie gesagt hatte, und geriet ins Stocken. »Wie bitte?«

Zev und Katie sahen mich ernst an.

»Wir können doch niemanden hier vorne hinstellen, der so nackte Arme hat wie du«, erläuterte Katie.

»Ich … ähm. Ich glaube nicht, dass mir bis nächste Woche ein passendes Motiv einfallen wird«, sagte ich vorsichtig.

Plötzlich breitete sich ein Grinsen auf Katies Lippen aus. Zev schüttelte bloß den Kopf, ohne auch nur mit der Wimper zu zucken oder eine andere Regung zu zeigen.

»Du verjagst die erste geeignete Kandidatin für den Job«, sagte er mit tiefer Stimme. »Möchtest du doch noch länger im Empfangsbereich arbeiten?«

Katie stöhnte auf. »Bitte nicht.«

»Wusste ich's doch«, gab er trocken zurück.

Sie wandte sich an mich. »War nur ein Witz, Everly.«

»Gott sei Dank. Ich hätte echt nicht gewusst, was ich sonst gemacht hätte. Ich war kurz davor, das wirklich in Erwägung zu ziehen.«

»Du hättest deinen Gesichtsausdruck sehen sollen«, sagte Katie grinsend. »Aber gut, dann sehen wir uns nächste Woche?«

Ich nickte und schüttelte beiden die Hand zum Abschied.

Draußen angekommen reckte ich das Gesicht zum Himmel und atmete einmal tief durch. Auch wenn Mom immer noch wütend auf mich war – sollte ich den Job bekommen, würde ich ihr zumindest einen Teil ihrer Sorgen abnehmen können.

Als ich abends in meine Wohnung kam, nahm ich all meinen Mut zusammen und rief zu Hause an. Mom ging nicht ran. Ich schickte ihr eine Nachricht, in der ich vom Probearbeiten erzählte, und hoffte, dass sie sich freute. Ich fragte mich, ob sie immer noch wütend auf mich war oder gerade einfach viel zu tun hatte. Immerhin hatte sie schon mit Ausmisten anfangen wollen, und bis November war nicht mehr allzu viel Zeit.

Mit der Pappschachtel in der Hand, die ich mir bei meinem Lieblingsasiaten um die Ecke geholt hatte, ging ich zu dem Bild, das an der Wand in meinem Wohnzimmer hing. Es war bei einem meiner Wettkämpfe entstanden, kurz nachdem ich fünfzehn geworden war. Keiner meiner Freunde hatte es je zu Gesicht bekommen, weil ich nie Gäste zu mir nach Hause einlud.

Auf dem Foto waren Mom, Grandma und ich nebeneinander zu sehen. Ich trug meine Cheer-Uniform: ein enges weißes Top mit dem Logo meiner Highschool, einen dunkelroten Rock mit kleinem Schlitz, eine übergroße Schleife in dem damals noch langen Haar und weiß-rote Pompons. Grandma und Mom hatten den zu meiner Uniform passenden Schal um ihre Hälse gewickelt und lächelten stolz in die Kamera, die Wangen eng an meine gedrückt.

Ich musste daran denken, wie es sich angefühlt hatte zu cheeren. An das Gefühl, durch die Luft zu fliegen, an den Teamgeist, an die Hebefiguren. An das Gefühl, ein wichtiger, unverzichtbarer Teil von etwas zu sein.

Dann erinnerte ich mich an das Knacken meines Gelenks. An das kalte Licht der Neonröhren im Krankenhaus.

Schnell wandte ich den Blick ab. Es tat zu sehr weh, und in dieser Sekunde fragte ich mich, wieso zum Henker ich es für eine gute Idee gehalten hatte, ausgerechnet dieses Bild in der Wohnung aufzuhängen. Wahrscheinlich, weil ich geglaubt hatte, diese Zeit hinter mir gelassen zu haben. Wenn ich an meine Reaktion auf Blakes Worte zurückdachte, war mehr als offensichtlich, dass das nicht der Fall war.

Ich ging zu meinem Sessel und ließ mich darauf fallen. Ich betrachtete das alte Sofa meiner Grandma und wünschte, sie wäre hier. Ich konnte mir förmlich ausmalen, wie sie dort saß, einen großen Becher Tee in der Hand, während ich ihr all das erzählte, was im Moment bei mir los war. Früher hatte ich immer mit ihr reden können. Über alles. Jetzt gab es für dieses »alles« nur noch Nolan. Und der wusste nicht mal, dass das, was ich ihm jede Woche schickte, nicht erfunden war.

Ich dachte an heute Vormittag, an seinen glühenden Blick und den Tonfall in seiner Stimme. Waren seine Worte ein Spaß gewesen? Oder hatte ich mir das Knistern im Seminarraum bloß eingebildet?

Wie ferngesteuert stellte ich die leere Pappschachtel beiseite und griff nach dem Laptop. Nachdem er hochgefahren war, öffnete ich den Mailer. Ich sah auf das kleine Rädchen für die Aktualisierung. Eine Mail von Dawn ploppte auf, im Anhang befanden sich die ersten hundert Seiten ihres neuen Romans. Von Nolan war in meinem Posteingang keine Spur. Ich versuchte, dem flauen Gefühl in meinem Bauch keine weitere Beachtung zu schenken, und zog Dawns Datei auf den Desktop. Ich überlegte, ob ich den Text sofort lesen sollte, entschloss mich aber, mir die Datei für später aufzusparen. Es gab noch eine Reihe anderer Hausaufgaben, die ich erledigen musste, allen voran ein Assignment für den Literaturkurs, den ich am wenigsten mochte. Der Abgabetermin war Ende der Woche, und ich hatte die Arbeit inzwischen lange genug vor mir hergeschoben.

Ich bewegte den Cursor zu der entsprechenden Datei, hielt aber inne und schielte zu dem Skype-Symbol auf meinem Desktop. Es kribbelte mir in den Fingern zu sehen, ob Nolan online war, und herauszufinden, ob er sich nach unserem Schlagabtausch anders verhalten würde. Ein paar Minuten rang ich mit mir, doch da ich wusste, dass ich mich ohnehin nicht konzentrieren konnte, bevor ich mit ihm gesprochen hatte, gab ich auf und öffnete schließlich das Programm.

Das Erste, was ich sah, war das grüne Zeichen neben Nolans Namen.

Er war da.

Kurz überlegte ich, ob ich ihn anschreiben sollte, traute mich aber nicht richtig. Wieder wandte ich mich dem Assignment für einen meiner Literaturkurse zu, um gedanklich ein bisschen Abstand zu gewinnen. Ich las mir die Aufgabe sorgfältig durch.

Es ging um drei verschiedene Bücher: eine Autobiografie, einen Briefroman und einen Roman, der aus drei Perspektiven erzählt wurde. Ich sollte alle Erzählstile gegenüberstellen und beurteilen, inwieweit sich die Leseprozesse voneinander unterschieden. Dankbar für die Ablenkung machte ich mich an den ersten Text und begann, ihn Stück für Stück auseinanderzunehmen. Ich notierte alles, was mir beim Lesen auffiel, und musste einige Stellen doppelt und dreifach durchgehen, um sie zu verstehen. Manchmal brauchte ich ewig, um Hausaufgaben zu machen, weil mein Kopf bei manchen Aufgaben irgendwie dichtmachte und es oft lange dauerte, bis ich Dinge begriff. Ich wappnete mich gerade für den zweiten Text, als das Skype-Symbol aufhüpfte.

Wie von selbst klickte ich auf das Programm.

NoGa: Ich habe mir Gedanken gemacht, wie wir Dawn unser Feedback besser mitgeben können.

Ich hielt den Atem an und tippte langsam eine Antwort.

Pengirl: Wie denn?

Seine Antwort kam schnell.

NoGa: Ich würde vorschlagen, dass wir beide die ersten Kapitel lesen, uns Notizen zu den Punkten machen, die uns auffallen, und dann einmal alles durchsprechen, bevor wir uns die Datei wieder so oft hin- und herschicken. Das würde uns einiges an Zeit sparen.

Ich schluckte schwer. Er verhielt sich völlig normal. Also hatte ich mir seinen Blick doch nur eingebildet. Und wenn für ihn alles normal war, musste es das für mich auch sein. Eine andere Wahl hatte ich gar nicht.

Ich las seine Nachricht noch einmal und spürte einen enttäuschten Stich im Magen. Während ich mich immer auf seine Mails gefreut hatte, klang es bei ihm so, als wären unsere langen Gespräche und Diskussionen eine Zeitverschwendung gewesen. Der Gedanke schmerzte, doch ich versuchte, mich zusammenzureißen. Ich musste seine Nachricht mit der gleichen Distanz lesen, wie er sie verfasst hatte.

Pengirl: Das können wir gerne machen. Dann erschlagen wir Dawn auch nicht mit Hunderten von Kommentaren.
NoGa: Genau.

Ich fragte mich, ob das Gespräch jetzt schon beendet war. Es vergingen einige Minuten, in denen ich mit mir rang. Ich wandte mich dem zweiten Text meiner Aufgabe zu, konnte mich aber nicht konzentrieren, weil ich gedanklich bei Nolan und der Tatsache festhing, dass er das Testlesen verkürzen wollte und unsere Gespräche anscheinend nicht so sehr genossen hatte wie ich. Außerdem überlegte ich, ob ich nicht doch einfach Dawns Text lesen sollte. Er war garantiert spannender als dieser nie enden wollende Fachtext. Die winzigen Buchstaben auf dem Bildschirm verschwammen vor meinen Augen.

Ich wollte gerade frustriert den Laptop von mir schieben, als das Skype-Symbol wieder aufhüpfte.

NoGa: Eigentlich habe ich einen riesigen Stapel an Kram, den ich bis morgen noch erledigen muss, aber Dawns Manuskript hat mich so angelächelt, und jetzt konnte ich nicht anders, als reinzuschauen.

Ich lehnte mich wieder zurück und atmete einmal tief durch. Dann tippte ich meine Antwort.

Pengirl: Das war ein Fehler. Fängt man einmal an, kann man nicht mehr aufhören.
Pengirl: Ich kämpfe auch gerade mit mir selbst …
NoGa: Es ist wirklich gut.
Pengirl: Hör auf.
NoGa: Wirklich, wirklich gut. Tolle Figuren. Super Story. Sehr spannend.
Pengirl: Nolan …
NoGa: So viel Drama und Leid, ich liebe es.
Pengirl: Es ist deine Schuld, wenn ich mein Assignment nicht rechtzeitig abgebe.
NoGa: Genau genommen wäre es Dawns Schuld. Schließlich ist sie diejenige, die ein Buch nach dem anderen schreibt.
Pengirl: Auch wieder wahr. Ich frage mich manchmal, wie sie das schafft.
NoGa: Ich denke, wenn man etwas hat, für das man Feuer und Flamme ist, fühlt sich vieles nicht wie Arbeit an.
Pengirl: Geht dir das auch so?
NoGa: Ja, total. Ich liebe meinen Job.

Ich schluckte schwer, als ich darüber nachdachte, dass ich nur von Menschen umgeben war, die anscheinend schon immer wussten, was sie beruflich machen wollen. Bei dem Gedanken wurde mir schwer ums Herz.

Das Gefühl von letztem Samstag kehrte zurück, als Nolan und ich nachts geschrieben und über den Streit mit meiner Mom geredet hatten. Es hatte so gutgetan, mich ihm anzuvertrauen. Und in diesem Moment hatte ich das Gefühl, dass sich mir eine weitere Chance bot. Eine Möglichkeit, ihm wieder etwas anzuvertrauen und im Gegenzug dasselbe zu bekommen, weil wir uns auf derselben Ebene befanden.

Ich zögerte noch ein paar Sekunden. Dann schrieb ich die Worte, die ich bisher noch nie einem anderen Menschen gesagt hatte.

Pengirl: Ich wünschte, ich wüsste auch, was ich den Rest meines Lebens machen soll.

Nolan brauchte eine Minute, bis er antwortete. Ich stellte mir vor, wie er zu Hause saß und über meine Worte nachdachte. Letztlich tippte er eine Nachricht.

NoGa: Hattest du nicht mal erzählt, dass du und deine Mom eine Literaturagentur eröffnen wollt?

Ich spürte, wie sich ein Kloß in meinem Hals bildete, wie immer, wenn die Sprache auf dieses Thema kam.

Pengirl: Ja, schon. Aber wenn ich ehrlich sein soll, bin ich mir nicht so sicher, ob ich das wirklich durchziehen möchte. Allerdings habe ich auch keinen Plan B, und das versetzt mich in Panik.

NoGa: Also, ich hatte mit Anfang zwanzig auch keine Ahnung, was ich mit dem Rest meines Lebens anfangen soll. Das ist völlig normal.
Pengirl: Meinst du?
NoGa: Auf jeden Fall.
NoGa: Aber darf ich dich etwas fragen?

Ich ahnte schon, wie seine Frage lautete, tippte aber trotzdem die nächsten Worte.

Pengirl: Schieß los.
NoGa: Wieso denkt deine Mom, dass du eine Literaturagentur mit ihr aufmachen möchtest, wenn es dir damit offensichtlich nicht gut geht?

Ich seufzte und spürte, wie meine Finger kribbelten, gleichzeitig zog sich etwas in meinem Bauch krampfartig zusammen. Und plötzlich war es, als wäre ein Damm gebrochen: Die Wahrheit floss durch meine Finger mitten in das weiße Eingabefeld unseres Chats.

Pengirl: Ich habe Literatur schon immer geliebt. Es bestand nie ein Zweifel daran, dass ich mal in Moms Fußstapfen trete und ebenfalls Lektorin werde. Wir schmieden diesen Plan schon so lange, und mir ist nie in den Sinn gekommen, einen Rückzieher zu machen. Aber je näher ich meinem Abschluss komme, desto blockierter fühlt sich alles in mir an … ich weiß auch nicht. Ich kann es nicht richtig erklären.

Eine Weile geschah auf mein Geständnis nichts. Dann tippte Nolan etwas und hörte wieder auf. Das Ganze wiederholte sich ein paarmal, bevor seine nächsten Worte auf meinem Display erschienen.

NoGa: Ich glaube, ich verstehe, was du meinst.
NoGa: Leider kann man andere Menschen nicht mit reiner Willenskraft glücklich machen, ganz gleich, wie sehr man sich auch anstrengt. Und schon gar nicht, wenn man selbst darunter leidet.

Mein Hals schnürte sich zu. Ich verstand nicht genau, wie unser Gespräch diesen Umschwung geschafft hatte, aber plötzlich fühlte sich alles in mir ganz flau und zittrig an. Bedächtig lagen meine Finger auf der Tastatur, und dann füllte ein weiteres meiner Geheimnisse das kleine Eingabefeld.

Pengirl: Aber meine Mom hat schon genug durchgemacht. Ich möchte ihr nicht auch noch wehtun.

Ich schloss das Fenster und schaffte es erst danach, tief einzuatmen. Meine Hände fühlten sich kalt an vor Nervosität. Ich konnte nicht glauben, dass ich Nolan das tatsächlich anvertraut hatte.

Das Skype-Symbol blinkte. Ich öffnete das Fenster wieder.

NoGa: Es tut mir leid, das zu hören.
NoGa: Hat das etwas mit den Texten zu tun, die du in der Schreibwerkstatt schreibst?

Mein Herz setzte einen Schlag aus, und ich starrte auf den Bildschirm. Darauf konnte ich ihm nicht antworten. Ich konnte Nolan unmöglich erzählen, dass ich in diesen Texten alles verarbeitete, was ich in meiner Kindheit und Jugend erlebt hatte.

Krampfhaft überlegte ich, was ich auf seine Nachricht antworten sollte, und tippte schließlich das Erste, was mir in den Sinn kam.

Pengirl: Vielleicht bin ich ja auch dazu bestimmt, Literaturagentin zu werden, und merke das erst viel später, wer weiß?
Pengirl: Ich werde jetzt übrigens anfangen, das Manuskript zu lesen, und mein Assignment auf später verschieben … Danke, Nolan.
NoGa: Gern geschehen.

Ich atmete tief durch, dankbar, dass er den Wink mit dem Zaunpfahl verstanden hatte und nicht weiter nachhakte. Das änderte allerdings nichts an der Tatsache, dass er mich mit seiner Frage völlig aus dem Konzept gebracht hatte.

Als Skype wieder blinkte, öffnete ich die Nachricht mit Bedacht.

NoGa: Was meinst du? Wie lange brauchst du, um die ersten Kapitel zu lesen?

Ich dachte kurz nach.

Pengirl: Kommt drauf an. Wieso?
NoGa: Weil ich mir gerade überlegt habe, ob wir uns nicht treffen könnten, um unsere Notizen zusammen durchzugehen, wenn wir beide damit fertig sind.

Mein Puls schoss in die Höhe. Als Nolan den Vorschlag gemacht hatte, unsere Anmerkungen durchzusprechen, bevor wir Dawn das Manuskript zurückschickten, war ich enttäuscht gewesen. Ich hatte befürchtet, ich würde nun viel weniger Gelegenheiten haben, mit ihm zu sprechen.

Aber das hier war ja noch viel besser.

Nolan wollte sich mit mir treffen.

Er und ich.

Zu zweit.

Außerhalb des Unterrichts.

Langsam tippte ich eine Antwort.

Pengirl: Das können wir gerne machen. Wann hast du denn Zeit?
NoGa: Ich könnte freitags und dienstags. An den restlichen Tagen habe ich Kurse und Sprechstunden. Diesen Freitag ist wahrscheinlich zu knapp, also vielleicht am Dienstag?
Pengirl: Da kann ich leider nicht, weil ich erst Kurse und danach einen Termin für ein Probearbeiten habe.
NoGa: Neuer Job?

Ich schickte einen schulterzuckenden Smiley.

Pengirl: Ich hoffe es. Wie sich rausgestellt hat, ist es schwerer als gedacht, in Woodshill einen Nebenjob zu finden.
NoGa: Und wo arbeitest du jetzt probe?
Pengirl: In dem neuen Tattoostudio am Ende der Hauptstraße.
NoGa: Wie spannend. Hast du noch ein Talent, von dem ich bis jetzt nichts wusste?

Ich lächelte.

Pengirl: Ich kann weder zeichnen noch tätowieren. Die Stelle wäre am Empfang. Aber wünsch mir trotzdem Glück.

NoGa: Du brauchst mein Glück nicht. Du wirst sie sowieso alle bezaubern.

Ich fragte mich, ob er wusste, was für ein Chaos er mit seinen Worten anrichtete. In mir fühlte sich gerade ohnehin alles ganz durcheinander an. Vorsichtig lenkte ich das Gespräch zurück auf unser Treffen.

Pengirl: Diesen Freitag könnte ich. Dann müsste ich den Text heute Nacht lesen, aber das schaffe ich. Du auch?
NoGa: Herausforderung angenommen. Also Freitag.

Wir verabredeten uns im Café auf dem Campus, in dem ich vor der Schreibwerkstatt immer meinen Matcha Latte holte. Dann machten wir uns daran, Dawns Text zu lesen. Obwohl wir uns danach nur noch unsere jeweiligen Lesefortschritte schrieben, hatte ich das Gefühl, wir verbrachten den Abend miteinander. Mein Herz hörte nicht mit dem Flattern auf. Selbst nicht, nachdem ich eingeschlafen war.

kapitel 7

Ich schloss den Regenschirm und zog den Saum meines Kleides ein Stück nach unten. Ich hatte mich beeilen müssen, weil ich mein Outfit dreimal gewechselt hatte, nur um doch wieder das anzuziehen, was ich zuerst angehabt hatte: ein schwarzes Latzkleid aus Cord über einem cremeweißen Strickpulli, dazu eine Strumpfhose und Boots. Ich liebte den Herbst aus vielen Gründen, aber die Möglichkeit, flauschige Pullover und gemütliche Strumpfhosen tragen zu können, stand definitiv an erster Stelle.

Das kleine Glockenspiel über der Tür erklang, als ich das Café betrat. Schnell ließ ich meinen Blick durch den Raum schweifen, konnte Nolan allerdings nirgends sehen. Unschlüssig blieb ich stehen und überlegte, ob ich mir schon mal etwas zu trinken bestellen oder einen freien Tisch belegen sollte, als ich mit einem Mal ein Kribbeln in meinem Nacken spürte.

»Everly.«

Ich fuhr herum und sah Nolan auf mich zukommen. Sein Lächeln war so warm, dass die Kälte des heutigen Tages direkt von mir abprallte. Selbst meine nassen Füße vergaß ich für einen Moment.

»Hi«, sagte ich, noch außer Atem, weil ich von meiner Wohnung hergelaufen war.

Nolan trat neben mich und nickte ins Innere des Cafés. »Ich habe uns schon einen Tisch reserviert. Ist ziemlich voll heute.«

»Super.« Ich ließ ihn vorausgehen und achtete penibel darauf, einen Fuß vor den anderen zu setzen, ohne dabei auf dem nassen Boden auszurutschen. Ich wollte mich nicht vor Nolan blamieren, indem ich mich hinlegte.

»Da wären wir«, sagte er und deutete auf einen Zweiertisch, auf dem bereits ein Notizbuch und ein Laptop lagen. Er war klein und stand im hinteren Teil des Cafés, wo sich eine gepolsterte Bank über die gesamte Länge der Wand erstreckte.

»Wo möchtest du sitzen?«, fragte er.

»Ich nehme die Bank, wenn das okay ist.«

Er nickte, und ich zwang mich dazu, den Blick von ihm loszureißen. Ich musste mich konzentrieren. Das hier war kein Date oder irgendetwas in die Richtung – wir trafen uns, um Dawns Manuskript zu besprechen und ihr zu ersparen, sich am Ende durch Hunderte von Kommentaren arbeiten zu müssen. Es bestand überhaupt kein Grund für Nervosität.

Außerdem war es an der Uni nichts Ungewöhnliches, sich auch außerhalb der Vorlesungen mal mit Dozenten zu treffen. Dawn war schon mit Nolan hier gewesen, um übers Schreiben und Bücher zu quatschen, und auch andere wissenschaftliche Mitarbeiter der Universität unternahmen privat etwas mit ihren Studenten. Es war nicht ungewöhnlich.

Nicht ungewöhnlich, wiederholte ich in Gedanken.

»Es sieht aus, als wärst du schon produktiv gewesen«, sagte ich mit einem Nicken auf seine Notizen und schälte mich aus der Jacke.

»Ein bisschen«, gab er zurück. »Was möchtest du trinken? Eine heiße Schokolade?«

»Ich würde einen Matcha Latte nehmen.« Ich wollte gerade mein Portemonnaie rausholen, aber er winkte ab.

»Bin gleich wieder da.«

Er ging zurück zum Tresen und gab die Bestellung auf. Von meinem Platz auf der Bank aus beobachtete ich, wie zwei Studenten auf ihn zugingen und ihn ansprachen. Nolan strahlte und wandte sich ihnen zu. Sie unterhielten sich, während Nolans Bestellung fertig gemacht wurde. Die eine Studentin legte die Hand auf seinen Arm und lachte. Ein komisches Gefühl machte sich in meinem Bauch bemerkbar, das ich mit aller Kraft ignorierte.

Nolan war einer der zugänglichsten Menschen, die ich je kennengelernt hatte. Wenn er sich mit jemandem unterhielt, schenkte er dieser Person seine volle Aufmerksamkeit – als gäbe es sonst niemanden auf der Welt und als wäre das, was gesagt wurde, von allerhöchster Wichtigkeit für ihn, selbst wenn es nur ums Wetter ging. Er lächelte immer, und ich hatte noch nie erlebt, dass er sich einmal keine Zeit genommen hatte, wenn jemand auf ihn zugekommen war.

Blake hatte mir erzählt, dass er Nolan im letzten Semester um Hilfe gebeten hatte, als er nicht wusste, wie er sein Training und die anstehenden Prüfungen unter einen Hut bekommen sollte. Nolan hatte sich daraufhin mit ihm getroffen und ihm nicht nur die Panik genommen, sondern auch einen Lernplan für ihn aufgestellt, mit dessen Hilfe Blake sich Stück für Stück durch den Stoff seiner Kurse arbeiten konnte. Nolan war hilfsbereit, herzlich und hatte für jeden ein offenes Ohr.

Ich brauchte mich also nicht zu wundern. Und schon gar nicht sollte ich die Studentin anstarren, deren Hand immer noch auf Nolans Arm lag.

Ich wandte den Blick von den dreien ab und holte meine Notizen aus meiner Tasche. Beinahe gewaltsam konzentrierte ich mich darauf, alles ordentlich vor mir auf dem Tisch auszubreiten, nur um nicht nach vorne sehen zu müssen. Nach ein paar Minuten kehrte Nolan mit unseren Getränken zurück. Er stellte sie achtsam in die Mitte des winzigen Tisches und setzte sich dann gegenüber von mir hin.

Jetzt konnte ich ihn nicht mehr *nicht* ansehen. Er strich sich eine Strähne aus dem Gesicht, und mein Blick verharrte auf seinem aschblonden Haar. Ich fragte mich, wie es sich wohl unter meinen Fingern anfühlen würde.

Bei dem Gedanken schien pures Feuer in meine Wangen zu schießen.

Nicht. Ungewöhnlich. Überhaupt nicht ungewöhnlich.

Ich griff nach meinem Laptop, hielt aber kurz darauf in der Bewegung inne. Eigentlich war es dafür auf dem Tisch viel zu eng.

»Meinst du, wir brauchen beide Laptops?«, fragte ich.

Nolan schüttelte den Kopf. »Ich glaube nicht. Wir können erst die Notizen durchgehen, und wenn wir einen Blick ins Manuskript werfen wollen, habe ich es schon geöffnet.« Er nickte auf sein MacBook, für das ich meine linke Hand gegeben hätte. Meinen Laptop hatte ich von Mom geerbt, als sie einen neuen von der Arbeit bekommen hatte.

»Geht klar«, sagte ich.

Nolan schlug sein Notizbuch auf und begann, darin zu blättern, die Brauen konzentriert zusammengezogen. Möglichst unauffällig versuchte ich auszumachen, was für ein Shirt er anhatte – und stellte überrascht fest, dass er unter dem grob gestrickten Cardigan ein dunkelblaues Hemd trug. Ich konnte mich nicht erinnern, ihn schon mal in einem solchen Outfit gesehen zu haben. Der Anblick gefiel mir besser, als er sollte.

Nolan bemerkte meinen Blick und sah an sich herab, als würde er erwarten, einen Krümel oder Fleck auf seinem Hemd zu entdecken. Als er nichts fand, schaute er mich wieder an. Dann breitete sich Erkenntnis auf seinem Gesicht aus.

»Ich muss hiernach zur Geburtstagsfeier meiner Eltern«, sagte er.

»Und ich dachte schon, du hast dich für mich in Schale geworfen«, entgegnete ich.

Nolan blinzelte überrascht, lachte dann aber leise auf. »Ich bin froh, dass wenigstens du erkennst, wie viel Mühe ich mir gegeben habe. Ich höre jetzt schon den Seufzer meines Dads, weil es nur das Hemd und nicht der Rest des Anzugs geworden ist.«

»Ist es ein runder Geburtstag?«

»Sie feiern ihren neunzigsten.«

Mein Mund öffnete und schloss sich wieder. Wenn Nolans Eltern neunzig waren, dann …

»Oh, also zusammen. Meine Eltern sind dieses Jahr beide fünfundvierzig geworden und feiern zusammen, weil sie in derselben Woche Geburtstag haben. Das machen sie schon immer so«, erklärte er.

Dann waren seine Eltern jünger als meine Mom. In Gedanken versuchte ich zu rechnen. »Tut mir leid, aber … wie alt bist du noch gleich?«

Nolan grinste. »Achtundzwanzig. Ich habe meine Eltern im letzten Jahr der Highschool mit meiner Anwesenheit überrascht.«

»Was für eine nette Überraschung«, sagte ich lächelnd.

»Ich glaube, das war nicht das, was meine Mom damals gesagt hat, auch wenn sie heute felsenfest etwas anderes behauptet.«

Ich dachte an Sarah, ein Mädchen aus meinem ehemaligen Cheerleading-Squad. Sie war ebenfalls schwanger geworden und hatte wochenlang nicht gewusst, was sie tun sollte.

»Sie müssen tolle Menschen sein, wenn sie das durchgezogen haben«, sagte ich vorsichtig.

Nolan nickte. »Sie sind die Besten. Ich liebe meine Eltern mehr als alles andere auf der Welt.«

Seine leidenschaftlichen Worte entwaffneten mich. Ich hatte nicht damit gerechnet, dass unsere Verabredung so beginnen würde. Ihm gegenüberzusitzen und in seine Augen zu sehen, während er mir etwas so Persönliches erzählte, war etwas völlig anderes, als mit ihm darüber online zu sprechen. Das Gefühl, das seine Worte in mir weckten, gefiel mir.

Ich möchte mehr erfahren, dachte ich. *Viel mehr.*

»Hast du ein tolles Geschenk?«, fragte ich.

»Möchtest du es sehen?«

Ich nickte schnell.

Nolan hob seine Tasche hoch und holte einen Umschlag heraus, um den eine große Schleife gebunden war. Er hielt ihn mir hin, sodass ich den Sticker erkennen konnte, mit dem die Schleife festgeklebt war.

»Jenkins Fallschirmspringen«, las ich laut vor. Dann sah ich Nolan mit großen Augen an. »Du schenkst deinen Eltern einen Fallschirmsprung?«

Er nickte. »Meine Mom wollte das schon immer mal machen. Ich dachte mir, neunzig ist ein gutes Alter dafür.«

Ich lachte auf und gab ihm den Umschlag zurück. »Die beiden freuen sich bestimmt.«

»Bei meinem Vater bin ich mir nicht so sicher. Er war noch nie so der Adrenalinjunkie, aber ich glaube, Mom zuliebe würde er es tun. Und ich dachte, wenn wir es zu dritt machen, kann er gar nicht Nein sagen. Ich habe sogar schon einen Termin reserviert.«

»Ihm bleibt also gar keine andere Wahl.«

Er grinste. »Genau.«

Er sah aus, als würde er noch etwas sagen wollen, schloss den Mund dann aber wieder. Für den Bruchteil einer Sekunde runzelte er leicht die Stirn, dann war der freundliche Gesichtsausdruck wieder da, der mir nach fast einem Jahr Schreibwerkstatt schon mehr als vertraut war.

»Ich glaube, wir müssen anfangen«, sagte er.

Ich spürte einen enttäuschten Stich im Magen. Gleichzeitig glaubte ich zu verstehen, was gerade geschehen war. Genau so hatte ich mich jedes Mal gefühlt, wenn ich kurz davor gewesen war, Nolan etwas Persönliches anzuvertrauen, und mich im letzten Moment davon abgehalten hatte. Es war, als wüssten wir beide manchmal nicht, wo die Grenze zwischen uns begann und aufhörte. Ich ignorierte die Enttäuschung und griff nach dem Glas, das Nolan mitgebracht hatte.

»Also«, sagte er und schnappte sich seine Notizen. Er überflog sie, legte sie wieder ab und stützte sich dann mit beiden Armen auf den Tisch, um mich anzusehen. »Wie fandest du die ersten Kapitel von *By My Side*?«

»Eigentlich hatte ich gehofft, dass du anfängst«, gestand ich.

Darüber lächelte Nolan bloß leicht, machte jedoch keine Anstalten, seine Gedanken mit mir zu teilen. Also warf ich einen Blick in mein eigenes Notizbuch.

»Ich fand es …«, fing ich an und versuchte, die richtigen Worte zu finden, obwohl ich unzählige aufgeschrieben hatte.

»Ja?«

Ich sortierte meine Gedanken. Schriftlich und über die Kommentarfunktion von Word war das eindeutig leichter, als wenn Nolan mir direkt gegenübersaß.

»Ich fand es ganz gut«, sagte ich schließlich.

»Ich glaube nicht, dass du gerade knapp eine Minute lang nachgedacht hast, nur um das zu sagen«, bemerkte Nolan.

Ich warf eine Serviette nach ihm, die er aus der Luft fing und behutsam auf dem Tisch neben seinem Becher ablegte.

»Teile deine Gedanken mit mir, Everly.«

Ich fragte mich, ob er merkte, wie das klang. Und ob er sehen konnte, wie ich den Atem anhielt.

Ich räusperte mich, sah noch einmal auf mein Notizbuch und sammelte mich.

»Ich fand es gut, dass es nicht um dieselben Protagonisten, sondern um die Nebencharaktere aus Band eins ging. Tristans Bruder hat mir damals schon gefallen, von daher war ich sehr froh, einen Blick in seinen Kopf werfen zu können. Außerdem ist er …« Ich hielt kurz inne. »Außerdem ist er viel toller als Tristan.«

»Warum?«, fragte Nolan, sein Tonfall völlig neutral.

Ich zuckte mit den Schultern. »Tristan war aufbrausend, musste zu jeder Kleinigkeit seinen Senf dazugeben und hat immer alles getan, damit die Leute um ihn herum ihn toll fanden. Carter ist das Gegenteil. Ich mochte seine Sanftmut, und wie aufopferungsvoll er Lynn gegenüber war. Auch wenn Dawn es damit meiner Meinung nach manchmal übertrieben hat.«

»Wo zum Beispiel?«

Ich zuckte mit den Schultern und spielte mit der Ecke meiner Notiz. Ich rollte das Blatt ein Stück ein und wieder aus.

»Zum Beispiel, als Carter Lynn auf seinen Armen ins Krankenhaus trägt. Das finde ich total unrealistisch. Und auch nicht besonders effizient.«

»Nicht effizient?«

Ich blickte auf und sah Nolan eingehend an. Inzwischen lächelte er nicht mehr, aber seine Mundwinkel zuckten ganz leicht. »Du stellst nur Gegenfragen, Nolan. So habe ich mir das hier nicht vorgestellt.«

»Du bist ungeduldig.«

»Und du bist gerade nicht mein Dozent, sondern mein Testlesepartner«, gab ich zurück.

Er blinzelte. Dann sah er auf seine Notizen und wieder

hoch. »Du hast recht. Ich möchte nur verstehen, wie du den Text wahrgenommen hast. Tut mir leid.«

Ich atmete tief durch und nahm einen Schluck von meinem Matcha Latte. Das Glas wärmte meine vor Aufregung kalt gewordenen Hände.

»Ich finde, Carter hätte sie auch ins Krankenhaus fahren können, statt sie zu tragen.«

»Ich würde meine Freundin auch ins Krankenhaus tragen, wenn mein Auto zu weit weg stünde.«

»Ernsthaft?«, fragte ich stirnrunzelnd.

»Klar. Hättest du lieber, dass man dich erst den langen Weg zum Auto trägt, nur um dich danach ins Krankenhaus zu fahren?«

Ich versuchte, mir vorzustellen, wie mich ein Typ auf seinen Armen im Regen trug, und musste ein Schnauben unterdrücken. Das Bild war einfach zu bescheuert.

»Ich bezweifle, dass mich jemand, der kein Bodybuilder oder so was ist, überhaupt so lange tragen könnte. Wie wäre es denn mit der ganz offensichtlichen Lösung?«

Nolan hob eine Braue. »Erstens: Ich könnte dich bestimmt ein paar Meilen tragen, wenn es drauf ankommt – und ich bin kein Bodybuilder.«

Als Carter sie in *By My Side* zum Krankenhaus getragen hatte, hatte Lynn selbst im Delirium das Spiel seiner Muskeln betrachtet sowie den leichten Schweißfilm, der sich über sein Gesicht zog. In der Regel musste ich über solche Szenen lachen. Jetzt, wo ich mir Nolan dabei vorstellte, spürte ich allerdings, wie mein Mund ganz trocken wurde. Ich musste das Glas abstellen, weil mir mit einem Mal viel zu warm war.

»Zweitens: Was ist die offensichtliche Lösung?«, fuhr er ungerührt fort und ließ die Bilder in meinen Gedanken wie Seifenblasen zerplatzen.

Ich war sofort wieder da und erwiderte seinen Blick ernst. »Ein Rettungswagen.«

Er blinzelte, als hätte er sich verhört. Dann lachte er laut.

»Was denn?«

Er verschränkte die Arme vor der Brust. »Wo wäre denn bei einem Rettungswagen das Drama? Oder die Romantik? So zeigt Carter, dass er bereit ist, alles für Lynn zu geben. Ich kann verstehen, warum Dawn sich dafür entschieden hat.«

»Das ist schon wieder so ein Punkt, bei dem ich stundenlang mit dir diskutieren könnte.«

»Dafür sind wir hier«, sagte Nolan schmunzelnd.

»Gut. Es gibt nämlich mindestens hundert andere Wege, um diese Szene romantisch zu machen. Außerdem passiert das Ganze auf Seite achtzig, wenn ich mich nicht irre. Ist das nicht viel zu früh für so viel Drama? Du bist doch derjenige, der ständig etwas von Spannungsbögen erzählt – du hast das sogar mal mit einem Elektrokardiogramm verglichen! Es soll ausschlagen, aber am Anfang nicht zu sehr, damit es *realistisch* bleibt. Deine Worte.«

Nolan hatte gerade seinen Kaffee in die Hand genommen, hielt aber inne. »Ich sollte mich geehrt fühlen, weil du so gut zugehört hast.«

»Ich habe nicht gut zugehört, du hast einfach sehr laut gesprochen«, sagte ich.

Er erwiderte mein Grinsen. »Okay, der Punkt geht an dich.«

Zufrieden ließ ich mich auf der Bank zurücksinken. »Jetzt bist du dran.«

Er hob den Kaffeebecher hoch, und ein nachdenklicher Ausdruck erschien auf seinem Gesicht. »Ich wünschte mir manchmal, Dawn würde sich noch viel mehr trauen.«

»Wo zum Beispiel?«, wiederholte ich die Frage, die er mir vorhin gestellt hatte.

Nolan lehnte sich zurück. »Ich bin ein großer Fan von Dawns Schreibstil und fand die ersten Kapitel großartig. Aber ich habe erwartet, dass sie auch neue Dinge ausprobiert. Stattdessen habe ich viele ähnliche Erzählbausteine wiedergefunden, die ich schon aus *About Us* kannte.«

Ich dachte kurz nach. »Es soll doch aber ein Folgeband sein.«

»Das schon, ja, aber das bedeutet nicht, dass man sich nichts Neues trauen darf. Nur so wächst man als Autor über sich hinaus. Außerdem ist es gerade bei einem zweiten Band noch viel wichtiger, den Leser zu überraschen. Gerade weil die Welt, in der wir uns hier bewegen«, er deutete auf das Manuskript auf seinem Laptop, »uns schon vertraut ist.«

Ich sah noch einmal auf meine Notizen und nickte abwesend. »Das stimmt. Obwohl die Bücher ähnlich sind, hat mir aber hier der tiefe Schmerz aus dem ersten Band ein bisschen gefehlt. Bei *About Us* habe ich so mitgelitten, schon von der ersten Seite an.«

Nolan nickte. »Das habe ich mir auch aufgeschrieben. Bei *About Us* hatte ich am Ende Tränen in den Augen. Hier bin ich momentan noch nicht hundertprozentig dabei, was die Emotionen angeht.«

Es überraschte mich immer wieder, dass Nolan so offen über die Gefühle sprach, die Literatur in ihm auslöste. Im Kurs erzählte er völlig offen, wenn ihn ein bestimmter Text berührt hatte, und ermunterte uns, das Gleiche zu tun. Ich wünschte manchmal, ich könnte so frei wie er über das sprechen, was mich bewegte.

»Andererseits waren das auch erst hundert Seiten. Die Chancen stehen gar nicht so schlecht, dass du wieder weinen musst«, merkte ich an.

Sein einer Mundwinkel verzog sich nach oben. »Beim Lesen weinen – eines der schönsten Gefühle der Welt.«

»Das klingt wie ein Slogan, den du dringend auf ein T-Shirt drucken solltest.«

»Ich hatte eigentlich vor, heute ein T-Shirt mit einem Fallschirm drauf anzuziehen, bis meine Eltern mir eröffnet haben, dass die Feier so groß und schick wird.«

Seine Stimme klang weich und innig, wenn er über seine Eltern sprach. Ich hatte ihn noch nie mit so viel Zuneigung über etwas oder jemanden sprechen hören. Und es erinnerte mich an unser Gespräch vom Mittwoch, als ich mit ihm über meine Zukunft und Mom gesprochen hatte.

»Nolan?«, fragte ich zögernd.

»Hm?«

Ich räusperte mich und heftete den Blick auf seinen Becher, um ihm nicht in die Augen sehen zu müssen. »Das, was ich dir über meine Mom erzählt habe – das darf niemand wissen. Schon gar nicht Dawn. Ich meine, ich vertraue ihr, aber ich ...«

Bevor ich weitersprechen konnte, legte Nolan die Hand über meine.

Als er mich berührte, fühlte es sich an, als würde pure Elektrizität durch meinen ganzen Körper jagen. Mein Herz setzte eine Sekunde lang aus, nur um im nächsten Moment gleich noch viel heftiger zu pochen. Ich sah wieder hoch und begegnete seinem dunkelgrauen Blick. Er war genauso warm wie das Gefühl seiner Hand auf meiner.

»Ich würde dein Vertrauen niemals missbrauchen, Everly«, raunte er.

»Ich rede eigentlich mit niemandem über diesen Kram.« Ich wollte noch mehr sagen, aber er schüttelte kurz den Kopf.

»Du brauchst mir nichts erklären, ich verstehe schon.«

Die Sekunden dehnten sich aus – doch Nolans Hand blieb

auf meiner liegen. Und er wandte auch seinen Blick nicht von mir ab. Mein Herz pochte noch viel schneller, als wenn wir nachts miteinander schrieben, aber es war dieselbe Magie, die auch jetzt Besitz von meinem Körper zu ergreifen schien. Wie von selbst bewegte sich mein Daumen, nur ein ganz kleines Stück. Ich strich an der Seite seines kleinen Fingers entlang.

Es fühlte sich aufregend und besser als alles andere an. In mir wirbelte alles durcheinander, meine Gedanken standen kopf, und in meinem Magen machte sich ein Flattern bemerkbar. In dieser Sekunde senkte Nolan den Blick auf unsere Hände. Er hielt den Atem an.

Dann zog er seine Hand weg.

Er sah mich nicht an, sondern konzentrierte sich auf die Zettel, die vor ihm auf dem Tisch ausgebreitet lagen. Er schob sie fahrig zu einem ungeordneten Stapel zusammen, wobei ein paar Blätter auf den Boden segelten. Er fluchte leise und beugte sich nach unten, um sie wieder aufzusammeln.

Mit klopfendem Herzen half ich ihm dabei. Als ich mich wieder aufrichtete und ihm die Zettel rüberschob, sah er mich immer noch nicht an. Er räusperte sich und griff nach oben in seinen Kragen, als würde dieser ihn erwürgen, während meine Wangen immer heißer wurden. Ich hatte ihn noch nie so aufgelöst erlebt, und der Anblick machte mir Angst.

»Ich brauche noch etwas zu trinken«, sagte Nolan plötzlich und stand auf. »Bin gleich wieder da.«

Bevor ich etwas sagen konnte, drehte er sich um und ging zurück zum Tresen. Ich sah ihm hinterher. Und mit jedem Schritt, den er tat, wurde mir deutlicher bewusst, dass wir gerade eine Grenze überschritten hatten.

kapitel 8

»Bist du dir wirklich ganz sicher?«, fragte Katie und musterte meine nackten Arme zum wiederholten Mal an diesem Nachmittag. »Nicht einmal einen kleinen Schmetterling?«

Ich rümpfte die Nase. »Ich kann mir kein schlechteres Motiv für ein erstes Tattoo vorstellen.«

»Ey!«, sagte sie empört und hielt mir ihre Faust hin. Auf ihrem Handrücken prangte ein großer Schmetterling, dessen Details atemberaubend schön gestochen waren. Er sah so echt aus, dass man meinen konnte, er würde jeden Moment von ihrer Hand abheben und losfliegen.

Inzwischen hatte ich einiges über Katie erfahren. Sie war als Tochter eines jamaikanischen Vaters und einer britischen Mutter in London geboren worden, wo sie auch bis zu ihrem siebten Lebensjahr gewohnt hatte. Danach war sie mit ihren Eltern nach Oregon gezogen und hatte dort den Rest ihrer Kindheit und Jugend verbracht. Ihr erstes Tattoo hatte sie mit siebzehn bekommen, ohne das Wissen ihrer Eltern. Das hatte zu einem riesigen Streit geführt, von dem sie sich bis heute noch nicht wirklich erholt hatten, vor allem, weil Katie Tätowiererin geworden war, statt studieren zu gehen.

Drei Stunden waren eine Menge Zeit, um etwas über einen Menschen zu erfahren. Und Katies Erzählungen lenkten mich dankenswerterweise von der einen Sache ab, über die ich seit Freitag ununterbrochen nachdachte: Nolans und mein Treffen.

Als er an unseren Tisch zurückgekommen war, hatten wir weitergemacht, als wäre nichts gewesen, obwohl ich deutlich gespürt hatte, dass er eine Wand hochgezogen hatte. Ich konnte nicht anders, als mir Vorwürfe zu machen. Ja, er hatte zuerst nach meiner Hand gegriffen und die Berührung initiiert – aber das hätte ich bei Blake oder Dawn genauso getan, hätten wir einen so innigen Moment miteinander geteilt. Es hatte nichts bedeutet. Und dass ich die Berührung so merkwürdig erwidert hatte, war bescheuert gewesen und hatte Nolan in eine unangenehme Situation gebracht.

Mehr als einmal hatte ich am Wochenende auf meinen geöffneten Laptop gestarrt und mich gefragt, ob ich ihn anschreiben sollte. Ich wollte die Normalität zwischen uns wiederherstellen und verhindern, dass unsere Treffen ab jetzt alle so komisch waren wie das am letzten Freitag. Allerdings hatte ich auch keinen blassen Schimmer, was ich sagen konnte, um die Lage zu entschärfen. Oder wie ich das Thema überhaupt ansprechen sollte, wo Nolan mir schließlich mehr als deutlich gemacht hatte, dass er die ganze Sache am liebsten ignorieren wollte.

Plötzlich wurde mir Katies Blick bewusst. Anscheinend wartete sie auf eine Antwort.

»Dein Schmetterling ist natürlich sehr hübsch«, sagte ich schnell und verdrängte die Gedanken an Nolan mit aller Macht. »Ich glaube nur nicht, dass das zu mir passt.«

Sie stützte das Kinn auf der Hand ab und schmollte. Sie *schmollte* tatsächlich.

»Wenn du was gefunden hast, dann musst du aber zu mir kommen. Das bist du mir schuldig, nachdem ich dich so gut und ausführlich hier eingearbeitet habe.«

Ich sah sie mit hochgezogener Braue an. Katie hatte mir exakt zehn Minuten lang gezeigt, wie das Buchungssystem des *Get Inked* funktionierte. Den Rest der Zeit hatte sie mir ihre Lebensgeschichte erzählt, ihre Tattoos sowie ihre Wanna-dos gezeigt – die Motive, die sie gezeichnet hatte und noch stechen wollte – und war anschließend dazu übergegangen, meinen Körper hinsichtlich eventueller Stellen zu inspizieren, die sie tätowieren konnte, ohne dass meine Mom sie auf den ersten Blick entdecken würde. Darin war sie Profi.

»Jeder hat doch irgendetwas, was ihn begeistert«, sagte Katie.

»Irgendetwas ist aber bloß irgendetwas und nicht das Motiv, das ich ein Leben lang auf meinem Körper tragen möchte. Dann könnte ich mir auch eine Tafel Schokolade tätowieren lassen. Oder Käse.«

Sie seufzte. »Ich wollte schon immer mal ein Käsestück tätowieren.«

Ich sah sie an und fragte mich, ob sie mich auf den Arm nehmen wollte. Erst als sie grinste, traute ich mich loszuprusten, und Katie stimmte ein.

»Ich kann nicht glauben, dass ich dir das fast abgekauft hätte.«

»Du hättest dein Gesicht sehen sollen.« Sie wischte sich eine Träne aus dem Augenwinkel. »Ein Stück Käse also.«

»Bitte nicht. Dann halten mich meine Freunde für übergeschnappt.«

Sie hob eine Schulter. »Wieso? Ein Stück Käse könnte auch für die Ferien in den Schweizer Alpen mit deinen Großeltern stehen, wo es zu jedem Frühstück, Mittag und Abendessen Käse gab, nach dem ihr alle verrückt wart.«

Ich nickte nachdenklich. »Auch wieder wahr.«

»Regel Nummer drei im *Get Inked:* Verurteile niemals jemanden, der sich ein Stück Käse tätowieren hat lassen«, verkündete Katie beinahe feierlich.

Ich grinste. Regel Nummer eins besagte, dass ich von jedem, der das Studio betrat, den Ausweis und somit das Alter prüfen musste, Regel Nummer zwei, niemals übers Telefon ein Motiv zuzusagen, das Katie und Zev nicht vorher abgesegnet hatten.

»Ich glaube, ich werde Regel Nummer drei niemals vergessen«, sagte ich.

»Welche Regel?«, fragte Zev und trat durch die Tür des Behandlungsraumes nach vorne in den Eingangsbereich. Heute trug er ein schwarzes Muskelshirt, das locker saß und dessen Ausschnitt einen Teil seines Chest-Piece zur Schau stellte. Ich konnte den Umriss eines großen Vogels erkennen, wandte den Blick aber schnell wieder ab und sah stattdessen auf die Broschüren auf dem Tresen.

»Verurteile niemals jemanden mit einem Käse-Tattoo«, antwortete Katie.

Zev stieß einen schnaubenden Laut aus, der wohl so etwas wie ein Lachen sein sollte. »Ich hab schon weitaus merkwürdigere Motive gestochen.«

»Erzähl Everly von dem Rasenmäher!«, sagte Katie aufgeregt.

Ich sah neugierig zwischen den beiden hin und her. Zev ging zu dem kleinen goldenen Tisch neben dem Empfangstresen, nahm sich ein Glas und hielt es unter den Wasserspender, für den ich – sollten die beiden mich anstellen – ab sofort zuständig war.

Er trank das Glas in einem Zug aus und schlenderte dann zu uns zurück. »Ich habe einem sechzigjährigen Kerl mal einen Rasenmäher in Gedenken an seine Schildkröte gestochen.«

»In Gedenken an seine …«, fing ich an, hielt aber inne und

verzog das Gesicht, als mir dämmerte, was wohl hinter der Geschichte steckte. »Oh nein.«

»Oh doch«, gab Zev zurück.

»Erzähl Everly von den Details. Von den Schildkrötenfetzen, meine ich.«

Zev zeigte keine Regung und schien sich von Katies morbider Begeisterung nicht anstecken zu lassen. »Er war außer sich und tieftraurig. Also habe ich versucht, das schönste Rasenmäher-Schildkrötenmotiv zu zeichnen, das es jemals gab.«

»Und er hat es großartig gemacht«, sagte Katie und klopfte Zev freundschaftlich auf die Schulter.

Zum ersten Mal, seit ich hier war, sah ich eine Regung in Zevs Augen aufblitzen. Sie war nur ganz kurz da, dann versteinerte sich sein Ausdruck wieder.

»Ich bin jetzt durch«, sagte er zu mir und nickte auffordernd in Richtung des Behandlungsbereichs. Nachdem vor einer halben Stunde der letzte Kunde gegangen war, hatte Zev mir gesagt, er würde mir eine kleine Führung geben, sobald er alles sauber gemacht hatte. »Wir können also.«

Ich nickte und folgte ihm nach hinten.

Der Raum war riesig und in zwei Bereiche aufgeteilt. Ein weißer Sichtschutz trennte sie voneinander, die Einrichtung war auf beiden Seiten die gleiche: eine große Liege, deren Höhe man verstellen konnte, daneben jeweils ein gepolsterter Hocker mit verschiedenen Hebeln und die Tätowiermaschine. Mir fiel auf, dass das Licht hier viel heller und der Boden viel glatter als im Eingangsbereich war.

»Ich weiß nicht, wie viel Katie dir schon erzählt hat, aber das Wichtigste im Studio ist absolute Sauberkeit«, fing Zev an.

Ich hatte zu Hause ein bisschen recherchiert und räusperte mich. »Damit keine Keime in den Blutkreislauf von Kunden gelangen.«

Zev nickte und warf mir einen Seitenblick zu. Er sah immer gleich aus – ich war mir nicht sicher, was er von meinem Satz hielt, wollte aber, dass er wusste, inwieweit ich mich mit der Thematik beschäftigt hatte.

»Hier wird das Material aufbewahrt«, sagte er und lief mit mir zur linken Seite des Raumes. In einiger Entfernung zu den Liegen befanden sich ein Waschbecken und ein in die Wand eingelassenes Regal, das sich über die gesamte Längsseite des Behandlungsraumes erstreckte. Er zeigte mir die verschiedenen Nadeln und Farben sowie die restlichen Materialien und erklärte, was er wofür benutzte.

»Neben dem Tätowieren an sich gehören noch einige andere Aufgaben zu meinem Job. Ich muss mich zum Beispiel um die Buchhaltung kümmern, außerdem besuche ich so oft wie möglich Seminare und Fortbildungen, um auf dem neuesten Stand zu bleiben. Und einen Großteil der Zeit verbringe ich tatsächlich damit, Kunden zu beraten.«

Ich dachte an die Geschichte mit dem Rasenmäher zurück. Auch wenn Katie das erzählt hatte, damit wir etwas zum Lachen hatten, konnte ich mir vorstellen, dass es schwierig war, für jemanden, der so traurig war, ein Andenken zu entwerfen.

»Gibt es auch Kunden, denen du nichts stichst?«, fragte ich.

Er nickte. »Wir müssen immer erst schauen, ob die Vision des Kunden zu uns und unserer Arbeit passt. Und manchmal setzen sich Leute auch einfach etwas Unrealistisches in den Kopf. Viele Dinge sind nicht immer so umsetzbar, wie sie es sich wünschen. Das bedeutet, ich muss öfter Aufträge ablehnen.«

»Ich kann mir vorstellen, dass das schwierig ist, gerade am Anfang. Schließlich habt ihr bestimmt viel in den Laden investiert.«

»Schon, aber langfristig gesehen ist es so auf jeden Fall der bessere Weg. Wir tun hier alles aus bestem Gewissen, so was spricht sich rum.«

»Ich habe gesehen, dass ihr in den nächsten vier Wochen quasi ausgebucht seid. Das ist doch ein guter Anfang, oder?«, fragte ich.

Zev brummte unschlüssig. »Könnte besser sein.« Dann verschränkte er die Arme vor der Brust und sah mich eingehend an. »Du willst den Job wirklich, oder?«

»Ja«, sagte ich ohne Umschweife.

Er nickte. »Okay.«

Ich blinzelte. »Okay, ich habe den Job, oder okay, du kannst jetzt verschwinden?«

»Okay, du hast den Job. Und verschwinden kannst du auch, wir schließen gleich.«

Ich zuckte zusammen, als hinter mir jemand ein Jauchzen ausstieß, und wirbelte herum. Katie hatte den Kopf durch die Tür gesteckt und strahlte Zev an. »Sehr gute Entscheidung, Boss.«

Dieser ignorierte sie und sagte stattdessen zur mir: »Wir machen deinen Vertrag die Tage fertig.«

»Ich freue mich, vielen Dank.«

Er nickte. »Und jetzt raus. Alle beide.«

Als ich Mom an diesem Abend anrief, ging sie gleich nach dem ersten Klingeln ran. »Hallo?«

»Mom, ich bin's«, sagte ich und krallte die Finger in die Armlehne meines Sessels.

Auf meine Nachricht, in der ich ihr von meinem Termin fürs Probearbeiten erzählt hatte, hatte sie mir kurz geantwortet und viel Glück gewünscht, aber gesprochen hatten wir seit vorletztem Sonntag nicht.

»Tut mir leid, dass ich mich noch nicht zurückgemeldet habe, Liebling«, sagte Mom und seufzte. »Im Verlag ist so viel los. Ich darf jetzt dieselbe Arbeit wie vorher machen, nur in weniger Stunden. Du kannst dir sicher vorstellen, wie das ist.«

Mir fiel ein riesiger Stein vom Herzen, als ich hörte, wie normal sie klang – wenn auch ein bisschen gestresst.

»Das ist bestimmt anstrengend. Das war es ja vorher schon«, sagte ich.

»Und wie. Na ja, egal. Erzähl mir von deinem Probearbeiten. Wie war's? Und vor allem, wo? Deine SMS klang so ominös.«

»Die gute Nachricht: Ich habe den Job.«

»Wie kann es denn da noch schlechte Nachrichten geben?«, fragte Mom.

Ich holte tief Luft. »Es ist ein Aushilfsjob in einem Tattoostudio.«

Einen Moment lang blieb sie still. »Das bedeutet jetzt aber nicht, dass du dich tätowieren lässt, oder?«

»Mein halber Arm ist bereits voll«, witzelte ich.

»Everly!«

»Nein, ich werde mich natürlich nicht tätowieren lassen.« *Obwohl ich könnte, wenn ich wollte*, dachte ich trotzig.

»Gott sei Dank.«

Ihre Reaktion ärgerte mich. Doch nach unserem Streit wollte ich alles tun, um die Wogen zwischen uns wieder zu glätten. Ich vermisste unsere Telefonate.

»Die Arbeitszeiten sind toll, die Bezahlung fair, und meine Kollegen sind nett.«

»Okay. Das klingt doch gut. Ich freue mich für dich. Wirklich.«

Ich lockerte den Griff um die Lehne des Sessels und versuchte, mich zu entspannen.

Am anderen Ende der Leitung schien Mom in der Küche

herumzuhantieren, ich hörte das Öffnen und Schließen unserer Kühlschranktür sowie das Klirren von Geschirr. Ich wünschte, ich könnte einfach zu ihr fahren, mich zu ihr an den Esstisch setzen und die ganze Nacht lang über alles Mögliche mit ihr reden, so, wie wir es früher getan hatten.

»Wusstest du, dass Dawn an einem neuen Buch schreibt?«, fragte ich und zog die Beine auf den Sessel.

»Das hat Stanley erzählt! Hast du es schon gelesen?«

»Die ersten hundert Seiten. Ein paar Anmerkungen hatte ich, aber ich freue mich schon sehr auf die nächsten Kapitel«, erzählte ich in der Kurzfassung.

Wieder musste ich an Nolan denken. Ich hatte unsere Anmerkungen für Dawn zusammengefasst und ihr per Mail geschickt, weil er nach der Geburtstagsfeier das Wochenende mit seinen Eltern verbracht hatte. Ich hatte ihn in CC gesetzt, aber seit unserem Treffen im Café nichts mehr von ihm gehört. Es juckte mich in den Fingern zu sehen, ob er bei Skype war, nachdem ich es die letzten vier Tage nicht gewagt hatte, das Programm zu öffnen.

Ohne lange darüber nachzudenken, schnappte ich mir den Laptop vom Tisch, legte ihn auf der Lehne des Sessels ab und klappte ihn auf.

»Ich finde es schön, dass ihr zwei euch so gut versteht. Etwas Besseres hätten Stanley und ich uns nicht wünschen können«, sagte Mom und begann dann von den Fortschritten zu erzählen, die sie beim Ausmisten und Umräumen im Haus machte.

Mit dem Cursor verharrte ich über dem Skype-Symbol. Ich hatte keine Ahnung, wie ich Nolan morgen in der Schreibwerkstatt gegenübertreten sollte, ohne vorher noch einmal mit ihm gesprochen zu haben.

Kurzerhand öffnete ich das Programm.

Grün. Das war das Erste, was ich sah. Nolan war online.

Wie von selbst klickte ich auf seinen Namen. Das Chat-Fenster ploppte auf. Doch nach ein paar Sekunden verschwand der kleine grüne Kreis neben Nolans Namen.

Seltsam. Er war genau in dem Moment offline gegangen, in dem ich online gekommen war.

»Ich helfe gerne«, antwortete ich abwesend auf Moms Frage, ob ich am nächsten Wochenende zu ihr kommen konnte.

Ich stellte meinen Status auf unsichtbar.

Es dauerte keine Minute, bis Nolans Symbol wieder grün wurde. Ich stellte meins wieder auf grün. Er ging wieder offline.

Mir wurde heiß und kalt zugleich. Im nächsten Moment klappte ich den Laptop zu, stellte ihn zurück auf den Tisch und lief mit dem Handy am Ohr in mein Schlafzimmer. Ich versuchte, mich mit aller Kraft auf Moms Stimme zu konzentrieren, die mir erzählte, dass sie alte Babyfotos von mir gefunden hatte, die sie mir unbedingt nach unserem Gespräch schicken wollte. Ich nahm das alles nur nebensächlich wahr.

Meine Gedanken waren bei Nolan und beim letzten Freitag. Bei dem Moment, in dem er meine Hand mit seiner bedeckt hatte. Dem Moment, in dem ich auf der Grenze zwischen uns balanciert war – und deshalb drohte, jetzt in den Abgrund zu stürzen.

»Everly?«, fragte Mom leise, aber eindringlich, und holte mich damit aus dem Gedankensumpf.

»Ja, Mom?«

»Ich habe dich lieb, das weißt du, oder?«

Meine verkrampften Schultern lockerten sich ein bisschen, und obwohl ich gerade so aufgewühlt war, brachte ich ein Lächeln zustande. »Ich habe dich auch lieb, Mom. Tut mir leid wegen neulich.«

»Ich weiß. Ich möchte nur, dass du Stanley eine Chance gibst und mir ein bisschen vertraust.«

Ich fühlte mich, als wäre ich kräftig durchgeschüttelt worden. Ich dachte an die Tatsache, dass Nolan ganz offensichtlich nicht von mir kontaktiert werden wollte, an Stanley, der bald in dem Haus leben würde, in dem ich meine Jugend verbracht hatte, und daran, was das für mich und meine Mom bedeuten würde.

»Ich versuche es«, murmelte ich und presste mir zwei Finger auf die Nasenwurzel. Hinter meiner Stirn hatte ein Pochen eingesetzt, das mit jeder Minute schlimmer wurde.

»Danke, Liebling.«

Wir beendeten das Telefonat, und eine Weile starrte ich in den dunklen Raum. Ich sah zurück ins Wohnzimmer, wo mein Laptop auf dem provisorischen Tisch stand und mich förmlich verhöhnte. Mein Handy vibrierte, und die Bilder, die Mom mir versprochen hatte, trudelten nach und nach ein. Ich öffnete sie und sah mir eines nach dem anderen an. Obwohl Mom es lieb gemeint hatte, konnte ich nur daran denken, wie ähnlich ich meinem Vater als Kind gesehen hatte. Und wie sehr ich diese Tatsache stets gehasst hatte.

Ich warf das Handy aufs Bett und machte zwei lange Schritte zu meinem Schrank. Obwohl es schon finster draußen war, zog ich eine Laufleggings und ein passendes Oberteil mit Reflektoren über. Ich schnappte mir den Schlüssel, schlüpfte in meine Sportschuhe und verließ das Haus beinahe fluchtartig.

Außer mir die Seele aus dem Leib zu laufen, gab es nichts, was meine Gedanken jetzt zum Schweigen bringen konnte. Also sprintete ich in die Dunkelheit.

kapitel 9

Ich war völlig gerädert. So schlecht hatte ich schon lange nicht mehr geschlafen – falls man das Hin- und Her-Wälzen von letzter Nacht überhaupt als Schlaf bezeichnen konnte. Ich spielte kurz mit dem Gedanken, einfach liegen zu bleiben und die Uni zu schwänzen. Immerhin wäre so das Problem gelöst, dass ich keine Ahnung hatte, was ich zu Nolan sagen oder wie ich mich ihm gegenüber verhalten sollte. Andererseits würde ich dann auch keine Gelegenheit haben herauszufinden, wie die Dinge zwischen uns standen und ob er mir bei Skype absichtlich aus dem Weg gegangen war. Ich musste wissen, was ich tun konnte, damit sich unser Verhältnis wieder normalisierte.

Also zwang ich mich aus dem Bett, bereitete mir einen Matcha-Tee zu und machte mich wie jeden Mittwoch viel zu früh auf den Weg zur Uni. Als ich am Seminarraum ankam, überprüfte ich, ob die beige Baskenmütze noch an Ort und Stelle saß. Ich hatte sie mit zwei Bobby Pins in meinem Haar befestigt, damit der Wind mir keinen Strich durch die Rechnung machte und sie über den Campus wehte. Danach räusperte ich mich, griff nach dem Türknauf, drehte daran – und stieß auf Widerstand. Wieder versuchte ich den Knauf zu bewegen, doch nichts tat sich.

Die Tür war abgeschlossen.

Ich ließ den Knauf los und drehte mich so, dass ich mich rücklings gegen die Tür lehnen konnte.

Ich besuchte Nolans Kurse seit Januar und war vom ersten Tag an überpünktlich erschienen. Zuerst aus Angst, einen schlechten Platz abzubekommen, und später, um mich mit Nolan zu unterhalten.

Noch nie war die Tür abgeschlossen gewesen.

Meine Gedanken rasten. Zuerst überlegte ich, ob Nolan womöglich krank war, doch da hätte er mit Sicherheit eine Mail an den Verteiler geschrieben. Dann dachte ich an gestern Abend, als er offline gegangen war, kurz nachdem ich Skype geöffnet hatte.

»Hey!«, erklang eine vertraute Stimme, und Erleichterung überkam mich so heftig, dass ich beinahe meinen Becher fallen gelassen hätte. Ich blickte auf – doch es war Blake, der den Gang entlang auf mich zuschlenderte, nicht Nolan. Die Erleichterung verschwand so schnell, wie sie gekommen war.

»Hey, Blake«, murmelte ich.

Er blieb vor mir stehen und nickte stirnrunzelnd auf die Tür. »Wieso gehst du nicht rein?«

»Nolan ist noch nicht da.«

»Was?«, fragte er und rüttelte trotzdem am Türknauf. Dann sah er mich überrascht an. »Ich dachte irgendwie, er lebt in dem Raum.«

Ich nahm einen Schluck Matcha-Tee. Trinken war gerade so ziemlich das Letzte, was ich tun wollte, aber ich hatte das Gefühl, meinen Händen irgendetwas zur Beschäftigung geben zu müssen.

»Sei nicht traurig«, fuhr Blake fort. »Du bekommst nächste Woche bestimmt wieder deine Chance, mit ihm zu quatschen.«

Ich hielt in der Bewegung inne und starrte zu ihm hoch. »Was?«, krächzte ich.

Er erwiderte meinen Blick gefasst. »Na ja, du bist jedes Mal viel früher hier als nötig. Und immer wenn ich den Raum betrete, hängst du förmlich an seinen Lippen.«

»Ich hänge überhaupt nirgendwo«, sagte ich aufgebracht, spürte aber gleichzeitig, wie meine Wangen warm wurden. Verdammt. Blake war viel zu aufmerksam.

»Ist doch nicht schlimm. Ich stand auch mal auf eine Dozentin«, sagte er mit einem gleichgültigen Schulterzucken.

Ich boxte ihn gegen die Schulter. »Ich stehe auf niemanden!«

Er hob eine Braue. »Schon klar.«

Ich wich seinem Blick aus und sah auf den Boden. Mein Puls ging so schnell, dass mir fast schwindelig wurde. Ich konnte kaum noch atmen.

»Leute!«, hallte Dawns Stimme durch den Flur.

Ich sah in ihre Richtung, dann zu Blake. Er musste die Panik in meinem Blick erkannt haben, denn er tat, als würde er den Mund mit seinen Fingern abschließen. Leider erleichterte mich das nicht wirklich.

»Wieso geht ihr nicht rein?«, fragte Dawn und umarmte uns beide zur Begrüßung. Dann ging sie dazu über, genau wie Blake und ich zuvor am Türknauf zu rütteln.

»Nolan ist noch nicht da«, sagte Blake.

Sie sah nachdenklich zwischen uns hin und her. »Meint ihr, er ist krank?«

»Glaube ich nicht«, murmelte ich.

»Stimmt. Dann hätte er bestimmt eine Mail geschickt«, überlegte Dawn laut. »Oh, übrigens: Eure Kommentare waren toll! Am Anfang tat es ein klitzekleines bisschen weh, das Feedback zu lesen, aber insgesamt war es ein guter Schmerz. Ich bin schon dabei, die entsprechenden Stellen umzuschreiben.«

»Das freut mich. Ich hatte Angst, dass wir vielleicht zu hart waren.«

Sie schüttelte den Kopf. »Überhaupt nicht. Ich fand es diesmal viel verständlicher. Habt ihr euch vorher abgesprochen?«

Ich nickte. »Wir haben uns getroffen und sind alle unsere Anmerkungen einmal durchgegangen.«

Ich konnte Blake neben mir hüsteln hören und trat möglichst unauffällig auf seinen Fuß. Ich war schweißgebadet, weil er diese dämliche Andeutung gemacht hatte.

Nach und nach trudelten die anderen Kursmitglieder ein und gesellten sich zu uns. Es waren die mit Abstand längsten zehn Minuten meines Lebens. Alle unterhielten sich über das letzte Wochenende, die anstehenden Midterms und anderen Unikram, den ich nicht richtig aufnehmen konnte, weil ich in Gedanken bei Nolan und der Tatsache war, dass Blake ein bisschen zu genau hingesehen hatte.

Ich überlegte, ob ich noch mal mit ihm reden sollte, und war kurz davor, ihn zu bitten, nach dem Kurs auf mich zu warten, als Nolan zu unserer Gruppe stieß. Er hielt seinen Schlüsselbund über dem Kopf und klimperte damit.

»Lasst mich durch, um euch Einlass zu gewähren«, rief er und zwängte sich durch den schmalen Gang, den wir für ihn bildeten. Ich suchte seinen Blick, aber er schloss die Tür auf und lief nach vorne zu seinem Tisch, ohne auch nur einen von uns richtig anzusehen.

Ich betrat neben Dawn den Raum und stutzte, als ich feststellte, dass die Sitzkissen bereits in einem Kreis auf dem Boden verteilt worden waren. Es fühlte sich an, als hielte mich jemand im Schwitzkasten. Nolan war vorhin hier gewesen. Er hatte den Raum vorbereitet und wieder verlassen. Ich versuchte, sein Verhalten nicht auf mich zu beziehen, aber ich war machtlos gegen den Schmerz, der sich in mir ausbreitete.

Mechanisch nahm ich neben Dawn auf dem Boden Platz. Blake setzte sich rechts von mir aufs Kissen. Ich wünschte, er hätte sich woanders hingesetzt. Angestrengt starrte ich in die Mitte des Kreises und unterdrückte den Drang, zu Nolan zu blicken.

»Also, Leute. Wie schön, dass ihr heute hergefunden habt«, fing er nach ein paar Minuten an und trat zu uns. Jetzt konnte ich nicht anders: Ich musste einfach hochsehen.

Nolans Wangen waren leicht gerötet, als wäre er länger draußen gewesen. Er trug eine Jeans mit Rissen an den Knien, graue Chucks und ein Shirt, auf dem das *Buzzfeed-Unsolved*-Logo aufgedruckt war. An jedem anderen Tag hätte ich mich über diese weitere Gemeinsamkeit mit ihm gefreut. An jedem anderen Tag wäre Nolan meinem Blick aber auch nicht ausgewichen. An jedem anderen Tag hätte er mich mit einem warmherzigen Lächeln begrüßt und mich gefragt, wie es mir ging.

»Ich habe mir eure Aufgaben angesehen und meine Anmerkungen gemacht«, sagte er und fing an, die Ausdrucke der Arbeiten zu verteilen. »Blake, für dich habe ich eine Belohnung mitgebracht, weil du zum ersten Mal etwas zu früh eingereicht hast. Eine Runde Applaus, bitte.« Er reichte Blake das Blatt zusammen mit einem Snickers, während die anderen Kursteilnehmer lachend applaudierten. Ich schaffte es nicht, meine Hände zu bewegen. Es fühlte sich an, als bestünden meine Arme aus Blei.

»Jackpot!«, rief Blake neben mir und riss den Schokoriegel auf. Nachdem er abgebissen hatte, hielt er ihn mir hin. Ich brachte nur ein Kopfschütteln zustande.

Danach war ich an der Reihe. Ich sah von unten zu Nolan hoch, als er den Stapel durchging und meine Arbeit fand.

Sieh mich an, dachte ich. *Bitte sieh mich an.*

»Gut gemacht«, sagte er und reichte mir das Blatt. Noch bevor ich es richtig zu fassen bekam, ließ er los, sodass es in meinen Schoß segelte. Nolan wandte sich von mir ab und gab Dawn ihre Arbeit zurück. Ich sah währenddessen auf das Blatt in meinem Schoß und versuchte, mir nicht anmerken zu lassen, wie die Panik in mir hochstieg.

Jetzt hatte ich die Antwort auf die Frage, ob Nolan mir bei Skype absichtlich aus dem Weg gegangen war. Offensichtlich hatte der letzte Freitag mehr zwischen uns kaputtgemacht, als ich gedacht hatte. Nolan hatte alles in seiner Macht Stehende getan, um ein Gespräch mit mir zu vermeiden. Mehr sogar noch: Er tat, als gäbe es mich gar nicht.

kapitel 10

Von: Nolan Gates <ngates@woodshill.edu>
Gesendet: Mittwoch, 28. September um 22:43
An: Verteiler Wahlmodul Schreibwerkstatt 2
Betreff: Monster

Lieber Kurs,
anbei übersende ich euch die Aufgabe, die ihr bitte spätestens bis Sonntag zurückschickt. Danke für die schöne Stunde heute.
Liebe Grüße
Nolan

Ich lud den Anhang runter und öffnete die Datei. Wir sollten einen Text über ein Monster schreiben. Nolan spezifizierte nicht, um was für eine Art Monster es sich handeln sollte, und ließ uns damit Interpretationsspielraum. Ich schloss die Aufgabe wieder und sah gedankenverloren auf seine E-Mail. Ich bereute zutiefst, dass ich mich am Freitag von dem Moment hatte hinreißen lassen. Nolan war mir wichtig – diese eine kleine Geste sollte unsere Beziehung auf keinen Fall kaputtmachen. Ich wollte mich weiter mit ihm unterhalten, mit ihm lachen, Bücher lesen und stundenlange Diskussionen führen.

Ich atmete tief durch und öffnete ein neues Dokument. Ich

würde die Aufgabe erledigen und sie ihm mit ein paar freundlichen Worten zurückschicken. Er sollte wissen, dass alles weiterhin ganz normal zwischen uns sein konnte und ich die Dinge nicht absichtlich kompliziert machen wollte.

Ich dachte über den Begriff »Monster« nach. Es dauerte nicht lange, bis ich die richtigen Worte fand. Langsam fing ich an zu tippen.

Schon als Kind wusste ich, dass mir Monster aus Büchern nichts anhaben konnten. Sie waren nichts als schwarze Buchstaben auf weißem Papier und stellten keine Gefahr für mich dar. Schließlich konnte ich das Buch jederzeit zuklappen und sie so zwischen den dicken Deckeln einschließen. Ich fragte mich stets, wieso sich meine Mitschüler immer so sehr erschreckten, wenn uns unsere Lehrerin Geschichten vorlas. Wussten sie es denn nicht?

Monster im echten Leben waren viel schlimmer.

Was waren schon diabolische gelbe Augen, wenn das Spiegelbild meiner eigenen mir viel größere Angst machte?

Was waren Metallklauen gegen große kalte Hände, die bunte Flecken auf meiner Haut hinterließen?

Was war ein sinnloses Brüllen gegen leise Worte, die mir das Herz zerschnitten?

Denn dieses Monster konnte ich nicht zwischen die Seiten eines Buches verbannen. Mit diesem Monster musste ich leben.

Meine Kehle war wie ausgedörrt, als ich die Finger von der Tastatur nahm. Meine Grandma hatte immer gesagt, man solle niemandem erzählen, wie lange man für etwas gebraucht hatte, weil es die Arbeit wertloser erscheinen ließ, als sie war. In diesem Moment wusste ich genau, was sie gemeint hatte: Obwohl es mich nicht so viel Zeit wie sonst gekostet hatte, den Text zu schreiben, hatte er mir auf emotionaler Ebene einiges abverlangt. Ich speicherte die Datei und öffnete eine Mail an Nolan.

Von: Everly Penn <epenn@woodshill.edu>
Gesendet: Mittwoch, 28. September um 23:16
An: Nolan Gates <ngates@woodshill.edu>
Betreff: AW: Monster

Lieber Nolan,
anbei schicke ich dir die Aufgabe zurück.
Everly

Ich hielt die Mail absichtlich knapp und klickte auf »Senden«, ohne sie noch fünfmal durchzulesen. Ich hatte die letzten Tage genug Zeit damit verbracht, mir Gedanken über das zu machen, was zwischen uns geschehen war. Jetzt lag der Ball bei ihm. Es war seine Entscheidung, ob und inwiefern diese Konversation fortgeführt wurde.

Ich nahm den Laptop und trug ihn in mein Schlafzimmer. Dort kletterte ich ins Bett, schob mir zwei Kissen hinter den Rücken und öffnete nacheinander die Dateien, die Zev mir nach dem Probearbeiten zugeschickt hatte. Es war eine Übersicht der spezifischen Hygienevorschriften, eine detaillierte Beschreibung, wie Kunden im Studio vom Empfang bis zur Nachversorgung betreut werden mussten, sowie ein Tutorial für das Buchungssystem. Nachdem ich alles durchgelesen hatte, rief ich den Instagram-Account des Studios auf. Er war – wie das Studio auch – erst knapp zwei Wochen alt, hatte aber bereits neun Einträge. Alle Bilder zeigten Tattoos, die Katie und Zev in den letzten beiden Wochen gestochen hatten. Auf den ersten Blick erkannte ich, dass viele von Katies Motiven zarte, weiche Linien hatten, während Zev mit starken, klaren

Verläufen arbeitete. Ich hatte gerade begonnen, die Kommentare unter dem neuesten Post zu lesen, als das Skype-Symbol in der rechten unteren Ecke des Displays aufhüpfte.

Ich erstarrte. Das Programm musste sich beim Start automatisch geöffnet haben – ich hatte mich nicht bewusst angemeldet. Und in der Regel gab es nur eine Person, die mich dort anschrieb.

Unschlüssig öffnete ich die Nachricht.

NoGa: Dein Text war wunderschön.

Ich hatte keine Ahnung, was ich mit diesen vier Wörtern anfangen sollte. Meine Gefühle überschlugen sich. Ich hatte ihm eine neutrale E-Mail geschrieben, um unsere Routine wiederherzustellen, und daraufhin schrieb er mir so etwas.

Kurz erwog ich, offline zu gehen, aber das erschien mir kindisch. Ich überlegte, was ich antworten konnte. Mir fiel beim besten Willen nichts ein, also entschied ich mich für das Nächstliegende.

Pengirl: Danke.

Ich schloss das Fenster wieder und wechselte zum Browser, um mich durch die Kommentare unter den Bildern des *Get Inked* zu klicken. Kaum hatte ich zu lesen begonnen, hüpfte Skype erneut auf.

NoGa: Everly, wäre es okay, wenn ich dich hier anrufe?

Ich presste mir die Hand auf den Brustkorb und breitete die Finger zu einem Fächer aus. Ich las seine Worte mehrmals hintereinander, obwohl ich ihre Bedeutung schon beim ersten Mal genau verstanden hatte. Tausend Fragen jagten mir durch den Kopf. Allen voran: Wieso?

Die Antwort würde ich nur bekommen, wenn ich zusagte.

Pengirl: Okay.

Es dauerte keine Minute, bis er anrief. Ich wappnete mich, so schnell ich konnte, für alles. Für Erklärungen zu seinem Verhalten, für Fragen zu meinem Text, für ein simples Gespräch übers Testlesen. Ich fühlte mich ganz benommen, als ich abhob.

»Hallo?«

»Es ist zwölf«, sagte er. Seine Stimme klang kratzig und sandte ein Kribbeln über meine Arme. »Wünsch dir was.«

Mir war heiß und kalt zugleich, gleichzeitig spürte ich etwas, was ich Nolan gegenüber noch nie empfunden hatte: Wut. Ich war wütend über sein verwirrendes, merkwürdiges, verletzendes Verhalten. Er hatte mich erst wie eine Aussätzige behandelt und rief mich nun mitten in der Nacht an. Was zum Teufel dachte er sich dabei?

»Ich wünsche mir zu erfahren, wieso du mir aus dem Weg gehst.« Ich konnte mir selbst nicht erklären, woher ich den Mut nahm, das zu sagen.

»Ich …«, fing er an und hielt kurz inne. Ich konnte spüren, dass das, was er als Nächstes sagen würde, von großer Bedeutung für ihn war. »Du bist meine Studentin, Everly. Das zwischen uns … Ich muss das professionell halten.«

Ich hielt den Atem an und umklammerte den Rand meines Laptops. Hatte er das gerade wirklich gesagt? Und meinte er damit das, von dem ich glaubte, dass er es meinte? Bevor ich die Bedeutung seiner Antwort genauer erörtern konnte, sprach er weiter, so schnell, dass sich seine Worte fast überschlugen.

»Professionell ist nicht, meine Mom frühmorgens anzurufen, nur damit sie mir das Rezept für ihre heiße Schokolade diktieren kann. Professionell ist nicht, nachts stundenlang mit dir über Dinge zu reden, die weder etwas mit Dawns Manuskript noch etwas mit der Uni zu tun haben. Professionell ist nicht, in einem Café auf dem Campus deine Hand zu nehmen. Genau genommen ist das alles das Gegenteil von professionell.«

Er machte eine Pause und holte hörbar Luft. Ich wagte es nicht, auch nur einen Laut von mir zu geben.

»Nach Freitag habe ich mir fest vorgenommen, dich wie eine normale Studentin zu behandeln. Aber als du mir eben diesen Text geschickt hast … da musste ich mit dir sprechen. Er fühlt sich so echt an. Alle deine Texte tun das.« Er räusperte sich. »Und das macht mir Angst.«

Ich umklammerte den Rand meines Laptops, unfähig, etwas auf seine Worte zu erwidern. Ich wollte mich darauf konzentrieren, was er über unsere Beziehung gesagt hatte. Nolan spürte genau wie ich, dass das, was sich zwischen uns entwickelt hatte, über ein normales Dozenten-Studentinnen-Verhältnis hinausging – und das sollte mich freuen. Gleichzeitig stellten seine Worte meine Welt auf den Kopf.

Ich hatte gewusst, dass es ein Risiko war, meine Vergangenheit in diesen Texten zu verarbeiten. Doch so zu tun, als hätte ich mir diese Dinge ausgedacht, war etwas vollkommen anderes, als tatsächlich darüber zu sprechen. Nolan und ich hatten uns bereits Persönliches erzählt, und wenn es einen Menschen auf dieser Welt gab, mit dem ich mein größtes Geheimnis teilen wollte, dann war es er. Zur selben Zeit fürchtete ich mich davor, dass er mich danach wieder ignorierte.

»Es hat wehgetan, wie du mich heute behandelt hast«, sagte ich mit rauer Stimme.

»Es tut mir leid. Ich dachte, es ist besser so, aber damit habe ich mir etwas vorgemacht. Nach deinem Text … Ich wollte dir nur sagen, dass ich für dich da bin. Wenn du reden möchtest oder Ablenkung brauchst oder nachts einfach nicht allein sein möchtest«, fuhr er so leise fort, dass ich ihn kaum verstand. Gleichzeitig fühlte es sich an, als hätte er die Worte gebrüllt, weil sie in meinem Kopf echoten und ich nicht glaubte, sie je wieder vergessen zu können.

Ich war ihm wichtig.

Er sorgte sich um mich.

Ich erinnerte mich an die Mail, in der er mir ein Gespräch angeboten hatte. Schon damals hatte mich die Angst überkommen, er könnte ahnen, wie viel Realität in meinen Texten steckte, und ich war fest entschlossen gewesen, sein Angebot zu ignorieren. Allein die Vorstellung, mit jemandem über meine Vergangenheit zu sprechen, war mir absurd vorgekommen. Aber jetzt … jetzt fragte ich mich, ob es vielleicht an der Zeit war, Nolan die Wahrheit zu sagen.

»Meine Texte …«, fing ich flüsternd an und räusperte mich. »Sie sind nicht fiktiv.«

Noch nie hatte ich mich emotional so entblößt gefühlt wie in diesem Moment. Ich kniff die Augen fest zusammen, und ein unangenehmer Schauer überkam mich. Ich zog die Strickjacke enger um meinen Körper und umklammerte den Stoff krampfhaft.

Ich hörte, wie Nolan mehrmals einatmete, als wollte er etwas sagen, aber es dauerte eine Weile, bis er wieder sprach. »Es tut mir unendlich leid, dass dir das passiert ist.«

»Mir auch.« Es war ein Wunder, dass ich überhaupt irgendetwas darauf erwidern konnte. Es fühlte sich an, als würden wir erneut auf dieser Grenze zwischen uns balancieren. Und diesmal war ich definitiv nicht die Einzige, die einen Schritt nach vorne gemacht hatte.

»Ich mache mir schon länger Sorgen um dich. Aber ich wollte respektieren, dass du nicht darüber sprechen möchtest. Jetzt frage ich mich, ob das ein Fehler war.«

»Du brauchst dir keine Sorgen machen. Es ist schon lange vorbei«, erklärte ich stockend.

»Du musst mir helfen, Everly«, murmelte er.

»Hm?«

»Ich weiß nicht, was ich fragen darf und was nicht. Was okay ist und was nicht. Und allem voran, was du dir wünschst.«

Obwohl wir gerade über etwas sprachen, was ich schlimmer fand als alles andere, musste ich beinahe lächeln. »Da wären wir wieder bei den Wünschen angekommen.«

Er stieß ein gedämpftes Lachen aus. »Du und ich und Wünsche. Eine unendliche Geschichte.«

Die Stille, die folgte, war weder verkrampft noch unangenehm. Ich verstand nun, wieso er sich so von mir distanziert hatte. Und obwohl ich es nicht in Ordnung fand, hatte er die Mauer, die er zwischen uns hochgezogen hatte, wieder eingerissen. Er war am anderen Ende der Leitung. Er war bei mir. Und ich genoss das Gefühl, auch wenn es mir gleichzeitig Angst machte.

»Ich wünsche mir, dass du mich nicht anders behandelst, nur weil du es jetzt weißt.«

»Das bekomme ich hin«, sagte er sofort.

»Keiner meiner Freunde weiß es«, fuhr ich fort. »Und das soll auch unbedingt so bleiben.«

»Okay.« Im Hintergrund hörte ich Papier rascheln. Obwohl ich es nicht wollte, stellte ich mir vor, wie er an seinem Schreibtisch saß, die Finger voller Tinte, vor sich unzählige Blätter Papier ausgebreitet. Ich stellte mir seinen nachdenklichen Gesichtsausdruck vor. Die Art, wie sich seine Lippen leicht kräuselten, wie sich seine Brauen zusammenzogen, wie er sich geistesabwesend eine Haarsträhne aus der Stirn strich. »Gibt es irgendetwas, was ich für dich tun kann? Möchtest du darüber reden?«

Ich schüttelte den Kopf. »Ich glaube, ich habe für heute genug geredet. Aber danke.« Ich erlaubte einem Teil der Anspannung meinen Körper wieder zu verlassen und ließ mich langsam zurück in die Kissen sinken.

»Hast du deshalb Schlafprobleme?«, fragte Nolan leise.

Ich brummte zustimmend. »Es war schon mal schlimmer. Hat mich beinahe den Highschoolabschluss gekostet.«

Er blieb einen Moment lang still. Dann räusperte er sich kurz. »Ich kenne das«, sagte er schließlich.

Ich horchte auf und zog den Laptop ein Stück dichter zu mir. »Ich habe schon gemerkt, dass du nachts am besten antwortest«, sagte ich zögerlich.

»Ich schlafe schon seit einigen Jahren nicht mehr gut.«

»Wieso?« Die Worte kamen wie von selbst, als gäbe es keine Grenze mehr zwischen dem, worüber wir sprachen, und dem, was wir für gewöhnlich ausklammerten.

Wieder raschelte es leise im Hintergrund. Nolan atmete hörbar ein. »Vor einigen Jahren hatte ich eine ziemlich harte Zeit. Das hat seine Spuren hinterlassen.«

Nolan gab sich stets so offen und gut gelaunt – ich hätte nie erwartet, dass er ebenfalls mit Dämonen aus seiner Vergangenheit zu kämpfen hatte. Augenblicklich rügte ich mich für diesen Gedanken. Meine Mom oder auch Dawn waren das beste Beispiel dafür, dass man fröhlich und ausgelassen sein konnte, selbst wenn man eine schwere Zeit durchgemacht hatte. Bei Nolan war das anscheinend nicht anders.

»Wenn du reden möchtest, bin ich da. Nur dass du Bescheid weißt«, sagte ich leise. Ich wusste nicht, ob er darauf eingehen würde, aber sagen wollte ich es trotzdem. Nur für alle Fälle.

»Danke.« Er schwieg einen Moment lang. »Bei mir hilft Lesen«, sagte er schließlich. »Wenn ich müde werde, aber Probleme beim Einschlafen habe, weil meine Gedanken sich im Kreis drehen, schnappe ich mir ein Buch und tauche eine Weile ab. Das beruhigt mich dann meistens.«

Ich hätte ihn gerne gefragt, was seine Gedanken nachts so sehr beherrschte, dass er genau wie ich wach lag, wollte ihn aber gleichzeitig nicht drängen. Außerdem war ich dankbar für den Themenwechsel.

»Bei mir ist das Gegenteil der Fall. Immer wenn ich so spät noch anfange zu lesen, kann ich nicht mehr aufhören. Dann kann ich gleich die ganze Nacht wach bleiben.«

»Das kenne ich auch.« Es klang, als würde er mit einem Schreibtischstuhl über den Boden rollen. »Ich sitze gerade vor meinen Regalen und überlege, was ich heute mit ins Bett nehme.«

»Was hast du denn da?«

»Alles Mögliche«, sagte er. Nolans Stuhl knarzte, und ich konnte leise Schritte hören. »Von Kinderbüchern über Klassiker bis hin zu Fantasy, Thrillern und Liebesromanen ist alles dabei.«

»Das ist eine breit gefächerte Auswahl.«

»Sich für ein Genre zu entscheiden wäre doch auch langweilig.«

»Wie sehen deine Regale aus?«, fragte ich in Gedanken an meine eigenen im Haus meiner Grandma. In Woodshill hatte ich bisher kein Regal gekauft. Meine Bücher lagen in Stapeln auf der Fensterbank im Wohnzimmer.

»Eine merkwürdige Frage, aber okay, ich versuche, sie zu beschreiben.«

Ich rief mir das Bild von Bean vor Augen, das Nolan mir geschickt hatte. Dort hatte man Holzboden gesehen, im Hintergrund die dunklen Regale. Ich stellte mir vor, wie er davorstand, und ein angenehmer Schauer überlief mich.

»Sie sind aus dunklem Massivholz und reichen bis an die Decke. Ich habe keine Leiter, deshalb ist es schwierig, an die Bücher im obersten Regal zu kommen. Einmal bin ich vom Stuhl gefallen, als ich versucht habe, Margaret Atwoods *Katzenauge* rauszuziehen. Seitdem mache ich einen großen Bogen um das Buch.«

Ich lächelte. »Das klingt gefährlich.«

»Man könnte mich auch als Draufgänger bezeichnen.«

»Ich habe hier noch gar keine Regale stehen«, gestand ich.

»Wie kann das sein?«, fragte Nolan ungläubig. »An fehlenden Büchern kann es ja nicht liegen.«

Ich zuckte mit den Schultern, auch wenn ich wusste, dass er es nicht sehen konnte. Eine Weile waren wir still, dann machte Nolan einen nachdenklichen Laut. »Wie gesagt, mich hätte mein Regal fast umgebracht, also ist es so wahrscheinlich besser.«

»Wahrscheinlich.« Ich rutschte noch tiefer in die Kissen und zog die Decke über mich. »Wie sind sie sortiert?«, fragte ich weiter und rieb mir über die Augen. Meine Lider wurden schwer.

Während ich mich von der Wärme meines Bettes einlullen ließ, hörte ich dabei zu, wie er ein Buch aus dem Regal nahm. »Nach Nachnamen.«

»Und alle Genres durcheinandergewürfelt?«

»Genau.«

Ich unterdrückte ein Gähnen, doch Nolan musste es trotzdem gehört haben.

»Sollen wir auflegen?«

»Nein«, sagte ich schnell, auch wenn meine Lider vor Müdigkeit schon ganz schwer waren. »Erzähl mir noch mehr.«

»Okay. Also, hier stehen zum Beispiel Judy Blume und Dan Brown nebeneinander.«

»Wie exotisch.«

Nolan lachte. Keine Ahnung, wie das nach diesem Gespräch möglich war, aber er tat es. Und es war das schönste Geräusch der Welt für mich. Ich schloss die Augen und wünschte mir, er würde es noch mal tun.

»Ich würde die Regale gerne sehen«, nuschelte ich.

»Vielleicht kann ich sie dir irgendwann zeigen«, gab er leise zurück.

»Das wäre schön.«

Er begann, Regal für Regal durchzugehen, nannte mir die Autoren, die er mochte, die Romane, die ihm gar nicht gefallen hatten. Einige seiner Bücher hatte er sich signieren lassen und hütete sie wie Heiligtümer, andere hatte er schon so oft gelesen, dass sie allein vom Ansehen fast auseinanderfielen. Er erzählte und erzählte.

Seine Stimme war das Letzte, was ich hörte, bevor ich einschlief.

kapitel 11

Als ich die Tür zum *Get Inked* aufzog, sah Katie an mir und meinem cognacfarbenen Mantel herunter und schüttelte den Kopf.

»Du weißt schon, dass noch nicht Winter ist, oder?«, fragte sie.

»Aber es ist Oktober. Oktober bedeutet Herbst. Herbst bedeutet einen Freifahrtschein für Mäntel«, erwiderte ich und knöpfte den Mantel auf. Es war vielleicht ein bisschen übertrieben, mich heute schon in volle Herbstmontur zu werfen, aber es hatte viel zu schön und herbstlich draußen ausgesehen. Der Wind war durch die verfärbten Blätter gesaust und hatte ein paar davon durch die Luft fliegen lassen – für mich ein eindeutiges Zeichen, dass der Sommer offiziell vorbei war.

Ich verstaute meine Sachen in der kleinen Garderobe und ging dann zu Katie nach vorne an den Empfangstresen. Von hinten drang das Surren der Tätowiermaschine zu uns. Irgendwie mochte ich das Geräusch. Es hatte etwas Beruhigendes an sich.

»Was habe ich heute schon verpasst?«, fragte ich Katie und stellte mich neben sie an den PC.

»Zev und ich hatten ein paar Beratungstermine. Einen Kunden musste ich wieder wegschicken, weil sein Tattoowunsch einfach nicht realistisch war.«

»Was wollte er denn?«

»Ein viel zu kleines Motiv, das man so, wie er es haben wollte, gar nicht stechen kann, ohne dass es nach kurzer Zeit verläuft. Und er wollte sich beim besten Willen nicht davon überzeugen lassen, es vernünftig groß zu machen.«

»Und dann hast du ihm abgesagt?«

Sie nickte. »Zev hat mir auch davon abgeraten, also habe ich dem Kunden gesagt, er kann gerne wiederkommen, wenn er sich etwas anderes stechen lassen möchte. Ich würde ihn wirklich gerne tätowieren. Ich mag es nicht, Leute wegzuschicken.«

»Das glaube ich dir.« Ich überlegte kurz. »Letzte Woche klang es so, als hättest du schon früh gewusst, was du später mal machen möchtest.«

Sie lehnte sich rücklings gegen den Tresen und verschränkte die Arme vor der Brust. »Ich habe mich schon immer für Kunst interessiert. Und als ich zum ersten Mal beim Tätowieren in einem Studio zugesehen habe, wusste ich, dass ich das auch machen muss.« Ihre braunen Augen verdunkelten sich einen Augenblick. »Auch wenn meine Eltern alles andere als begeistert waren.«

»Aber du hast es trotzdem durchgezogen.«

Sie nickte. »Ich konnte gar nicht anders. Es gibt schlichtweg keinen anderen Job auf dieser Welt, den ich machen möchte.«

»Ich wünschte, ich hätte auch etwas, was mich so sehr begeistert.« Die Worte hatten meinen Mund verlassen, bevor ich wusste, dass sie überhaupt in meinem Kopf waren. Innerlich verfluchte ich mich. Was war nur los in letzter Zeit? Erst rutschte mir vor Blake etwas über meine Vergangenheit raus, jetzt das vor Katie.

Vielleicht hatte Nolan mich und meinen Schutzwall irgendwie kaputtgemacht. Mit seiner warmen Stimme, seinen freundlichen Augen und der Tatsache, dass …

»Ich dachte, du studierst Literatur. Oder war es Physik? Mathe? Darauf hätte ich auch keine Lust, ehrlich gesagt«, sagte sie und riss mich damit aus den Gedanken.

»Ja, ich studiere Literatur«, sagte ich schnell.

»Aber?«, hakte sie nach.

Das war der Grund, weshalb ich mich selbst in Dawns und Allies Gegenwart nie ganz wohlfühlte. Ich machte mir ständig Vorwürfe, weil sie mir so viel von sich anvertrauten, während ich ihnen kaum etwas zurückgeben konnte. Gleichzeitig hatte ich bei Katie das Gefühl, Dinge erzählen zu können, ohne dass es eine allzu große Rolle spielte. Immerhin verkehrte sie in ganz anderen Kreisen, und ich musste mir bei ihr – im Gegensatz zu Dawn – keine Sorgen darum machen, dass Mom es irgendwie herausfand.

»Aber ich bin nicht so begeistert davon, wie ich vielleicht sein sollte«, sagte ich mit einem Schulterzucken.

»Dann hör doch auf.«

Ich riss den Kopf herum und sah sie mit großen Augen an. Jetzt war sie diejenige, die mit den Schultern zuckte.

»Das … das geht nicht so einfach«, stammelte ich.

»Wieso nicht?«, fragte Katie.

Ihr Blick war eine Herausforderung, der ich gerade nicht standhalten konnte. Ich senkte den Blick auf den Bildschirm des Computers und betrachtete die Termine für heute, ohne auch nur einen Buchstaben wahrzunehmen.

»Meine Mom und ich mussten einen Kredit für das Studium aufnehmen. Ich könnte niemals einfach aufhören.«

»Es ist nicht das, was du eigentlich machen möchtest«, sagte Katie langsam. »Oder hast du deiner Mutter versprochen, das durchzuziehen?«

Allein bei der Vorstellung, mein Studium abzubrechen, wurde mir eiskalt, und Panik keimte in mir auf. Nein, das konnte ich weder Mom noch Grandma antun. Wir hatten Grandma stets versprochen, dass ich studieren gehen würde, damit Mom und ich uns danach selbstständig machen konnten.

»So in etwa«, murmelte ich.

»Hey.« Sie legte ihre Hand auf meine Schulter und drückte kurz zu. »Ich wollte nicht ins Fettnäpfchen treten oder so. Ich weiß genau, wie scheiße es ist, wenn man seine Eltern enttäuscht, obwohl es das Letzte ist, was man tun will.«

Zögerlich sah ich sie wieder an.

»Und es ist auch nicht für jeden der richtige Weg, das ist mir klar. Sorry, falls ich gerade unsensibel geklungen habe.«

»Kein Ding. Du hast es nur gut gemeint«, sagte ich. »Glaube ich zumindest.«

Sie schmunzelte. »Habe ich.«

»Es ist auch nicht so, als würde ich Literatur nicht mögen«, erklärte ich ein bisschen verspätet. »Ich liebe Bücher. Meine Mom arbeitet selbst als Lektorin, ich war also schon als Kind von Büchern umgeben. Manchmal hat sie mich mit zur Arbeit genommen, und ich fand es so toll, was sie dort gemacht hat.«

»Deshalb denkt sie, du folgst deinem großen Traum.«

Ich nickte. »Wenn ich so darüber nachdenke, klingt es auch gar nicht schlecht, in der Branche zu arbeiten.«

»Wenn ich darüber nachdenke, Gebrauchsanweisungen zu illustrieren, klingt das auch nicht schlecht. Es ist nur leider überhaupt nicht das, was ich machen möchte – auch wenn ich zeichnen liebe.«

»Das ist ein fieser Vergleich«, sagte ich.

»Tut mir leid. Seit der Sache mit meinen Eltern bin ich schonungslos, was das angeht. Ich wünsche mir für dich einfach, dass du nicht letzten Endes diejenige bist, die an der Situation leidet, nur um deine Mutter glücklich zu machen. Immerhin ist das dein Leben, nicht ihres.«

Ihre Worte fühlten sich wie ein Schlag in die Magengrube an. Ich mied ihren Blick und sah wieder auf den Terminplan. Der nächste Kunde würde erst in einer Stunde kommen.

»Bist du glücklich?«

Sie atmete tief ein. »Glücklicher, als wenn ich mein Leben lang das gemacht hätte, was meine Eltern von mir verlangt hätten. Wenn es nach ihnen gegangen wäre, hätte ich promoviert und würde jetzt in irgendeinem Wirtschaftskonzern arbeiten.« Sie zuckte mit den Schultern. »Wir haben nicht mehr so viel Kontakt wie früher, aber wenn wir uns sehen, verstehen wir uns. Für mich ist es besser so.«

Eine solche Situation konnte ich mir mit meiner Mom überhaupt nicht vorstellen. Sie war ein fester Bestandteil meines Lebens, und das sollte auch immer so bleiben. Gleichzeitig bewunderte ich Katie für ihren Mut. Sie war bedingungslos für sich und ihren Traum eingestanden. Andererseits unterschieden sich die Vorstellungen ihrer Eltern von ihren auch viel mehr, als es bei Mom und mir der Fall war. Das, was Mom für mich plante, war ja nichts, was ich verabscheute und gar nicht vertreten konnte. Es war bestimmt nicht schlecht, als Agentin zu arbeiten. Etwas mit Mom zu gründen und gemeinsam aufzubauen.

Ich würde die Beziehung zu meiner Mom niemals auf diese Weise aufs Spiel setzen. Denn auch wenn Katie sich große Mühe gab, es zu verstecken, sah man ihr an, dass sie die Situation mit ihren Eltern belastete. Und so wollte ich auf keinen Fall enden.

»Ich finde es sehr mutig, dass du diesen Schritt gegangen bist«, sagte ich nach einer Weile und hoffte inständig, dass sich das nicht floskelhaft anhörte.

Katie warf mir einen Seitenblick zu und lächelte. »Danke, Everly.« Dann räusperte sie sich und hob eine Augenbraue.

»Ich fände es mutig, wenn du dich endlich für ein Motiv entscheiden würdest.«

Anscheinend wollte sie das Thema schnell wechseln, was mir sehr gelegen kam. Ich schüttelte grinsend den Kopf. »Ob du es glaubst oder nicht, ich habe mir darüber wirklich den Kopf zerbrochen.«

Sie brummte nachdenklich. »Welche Bands magst du?«

Ich überlegte kurz. »The 1975 und The Paper Kites mag ich momentan ganz gerne.«

»Songtexte sind immer eine sichere Wahl.«

»Daran hatte ich auch schon gedacht. Aber was ist, wenn ich die Musik irgendwann nicht mehr mag? Was, wenn der Leadsänger irgendwann auf ganz traurige Art stirbt und ich dann nur noch deprimiert bin, wenn ich das Tattoo anschaue?« Ich schüttelte den Kopf. »Das geht nicht.«

»Du sorgst dafür, dass ich viele meiner Tattoos infrage stelle«, sagte Katie und betrachtete ihren Arm.

»Das wollte ich nicht«, sagte ich und nutzte die Gelegenheit, mir die Symbole auf ihrer braunen Haut ebenfalls genauer anzusehen. Neben dem Schmetterling auf ihrem Handrücken stach für mich eines besonders hervor: eine Frau, die sich in eine Raubkatze verwandelte. »Ich mag das hier«, sagte ich und deutete auf die Gestaltwandlerin auf ihrem Unterarm.

»Von allen Tattoos auf diesem Arm hast du das eine ausgesucht, das Zev gestochen hat«, sagte sie.

»Weil Everly Geschmack hat«, erklang Zevs Stimme hinter uns.

Katie warf mir ein triumphierendes Grinsen zu. »Ich sag doch, dass wir die richtige Person eingestellt haben.«

»Ich weiß.« Er kam zu uns an den Tresen und ergriff vorsichtig ihr Handgelenk, um ihren Arm hochzuheben. »Ist gut verheilt«, sagte er, nachdem er das Tattoo begutachtet hatte.

»Ist es noch neu?«, fragte ich.

Katie nickte. »Ich wollte unbedingt die erste Person sein, die im *Get Inked* tätowiert wird.«

»Ich auch«, sagte Zev, und ich meinte, zum ersten Mal den Anflug eines Lächelns in seinem Gesicht zu erkennen.

»Und, wer hat gewonnen?«

»Wir haben uns gegenseitig tätowiert. Als Einweihung quasi«, erklärte Katie.

»Wo ist Katies Tattoo?« Ich sah Zev neugierig an. Wortlos hob er den Saum seines Shirts an und zog ihn hoch. Ich versuchte, mich nicht von seinem nackten Bauch ablenken zu lassen, und betrachtete die schwarze Krähe auf der linken Seite seines Rumpfs.

»Ist gut geworden, oder?«, fragte Katie und strich über seine Rippen. Zevs Bauchmuskeln spannten sich unter der Berührung an.

»Sehr cool«, stimmte ich zu.

Der Kunde, den Zev bis eben noch tätowiert hatte, kam nach vorne. Zev zog schnell sein Shirt wieder runter und begann, ihm alles zu erklären, was er über den Heilungsprozess und die Pflege seines Tattoos wissen musste. Ich hörte zu und versuchte, gedanklich Notizen zu machen, auch wenn ich die Röte auf Zevs und Katies Wangen eigentlich viel interessanter fand.

Am Wochenende fuhr ich zu Target und gab mein erstes Gehalt aus – oder zumindest einen Teil davon. Die Hälfte hielt ich für die Einkäufe zurück, die ich bisher von dem Geld gezahlt hatte, das Mom mir monatlich überwies. Den Rest investierte ich in ein kleines Bücherregal und Dekoration für meine Wohnung – ich kaufte einen Herbstkranz für meine Tür, eine Lichterkette, die ich auch später für Weihnachten noch nutzen konnte, zwei silbern lackierte Kürbisteelichter mit Kerzen und einen riesigen Teebecher.

Zu Hause angekommen verteilte ich zuerst die Deko, anschließend nahm ich mir das Regal vor. Es kostete mich einiges an Schweiß und beinahe ein paar Tränen, aber nach etwas über einer Stunde hatte ich es aufgebaut und war sehr stolz auf mich.

Ich holte meine Bücher von der Fensterbank und dem Stapel neben meinem Sessel und fing an, sie nach und nach auf die fünf Bretter zu verteilen. Ich sortierte sie nach Farben, was ich schon seit Ewigkeiten mal ausprobieren wollte. Das Regal war zwar nicht annähernd voll, aber es war immerhin ein Anfang. Vielleicht konnte ich, wenn wir bald das Haus ausmisteten, ein paar meiner alten Bücher mit hierher nehmen.

Ich machte ein Foto und spielte kurz mit dem Gedanken, es Nolan zu schicken, entschied mich aber dagegen. Wir hatten seit Mittwochnacht nicht mehr geschrieben, und ich war unsicher, wie ich mich nach unserem Gespräch ihm gegenüber verhalten sollte.

Stattdessen schickte ich es meiner Mom, zusammen mit einem Foto von dem Herbststrauß, an dem ich auf dem Heimweg nicht vorbeigekommen war und der jetzt in einer Vase auf meinem Wohnzimmertisch stand.

Danach sah ich mich in meiner Wohnung um. Sie machte einen gemütlicheren Eindruck als je zuvor.

Es war gut, wenn ich mich hier ein bisschen mehr einrichtete, entschied ich. Dann war ich nicht auf das Haus von Grandma angewiesen, wenn Stanley einzog. Ich würde das hier zu meinem Rückzugsort machen. Ab sofort würde es nicht nur eine Unterkunft sein, die einem Zweck diente.

Es sollte ein richtiges Zuhause sein.

kapitel 12

Mit dem Thermosbecher in der Hand starrte ich auf die hübschen weißen Handlettering-Buchstaben auf der Tafel über der Theke. Dann drehte ich mich zu dem Mädchen hinter mir um.

»Geh ruhig vor. Ich überlege noch.«

Das Gleiche sagte ich zu dem Typ hinter ihr. Und auch dem dahinter.

Eigentlich gehörte der Matcha Latte genauso zu mir wie das glitzernde Notizbuch, das ich täglich mit in die Uni nahm. Trotzdem konnte ich mich an diesem Mittwoch nicht dazu durchringen, an die Theke zu treten und meine Bestellung aufzugeben.

»Everly!« Ich drehte mich um und sah Blake durch das Café auf mich zukommen. Er hatte beide Hände in der Tasche seines dunkelblauen Woodshill-Eagles-Hoodies vergraben und grinste mich schief an. »Du bist ganz schön spät dran.«

Ich sah auf die Uhr an der Wand und konnte es nicht verhindern, dass mein Blick dabei an dem Tisch direkt darunter hängen blieb. Dem Tisch, an dem ich vor eineinhalb Wochen mit Nolan gesessen hatte. Seit unserem nächtlichen Telefonat hatten wir nicht mehr miteinander gesprochen. Ich hatte mich schlichtweg nicht getraut, Skype einzuschalten. Schnell wandte ich mich Blake wieder zu. »Ich kann mich nicht entscheiden«, antwortete ich.

»Dann bestell ich für dich«, sagte Blake und nahm meinen Becher. Ohne zu zögern, trat er an die Theke. »Einen Matcha Latte für meine Freundin hier. Und ich nehme einen Karamell-Macchiato, je süßer, desto besser.«

Kopfschüttelnd trat ich neben ihn und schob das Geld, das ich in der Hand gehalten hatte, über die Theke. »Du weißt also, was ich trinke.«

»Ich weiß so einiges«, sagte Blake und sah mich vielsagend an.

Ich wich seinem Blick aus, als wir uns an die rechte Seite der Theke stellten, um dort auf unsere Bestellungen zu warten.

»Du trinkst immer das Gleiche«, fügte Blake nach einer Weile hinzu. »Ich bin nur nicht so der Fan von deinem Matcha-Zeug. Deshalb halte ich mich meistens von deinem Becher fern. Dawns dagegen …«

»Du hast also eine Schwäche für Karamellsirup«, stellte ich fest und erinnerte mich dabei an all die Momente, in denen Blake nach Dawns Getränk gegriffen hatte.

»Sirup jeglicher Art. Das ist so ziemlich die einzige Sünde, die ich mir erlaube. Und vielleicht mal einen Schokoriegel, wenn Cheat Day ist.«

Unsere Bestellungen wurden ausgerufen, und wir nahmen die Becher entgegen. Danach verließen wir das Café und liefen in Richtung Hauptgebäude.

»Du hast bestimmt einen Ernährungsplan, oder? Ist das nicht schwierig?«

Blake zuckte mit den Schultern. »Einen festen Plan habe ich nicht, im Team sind alle für ihre eigene Ernährung verantwortlich. Aber ich muss schon aufpassen, dass ich vernünftig esse.«

Ich nahm einen Schluck von meinem Matcha Latte und nickte. Ich konnte mich noch gut an die Zeit als Cheerleaderin erinnern, als Mom mir morgens immer einen riesigen Smoothie mit Gemüse, Obst und Getreideflocken zubereitet hatte und ich auch bei den restlichen Mahlzeiten penibel darauf achten musste, was ich zu mir nahm. Das war tatsächlich das Einzige, was ich von damals nicht vermisste.

»Ich warte übrigens immer noch darauf, dass du mal zu einem unserer Spiele kommst«, sagte Blake, während er mir die Tür zum Hauptgebäude aufhielt.

»Ich bin mir sicher, ihr gewinnt auch ohne meine Hilfe«, erwiderte ich und sah auf meine Schuhspitzen.

»Ich meine das ernst.«

Ich druckste herum. »Okay, ich überlege es mir.«

»Das sagst du nur, damit ich Ruhe gebe.«

Ich warf ihm einen Seitenblick zu. Er sah mich mit hochgezogener Braue an, und ich seufzte. »Du kennst mich viel zu gut, und das macht mir langsam ein bisschen Angst.«

Er grinste bloß. »Hör zu: Meine Mitbewohner und ich schmeißen heute eine Party. Du bist hiermit eingeladen.« Er stieß mit seinem Pappbecher gegen meinen.

»Ihr feiert mitten in der Woche?«, fragte ich.

Jetzt wurde sein Blick skeptisch. »Everly, so eine Frage kannst du als Studentin nicht wirklich stellen.«

»Du hast recht. Ich klinge wie eine Oma.«

»Allerdings.«

Ich verpasste ihm einen freundschaftlichen Stoß in die Seite. »Sei nicht fies, sonst überlege ich mir das mit der Party noch mal.«

Er tat, als würde er den Mund verschließen und den Schlüssel anschließend in seinen viel zu süßen Kaffee fallen lassen. »Vielleicht können wir uns dann auch über den Grund unterhalten, weshalb du heute alles dafür getan hast, um bloß nicht zu früh zum Unterricht zu erscheinen.«

»Dafür gibt es keinen bestimmten Grund«, sagte ich viel zu schnell.

»Du musst langsamer antworten, wenn du willst, dass man dir das abkauft«, erwiderte er trocken.

Ohne dass ich es bemerkt hatte, waren wir am Seminarraum angekommen. Normalerweise hätte ich zumindest meine Haare noch mal im Display meines Handys überprüft, aber dazu hatte ich keine Chance – Blake öffnete die Tür und legte mir einen Arm um die Schulter. Zusammen betraten wir den Raum.

»Was geht, Master Gates?«, rief Blake in den Raum, worüber ich nur den Kopf schütteln konnte.

Nolan drehte sich zu uns um. »Blake, wie schön, dass du uns …« Er verstummte, als er uns im Türrahmen entdeckte. Sein Blick verweilte einen Moment auf Blakes Arm auf meiner Schulter, dann räusperte er sich. »Wie schön, dass ihr uns mit eurer Anwesenheit beehrt«, endete er schließlich und deutete auf den Stuhlkreis in der Mitte des Raumes. Dort waren noch genau drei Plätze frei.

Blake setzte sich auf den Platz neben Paige, ich direkt neben ihn. Erst als er mich angrinste, wurde mir klar, was das bedeutete. Während Nolan den Raum durchkreuzte, stellte ich meinen Matcha Latte neben mir auf dem Boden ab und holte mit zittrigen Händen meine Sachen aus dem Rucksack.

Es kostete mich alle Kraft, nicht aufzusehen, als er sich neben mich setzte. Ich nahm eine Woge seines Parfums wahr, und eine Gänsehaut breitete sich auf meinem Arm aus. Sein Knie befand sich keine fünf Zentimeter von meinem. Ich wagte es nicht, mich zu bewegen, geschweige denn zu atmen, und starrte intensiv auf das Notizbuch, das in meinem Schoß lag.

»Heute habe ich euch etwas ganz Besonderes mitgebracht«, fing Nolan an. Seine Stimme zu hören, wenn er mir so nah war,

war ein vollkommen anderes Erlebnis als über die Lautsprecher meines Laptops.

Ich hatte die ganze Woche über so oft an ihn gedacht, dass mir jetzt, wo er neben mir saß und wir uns beinahe berührten, fast schwindelig wurde.

Als er sich runterbeugte und unter seinen Stuhl griff, zwang ich mich schließlich aufzublicken. Er holte eine kleine Pappschachtel hervor und hielt sie hoch. »Das hier …«, er schüttelte sie demonstrativ, »… ist die Box der Macht.«

»So wie der Ring der Macht?«, fragte Dawn.

Nolan lächelte sie an. »Fast.«

»Sie sieht nicht aus, als würde sie andere knechten können«, bemerkte Blake, und die anderen lachten.

»Unterschätzt diese Box nicht«, sagte Nolan und sah sich in der Runde um. Sein Blick blieb kurz an mir hängen. Ich rang mich zu einem möglichst normalen Lächeln durch, und er erwiderte es. Mein Herz klopfte schneller, und eine ungemeine Erleichterung überkam mich. Sein Lächeln war vertraut, und auch die Art, wie er mich ansah, fühlte sich an wie immer.

Nolan schüttelte die Box ein zweites Mal. »Hier drin sind Zettel, auf denen jeweils ein Wort steht. Jeder von euch zieht jetzt bitte einen, wartet aber mit dem Öffnen, bis ich erklärt habe, was ihr damit machen sollt.«

Er reichte mir die Box, und ich griff in den Spalt, der in den Deckel geschnitten worden war. Ich fischte einen der klein gefalteten Zettel heraus und reichte die Schachtel an Blake weiter. Nolan wartete, bis der Pappkarton wieder bei ihm angekommen war. Er stellte ihn zurück unter seinem Stuhl.

»Hat jeder einen Zettel?«, fragte er in die Runde. Als alle nickten, sprach er weiter. »Ich möchte, dass ihr euch das Wort anschaut, es aber niemandem verratet. Prägt es euch ein, legt den Zettel weg und kaut ein bisschen auf dem Wort rum. Lasst euren Gedanken freien Lauf – und wenn ihr eine Idee habt, möchte ich, dass ihr eine Ein-Satz-Geschichte schreibt.«

Ein leises Raunen ging durch den Raum.

»Hast du dafür vielleicht ein Beispiel?«, fragte Paige.

Nolan nickte und klappte den Deckel seines Notizringbuches um. »Ein Beispiel für das Wort ›Seite‹.« Er räusperte sich und beugte sich ein Stück vor. »Immer öfter denke ich über den Tod nach und frage mich, ob sie auf der anderen Seite auf mich wartet.« Er las langsam und gefühlvoll, seine Stimme erfüllte den gesamten Raum.

»Ganz schön düster. Das wäre nicht unbedingt das, was mir zum Wort ›Seite‹ eingefallen wäre«, murmelte Dawn. Ein paar Kursmitglieder gaben zustimmende Laute von sich.

»Und genau das macht den Reiz aus!«, sagte Nolan enthusiastisch und sah sich in der Runde um. Seine Begeisterung war ansteckend. »Also los. Lasst euch Zeit und nehmt nicht gleich den ersten Satz, der euch in den Sinn kommt. Denkt über eure eigenen Grenzen hinaus, traut euch was.«

Nolan klatschte in die Hände und stand auf – das Signal, dass wir loslegen konnten. Während sich alle auf ihre Zettel stürzten, ging er nach vorne zu seinem Tisch. Wie von selbst hob ich den Blick und sah ihm nach. Ich betrachtete die Bewegung seiner Schultern unter dem schwarzen Pullover, dessen Ärmel bis zum Ellenbogen hochgekrempelt waren, die Art, wie die Jeans auf seinen Hüften saß. Ich hatte ihn schon seit einer Woche nicht mehr gesehen und fühlte mich wie eine Verdurstende, die zum ersten Mal seit geraumer Zeit einen Schluck Wasser angeboten bekam. Erst als Nolan auf dem Stuhl hinter seinem Tisch Platz nahm, senkte ich rasch den Blick auf den gefalteten Zettel in meiner Hand. Ich zog die Ecken des Papiers auseinander.

Gedanken.

Sofort schossen mehrere Satzfragmente durch meinen Kopf, und ich atmete erleichtert auf. Damit konnte ich auf jeden Fall arbeiten.

Ich faltete den Zettel wieder zusammen, schob ihn in das Fach meines Notizbuchs, in dem sich bereits ein paar andere Schnipsel aus der Schreibwerkstatt befanden, und lehnte mich zurück. Ein paar Minuten lang ließ ich das Wort auf mich wirken, genau, wie es Nolan gesagt hatte. Dann blätterte ich zu einer leeren Seite und setzte den Stift an.

Ich machte mir über alles tausendfach Gedanken und tat letzten Endes doch immer das Falsche.

Ich rümpfte skeptisch die Nase. Das war nicht besonders stark. Ich strich den Satz mehrmals durch.

Ob sie sich auch solche Gedanken machte wie ich, wenn sie in den Spiegel sah?

Nein, überhaupt nicht gut. Auch dieser Satz wurde gestrichen.

Ich sah nach vorne zu Nolan. Er war über ein Blatt gebeugt, auf dem er konzentriert etwas notierte. Als hätte er gespürt, dass ich zu ihm schaute, hob er den Kopf. Unsere Blicke trafen sich. Ein Kribbeln jagte über meine Arme bis in meine Fingerspitzen.

Denkt über eure eigenen Grenzen hinaus, traut euch was, echoten seine Worte in meinem Kopf.

Ich senkte den Blick wieder auf mein Notizbuch und setzte den Stift an. Plötzlich erfüllte nur ein einziger Gedanke meinen Kopf. Ich konnte nicht anders, als ihn aufzuschreiben.

Ich wollte all seine Gedanken ergründen – und seinen Mund; immer wieder seinen Mund.

Das war er. Das war der Satz, der sich richtig anfühlte. Gleichzeitig fragte ich mich, ob es eine gute Idee war, so etwas zu schreiben, wenn ich wusste, dass es laut vorgelesen werden würde. Dawn und Nolan kannten meine Schrift. Sollten sie meinen Zettel ziehen und eins und eins zusammenzählen, hätte ich ein ernsthaftes Problem.

»Okay, die Zeit ist um«, verkündete Nolan in diesem Moment und kam mit einer weiteren – diesmal leeren – Schachtel zu uns zurück. Mein Herz pochte rasend schnell, als ich das Blatt aus meinem Notizbuch löste und zusammenfaltete. Ein Anflug von Panik überkam mich, und ich überlegte, ob ich doch noch schnell etwas anderes notieren sollte. Aber bevor ich meinen Stift auch nur in die Hand hatte nehmen können, stand Nolan bereits vor Blake und mir und hielt uns die Schachtel hin.

Ich mied seinen Blick, als ich den Zettel hineinwarf. Wahrscheinlich würde ich das den Rest der Stunde so machen müssen, vor allem, wenn mein Satz vorgelesen wurde. Wahrscheinlich würde ich sonst vor Scham verglühen.

Nolan setzte sich wieder neben mich und schüttelte die Box einmal kräftig durch. »So, jetzt zieht jeder von euch eine Ein-Satz-Geschichte.«

»Das ist ja wie Losziehen«, merkte Blake trocken an. »Gibt es auch so was wie einen Hauptpreis?«

Ich machte mich auf den Schlagabtausch zwischen Nolan und Blake gefasst, der auf diesen Kommentar mit Sicherheit folgen würde. Die beiden kabbelten sich mindestens einmal pro Woche, und auch wenn das oft vom eigentlichen Thema der Unterrichtsstunde ablenkte, lockerten sie damit jedes Mal die Stimmung unter uns auf. Ich war mir mittlerweile sicher, dass das einer der Gründe war, weshalb sich Nolan auf das Hin und Her mit Blake einließ. Das und die Tatsache, dass er Blake und dessen Humor gut leiden konnte.

Zu meiner Überraschung blickte Nolan nicht mal in Blakes Richtung. »Nein«, sagte er lediglich und reichte die Box an die

Studentin, die auf seiner anderen Seite saß. »Bitte einmal reihum geben.«

Ich sah zu Blake, der wiederum Nolan mit einem verwirrten Gesichtsausdruck anschaute. Bevor ich mir allerdings weiter darüber Gedanken machen konnte, war die Schachtel bei uns angekommen, und ich zog den letzten Zettel, der übrig geblieben war. Danach stellte ich die Box zwischen Nolan und mir auf den Boden.

»Wer möchte anfangen?«, fragte Nolan.

Keiner meldete sich.

»Kann ich gerne machen«, bot Dawn an. Ich kam nicht umhin, sie stolz anzulächeln. Noch vor wenigen Monaten war Dawn in der Schreibwerkstatt – und auch im Allgemeinen – sehr schüchtern gewesen. Dass sie sich jetzt freiwillig meldete, um etwas vorzutragen, war eine große Sache für sie.

»Leg los, Dawn.«

Sie lächelte Nolan und dann mich an, bevor sie den Zettel auseinanderfaltete und sich kurz räusperte.

»Ich wollte all seine Gedanken ergründen – und seinen Mund; immer wieder seinen Mund«, las sie langsam vor.

Oh verdammt. Ich versuchte, möglichst unbeteiligt zu wirken, aber Dawn hob den Blick und sah mich direkt an.

Ich wagte es nicht zu atmen, geschweige denn mich zu bewegen. Wieso hatte ich nur diesen bescheuerten Satz geschrieben?

»Sag mal, Dawn, kann es sein, dass du deinen eigenen Zettel gezogen hast?«, fragte Paige.

Endlich wandte Dawn den Blick von mir ab. Sie grinste und faltete das Stück Papier wieder zusammen. »Nein. Aber es hat sich gut gelesen.«

Neben mir nickte Nolan. »Sehr stimmungsvoll. Und los, der Nächste«, sagte er zu dem Typ, der neben Dawn saß. Dieser las seinen Satz vor, und ein Teil der Anspannung verließ meinen Körper. Bestimmt hatte Dawn meine Schrift gar nicht erkannt. Und selbst wenn, konnte sie nicht wissen, dass mein Text sich auf Nolan – oder irgendeinen anderen realen Menschen – bezog. Ich atmete einmal tief durch und versuchte, mich auf die restlichen Ein-Satz-Geschichten zu konzentrieren.

Normalerweise verging die Schreibwerkstatt immer viel zu schnell. Doch anscheinend veränderte die Nähe zu Nolan das Raum-Zeit-Gefüge. Ich nahm jede seiner Bewegungen wahr, und wenn er sprach oder lachte oder ein nachdenkliches Geräusch machte, breitete sich eine Gänsehaut auf meinen Armen aus. Irgendwann begann ich, die Minuten zu zählen, bis das Seminar endlich vorbei war.

Als Nolan die Stunde für beendet erklärte, sammelte ich augenblicklich meine Sachen zusammen und stopfte sie in meine Tasche. Ich wollte gerade aufstehen, als Nolan sich zu mir beugte.

»Hättest du noch fünf Minuten, Everly?«, fragte er.

Überrascht sah ich ihn an und nickte, auch wenn ich wenige Sekunden zuvor noch an nichts anderes denken konnte, als so viel Abstand wie möglich zwischen uns zu bringen.

»Gut«, murmelte er und schnappte sich die beiden Pappschachteln vom Boden. Er verstaute sie in dem Schrank in der Ecke des Raumes, während die anderen Kursteilnehmer den Raum nach und nach verließen. Dawn stellte sich neben mich.

»Kommst du?«, fragte sie.

Ich schüttelte den Kopf. »Nolan möchte noch irgendwas mit mir besprechen.«

Sie zog eine Grimasse. »Wenn es um *By My Side* geht, verschwinde ich besser schleunigst.«

Ich sah ihr hinterher, als sie den Raum als Letzte verließ und die Tür hinter sich schloss. Dann atmete ich tief durch, rückte meine Tasche auf der Schulter zurecht und wandte mich an Nolan, der gerade den Schrank mit seinem Schlüssel abschloss. Als er sich zu mir umdrehte, schlug mir das Herz bis zum Hals.

»Ich wollte dich das eigentlich schon vor dem Unterricht fragen«, sagte er.

Ich schluckte hart. Mein Brustkorb fühlte sich eng an. »Was denn?«

Er schwieg einen Moment lang.

»Kann es sein, dass du mir aus dem Weg gehst?«, fragte er sanft.

Ich zuckte zusammen und ließ den Kopf sinken.

»Ja«, murmelte ich, den Blick auf Nolans Chucks geheftet.

»Everly.«

Ich nahm all meinen Mut zusammen und sah wieder zu ihm hoch. In seine Augen war ein warmer Blick getreten.

»Ich hatte Angst, dass es nach unserem Gespräch irgendwie unangenehm zwischen uns ist«, erklärte ich schnell und stolperte beinahe über die Worte.

»Ich habe dir versprochen, dass das nicht so sein würde. Daran halte ich mich.«

Er lächelte vorsichtig, was ich zaghaft erwiderte. Einen Moment lang standen wir uns einfach nur gegenüber. Wieder schien die Zeit stehen zu bleiben.

Nolan räusperte sich. »Und ich wollte dir noch mal sagen, dass ich offene Ohren habe. Solltest du reden wollen. Auch wenn du irgendwann nicht mehr in die Schreibwerkstatt kommst, meine ich. Als … dein Freund.«

Es kostete mich große Mühe, seinem Blick in dieser Sekunde weiter standzuhalten. Meine Kehle fühlte sich plötzlich ganz eng an, und hinter meinen Augen machte sich ein Brennen bemerkbar. Er meinte das wirklich ernst. Ich hatte ihm mein schlimmstes Geheimnis anvertraut, und das hatte nicht dafür gesorgt, dass unser Verhältnis anders wurde.

»Danke«, flüsterte ich kaum hörbar.

Etwas in Nolans Gesicht veränderte sich. Es war, als würde meine Verletzlichkeit auf ihn überspringen. Mein Schmerz ließ sein Lächeln zerbrechen. Er ballte die Hände zu Fäusten. Dann holte er tief Luft und schüttelte den Kopf. Im nächsten Moment durchquerte er den Seminarraum. Bevor ich wusste, wie mir geschah, legte er seine Arme um mich, als würde er mir die Möglichkeit geben wollen, mich von ihm abzuwenden. Doch das tat ich nicht. Genau genommen tat ich gar nichts.

Ich war viel zu perplex, als dass ich mich auch nur einen Zentimeter hätte bewegen können. Für einen kurzen Augenblick glaubte ich zu träumen.

Er umarmte mich.

Nolan. Umarmte mich.

Als ich schließlich realisierte, was gerade geschah, legte ich die Arme genauso vorsichtig um ihn. Ich vergrub das Gesicht an seiner Schulter, und er zog mich fester an sich. Tränen befreiten sich aus meinen Augenwinkeln und tränkten seinen Pullover, als ich mir erlaubte loszulassen.

Noch nie hatte es jemanden in meinem Leben gegeben, dem ich so sehr vertraute. Noch nie hatte es jemanden gegeben, der so viel über mich wusste, jemanden, der mich in den Arm nahm, weil er spürte, was in mir vorging. Jemanden, der wusste, dass ich verdammt kaputt war, und mich trotzdem festhielt, statt sich von mir abzuwenden.

Die Welt um uns herum verblasste. Die Zeit schien stillzustehen. Einzig Nolan nahm ich wahr. Seine Arme um meinen Rücken. Das Gefühl seiner Schulterblätter unter meinen Fingern. Der Ansatz seines Schlüsselbeins, der vom Ausschnitt seines Pullovers freigelegt wurde. Ich schloss die Augen.

Das schwere Gefühl, das sich schon während des Seminars in meinem Magen ausgebreitet hatte, wurde noch intensiver. Ich löste mich langsam von ihm. Die Stoppeln seiner Wange streiften meine Schläfe. Mein Mund strich über seinen Kiefer. Wir hielten beide den Atem an. Und im nächsten Moment teilten wir ihn, als ich meine Lippen auf Nolans legte und ihn küsste.

kapitel 13

Als unsere Lippen aufeinandertrafen, schwebte ich und fiel gleichzeitig. Ich brannte und zitterte. Die Emotionen, die in mir tosten, waren komplett gegensätzlich, gleichzeitig fühlte ich mich lebendiger als je zuvor.

Nolan legte die Hände an meine Wangen und hielt mich fest. Mit der Zunge strich ich über seine Unterlippe und spürte, wie ihn das gleiche Beben wie mich durchlief. Seine Lippen öffneten sich für mich, und im nächsten Moment ertranken wir ineinander. Meine Hände lagen auf seiner Brust, ich schob sie weiter hoch, berührte seinen Hals, seinen Kiefer, kostete den Moment voll und ganz aus. Seine Daumen streichelten meine Wangen, und ich seufzte.

Das hier.

Das hier war das, was ich schon hatte tun wollen, als ich Nolan zum ersten Mal begegnet war. Ich hatte mir verboten, darüber nachzudenken, doch heute hatte sich diese Tür ein kleines Stück geöffnet, und all das brach daraus hervor, was ich eigentlich für immer in der hintersten Ecke meines Bewusstseins hatte vergraben wollen.

Unsere Zungen berührten einander, und ich wollte meine Hände gerade zu seinem Nacken gleiten lassen, als Nolan sich von mir losriss. Benommen öffnete ich die Augen und sah ihn an.

Seine Schultern hoben und senkten sich schnell, seine Wangen waren genauso gerötet wie sein schöner Mund.

»Scheiße«, krächzte er und wich einen Schritt von mir zurück. Dann noch einen.

Den Ausdruck auf seinem Gesicht konnte man nur als blankes Entsetzen bezeichnen.

»Scheiße«, wiederholte er. Ich erkannte seine Stimme nicht mehr.

Er wandte sich ab und griff sich mit beiden Händen ins Haar. Wieder fühlte es sich an, als würde ich fallen – diesmal nicht auf gute Weise.

»Nolan«, flüsterte ich und machte einen Schritt auf ihn zu.

Er drehte sich zu mir um, eine Hand abwehrend hochgehoben. »Bitte nicht.«

Beim harten Klang seiner Stimme zuckte ich zusammen. Die Art, wie er dastand, einen Arm abwehrend in meine Richtung gehalten, der panische Blick in den Augen. Es fühlte sich an, als hätte er mir in den Magen geboxt. Sein Fluch hallte in meinen Ohren wider.

Als mir klar wurde, was gerade geschehen war, weiteten sich meine Augen. Ich machte einen Schritt zurück und rammte dabei einen Stuhl, der daraufhin geräuschvoll über den Boden schabte. Ich spürte den Schmerz kaum, lief noch weiter rückwärts. Mit Gewalt riss ich den Blick von Nolan los, machte kehrt und verließ fluchtartig den Seminarraum.

Noch nie in meinem Leben hatte ich so laut Musik gehört. Ich schob die Kopfhörer noch tiefer in meine Ohren und ließ mich von den dröhnenden Beats mitnehmen. Die Playlist, die ich angemacht hatte, hätte von meinem Nachbarn Hank stammen können. Der Rhythmus der Lieder war so schnell und die Bässe so tief, dass sie alle Geräusche ausblendeten und mir beim Atmen und Laufen halfen.

Ich war von meiner Wohnung bis ins Tal gejoggt, wo ich den See umrundete. Während ich mich vor wenigen Tagen noch über den Anblick der verfärbten Blätter gefreut hatte, nahm ich sie jetzt kaum wahr. Ich konzentrierte mich nur auf die Musik und meine Schritte. Als ich Seitenstechen bekam, lief ich trotzdem weiter. Ich war gerade bei der Hälfte der Strecke um den See angekommen, als ein Stechen in meinem Sprunggelenk dafür sorgte, dass ich stolperte. Der Länge nach fiel ich hin und rutschte mit den Knien über den steinigen Sandweg.

»Fuck«, zischte ich. Meine eigene Stimme drang gedämpft zu mir durch. Hinter mir konnte ich jemanden schnell näher kommen hören und hoffte, er würde einfach an mir vorbeilaufen.

»Alles okay bei dir?«

War ja klar.

Ich stemmte mich auf den Händen hoch und kam wackelnd zum Stehen. Eine Hand legte sich auf meinen Arm und half mir dabei, nicht wieder umzukippen. Ich befreite mich aus dem Griff und drehte mich humpelnd um.

»Spencer?«, keuchte ich und zog mir die Kopfhörer aus den Ohren. Ich spürte, wie mir der Schweiß die Schläfe hinabrann.

Er sah mich mit gefurchter Stirn an, ein Anblick, den man bei ihm nicht allzu häufig zu Gesicht bekam. Normalerweise war Spencer Humor und Charme in Person.

»Das sah echt übel aus, ist alles okay?«, fragte er und blickte an meinem Körper hinab. Ich tat es ihm gleich und stieß einen weiteren Fluch aus, als ich meine Knie sah. Meine liebste Laufleggings war gerissen, und das bisschen Haut, das durch die Löcher hindurchblitzte, war blutig und voller Dreck. Hinzu kamen das unerträgliche Brennen und das gefährliche Pochen in meinem Fuß. Ich blickte mich schnell nach einer Sitzgelegenheit um und entdeckte knappe zehn Meter entfernt eine leere Parkbank.

Spencer bemerkte meinen Blick und zögerte keine Sekunde. Er stützte mich, bis wir bei der Bank angekommen waren. Ich ließ mich mit einem schmerzhaften Stöhnen auf sie fallen, während Spencer sich vor mich hockte und meine Knie betrachtete.

»Das sieht übel aus«, sagte er. »Meinst du, du schaffst es überhaupt zurück nach Hause?«

Ich zuckte mit den Schultern. Ich hatte keine Ahnung. Um ehrlich zu sein, wusste ich gerade überhaupt nichts mehr. Das, was ich heute Mittag getan hatte, spielte sich wie eine Albtraumsequenz immer wieder vor meinem inneren Auge ab. Laufen hatte geholfen, weil ich mich auf etwas anderes hatte konzentrieren können, aber jetzt waren die Bilder wieder da.

Ich sah Nolan vor mir. Ich sah mich, als hätte ich alles von oben betrachtet. Ich sah, wie meine Hände auf seiner Brust nach oben wanderten und unsere Münder miteinander verschmolzen.

Ich senkte den Blick auf meine Knie und versuchte, mich einzig und allein auf den Schmerz zu konzentrieren. Zittrig atmete ich aus.

Spencer erhob sich und nahm neben mir Platz. Eine Weile lang schwieg er, und ich fragte mich, wie er das aushielt. Spencer quatschte mehr als alle anderen Menschen, die ich kannte.

»Ich wusste nicht, dass du läufst, Everly«, sagte er schließlich.

»Wir haben uns ja auch noch nicht so oft miteinander unterhalten«, erwiderte ich. Ich würde sogar so weit gehen und behaupten, dass Spencer in den letzten fünf Minuten mehr zu mir gesagt hatte als je zuvor. Allerdings hatten wir auch noch nie Zeit zu zweit verbracht, sondern immer innerhalb der Clique.

»Weil ich das Gefühl habe, dass du mich nicht besonders gut leiden kannst«, sagte Spencer.

Ich drehte den Kopf zu ihm und blickte in seine dunkelblauen Augen. Obwohl er keine direkte Frage gestellt hatte, erkannte ich darin einen neugierigen Funken.

»Ich mochte dich nicht besonders, als du Dawn das Herz gebrochen hast«, antwortete ich ehrlich und sah wieder auf den See vor uns. »Aber das würdest du nicht noch einmal tun, da bin ich mir sicher.«

Die leichten Wellen des Wassers und der laue Wind, der die Blätter der Bäume rascheln ließ, gaben ein so friedliches Bild ab. Ich versuchte, mich darauf zu konzentrieren und das Gefühlschaos zu verdrängen, das unerbittlich in mir tobte.

»Das klingt fast wie eine Drohung.«

»Oh, das war es auch.«

Spencer lachte, verstummte aber schnell, als ich ihm einen Seitenblick zuwarf.

»Ich habe mich auch schon mal richtig auf die Fresse gelegt«, sagte er unvermittelt, als würde er mich ablenken wollen. Er zog ein Bein an und zeigte mir die Stelle unter seiner Kniescheibe, wo ein paar Narben zu erkennen waren. »Wie sagt man immer so schön? Narben definieren einen nicht. Man verdient sie sich, und dann erzählen sie die eigene Geschichte.«

Ich schnaubte bloß. »Eine Geschichte, die davon handelt, wie man sich beim Laufen auf die Fresse legt, ist keine gute Geschichte, Spencer.«

Spencer grinste. »Natürlich ist das eine gute Geschichte. Kann man gut auf Partys erzählen, glaub mir. Da findet man immer Gleichgesinnte.«

Ich schüttelte den Kopf und lächelte beinahe. »Du bist so ein Vogel.«

Er zog sich einen imaginären Hut vom Kopf und verbeugte sich leicht. Danach breitete sich wieder Schweigen zwischen uns aus. Ich betrachtete noch einmal meine blutenden Knie.

»Brauchst du noch Hilfe? Soll ich Dawn anrufen oder so?«, fragte Spencer.

Als er Dawns Namen sagte, verkrampften sich meine Schultern. Wenn sie mich so sah, würde sie sofort wissen, dass etwas nicht stimmte. Ich konnte ihr mein Herz nicht ausschütten. Und die Person, bei der ich das normalerweise tat, kam dafür auch nie wieder infrage. Weil ich Nolan nämlich für immer verloren hatte.

Der Gedanke durchzuckte mich schmerzhaft. Ein eisiger Schauer überkam mich, als mir klar wurde, dass ich niemanden hatte, mit dem ich über das sprechen konnte, was vorhin geschehen war.

Ich schüttelte den Kopf und stützte mich auf der Lehne der Bank ab, um aufstehen zu können.

»Ist schon wieder alles gut«, log ich und machte probehalber ein paar Schritte. Es tat weh, aber der Schmerz war nicht unerträglich. Ich würde es auf jeden Fall allein nach Hause schaffen.

»Sicher?«, fragte Spencer und sah mich eingehend an. Auch er erhob sich.

Ich nickte. »Danke für deine Hilfe«, sagte ich und begann in die Richtung zurückzuhumpeln, aus der ich gekommen war.

»Kein Problem!«, rief Spencer mir hinterher.

Ohne mich noch mal umzudrehen, hob ich die Hand zum Abschied. Wieder waren Tränen in meine Augen getreten.

kapitel 14

Ich betrachtete das grau verkleidete Haus und überprüfte danach Blakes Nachricht, um sicherzugehen, dass ich auch wirklich richtig war. Mit dem Giebel über dem Eingang und dem liebevoll angelegten Vorgarten wirkte es nicht gerade wie ein Haus, in dem ich mir Blake und seine Teamkameraden vorstellen konnte, aber der Musik nach zu urteilen, die aus dem offenen Fenster strömte, fand hier definitiv eine Party statt. Meine Vermutung wurde bestätigt, als die Tür aufgerissen wurde und ein strahlender Blake erschien. Er formte mit den Händen einen Trichter vor dem Mund.

»Everly!«

Ich zuckte zusammen, als mein Name durch die halbe Straße hallte. So schnell es mein pochendes Gelenk zuließ, eilte ich über den schmalen Steinweg zum Eingang. Blake umarmte mich zur Begrüßung und schloss die Tür hinter mir.

»Willkommen«, sagte er mit ausgebreiteten Armen.

»Vielen Dank für die Einladung.«

Nachdem ich mich heute Nachmittag die Treppen zu meiner Wohnung hochgeschleppt, meinen Fuß mit einem Eisbeutel versorgt und meine Knie notdürftig verarztet hatte, war ich nicht zur Ruhe gekommen. Ich hatte zwischen Weinen und Vor-Verzweiflung-Schreien geschwankt, doch mir fehlte die Kraft für beides.

Als ich schließlich das Gefühl hatte, jeden Moment durchzudrehen, erinnerte ich mich wieder an Blakes Einladung. Plötzlich kam sie mir wie eine Fügung des Schicksals vor. Ich brauchte Ablenkung, und wenn ich schon nicht mehr joggen gehen konnte, würde ich eben so lange wie möglich auf dieser Party bleiben. Alles war besser, als zu Hause Löcher in die Wand zu starren und an Nolan zu denken.

»Ich bin froh, dass du gekommen bist«, sagte Blake.

»Ich auch«, erwiderte ich und meinte es von ganzem Herzen.

Blake gab mir eine kleine Führung durchs Haus. Die Party schien gerade erst in die Gänge zu kommen. Ein paar Gäste waren schon da, aber es war noch nicht so voll, dass ich mich unwohl fühlte. Wir gingen ins Obergeschoss, wo Blake mir zuerst sein Zimmer zeigte. Der Raum war weiß gestrichen mit Ausnahme einer Wand, die mittelgrau war. An ihr hingen einige gerahmte Bilder, allerdings bekam ich keine Gelegenheit, sie genauer anzusehen, weil Blake die Tür sofort wieder hinter sich ins Schloss zog.

»Da drüben ist das große Bad, und das hier ist Cams Zimmer«, erklärte er und zog die nächste Tür auf.

Das Erste, was ich sah, war eine sich schnell bewegende Decke. Das Zweite war ein nackter Frauenrücken.

»Oh verdammt«, fluchte Blake.

»RAUS!«, schrie jemand, und im nächsten Moment flog eine Wasserflasche durchs Zimmer. Sie prallte an Blakes Schulter ab. Hastig knallte er die Tür zu. Wir sahen einander mit großen Augen an.

»Ähm … Also Cam hättest du schon mal kennengelernt«, erklärte er.

Obwohl ich in Gedanken ununterbrochen bei dem war, was nach dem Unterricht geschehen war, musste ich lachen. »Was für ein nettes Kennenlernen.«

»Oder?«, gab er zurück und führte mich zurück zur Treppe. »Ich glaube, wir lassen Otis' und Ezras Zimmer aus und besorgen dir lieber schnell was zu trinken.«

»Eine gute Idee.«

Wir gingen in die Küche, wo mir Blake ein Bier reichte, das ich dankend entgegennahm.

»Cheers«, sagte er und stieß mit seinem Becher gegen meinen. Als wir anschließend das Wohnzimmer betraten, stellte sich heraus, dass Otis und Ezra im Gegensatz zu ihrem Mitbewohner beide unten und nicht schwer beschäftigt in ihren Zimmern waren. Blake machte uns miteinander bekannt und erzählte beinahe im selben Atemzug, dass wir Cameron beim Rummachen erwischt hatten.

»Es ist gerade mal zehn, Mann. Erstens: wann? Zweitens: mit wem?«, fragte Otis und sah an die Decke, als könnte er so in Cams Zimmer schauen.

»Ich glaube, ich will es gar nicht wissen«, murrte Ezra. Er stand mit verschränkten Armen gegen die Wand gelehnt und schien die Gäste mit Argwohn zu beobachten. Die Party war sicher nicht seine Idee gewesen.

»Sei nicht so ein Spielverderber und gönn ihm seinen Spaß«, sagte Blake.

»Hast du auch vor, heute ein bisschen Spaß zu haben? Wenn ja, muss ich mir Ohrstöpsel zulegen«, sagte Ezra und musterte mich abschätzig.

Ich erwiderte seinen Blick und überraschte mich selbst, als ich trocken erwiderte: »Ein bisschen Spaß würde dir definitiv auch guttun.«

Otis verschluckte sich an seinem Bier.

»Oh, Everly«, sagte Blake voller Zuneigung. »Ich weiß genau, wieso ich dich eingeladen habe.«

Ich atmete auf. Blake machte es einem leicht zu vergessen,

dass das Leben ein Chaoshaufen war. Auch das Bier half. Ich hatte den ersten Becher geleert, bevor mich Blake auch nur der Hälfte der Gäste vorgestellt hatte. Es waren um die vierzig Leute da, die sich auf Küche, Wohnzimmer und Garten verteilten. Einige kannte ich vom Campus, aber die meisten hatte ich noch nie zuvor gesehen. Unter normalen Umständen hätte mich das nervös gemacht, aber nichts an diesem Tag war bis jetzt normal gewesen.

»Hast du Lust auf eine Runde Dirty Pint?«, fragte Blake, nachdem wir unsere Becher aufgefüllt hatten und in den Garten hinaustraten.

»Möchte ich wissen, was das ist?«, entgegnete ich.

»Natürlich möchtest du.« Blake nickte zu dem runden Tisch auf der Terrasse, wo neben Otis drei weitere Typen und zwei Mädchen saßen. »Leute, das hier ist Everly, eine Freundin aus der Uni.«

Sie empfingen uns mit gemurmelten Begrüßungen und ein paar halb gehobenen Händen. Blake zog einen Stuhl für mich zurück und nahm dann neben mir Platz.

»Also, Dirty Pint – siehst du das Glas, das Tara in der Hand hält?«, fragte er und deutete auf das Mädchen, das mir direkt gegenübersaß. Sie grinste mich an und hob ein riesiges Glas hoch. Ich nickte und erwiderte ihr Lächeln.

»Das geben wir jetzt rum, und jeder muss hiervon etwas hineinkippen.« Blake deutete auf die Mitte des Tisches, wo unzählige Flaschen mit Saft und Alkohol standen.

»Ich ahne Schlimmes«, sagte ich.

Blake grinste wölfisch. »Wenn das Glas voll ist, wirft jeder eine Münze. Bei Kopf musst du aus dem Glas trinken, bei Zahl ist der Nächste dran.«

Ich verzog angewidert das Gesicht, als ich sah, dass dort neben Rotwein, Wodka und Orangensaft auch Sahne stand.

»Ich weiß nicht, ob ich dieses Spiel überleben werde«, sagte ich.

»Das wird keiner von uns«, gab Tara zurück und kippte prompt einen großzügigen Schuss Bier ins Glas. Dann reichte sie es an Otis weiter. Er rieb sich mit einem teuflischen Grinsen im Gesicht die Hände und streckte sich, um an die Flaschen in der Tischmitte zu kommen.

»Ich liebe dieses Spiel«, sagte er und griff – wie ich gefürchtet hatte – nach dem Rotwein. Ich fand die Mischung jetzt schon eklig, dabei waren bis jetzt nur zwei Flüssigkeiten in diesem Glas.

Es folgten eine großzügige Portion Wodka, Orangensaft, irgendeine kirschrote Flüssigkeit, die ich nicht identifizieren konnte, und Whiskey. Ich war nach Blake als Letztes an der Reihe und stand auf, um mir einen besseren Überblick über die Flaschen auf dem Tisch machen zu können.

»Ach, was soll's«, murmelte ich und griff nach der Sahne.

»Oh Gott, Everly, wieso?«, stöhnte Blake.

»Weil es so oder so Folter ist!« Ich schüttete Sahne in das Glas, bis es bis zum Rand gefüllt war.

»Ich würde sagen, dann ist Everly auch die Erste, für die eine Münze geworfen wird«, entschied Otis.

Tara warf die Münze hoch, fing sie und sah auf das Ergebnis. Ihr Grinsen war Hinweis genug, trotzdem verkündete sie feierlich: »Zahl. Zum Wohl, Everly.«

Ich stöhnte auf. Dann betrachtete ich das Glas. Die unterste Schicht war gelblich, darüber hatte sich eine braungelbe Mischung aus Orangensaft und Bier gesammelt, über der sich der Rotwein mit der Sahne vermischt hatte, was ein Muster puren Schreckens ergab.

»Cheers, Penn«, sagte Blake neben mir. Ich atmete tief durch und hob das Glas an meine Lippen. Ich nahm einen Schluck und versuchte alles in meiner Macht Stehende, einen neutralen Gesichtsausdruck beizubehalten. Ich setzte das Glas wieder ab.

»Gar nicht schlecht«, sagte ich.

Alle starrten mich an. Die Flüssigkeit rann währenddessen meine Speiseröhre hinab. Es war nur noch eine Frage der Zeit, bis sie sich durch meinen Magen ätzte und ein Loch in meinen Körper fraß.

Nach ein paar Sekunden hielt ich es nicht mehr aus und hustete laut.

Blake klopfte mir auf den Rücken und lachte. »Ich hätte dir das fast abgekauft.«

»Ich auch«, stimmte Otis zu.

»Es schmeckt genau so, wie es aussieht«, sagte ich und wischte mir mit dem Handrücken über den Mund. »Absolut widerlich.«

»Na dann viel Glück, Blake«, sagte Tara und warf die Münze erneut. »Kopf«, sagte sie enttäuscht.

Blake grinste triumphierend und schob das Glas zu seinem Sitznachbarn. So ging es weiter. Auch bei der zweiten Runde hatte ich kein Glück und musste trinken, was gefühlt noch viel ekelhafter war als beim ersten Mal. Ich wusste nicht, wie, aber Blake hatte auch in den folgenden drei Runden Zahl, während die Münze bei mir ohne Ausnahme mit Kopf nach oben landete. Erst beim fünften Mal hatte ich Glück – und Blake nicht. Als er trinken musste, hustete er genauso wie ich nach dem ersten Schluck, und ich lachte laut.

Es war die richtige Entscheidung gewesen, diese Party zu besuchen. Nach dem Trinkspiel belohnte ich mich mit einem Strawberry-Daiquiri, den Otis' ältere Schwester zubereitete. Sie war Barkeeperin, und nach den Dirty Pints kam mir ihre Kreation geradezu wie eine Wohltat für meinen Körper vor.

Ich merkte den Alkohol bereits eine halbe Stunde später, was mich nicht wunderte. Schließlich konnte ich die Anlässe, zu denen ich etwas getrunken hatte, an einer Hand abzählen.

Ich genoss das Gefühl der Schwerelosigkeit und ließ mich davontreiben. Nicht nur meine dunklen Gedanken verschwanden, sondern auch die Schmerzen in meinen Knien und meinem Fuß. Ich ließ mich von Tara und ihren Freundinnen auf die Terrasse ziehen und tanzte mit ihnen. Als Blake zu uns stieß, fasste ich ihn bei der Hand und drehte ihn zu mir ein. Seit der Highschool hatte ich nicht mehr richtig getanzt. Es hatte mich immer zu sehr ans Cheeren erinnert. Doch heute Abend machte es mir zum ersten Mal wieder Spaß.

Der Himmel über uns war tiefschwarz, Sterne funkelten am Firmament. Ich legte den Kopf in den Nacken und schloss die Augen. Die Welt drehte sich, und das fühlte sich toll an – zumindest so lange, bis sich der Boden unter meinen Füßen ebenfalls bewegte. Plötzlich verließ mich die Schwerkraft, und ich wusste nicht mehr, wo oben oder unten war. Ich fiel zur Seite und versuchte, mich an irgendetwas festzuhalten.

»Hab dich«, sagte Blake und umfasste meinen Arm. Dann führte er mich zu einer Bank weiter hinten im Garten. Er half mir, mich hinzusetzen, anschließend ließ er sich neben mich fallen.

»Ich glaube, ich habe mich zu schnell gedreht«, sagte ich atemlos.

»Ich mich auch«, gab Blake zurück.

»Danke, dass du mich eingeladen hast, Blake«, sagte ich. »Ich habe das heute wirklich gebraucht.«

Er sah mich an, ein aufmerksamer Funke in den Augen. »Ist alles okay bei dir?«

Ich atmete tief durch. Als Spencer mich nach meinem grandiosen Fall das Gleiche gefragt hatte, hatte ich gedacht, dass ich ganz allein war. Dass es keine einzige Person auf dieser Welt gab, der ich von Nolan erzählen konnte – was zum Kotzen war, da es sich anfühlte, als würde ich an dem ersticken, was ich heute getan hatte.

Doch der Alkohol hatte mich mutig und frei gemacht. Mir fiel kein Grund ein, der mich davon abhalten könnte, endlich den Mund aufzumachen und das zu sagen, was mir durch den Kopf ging. Die Barrikaden waren so niedrig, dass ich einfach darüberspringen konnte.

»Ich habe Nolan geküsst«, sagte ich unvermittelt.

Blakes Augen weiteten sich. »Im Ernst?«

Ich schluckte schwer und nickte.

Er atmete hörbar aus. Dann legte er den Arm hinter mich auf die Lehne der Bank und heftete seinen Blick auf die Gruppe auf der Terrasse, die immer noch ausgelassen zu einem Song von 5 Seconds of Summer tanzte. Am liebsten wäre ich zurück zu ihnen gegangen, nur um Blakes drückendem Schweigen zu entkommen. Mein Mut schwand, je länger er nichts sagte.

»Ich habe schon gemerkt, dass da was in der Luft liegt. Aber ich wusste nicht, dass es so ernst ist.«

Ich wusste nicht, was ich darauf sagen sollte, also zuckte ich nur mit den Schultern.

»Wie war's denn?«, fragte er nach einer Weile.

Ich sah auf meine Schuhe und wippte mit den Spitzen im Takt des Liedes. »Es war …« Ich brach ab und schüttelte hilflos den Kopf.

»Gut? Schlecht? Mittelmäßig?«, half Blake nach.

»Mir fällt kein Wort ein, das passend genug wäre«, antwortete ich zögerlich.

»Ich hätte noch ein paar zur Auswahl: schrecklich, wunderschön, verachtenswert, fabelhaft, desaströs, atemberaubend …«

»Sie passen irgendwie alle.«

Blake pfiff anerkennend. »Das waren ganz schön viele Wörter.«

Ich spielte am Reißverschluss meiner Tasche herum, um meinen Händen irgendetwas zu tun zu geben. »Es war ein Einmal-im-Leben-Kuss. Ich habe so etwas noch nie erlebt. Aber … Oh Gott, was habe ich nur getan?«

»Mach mal halblang. Hat er den Kuss erwidert?«, fragte er.

Obwohl ich es nicht wollte, dachte ich an den Moment im Kursraum zurück. Nolan hatte die Hände an mein Gesicht gelegt. Er hatte mich näher an sich gezogen, mich gestreichelt und …

»Ja«, flüsterte ich.

Blake stieß einen Fluch aus.

»Aber dann hat er mich sofort von sich gestoßen und laut geflucht. Und da wurde mir klar, dass das ein riesiger Fehler gewesen war. Ich … ich weiß ja selbst nicht mal, wie es überhaupt dazu gekommen ist.«

»Wie, du weißt nicht, wie es dazu gekommen ist?«

»Mein Mund ist irgendwie einfach … ausgerutscht.« Ich spürte, wie Hitze meinen Hals hinaufkroch.

Blake lachte auf. Ich boxte sein Knie mit der Faust.

»Du bist ganz schön krass drauf, Everly Penn. Rutschst mit deinem Mund aus und küsst Master Gates.«

»Dass du ihn Master Gates nennst, macht alles nur noch schlimmer.«

»Ach, komm schon«, sagte Blake und stieß mit der Schulter gegen meine. »Wir sind doch alle mit Nolan befreundet. Er kommt ständig zu meinen Spielen, wir waren sogar schon mal im selben Club feiern. Wenn der Kurs zu Ende geht, werde ich bestimmt weiter in Kontakt mit ihm bleiben. Und ihr beide lest doch auch immer Dawns Bücher zusammen, oder? Kein Wunder, dass da die Grenzen irgendwann verschwimmen und du mit deinem Mund an Stellen rutschst, wo er nicht hingehört.«

Ich vergrub das Gesicht in den Händen. »Ich kann nie wieder in einen seiner Kurse gehen.«

»Das kann ich nachvollziehen. Würde ich auch nicht machen.«

Ich presste die Lippen fest aufeinander und lehnte den Kopf gegen Blakes Schulter.

»Wieso ausgerechnet Nolan?«, flüsterte ich.

Er schwieg einen Moment. Dann hob er die Hand und tätschelte meine Haare. »Weil man immer das haben will, was man nicht haben kann. So ist das Leben.«

Ich brummte bloß.

»Dabei kann Küssen so schön sein.«

»Nicht wenn man mittendrin weggestoßen wird«, murmelte ich an seiner Schulter.

Er machte einen nachdenklichen Laut. Dann setzte er sich etwas aufrechter hin. »Ich habe eine Idee«, sagte er.

Ich hob den Kopf und sah ihn fragend an. Blake verzog die Mundwinkel zu einem Lächeln. »Wir ersetzen deinen Kuss von heute Morgen durch einen Kuss von jemandem, der dich wertschätzt.« Er deutete auf sich. »Und dann schauen wir, ob es dir danach besser geht.«

Ich hob eine Braue. »Du willst mich küssen?«

Blake beugte sich vor, wie um mir ein Geheimnis zu verraten, das sonst niemand hören durfte. »Ich weiß nicht, ob dir das schon mal jemand gesagt hat, aber ... du bist ziemlich cool drauf und dazu noch sehr attraktiv. Dich zu küssen wäre bestimmt gar nicht so übel.«

Ich spürte meinen Herzschlag plötzlich im ganzen Körper. Gleichzeitig war da immer noch die Schwerelosigkeit des Alkohols, der mich waghalsig werden ließ. Vielleicht könnte ein Kuss mit Blake mich vergessen lassen, was mit Nolan geschehen war. Was hatte ich schon zu verlieren?

»Aber ich bin nicht mit dem Herzen dabei. Nur, damit du Bescheid weißt«, sagte ich mit rauer Stimme.

Er seufzte. »Geht mir genauso. Auch wenn ich es gerne wäre.«

Es war das erste Mal, dass Blake etwas in der Richtung erwähnte, und ich war neugierig. »Erzähl mir mehr.«

»Gibt nicht viel zu erzählen. Ich war verliebt, sie ist weggezogen und hat mir das Herz gebrochen. Seitdem versuche ich alles, um sie endlich zu vergessen.«

»Dein Vorschlag mit dem Kuss ist also gar nicht so uneigennützig«, stellte ich fest.

Blake zuckte mit den Schultern. »Das stimmt. Aber ich bin ein effizienter Mann, Everly. Zwei Fliegen mit einer Klappe zu schlagen ist voll mein Ding.«

»So nennt man das also.« Ich konnte nichts gegen das Grinsen unternehmen, das sich auf meinem Gesicht ausbreitete. Blake erwiderte es und rückte ein Stück dichter zu mir. Er legte die Hand, die er eben noch auf die Lehne hinter mir gestützt hatte, an meine Wange.

Ich kam näher, bis unsere Gesichter nur noch eine Handbreit voneinander entfernt waren. Ich sah von seinen Augen zu seinem Mund und zurück. Dann überbrückte Blake die letzten Zentimeter zwischen uns – und küsste mich.

Sein Mund war angenehm warm und fühlte sich gut an. Ich legte eine Hand auf seine Brust und spürte seinen gleichmäßigen Herzschlag. Blake bewegte seine Lippen auf meinen, und ich versuchte, mich fallen zu lassen. Er strich mit den Zähnen an meiner Unterlippe entlang. Ich rückte dichter an ihn heran und ließ meine Hand nach oben zu seiner Wange und an seinem Kiefer entlangwandern. Unser Kuss vertiefte sich. Es war schön, doch irgendetwas fehlte.

Da war kein Funken, kein Feuerwerk, keine Hitze – nichts. Ich dachte an das Gefühl, zu schweben und gleichzeitig zu fallen, an alles, was ich empfunden hatte, als Nolan mein Gesicht sanft umfasst hatte. Davon war hier nichts zu spüren. Ich rückte so nahe an Blake heran, dass unsere Oberkörper sich berührten und wir denselben Herzschlag teilten. Krampfhaft versuchte ich, diesen Funken irgendwo zwischen uns zu finden. Wieso klappte es nicht? Wieso brannte sich dieses Gefühl nicht so in meinen Körper wie heute Vormittag? Es musste doch irgendwie funktionieren!

Gerade als ich den Kuss weiter vertiefen wollte, löste Blake sich von mir.

»Everly«, sagte er atemlos, seine Stimme rau. »Hey, wieso weinst du?«

Ich erstarrte und berührte meine Wange. Sie war feucht. »Ich …«, flüsterte ich. »Ich weiß es nicht.«

Blake und ich sahen einander schweigend an. Mit dem Daumen wischte er eine Träne unter meinem Auge fort.

»Das war wohl nichts, oder?«, murmelte er.

Ich schüttelte den Kopf. Noch mehr Tränen befreiten sich aus meinen Augen. Der Schmerz brach wie eine Welle über mir zusammen. Ich hatte das Gefühl, in meiner eigenen Hoffnungslosigkeit zu ertrinken.

Blake legte wortlos einen Arm um meine Schulter und zog mich an sich.

kapitel 15

In den nächsten Tagen blieb ich im Bett. Ich hatte keine Motivation, in die Uni zu gehen, geschweige denn aufzustehen. Bei der Arbeit behauptete ich, ich hätte einen Termin, den ich schon vor meiner Anstellung im *Get Inked* vereinbart hatte, was für Zev und Katie in Ordnung war und letzten Endes dafür sorgte, dass ich mich noch schlechter fühlte.

Ich bestellte mir viel zu teures veganes Essen bei einem Lieferdienst, was mir normalerweise dabei half, mich besser zu fühlen, doch der gewünschte Effekt blieb aus.

Ich vermied es, meinen Mailer oder Skype zu öffnen, aus Angst, dort eine Nachricht von Nolan zu finden. Dafür war ich nicht bereit. Ich benutzte meinen Laptop nur, um einen Horrorfilm nach dem nächsten zu schauen. Aber selbst das konnte mich nur kurzfristig ablenken.

Der Kuss mit Blake hatte nicht geholfen. Wenn, dann hatte er das Gegenteil bewirkt. Mir war dadurch nur klarer geworden, dass kein willkürlicher Kerl das ersetzen konnte, was ich verloren hatte. Nicht, dass ich Nolan in irgendeiner Weise gehabt hatte. Trotzdem fühlte es sich an wie ein Verlust. Ich trauerte um etwas, was ohnehin niemals hätte sein dürfen.

Ich schlief kaum und verbrachte meine Nächte damit, die Situation in Gedanken immer wieder durchzukauen. Ununterbrochen grübelte ich über der Frage, wie ich das alles wieder hinbiegen konnte, kam aber zu dem Schluss, dass das nicht möglich war. Nicht, nachdem ich über meinen *Dozenten* – Gott, wie konnte ich nur? – hergefallen war.

Jetzt, wo ich nicht mehr mit Nolan schrieb, merkte ich erst, was für ein Loch seine Abwesenheit in meinem Alltag hinterließ. Während ich sonst meinen Mailer immer und immer wieder aktualisiert hatte, ignorierte ich ihn jetzt völlig. Während ich an jedem anderen Abend Skype geöffnet hatte, um zu sehen, ob er online war, hatte ich nun die Verknüpfung auf meinem Desktop gelöscht.

Und mir wurde eine weitere schlimme Tatsache bewusst: Nicht nur, dass die Gefühle, die ich für Nolan entwickelt hatte, völlig aus dem Ruder gelaufen waren. Nein, ohne seine virtuelle Anwesenheit fiel es mir auch deutlich schwerer, in den Schlaf zu finden.

Das war so verkehrt, dass mir selbst nichts mehr dazu einfiel.

Ich hatte mich allen Ernstes abhängig gemacht. Von einer anderen Person. Von jemandem, der einen solchen Platz definitiv nicht in meinem Leben einnehmen konnte oder durfte. Und das, obwohl ich mir geschworen hatte, in dieser Hinsicht niemals wie Mom zu werden.

Als der nächste Mittwoch anrückte, raffte ich mich auf und ging zur Studienberatung, um zu schauen, ob es mittwochs noch freie Kurse gab, in die ich mich einschreiben konnte. Die ernüchternde Antwort lautete Nein. Für einen Wechsel war es zu spät, alle Kurse, die infrage gekommen wären, waren bereits voll. Das bedeutete, ich würde im nächsten Semester einen Kurs mehr belegen müssen. Beim Verlassen des Büros verfluchte ich mich doppelt – einmal für das, was ich getan hatte, und dafür, dass ich im nächsten Semester einen höheren Workload haben würde. Ich war jetzt schon ausgelastet und spürte, wie das an meinen Kraftreserven zehrte. Ich hatte keine Ahnung, wie ich noch mehr geben sollte.

»Everly!«, erklang eine Stimme hinter mir im Flur.

Ich erstarrte. Verdammt.

Dawn holte mich ein und baute sich vor mir auf. Sie betrachtete mich eingehend von Kopf bis Fuß, wie um zu überprüfen, ob mit meinem Körper irgendetwas nicht in Ordnung war. Dann holte sie aus und boxte mich gegen die Schulter.

»Autsch, verdammt, wofür war das denn?«, fragte ich und rieb über die pochende Stelle.

»Das war dafür, dass du dich die gesamte Woche nicht bei mir gemeldet hast«, gab sie zurück und sah dabei wirklich böse aus. Dann aber ging ihr Blick zu meiner Schulter. »Tut mir leid, ich vergesse immer, wie übermenschlich stark ich bin.«

»Bist du wirklich«, murrte ich. »Du solltest über eine Karriere als Boxerin nachdenken.«

Dawn grinste, aber es verblasste schnell, als sie zwischen mir und dem Büro hin und her blickte, aus dem ich gerade gekommen war. »Wieso warst du bei der Studienberatung?«

Ich schluckte schwer und senkte den Blick.

Es hatte einen Grund gehabt, wieso ich mich nicht bei Dawn gemeldet hatte. Ich konnte ihr nicht erzählen, was ich getan hatte. Ich wollte mir ihren enttäuschten Gesichtsausdruck nicht vorstellen, geschweige denn die vielen Fragen, die sie zweifelsfrei stellen würde. Ich hatte Angst davor, dass sie mich verurteilen würde – für meinen Leichtsinn und die Naivität, von der ich mich hatte hinreißen lassen.

»Du warst gar nicht krank, oder?«, fragte Dawn, und der mitfühlende Tonfall in ihrer Stimme ließ mich alarmiert aufblicken.

»Wie kommst du darauf?«, fragte ich und versuchte mit aller Macht, meine Stimme ruhig zu halten.

Sie warf mir einen kurzen Blick von der Seite zu, dann schaute sie über ihre Schulter, ob jemand hinter uns lief, den wir kannten. Mit verschwörerischer Miene beugte sie sich ein Stück weiter zu mir. »Blake hat von der Party erzählt.«

Mein erster Impuls war, erleichtert aufzuatmen. Für einen kurzen Moment hatte ich geglaubt, Dawn wüsste von der Sache zwischen mir und Nolan. Doch dann realisierte ich, was sie gerade gesagt hatte. Meine Augen weiteten sich, und mein Griff um Dawns Arm wurde beinahe krampfhaft. »Von … von der Party?«

Wir betraten die Mensa hinter einigen anderen Studenten und reihten uns mit Tabletts in die Schlange an der Essensausgabe ein. Dawn beugte sich wieder zu mir. »Von eurem Kuss, um genau zu sein.«

Ich erstarrte. Tausend Gedanken rasten durch meinen Kopf, allen voran der, dass ich Blake umbringen würde. Auf eine möglichst qualvolle Weise.

»Hat er nicht«, brachte ich bemüht ruhig hervor.

Dawn nickte und legte mir eine Hand auf den Arm. Sie drückte ihn kurz. »Doch, vorhin in der Schreibwerkstatt.«

Ich fluchte so laut, dass sich die beiden Mädchen vor uns umdrehten. Ich entschuldigte mich hastig, bevor ich mich wieder Dawn zuwandte. »Wieso hat er das erzählt?«

Dawn verzog die Lippen missmutig. »Pete hat ihn auf die Party angesprochen. Er meinte, ihr seid im Garten übereinander hergefallen?« Sie sah mich mit hochgezogener Braue an. »Ich wusste nicht mal, dass du auf der Party warst.«

Ich stöhnte auf. »Wir sind nicht übereinander hergefallen.«

»Bist du sicher? Blake hat nämlich etwas anderes erzählt. Bei ihm hat es sich angehört, als wäre an dem Abend der Grundstein für eine epische Liebesgeschichte gelegt worden.«

Einen Moment lang war ich sprachlos und konnte Dawn nur anstarren. Langsam schüttelte ich den Kopf. »Wir haben uns geküsst, das stimmt«, fing ich zögerlich an. Ich überlegte, wie viel ich ihr erzählen sollte. Dass Blake und ich uns gegenseitig von unserem Kummer hatten ablenken wollen, musste ich auf jeden Fall für mich behalten, sonst würde sie nur noch mehr Fragen stellen. Also entschied ich mich für einen Teil der Wahrheit. »Aber das war nichts Ernstes.«

Dawn machte einen kleinen Hüpfer neben mir. »Das ist bestimmt nur eine Frage der Zeit. Ihr wärt so ein süßes Pärchen, und ich –«

Plötzlich schoss ein Gedanke durch meinen Kopf. »War Nolan da, als Blake das rumposaunt hat?«

Sie hielt inne und legte den Kopf schräg. Dann winkte sie ab. »Mach dir keine Gedanken, er ist cool damit umgegangen.«

Das Herz schlug mir bis zum Hals. »Wie meinst du das?«

»Nolan hat ihm bloß gesagt, wie schön er es findet, dass Blake endlich nach vorne blicken kann. Dann hat er ihn gebeten, seine Geschichte für einen angemessenen Zeitpunkt und Ort aufzusparen, und ist zur Tagesordnung übergegangen.«

Es fühlte sich an, als lägen Steine in meinem Magen, die versuchten, mich wie Gewichte nach unten zu ziehen. Ich konzentrierte mich krampfhaft darauf, die Haltung zu wahren – auch wenn ich mich am liebsten einfach umgedreht und die Mensa wieder verlassen hätte.

»Apropos Nolan: Ich habe euch heute Morgen die nächsten hundert Seiten von *By My Side* geschickt. Ich bin so gespannt, was ihr sagt«, fuhr Dawn fort, aber ich hörte kaum hin.

Nolan wusste von Blakes und meinem Kuss. Und anscheinend interessierte es ihn überhaupt nicht. Dass er mich so von sich gestoßen hatte, hatte wehgetan, aber dieser Gedanke zerschnitt etwas in mir. Er gab mir nämlich die Bestätigung, dass

Nolan zu küssen der mit Abstand größte Fehler meines Lebens gewesen war.

»Ich kann nicht wieder zur Schreibwerkstatt kommen, Dawn«, sagte ich unvermittelt. Meine Stimme klang rau von all den unterdrückten Emotionen, die ich versuchte, vor meiner Freundin zu verstecken.

Sie sah mich überrascht an. Dann verfinsterte sich ihr Gesichtsausdruck. »Was hat Blake getan?«, fragte sie.

Ich brachte nur ein Kopfschütteln zustande, nicht fähig dazu, irgendetwas zu sagen. Mechanisch stellte ich mein Tablett auf die Essensausgabe und sah zu, wie eine Portion Gemüselasagne lieblos aufgefüllt wurde. Sie sah genauso matschig aus, wie ich mich fühlte. Dawns Blick brannte sich förmlich in meinen Hinterkopf, aber ich konnte ihn einfach nicht erwidern. Sie schien das zu spüren, denn einen kurzen Moment später legte sie mir eine Hand auf den Rücken und bugsierte mich erst zur Kasse und dann an den nächsten Tisch, der frei war. Sie setzte sich gegenüber von mir hin und schob ihr Essen achtlos beiseite. Beide Ellenbogen auf dem Tisch abgestützt sah sie mich ernst an.

»Sag mir nur, ob er dir wehgetan hat«, sagte sie.

Ich schüttelte den Kopf. »Nein. Aber ich kann trotzdem nicht zurück zum Kurs kommen. Ich … es tut mir leid.«

Es tat unglaublich weh, ihr nicht die Wahrheit erzählen zu können. Ich wollte es, aber gleichzeitig fürchtete ich mich vor ihrer Reaktion. Und ich fragte mich, wie zum Teufel ich die nächsten hundert Seiten ihres Romans zusammen mit Nolan lesen sollte. Ich würde mir irgendetwas einfallen lassen müssen, damit sie keine Fragen stellte, die ich nicht beantworten konnte.

Die Situation erinnerte mich an meine Zeit an der Highschool. Damals hatte ich meinen Freundinnen auch nie erzählen können, was in meinem Leben los war. Nachdem ich nicht mehr beim Cheerleading mitmachen konnte, waren sie zunächst für mich da gewesen. Doch als ich ihren Fragen immer und immer wieder ausgewichen war, waren die Gespräche weniger geworden. Die Einladungen zu Treffen und Partys waren nur noch vereinzelt eingetrudelt, bis der Kontakt gänzlich abgebrochen war. Und jetzt, wo ich Dawn gegenübersaß und ihr nicht das geben konnte, was sie als Freundin verdiente – Offenheit und Ehrlichkeit –, war ich mir sicher, dass ich sie ebenfalls verlieren würde. Es war bloß eine Frage der Zeit.

In der darauffolgenden Woche bot ich im *Get Inked* an, einen Tag mehr als ursprünglich vereinbart zu arbeiten. Ich konnte sowohl die Ablenkung als auch das Geld gut brauchen – außerdem wollte ich meinem Chef zeigen, dass er sich für die richtige Bewerberin entschieden hatte, nachdem ich zwei ganze Tage ausgefallen war.

Während meiner Schichten gab ich alles: Ich koordinierte Termine, reinigte den Empfangsbereich, wusch Handtücher, verteilte Getränke und kümmerte mich darum, dass sich die Kunden bei uns wohlfühlten. Außerdem besorgte ich ein Surround-System, um das blecherne Radio aus Zevs alter Wohnung zu ersetzen. Ich installierte es gemeinsam mit Katie, und als Zev an diesem Abend den Laden abschloss, nickte er mir anerkennend zu, was laut Katie mehr war, als sie jemals bekommen hatte. Mir war klar, dass sie übertrieb, aber ich freute mich trotzdem.

Am Wochenende fuhr ich endlich wieder nach Hause. Ich war froh, als ich ankam, und hatte das Gefühl, zum ersten Mal seit zwei Wochen richtig durchatmen zu können.

Mom begrüßte mich mit einer festen Umarmung. »Wie geht es dir, Liebling? Dawn hat erzählt, dass du krank warst.«

Sie lehnte sich zurück und befühlte meine Stirn mit sorgenvollem Blick.

»Bin über den Berg«, sagte ich. Ich stellte meine Taschen im Flur ab und dachte darüber nach, wie merkwürdig es war, dass es jemanden gab, der meine Mutter über Dinge in meinem Leben informierte, bevor ich die Gelegenheit dazu bekam.

»Du siehst blass aus. Und müde.« Mom betrachtete mich eingehender. Sie legte einen Arm um meine Schulter und führte mich in die Küche, wo sie mir einen Tee einschenkte. Mom liebte den Herbst genauso sehr wie ich und hatte die Küche mit Blätterranken, Teelichtern und Deko-Kürbissen geschmückt. Außerdem strömte mir der Geruch von Zimt entgegen, was mich an Grandma erinnerte. Sie hatte immer in der Küche gesessen und gewartet, bis ich von der Schule heimkam, damit sie mich über meinen Tag ausfragen konnte. Schmerzlich wurde mir bewusst, wie sehr sie mir fehlte.

Mom schob mir den dampfenden Becher entgegen. »Ich habe einen Plan für dieses Wochenende.«

»Okay«, sagte ich vorsichtig und wappnete mich dafür, dass sie mir eine Liste mit Dingen vorlegte, die noch zu tun waren, bevor Stanley in wenigen Wochen einzog.

»Wir lassen es uns einfach nur gut gehen«, verkündete sie lächelnd. »Mit Filmen, Gesichtsmasken, guter Musik, Tee und viel, viel Schokolade.«

Ich blinzelte überrascht. »So wie früher?«

Sie nickte. »Genau so wie früher. Ich habe sogar deine Lieblings-Sheet-Masks besorgt«, sagte sie und öffnete eine Schublade unter der Arbeitsfläche. Sie holte mehrere Packungen heraus, auf denen Avocados, Blüten und Kakaobohnen abgebildet waren.

Ich strahlte sie an. »Du bist die Allerbeste, Mom.«

»Dann warte nur ab, bis du siehst, wie viel Schokolade ich besorgt habe«, erwiderte sie und nahm mich bei der Hand.

Kurz darauf hatten wir uns abgeschminkt und unsere Pyjamas angezogen (Mom einen rot-blau karierten, ich einen mit kleinen Kätzchen und Wollknäueln drauf). Wir öffneten die Gesichtsmasken und versuchten, die Tücher so auf unseren Gesichtern auszubreiten, wie es in der Anleitung stand, was sich wie immer als schwieriges Unterfangen erwies. Nach ein paar Anläufen hatten wir es geschafft und machten es uns im Wohnzimmer bequem, wo Mom nicht nur unsere kleine DVD-Sammlung, sondern auch Unmengen von Schokolade auf dem Tisch vor uns ausgebreitet hatte. Der Anblick rührte mich und erinnerte mich an die Monate, nachdem Dad aus unserem Leben verschwunden war. Früher hatten wir solche Abende oft miteinander verbracht, doch nachdem ich studieren gegangen war, hatte sich das Ganze irgendwie im Sand verlaufen. Ich fragte mich, wie Mom hatte ahnen können, dass ich heute genau das brauchen würde.

»Ich wäre für *30 über Nacht*«, sagte ich, weil ich wusste, dass das einer ihrer Lieblingsfilme war.

Sie sah mich an, und ich glaubte, dass sie eine Braue hochzog, konnte es unter der weißen Gesichtsmaske aber nicht richtig erkennen.

»Normalerweise willst du lieber deine Gruselstreifen schauen«, sagte sie. »Wer bist du, und was hast du mit meiner Tochter angestellt?«

Ich ließ mich aufs Sofa fallen, die erste Schokoladentafel bereits geöffnet. Ich brach ein großes Stück ab. »Ich bin einfach froh, dass wir das hier machen. Ich habe es vermisst.«

Mom lächelte warm, wobei ihre Gesichtsmaske ein Stück verrutschte. Sie versuchte, sie mit ihrem Handgelenk wieder an Ort und Stelle zu rücken, was ihr eher schlecht als recht gelang. »Ich auch.«

Sie griff nach der DVD, öffnete sie und legte den Film ein. Dann machte sie es sich neben mir auf der Couch gemütlich, und ich reichte ihr die angebrochene Schokolade. Als nach einer Viertelstunde mein Handywecker klingelte, hatte der Film gerade erst richtig begonnen.

Schnell zog ich mir die Maske vom Gesicht und brachte sie zusammen mit Moms ins Bad, um sie zu entsorgen. Ich wusch mir die Hände und warf einen Blick in den Spiegelschrank über dem Waschbecken. Vielleicht hatte Mom ein neues Serum, das ich ausprobieren konnte.

Ich fand eine Augencreme mit goldenem Tiegel, die verführerisch luxuriös aussah. Ich holte sie heraus und wollte den kleinen Deckel gerade aufdrehen, als ich die braune Pillendose entdeckte, die ganz hinten im Schrank stand. Stirnrunzelnd griff ich danach und las das Etikett. Mein Herz sank in die Hose, gleichzeitig beschleunigte sich mein Puls.

Ich kannte diese Tabletten. Mom hatte sie vor knapp vier Jahren zum ersten Mal genommen, kurz nachdem Dad und sie sich getrennt hatten. Damals hatte sie – genau wie ich – an Schlafproblemen gelitten und deshalb das Medikament von ihrem Arzt verschrieben bekommen. Ich vermutete, dass sie es nicht mehr brauchte, wenn es so weit hinten im Schrank verstaut war.

Ich konnte mich nicht daran erinnern, wann ich zum letzten Mal zu einer normalen Zeit ins Bett gegangen war, geschweige denn eine Nacht durchgeschlafen hatte. Ich war so, so müde.

Eine Tablette würde nicht schaden. Ganz sicher nicht.

Ich nahm die Dose und verließ das Bad. Im Flur schmuggelte ich sie in meine Tasche und ging dann zurück ins Wohnzimmer. Ich ließ mich neben Mom aufs Sofa fallen. Sie lächelte mich an. Ich unterdrückte den Drang, ihrem Blick auszuweichen, und lächelte zurück.

Mom und ich verbrachten auch den nächsten Tag miteinander. Wir frühstückten groß und liefen am späten Vormittag eine Runde zusammen durch die Nachbarschaft bis in den kleinen Wald im angrenzenden Ort. Außerdem machten wir den Garten winterfest und fegten gemeinsam Laub. Am späten Nachmittag fuhr Mom los, weil sie bei Target noch ein paar Boxen für den Dachboden kaufen wollte. Ich hatte gefragt, ob es irgendetwas gab, das ich im Haus tun konnte. Ich wollte die Hand nach ihr ausstrecken, so, wie sie es gestern Abend für mich getan hatte.

Das war der Grund, weshalb ich gerade umgeben von einer Staubwolke Kuscheltiere, Reisetaschen und alte Kleidungsstücke auf dem Dachboden sortierte. Ich fand Dinge, die ich noch nie in meinem Leben gesehen hatte und von denen ich auch nicht wissen wollte, wie sie überhaupt hier hoch gekommen waren – unter anderem eine antik aussehende Spieluhr, die so schief klang, dass es mir eiskalt den Rücken herunterlief. Auch wenn ich Horrorfilme liebte, war mir das ein bisschen zu viel Horror für die Realität. Ich schob das Kästchen schnell beiseite und machte mich an die nächste Kiste, in der ich ein paar von Grandmas alten Hüten fand. Ich schob sie auf den Stapel mit Dingen, bei denen ich nicht genau wusste, was wir damit machen wollten. Es tat weh, Dinge von Grandma auszusortieren, aber auf der anderen Seite hatten wir diese Sachen in den vergangenen Jahren kein einziges Mal angerührt. Ich bezweifelte, dass wir sie vermissen würden.

Ich nahm den obersten Hut – einen schwarzen mit Seidenband, der aussah, als stammte er aus den Zwanzigerjahren – vom Stapel und klopfte ihn aus. So staubig war er gar nicht.

Ich setzte ihn auf und betrachtete mich in dem zerbrochenen Spiegel gegenüber der Leiter, die zum Dachboden führte, als plötzlich ein Geräusch von unten zu mir drang. Stirnrunzelnd setzte ich den Hut wieder ab. Mom war vor nicht mal einer Stunde losgefahren, sie konnte unmöglich schon zurück sein, dafür war Target zu weit weg.

Ich trat zur Leiter und beugte mich ein Stück vor. Wieder erklang das Geräusch. Jemand stampfte durch das Untergeschoss.

»Maureen!«

Der Hut fiel mir aus der Hand. Mir gefror das Blut in den Adern. Das konnte nicht sein. Ich musste mir die Stimme eingebildet haben.

»Maureen, ich weiß, dass du da bist.«

Ich klammerte mich am Geländer fest, bis das Holz unter meinen Fingern gefährlich knackte.

Ja, ich litt unter Schlafmangel, aber das war eindeutig keine Einbildung gewesen.

Ich hatte das Gefühl, jemand würde mir den Brustkorb zerquetschen. Ich konnte nicht mehr atmen, schaffte es nicht, mich auch nur einen Zentimeter vom Fleck zu bewegen.

Diese Stimme. Sie hielt mich Nacht für Nacht wach. Und wenn ich es endlich schaffte einzuschlafen, suchte sie mich in meinen Albträumen heim und sorgte dafür, dass ich schweißgebadet wieder aufwachte.

Panisch blickte ich mich um. Dann sprintete ich zum Karton mit den Hüten, neben dem ich mein Handy abgelegt hatte. Ich entsperrte das Display mit bebenden Fingern und öffnete eine neue Nachricht an Mom.

Komm nach Hause. Sofort. Dad ist hier.

kapitel 16

Ich ergriff den Besen, den ich vorhin mit auf den Dachboden genommen hatte, und schlich auf Zehenspitzen ins Erdgeschoss.

»Maureen!«, rief er wieder.

Ich kannte diesen Tonfall genau, obwohl es mittlerweile vier Jahre zurücklag, dass ich ihn in Wirklichkeit und nicht in meinen Träumen gehört hatte. Meine Finger verkrampften sich um den Besenstiel.

Ich nahm die letzten beiden Treppenstufen und linste in den Hausflur. Niemand zu sehen. Möglichst leise rüttelte ich an der Haustür. Sie war verschlossen. Er musste durch die Verandatür reingekommen sein. Auf leisen Sohlen ging ich zum Wohnzimmer.

Jeder Muskel in meinem Körper erstarrte, als ich ihn entdeckte.

Er stand mit dem Rücken zu mir, die Hände in die Hüften gestemmt. Seine dunkelblaue Uniform spannte an den Schultern, aber mein Blick zuckte wie automatisch zu seinem Gürtel. Mein Vater war mit seiner kompletten Ausrüstung gekommen: Handschellen, Funkgerät, Pfefferspray, Taschenlampe und Schlagstock.

Ich umklammerte meinen eigenen fester.

»Maureen, verdammt, wenn du nicht rauskommst und mir gibst, was du versprochen hast, werde ich …«

»Sie ist nicht hier.« Obwohl mein ganzer Körper vor Angst zitterte, brachte ich die Worte ruhig hervor.

Dad fuhr herum. Er starrte mich aus blauen Augen an. Augen, die meinen eigenen so ähnlich waren, dass ich mich fühlte, als würde ich in ein verzerrtes Spiegelbild schauen.

»Was hast du hier zu suchen?«, fragte ich.

Er sah auf den Besenstiel in meiner Hand, dann zurück in mein Gesicht. »Schön, dich zu sehen, Ev-«

»Was willst du hier?«, unterbrach ich ihn. Ich wollte meinen Namen nicht aus seinem Mund hören. Genau genommen wollte ich nicht mal im selben Raum wie er sein.

Er fuhr sich über das kurz geschnittene, dunkle Haar. »Deine Mutter und ich haben etwas zu bereden.«

»Ihr habt überhaupt nichts zu bereden«, sagte ich. »Du solltest besser verschwinden, bevor sie zurückkommt. Ich will nicht, dass sie dich hier sieht.«

Er schüttelte den Kopf und besaß tatsächlich den Nerv zu lächeln. »Das sieht ihr ganz ähnlich. Mich wieder hängen zu lassen.«

Ich hatte keine Ahnung, wovon er redete, aber das war mir egal. Er sollte einfach nur verschwinden. »Was du gerade tust, ist Hausfriedensbruch.«

»Wieso? Weil ich meiner Ex-Frau und meiner Tochter einen Besuch abstatte?«, entgegnete er.

Wieso tauchte er hier in seiner Uniform auf? Dachte er, dass er uns damit einschüchterte? Oder lag es an der Tatsache, dass so niemand hinterfragte, weshalb er ein fremdes Haus betrat? Wahrscheinlich sollte mich das nicht überraschen. Dad hatte schon andere, weitaus schlimmere Dinge in dieser Uniform getan, von denen nie ein Mensch erfahren hatte.

Ich spürte, wie sich kalter Schweiß in meinem Nacken sammelte. Und ich hasste es.

Ich hasste es, dass ich in seiner Gegenwart immer noch diese unsägliche Angst verspürte. Ich hasste es, dass er die Frechheit besaß und hier auftauchte. Ich hasste meine eigene Traurigkeit, weil das unsere erste Begegnung war, seit ich siebzehn war, und er mich nicht einmal fragte, wie es mir ging. Meine Hände zitterten vor Wut, und in diesem Moment brannte eine Sicherung in mir durch. Ich wusste, dass ich ihn nicht provozieren durfte, aber ich hielt es keine Sekunde länger aus, einfach nur dazustehen.

»Wir hatten eine Abmachung. Halt dich gefälligst dran, du verfluchter Mistkerl«, fauchte ich.

Dann geschah alles ganz schnell. Bevor ich reagieren konnte, machte Dad einen Satz auf mich zu und packte mich am Hals. Der Besen fiel mir aus der Hand und landete geräuschvoll auf dem Boden. Im nächsten Moment prallte ich mit dem Hinterkopf gegen die Wand, so fest, dass ich Sterne sah.

Mir wurde schlecht, gleichzeitig bekam ich Panik, weil er mir mit seiner Hand die Luft abdrückte.

»Ich bin immer noch dein Vater, Everly. Bring mir gefälligst Respekt entgegen und hör auf, Widerworte zu geben!«

Das alles fühlte sich wie ein verrücktes Déjà-vu an: der Schmerz, sein Brüllen, die Starre, in die mein Körper verfiel.

Ganz gleich, wie sehr ich es insgeheim auch gehofft hatte – Dad hatte sich kein Stück geändert. Und anscheinend traf das auch auf mich zu, denn ich schaffte es schlichtweg nicht, mich vom Fleck zu rühren. Beide meiner Hände waren frei, aber ich konnte sie nicht heben, genauso wenig, wie ich mein Knie in seinen Magen oder an empfindlichere Stellen rammen konnte. Dabei hatte ich das genau für Situationen wie diese in dem Selbstverteidigungskurs gelernt, den Mom und ich gemeinsam besucht hatten, nachdem sie sich von Dad getrennt hatte und wir zu Grandma gezogen waren.

Dad ließ meinen Hals los und schüttelte sich die Hand aus. Ich keuchte laut und presste die Handflächen gegen die Wand, um Halt zu gewinnen. Mit einem Mal waren meine Knie so zittrig, dass ich das Gefühl hatte, sie würden jeden Moment unter mir wegknicken.

Dad durchquerte das Wohnzimmer wie selbstverständlich und lief zu der Vitrine, in der Mom gerahmte Fotos, ein paar Bücher und Papierkram aufbewahrte. Als hätte er das schon unzählige Male getan, nahm er die Vase vom oberen Regal und stellte sie auf den Kopf.

Zwei Bündel Geldscheine fielen aus dem Gefäß in seine Hand. Er überprüfte sie kurz und stopfte sie dann in seine Hosentasche.

»Sag deiner Mutter, unsere Abmachung ist hinfällig, wenn sie mich noch mal so dumm dastehen lässt.« Er machte kehrt und lief zur Verandatür. Bevor er nach draußen trat, blieb er stehen. Kurz fürchtete ich, dass er sich noch mal zu mir umdrehen würde, doch dann verließ er das Haus und schlug die Tür mit roher Gewalt hinter sich zu. Es war ein Wunder, dass die Scheibe nicht zerbarst.

Erst als ich seine Schritte auf dem Laub nicht mehr hören konnte, erlaubte ich meinen Knien nachzugeben. An der Wand sank ich zu Boden und berührte mit bebender Hand meine Kehle. Es fühlte sich an, als hätte ich Glasscherben verschluckt.

Punkte tanzten vor meinen Augen, und ich musste mich ganz bewusst darauf konzentrieren zu atmen. Mein Kopf fühlte sich wie ein Ballon an, der jeden Moment zu platzen drohte. Ich starrte auf den Besen, der genauso nutzlos wie ich auf dem Boden lag.

Ich wusste nicht, wie lange ich so dasaß. Irgendwann hörte ich das Klacken von Absätzen, das Klimpern von Schlüsseln.

Dann die schrille Stimme meiner Mutter, die panisch meinen Namen rief.

Moms Gesicht tauchte vor meinem auf. Sie fasste mich an den Schultern und überprüfte meinen Körper nach oberflächlichen Verletzungen. Sie erstarrte, als ihr Blick auf meinen Hals fiel. Im nächsten Moment nahm sie mich vorsichtig in den Arm.

Ich befreite mich aus ihrer Umarmung und rutschte ein Stück zur Seite, weg von ihr. Mühsam stützte ich mich auf dem Boden ab und erhob mich.

»Wieso war er hier?«, fragte ich und zuckte im selben Moment zusammen. Nicht nur, dass ich klang, als würde Schmirgelpapier in meinem Hals stecken – auch der Schmerz war kaum auszuhalten. Ich hustete mehrmals, was es jedoch nur noch schlimmer machte.

Mom sah mich sorgenvoll an, antwortete aber nicht.

»Wieso war Dad hier und wollte Geld von dir, Mom?«

Sie wandte den Blick ab. »Er sagte, es wäre nur für kurze Zeit. Und beim letzten Mal hat er versprochen, nicht wieder herzukommen.«

In mir schien alles zu zerbrechen. Insbesondere das Bild, das ich von meiner Mom hatte. Sie machte einen Schritt auf mich zu, doch ich wich vor ihr zurück und schüttelte den Kopf.

»Du hast ihn *bezahlt*?«, fragte ich.

Ihr Blick war Antwort genug.

»Wie oft?«

»Everly …«

»Wie oft?«, krächzte ich.

Sie atmete tief ein. »Ein paarmal. Er … er brauchte etwas, um über die Runden zu kommen.«

»Weil er als Cop ja so schlecht verdient«, spie ich.

»Er hat Schulden, Everly. Was hätte ich denn machen sollen?«

»Ihn zum Teufel schicken, verdammt!« Laut zu sprechen schmerzte höllisch und sorgte dafür, dass sich mein Hals noch schlimmer anfühlte. Trotzdem tat ich es. Ich konnte nicht fassen, dass Mom das getan hatte. Dass sie ihr Versprechen mir gegenüber gebrochen hatte. Und plötzlich kam mir noch ein viel schrecklicherer Gedanke.

»Ist das der Grund, weshalb wir im Moment so knapp bei Kasse sind? Weshalb ich mir einen Job suchen sollte?«, fragte ich sie leise.

»Es gab Kürzungen im Verlag. Das war nicht gelogen.«

Ich konnte deutlich das *Aber* zwischen den Zeilen heraushören. »Aber du gibst deine Ersparnisse lieber diesem Mann. Schon klar.«

»Everly …« Sie beendete den Satz nicht. Es wirkte, als wüsste sie selbst nicht, was sie dazu sagen sollte.

Ohne ihr die Gelegenheit zu geben, weitere Ausflüchte zu suchen, stapfte ich an ihr vorbei nach oben in mein Zimmer. Hektisch fing ich an, mein Zeug zusammenzusammeln und in die kleine Reisetasche zu stopfen, die ich für dieses Wochenende mitgenommen hatte.

Mom kam mir hinterher. »Liebling, lass uns das doch einmal in Ruhe durchsprechen. Ich kann es dir erklären, wir …«

»Nein!«, rief ich. Meine Stimme brach bei diesem einzigen Wort. Ich schaffte es nicht einmal mehr, die Tränen zu unterdrücken – als die erste fiel, war es, als wäre ein Damm durchbrochen, und sie begannen, in Strömen über mein Gesicht zu rinnen. »Ich habe mir deine Ausflüchte immer und immer wieder angehört, Mom. Ich dachte, wir hätten das endlich hinter uns gelassen.«

Mom machte wieder einen Schritt auf mich zu, aber ich hob die Hand, um sie zurückzuhalten. Ich schlang mir die Tasche über die Schulter.

»Ich bin gerade so verdammt enttäuscht von dir, dass ich dich nicht einmal ansehen kann«, flüsterte ich.

Ohne ein weiteres Wort lief ich nach unten, riss meine Jacke von der Garderobe und verließ das Haus.

In diesem Moment schwor ich mir, nie wieder zurückzukommen.

kapitel 17

Ich hatte geglaubt, die zwei Wochen, nachdem ich Nolan geküsst hatte, wären schwer gewesen. Nun wurde ich eines Besseren belehrt.

Zu Hause angekommen blieb ich zwei ganze Tage im Bett. Ich nahm die Tabletten, die ich von Mom gestohlen hatte, und konnte zum ersten Mal seit Wochen durchschlafen. Trotzdem ging es mir furchtbar. Ich konnte die Gedanken nicht abschalten, ebenso wenig wie die Erinnerungen, die immer wieder wie eine Flut über mich hereinbrachen und mir die Luft zum Atmen nahmen. Ich ließ mein Handy und meinen Laptop ausgeschaltet, weil ich mit niemandem sprechen wollte, gleichzeitig fühlte ich mich so einsam wie noch nie zuvor in meinem Leben.

Am dritten Tag schaffte ich es immerhin, mich für eine Dusche aufzuraffen. Ins Bad zu gehen und mich aus meinen Klamotten zu schälen kostete mich beinahe all meine Kraft. Es war, als hätte mir die Begegnung mit Dad jegliche Energie entzogen. Ich fühlte mich wie ein Zombie.

Als ich aus der dampfenden Dusche stieg, war ich froh, dass der Spiegel über dem Waschbecken beschlagen war. Ich wollte die Spuren von Dads Fingern nicht sehen. Gestern hatten sie sich blau und violett von meiner Haut abgehoben, so deutlich, dass ich überlegte, die Camouflage zu bestellen, die ich damals fürs Training benutzt hatte, damit keiner meiner Teamkameraden unangenehme Fragen stellte. Ich rubbelte meine Haare halb trocken und schlüpfte in eine graue Jogginghose und einen übergroßen Strickpulli, was mich wie einen neuen Menschen fühlen ließ.

Ich wollte gerade nach dem Föhn greifen, als es an der Wohnungstür klopfte. Verwirrt schaute ich auf die Uhr. Es war kurz nach elf Uhr morgens. Dawn hatte noch Vorlesungen, und meine anderen Kommilitonen kannten meine Adresse nicht, weil keiner von ihnen bisher hier gewesen war. Das bedeutete, dass es nur eine Person gab, die hier sein konnte. Nämlich diejenige, die ich am allerwenigsten sehen wollte.

Ich lief zur Tür, riss sie auf und sagte: »Ich bin gerade wirklich nicht in der Laune f-«

Es war nicht Mom, die vor meiner Tür stand.

Es war Nolan.

Das Herz rutschte mir in dic Hose. Ich war viel zu perplex, um etwas zu sagen, also starrte ich ihn bloß an. Er tat dasselbe. Dann öffnete er den Mund, hielt aber sofort wieder inne und furchte die Stirn. Sein Blick war auf meinem Hals hängen geblieben.

Shit.

Reflexartig schlug ich die Tür zu und lehnte mich mit dem Rücken dagegen, die Augen fest zusammengekniffen.

»Everly?«, erklang seine Stimme gedämpft.

Eine Eiseskälte drang in meine Adern. Auch wenn ich ihn nicht mehr sah, konnte ich Nolans Anwesenheit auf der anderen Seite der Tür förmlich spüren. Ich würde es merken, wenn er wegging, selbst wenn er kein Wort zum Abschied sagte. Dessen war ich mir sicher.

»Ist alles okay?«, fragte er.

Ich schüttelte den Kopf, brachte es aber nicht über mich zu

sprechen. Ich hatte Angst, dass meine Stimme brechen und ich wieder weinen würde, und das wollte ich nicht. Schon gar nicht vor Nolan.

»Klopf einmal für Ja und zweimal für Nein«, sagte er.

Ich zögerte. Langsam drehte ich mich um. Ich lehnte die Stirn gegen die kalte Tür und atmete tief durch. Sanft legte ich die Fingerknöchel gegen die Tür. Ich klopfte einmal. Und dann erneut.

Ich hörte es leise rascheln. »Kann ich irgendetwas tun?« Seine Stimme klang rau. Genauso rau wie an dem Mittwoch vor drei Wochen, als ich ihn geküsst hatte. Die Erinnerung überkam mich siedend heiß, gleichzeitig fühlte es sich an, als würde ich die Szene wie durch ein verschwommenes Fernglas betrachten.

»Was machst du hier, Nolan?«, flüsterte ich. Es hätte mich nicht gewundert, wenn er mich nicht verstanden hätte.

Es dauerte einen Moment, bis er antwortete. »Ich habe mir Sorgen um dich gemacht und wollte mit dir sprechen.«

»Ich bin gerade keine gute Gesprächspartnerin.«

Er schwieg. Ich malte mir seinen nachdenklichen Gesichtsausdruck aus. Ich hatte sein Gesicht so oft studiert, dass es mich keinerlei Mühe kostete, das Bild heraufzubeschwören – auch wenn ich in den letzten Wochen versucht hatte, genau das nicht zu tun.

»Wir können uns auch anschweigen. Ob du's glaubst oder nicht, aber ich muss nicht immer reden.«

Unwillkürlich dachte ich an unsere nächtlichen Unterhaltungen. Der Gedanke daran, dass wir diese magische Verbindung wahrscheinlich nie wieder haben konnten, sandte einen kalten Schauer über meinen Rücken.

Ich räusperte mich. »Vielleicht wäre es besser, wenn du wieder gehst.«

»Möchtest du das denn?«

Genau aus diesem Grund hatte ich meinen Mailer und Skype ausgelassen. Ich hatte gewusst, dass ich nicht Nein sagen könnte, sollte Nolan wieder auf mich zugehen. Denn egal wie sehr ich mich davor fürchtete, ihm gegenüberzutreten – ich war süchtig nach seiner Nähe und unseren Gesprächen. Er war der einzige Mensch, der von der Sache mit meinem Dad wusste, und auch wenn ich unseren Kuss wahnsinnig bereute, überwog der Wunsch, mit ihm zu reden. Egal worüber.

Zögerlich griff ich nach der Klinke und öffnete die Tür gerade so weit, dass ich Nolan ansehen konnte. Dann schüttelte ich den Kopf.

Seine Mundwinkel hoben sich leicht. »Gut, ich habe dir nämlich was mitgebracht.«

Er hielt mir einen Becher entgegen. Erst auf den zweiten Blick erkannte ich, dass es der war, in dem ich ihm an einem Mittwoch einen Kaffee mit in die Schreibwerkstatt gebracht hatte.

Es kam mir vor, als läge dieser Tag Jahre zurück und nicht bloß wenige Wochen.

Ich öffnete die Tür ganz, um den Becher entgegenzunehmen. Er war nicht leer, wie ich erwartet hatte, sondern mit etwas gefüllt. Fragend sah ich Nolan an.

»Matcha Latte«, sagte er.

Ein warmes Gefühl breitete sich in meinem Körper aus. Ich öffnete die kleine Klappe des Bechers und eine Woge herrlichen süßen Dufts strömte mir entgegen. Ich atmete tief ein.

Dann nahm ich meinen Mut zusammen und machte einen Schritt beiseite, damit Nolan eintreten konnte.

Er kam der stummen Bitte nach. Als er an mir vorbeiging, zuckte sein Blick erneut zu meinem Hals. Bevor ich reagieren konnte, hatte er ihn wieder abgewendet und sah sich stattdessen in meinem kleinen Flur um.

»Fühl dich wie zu Hause«, murmelte ich und eilte an ihm vorbei ins Wohnzimmer. Ich wusste nicht so recht, wie man eine gute Gastgeberin war. Schon gar nicht jetzt, nachdem ich tagelang nur im Bett gelegen hatte und sich auf meinem Tisch die Pappschachteln vom Lieferservice stapelten. Ich entsorgte sie schnell im Müll und legte danach die Wolldecke zusammen, die halb auf der Couch, halb auf dem Boden lag. Das war das Einzige, was ich hinbekam, bevor Nolan das Wohnzimmer betrat. Er hatte seine Jacke ausgezogen und sich in die Armbeuge gelegt und lächelte mich an. Ich fragte mich, ob sich dieser Moment für ihn genauso merkwürdig anfühlte wie für mich.

Er war in meiner Wohnung. Abgesehen davon, dass ich bisher noch niemanden hierher eingeladen hatte, war unsere letzte Begegnung eine einzige Katastrophe gewesen. Ich dachte an den Kuss zurück und an Nolans lauten Fluch und kämpfte mit aller Macht gegen die Verzweiflung an, die diese Erinnerung in mir hervorrief. Ich musste mich auf das Hier und Jetzt konzentrieren. Auf Nolan, der in meinem Wohnzimmer stand und alles genau in Augenschein zu nehmen schien.

Sein Blick blieb an dem Bild von Mom, Grandma und mir hängen, und für einen kurzen Moment bewegten sich seine Mundwinkel nach oben, als wollte er lächeln. Doch dann sah er wieder zu mir, und das Beinahelächeln verblasste.

»Bitte sieh mich nicht so an«, murmelte ich.

»Wie denn?«

»Als würde dich mein Anblick traurig machen.«

Er öffnete den Mund, um etwas zu antworten, schloss ihn aber wieder. Normalerweise redete Nolan viel und sagte in den meisten Fällen das Richtige. Jetzt hatte ihn diese Gabe anscheinend verlassen. Ich wollte nicht, dass es so zwischen uns war. In seiner Gegenwart hatte ich mich immer mehr wie ich selbst gefühlt als irgendwo sonst. Jetzt tat sein Blick beinahe weh.

Um den unangenehmen Moment zwischen uns zu durchbrechen, bot ich ihm mit einer Geste meinen Lieblingssessel an. Er legte seine Jacke auf der Lehne ab und nahm Platz, während ich mich auf dem geblümten Sofa niederließ. Mir kam der Gedanke, dass ich vermutlich besser mal gelüftet hätte. Mit Sicherheit roch es hier nach altem Essen und Mief. Ich warf einen flüchtigen Blick zum Fenster, fand es aber zu merkwürdig, plötzlich erneut aufzustehen. Also blieb ich sitzen und faltete die Hände in meinem Schoß.

Ich sah zurück zu Nolan. Er erwiderte meinen Blick ruhig, und ich konnte erkennen, dass er sich Mühe gab, nicht auf meinen Hals zu sehen. Ich hätte mich schminken sollen, bevor ich an die Tür gegangen war. Leider war es dafür jetzt zu spät.

»Du warst seit drei Wochen nicht mehr in der Schreibwerkstatt«, sagte er schließlich leise.

In dieser Sekunde kostete es mich jegliche Mühe, den Blick nicht abzuwenden. Ich räusperte mich. »Ich dachte, das wäre besser so.«

»Ist es nicht«, erwiderte er sofort.

Überrascht sah ich ihn an.

Nolan räusperte sich. »Ich bin in Gedanken immer wieder durchgegangen, was ich dir sagen will, aber jetzt bekomme ich es nicht auf die Reihe. Nicht, wenn dir ganz eindeutig etwas zugestoßen ist.«

Ich schluckte hart und verbot mir inständig, auch nur eine Regung zu zeigen. »Mir ist nichts …«

… zugestoßen.

Ich bin gegen eine Tür gelaufen.

Ich bin hingefallen.

Es war ein Unfall beim Training.

In Gedanken ging ich all die Lügen durch, die ich meinen Freunden und Bekannten jedes Mal aufgetischt hatte, wenn sie die Flecken auf meinem Körper hinterfragt hatten. Doch ich brachte keinen einzigen Satz über die Lippen.

Das hier war Nolan. Die einzige Person, zu der ich ehrlich war. Ich konnte ihn nicht belügen.

»Ich habe Augen im Kopf, Everly«, sagte er leise. »Du hast gesagt, das wäre vorbei.«

Ich berührte meinen Hals flüchtig und wünschte, ich hätte ein Tuch oder einen Schal in Griffweite.

»Ich möchte nicht darüber reden.« Meine Stimme war fester, als ich erwartet hatte. Ich straffte den Rücken und erwiderte seinen Blick wachsam. »Warum bist du hier?«

Er öffnete den Mund, als würde er noch eine Frage stellen wollen, aber anscheinend merkte er, dass es keinen Sinn hatte, und schloss ihn wieder. Er biss die Zähne so fest zusammen, dass sich seine Kiefermuskeln anspannten. Dann sah er auf den Boden und schien sich zu sammeln. Er atmete tief ein und aus, und als er wieder aufblickte, war der besorgte Ausdruck auf seinem Gesicht verschwunden, und die gewohnte Wärme lag in seinen Augen.

Er rutschte auf dem Sessel bis zur Kante vor. »Ich möchte, dass du zurück in die Schreibwerkstatt kommst. Du bist dem Kurs wichtig. Und du bist mir wichtig.«

Wie konnte er so etwas sagen, nach allem, was passiert war? Und was zum Henker sollte ich darauf antworten?

»Wir wissen doch beide, dass das, was neulich passiert ist, aus ungefähr hundert verschiedenen Gründen ein Fehler war«, fuhr Nolan fort. »Es wäre besser, wenn wir das hinter uns lassen und nach vorne blicken.«

Kälte breitete sich in meinen Knochen aus. Ich hielt ganz still, wagte es nicht einmal zu atmen.

Nolan sah mich unverwandt an. Er sprach die Worte mit einer beinahe kühlen Distanz aus und wirkte, als hätte er bei unserem Kuss absolut nichts gefühlt. Wahrscheinlich hatte er ihn nur aus Reflex erwidert. Diese Erkenntnis sollte mich nicht wie ein Messerstich treffen. Sein Verhalten nach dem Kuss hatte Bände gesprochen und mir alles gesagt, was ich wissen musste. Doch anscheinend hatte ich noch ein letztes Fünkchen Hoffnung in mir getragen. Und dieses war gerade erloschen.

Ich grub die Finger in meinen Oberschenkel, bis es wehtat. Dann nickte ich. Etwas anderes blieb mir überhaupt nicht übrig.

»Fabelhaft«, sagte er tonlos.

Ich fragte mich, wie er im einen Moment sagen konnte, dass ich ihm wichtig war, und im nächsten so gefühlskalt über einen Kuss sprach, der mir *alles* bedeutet hatte. Meine Gliedmaßen fühlten sich wie betäubt an.

»Fabelhaft«, wiederholte ich genauso trocken. Ich sah an ihm vorbei auf mein neues Regal und fragte mich, ob er bemerkt hatte, dass ich inzwischen eines besaß und wie viele seiner Empfehlungen ich nachgekauft hatte. Ich las die Titel auf den Buchrücken, betrachtete die Einbände – nur um meinen Augen eine Beschäftigung zu geben. Ich wollte nichts lieber, als Nolan anzusehen, gleichzeitig konnte ich mir gerade nichts Schrecklicheres vorstellen.

»Unsere Freundschaft bedeutet mir viel. Aber das ist das Einzige … was ich dir geben kann, Everly«, sagte Nolan.

Die plötzliche Emotion in seiner Stimme überraschte mich, und wie von selbst fand mein Blick seinen. Ich konnte Zuneigung in seinen grauen Augen erkennen, aber auch Schmerz und noch etwas, was ich nicht genau deuten konnte. Mir war vorher schon klar gewesen, was für einen Fehler ich begangen hatte. Doch ihn das jetzt sagen zu hören, verdeutlichte mir auf eine völlig neue Art, was ich getan hatte. Ich hatte Nolans Job riskiert, verdammt. Und dabei hatte ich keinen einzigen Gedanken daran verschwendet, was für ihn auf dem Spiel stand.

»Es tut mir so leid, Nolan«, flüsterte ich.

Er schüttelte den Kopf. »Dir braucht nichts leidzutun. Ich bin derjenige, der sich entschuldigen sollte. Ich hätte …«

Er brauchte den Satz nicht zu Ende zu sprechen. Ich ahnte auch so, was er sagen wollte.

Ich hätte dich nicht ermutigen sollen.

Ich hätte dich niemals in den Arm nehmen dürfen.

Ich hätte unsere Beziehung professioneller angehen sollen.

»Ich muss auch nicht wieder zum Kurs kommen, wenn dich das in eine unangenehme Lage bringt«, sagte ich. »Ich war bereits bei der Studienberatung. Es ist kein Problem, im nächsten Semester einen Kurs mehr zu belegen.«

»Das ist doch Quatsch. Du hast das Semester so gut wie geschafft und würdest dir im nächsten zusammen mit dem Nebenjob zu viel vornehmen.«

Es rührte mich, dass er noch von meinem Job wusste. Wahrscheinlich war es wirklich besser, wenn alles wieder so wurde wie vor unserem Kuss. Wenn wir diesen Mittwoch einfach vergessen und wieder normal miteinander sprechen konnten, ohne dass dieser Abgrund zwischen uns klaffte.

Ich dachte darüber nach, welches Loch Nolans Abwesenheit in den vergangenen Wochen in meinem Leben hinterlassen hatte. Die Zeit war übel gewesen. Ich hatte unsere Gespräche vermisst, genau wie das Gefühl, eine Person zu haben, der ich alles erzählen konnte, ohne dass sie mich verurteilte.

Vielleicht war es ja wirklich möglich, den Kuss – und alle Gefühle, die damit verknüpft waren – hinter uns zu lassen. Vielleicht schafften wir es, einen neuen Weg zu finden. Einen, der kontrollierter war und nicht so ausartete wie der letzte. Jetzt, wo er unsere Beziehung genau definiert hatte, würde ich damit abschließen können. Weil Nolan und ich Freunde waren.

Freunde.

Noch mal würde ich garantiert nicht mit meinem Mund an Stellen rutschen, wo er nicht hingehörte. Ich musste nur noch diesen stechenden Schmerz bezwingen, der sich bei diesem Gedanken in mir breitmachte.

»Okay«, sagte ich. »Ich komme zurück zur Schreibwerkstatt.«

Nolan lächelte. Den düsteren Ausdruck konnte das allerdings nicht vollständig von seinem Gesicht vertreiben.

kapitel 18

Blake wartete vor dem Café auf mich. Er grinste, als er mich entdeckte. »Lange nicht gesehen, Penn«, sagte er und hielt mir die Faust hin. Nach unserem Kuss fand ich es ein bisschen merkwürdig, mit meiner dagegenzustoßen, tat es aber trotzdem.

Nachdem Nolan gegangen war, hatte ich Blake gefragt, ob wir uns treffen konnten. Ich wollte ihn vor der Schreibwerkstatt noch mal sehen und mit ihm reden.

Blakes Miene war undurchdringlich, als er mir die Tür zum Café aufhielt und wir gemeinsam zum Tresen gingen, um unsere Bestellung aufzugeben. Während unsere Getränke zubereitet wurden, lehnte er sich mit einem Arm auf die Theke und lächelte der Barista zu. Ihre Wangen liefen rot an, und sie senkte den Kopf. Ich fragte mich, ob er mit ihr flirtete oder einfach nur freundlich war. Bei Blake war ich mir da nie so sicher.

»Ich wollte noch mal mit dir über die Party sprechen«, fing ich nach einer Weile an.

Blake wandte sich wieder mir zu. »Du meinst über den Abend, an dem wir übereinander hergefallen sind?«, fragte er.

»Blake!«, zischte ich und sah mich um.

»Den Abend, an dem wir uns beinahe besinnungslos geknutscht haben? Meinst du den?«

Ich stieß ihm den Ellenbogen in die Seite. »Du bist ein Idiot. Auch, weil du in der Schreibwerkstatt lauthals rumposaunt hast, was passiert ist. Was sollte das?«

Sein Lächeln verblasste. »Ich dachte ehrlich gesagt, dass ich dir damit einen Gefallen tue.«

Ich zog eine Braue in die Höhe.

Er öffnete den Mund, doch im selben Moment rief die Barista unsere Namen auf. Wir nahmen unsere Getränke entgegen und gingen nach draußen. Nachdem wir uns ein paar Schritte vom Café entfernt hatten, blieb ich stehen und sah Blake auffordernd an.

Er rieb sich verlegen den Nacken. »Ich hatte nur dein Bestes im Sinn. Ich wollte nicht, dass er denkt, du wärst liebeskrank oder so. Bestimmt macht er sich jetzt keine Gedanken mehr über die Sache.«

»Wow, wie nett von dir.« Meine Stimme triefte vor Sarkasmus.

Er sah mit hochgezogener Braue zu mir runter. »Ich wollte dich vorher fragen, aber du hast nicht auf meine Nachricht geantwortet.«

»Weil in deiner Nachricht nur ›Ey, was geht?‹ stand. Was hätte ich deiner Meinung nach darauf antworten sollen?«, entgegnete ich.

»Hm, ich weiß nicht«, sagte Blake gespielt nachdenklich. »Wie wäre es mit ›Nicht viel, und bei dir so‹?«

Ich schnaubte bloß und nahm einen Schluck Kaffee. Ich war erstaunlich müde, obwohl ich dank der Tablette über sieben Stunden geschlafen hatte.

»Ich hätte mich früher melden sollen, du hast recht«, sagte ich schließlich.

Blake brummte zustimmend.

»Trotzdem bist du ein Idiot.«

»Nächstes Mal, wenn wir miteinander rummachen, werde ich es Nolan nicht unter die Nase reiben, versprochen«, sagte er und lachte, als ich versuchte, nach ihm zu hauen.

Nach kurzer Zeit verstummte sein Lachen allerdings wieder, und er sah mich prüfend von der Seite an.

Ich räusperte mich. »Tut mir leid wegen neulich. Ich wollte dir keine Angst machen oder so.«

Blake runzelte die Stirn. »Wie kommst du darauf, dass du mir Angst gemacht hast?«

»Ich meine, weil ich geweint habe«, erklärte ich. »Das lag nicht an dir. Das wollte ich bloß noch mal klarstellen.«

Die Falte zwischen seinen Brauen wurde noch tiefer. »Bis jetzt hat noch kein Mädchen geweint, wenn ich es geküsst habe. Vielleicht sollte ich meine Technik überdenken.«

»Deine Technik war einwandfrei«, sagte ich schnell.

»War sie?«

Ich nickte. Blake sah mich an. Einen Moment lang waren wir still. Und dann, wie aus dem Nichts, mussten wir beide grinsen.

»Ist es für dich okay, wenn du für die nächste Zeit mein Alibi bist?«, fragte ich nach einer Weile und hielt ihm die Tür zum Hauptgebäude auf.

Er bedankte sich mit einem Kopfnicken. »Klar.«

»Ganz sicher?« Ich musste noch einmal nachhaken. Ich hatte ihm schon genug aufgebürdet und wollte ihn eigentlich nicht noch weiter in meine Angelegenheiten hineinziehen.

»Ich bin gerne deine Alibi-Liebschaft, Everly. Echt.«

»Ich sollte das Ganze überdenken, wenn du es so nennst.«

»Du hast meine Bedingung auch noch nicht gehört«, sagte Blake.

Fragend sah ich zu ihm hoch. »Die da lautet?«

Ein triumphierender Ausdruck erschien auf seinem Gesicht. »Am Wochenende haben wir ein Heimspiel. Du musst kommen.«

Ich öffnete den Mund, um zu widersprechen, schloss ihn aber schnell wieder. Blake hatte mir den Arsch gerettet und hielt als Ausrede für mein verschlossenes Verhalten in den letzten Wochen her. Zu einem seiner Spiele zu kommen war wohl das Mindeste, was ich tun konnte.

»Okay«, sagte ich und wollte eigentlich noch etwas hinzufügen, doch in dem Moment bogen wir in den Flur zur Schreibwerkstatt ein. Wie von selbst wurden meine Schritte langsamer, bis ich schließlich einen Meter von der Tür entfernt ganz stehen blieb.

Meine Schultern waren angespannt, und meine Kehle fühlte sich trocken an. Ich bereute es, den Kaffee getrunken zu haben, so schnell wie mein Herz jetzt schlug.

»Mach's wie bei einem Pflaster«, murmelte Blake und nickte in Richtung des Kursraums.

Alles ist vollkommen normal, rief ich mir ins Gedächtnis, als ich die Tür öffnete und mit Blake im Schlepptau den Raum betrat.

»Hi«, sagte ich in die Runde.

Mehrere Köpfe drehten sich zu uns um, allen voran Dawns, die in der zweiten Reihe saß. Ihr Gesicht leuchtete auf, als sie mich entdeckte, doch dann fiel ihr Blick auf Blake, und ihr Lächeln verrutschte ein Stück. Sie deutete auf den Platz neben sich, den sie mit ihrer Tasche frei gehalten hatte.

Ich zog die Tür hinter Blake und mir ins Schloss, drückte den Rücken durch und ging zu ihr. Noch bevor ich richtig saß, fing ich an, mein Notizbuch und die Stifte herauszuholen, die ich im Unterricht immer benutzte. Ich warf keinen einzigen Blick nach vorne. Dafür fühlte ich mich noch nicht bereit.

»Alles okay?«, fragte Dawn neben mir.

»Ja«, sagte ich und zwang ein Lächeln auf mein Gesicht.

Ein paar Sekunden lang sah sie mich prüfend an, und ich hatte keine Ahnung, ob sie mir glaubte oder nicht. Im nächsten Moment griff sie rüber und berührte mich sanft am Arm.

»Ich bin jedenfalls froh, dass du wieder da bist.« Es klang, als würden die Worte von Herzen kommen.

»Ich auch«, erwiderte ich, auch wenn ich mir gerade ganz und gar nicht sicher war, ob ich die richtige Entscheidung getroffen hatte.

Das Gespräch mit Nolan hatte mich erschüttert, niedergeschlagen, aber auch erleichtert zurückgelassen. An seine Worte zu denken tat unglaublich weh, aber gleichzeitig hatte er mit ihnen die Schuldgefühle, die ich nach dem Kuss mit mir herumgeschleppt hatte, von meinen Schultern genommen. Ich brauchte Nolan in meinem Leben – auch wenn Freundschaft alles war, was wir haben konnten.

Ich wusste, dass es besser so war. Es musste einfach besser sein.

Nolan räusperte sich. »Schön, dass ihr alle gekommen seid.«

Ich wollte nichts lieber, als zu ihm zu sehen, und obwohl ich mir vorgenommen hatte, mich in seiner Gegenwart so normal wie möglich zu benehmen, bekam ich das in diesem Moment nicht auf die Reihe. Ich fürchtete mich vor dem Kribbeln, das sich womöglich wieder in mir ausbreiten würde. Denn nur, weil ich mir selbst verbot, auf diese Weise über ihn nachzudenken, bedeutete das nicht, dass mein Körper diesen Befehlen ebenfalls folgte.

Also heftete ich den Blick starr auf mein Notizbuch, als Nolan weitersprach.

»Ich möchte, dass ihr in der nächsten halben Stunde eine Liste eurer wichtigsten Erinnerungen aufschreibt. Wenn ihr das geschafft habt, stellt euch ein paar Fragen: Wieso hat sich die jeweilige Erinnerung so in euer Gedächtnis gebrannt? Was bedeutet sie euch? Seht ihr das, was passiert ist, jetzt in einem anderen Licht als damals?«

»Nicht so schnell, Nolan«, sagte Paige. Ich schielte schräg hinter mich und sah, wie sie hektisch alles notierte, was Nolan erklärte. Blake warf ihr einen amüsierten Blick von der Seite zu. Er hatte sein Notizbuch noch nicht mal aus dem Rucksack geholt.

»Du brauchst die Aufgabenstellung nicht mitschreiben, Paige«, sagte Nolan freundlich. »Es steht alles vorne am Whiteboard.«

»Oh.« Paige ließ den Stift sinken. Selbst von meinem Platz aus konnte ich sehen, wie ihre Wangen rot wurden.

»Also«, begann Blake unvermittelt. »Meine prägendste Erinnerung ist definitiv, als ich einen Kopfstand machen musste, weil ich meine Hausaufgabe zu spät eingereicht habe. Selten hat mich etwas nachhaltig so verstört.«

»Und doch hast du die Aufgabe von letzter Woche erst heute Morgen geschickt, obwohl die Deadline Sonntag war«, kommentierte Nolan. »So prägend kann das Ganze also nicht für dich gewesen sein.«

Der Kurs brach in Gelächter aus, und ich fragte mich, ob niemand von ihnen gehört hatte, wie kühl Nolans Stimme im Vergleich zu sonst geklungen hatte. Ich hob den Kopf und wagte es, ihn anzusehen. Er stand rücklings gegen seinen Tisch gelehnt und fixierte Blake mit einer undurchdringlichen Miene. Dann kreuzten sich unsere Blicke.

Mein Herz wummerte, und ich hielt den Atem an.

Dann ermahnte ich mich selbst. Ich musste mich zusammenreißen. Ich musste vergessen, wie es sich angefühlt hatte, Nolan zu küssen. Genau, wie ich die Gefühle ausblenden musste, die ich für ihn entwickelt hatte. Nur dann konnte ich die Unbeschwertheit zurückgewinnen, die ich in diesem Kurs und in jedem Gespräch mit Nolan erlebt hatte. Ich wollte unbedingt, dass das hier funktionierte.

»Zurück zur Aufgabe«, fuhr Nolan nach einem Augenblick fort und wandte den Blick von mir ab. »Ich möchte, dass ihr die Erinnerung aus der Sicht einer anderen Person schreibt, die damals anwesend war. Versucht, euch in deren Perspektive hineinzuversetzen, und lasst dabei eure eigenen Gefühle erst einmal außen vor.«

»Was genau meinst du damit?«, fragte Dawn.

Nolan verschränkte die Arme vor der Brust. Ich konzentrierte mich mit aller Kraft darauf, nicht seine Unterarme anzustarren.

»Versucht euch emotional von der Situation zu trennen, damit das Ganze den Funken für eine neue Geschichte zünden kann«, erklärte er.

Ein leises Murmeln ging durch den Raum. Nolan warf einen Blick auf die Uhr an seinem Handgelenk. Dann klatschte er in die Hände. »Los geht's.«

Fieberhaft dachte ich nach. Die einzigen Erinnerungen, die mir in den Kopf schossen, waren die, die ich eigentlich gerade mit aller Kraft zu verdrängen versuchte – ich wollte weder über Mom und ihre Lügen noch über Nolan und unsere verzwickte Situation schreiben.

Ich drehte mich zu Blake um, der an die Decke starrte und sich mit der Rückseite seines Stifts am Haaransatz kratzte. Unser Kuss war wahrscheinlich auch nicht das beste Thema für diesen Kurs. In Gedanken ging ich weiter zurück, doch sofort stieß ich an meine innere Grenze. Auf gar keinen Fall würde ich so tief in der Vergangenheit graben, um *darüber* zu schreiben. Nicht, wenn ich in einem Raum mit sechs anderen Studenten saß und nicht wusste, wie sehr mich die Erinnerung letzten Endes aufwühlen würde.

»Brauchst du Hilfe?«, erklang Nolans leise Stimme vor mir. Ich sah zu ihm hoch. Unsicherheit flackerte in seinem Blick. Anscheinend wusste er auch noch nicht, wie er mit dieser Situation umgehen sollte. Ich wollte ihm keinen weiteren Grund geben, sich Sorgen um mich zu machen, also schüttelte ich schnell den Kopf.

»Nein danke«, sagte ich und notierte dann die ersten Worte, die mir in den Sinn kamen. Ich schrieb über den Betrug meiner Mom, über den Tag, an dem ich meinem Vater zum ersten Mal seit Jahren begegnet war. Nur weil ich es notierte, bedeutete das ja nicht, dass ich den anderen davon erzählen musste. Schließlich mussten wir in der Schreibwerkstatt nie vortragen, wenn wir nicht wollten.

Nolan ging weiter durch die Reihen. Irgendwo hinter mir konnte ich hören, wie er einer anderen Person seine Hilfe anbot.

Ich konzentrierte mich auf meine Notizen und versuchte, Nolans Stimme und seine bloße Anwesenheit, so gut es ging, auszublenden.

In Stichpunkten rekapitulierte ich das letzte Wochenende mit Mom. Ich dachte an unseren gemeinsamen Wellness-Abend, über den ich mich so sehr gefreut hatte. Wie Nolan vorgegeben hatte, versuchte ich, das Ganze aus Moms Sicht noch einmal zu erleben. Und dabei wurde mir klar, dass es noch einen anderen Grund gab, weshalb sie das unbedingt mit mir hatte machen wollen: aus einem schlechten Gewissen heraus. Nicht wegen Stanley, sondern weil sie immer noch Kontakt mit Dad hatte. Mit der Person, die uns jahrelang das Leben zur Hölle gemacht hatte.

Ich war mir so sicher gewesen, dass Mom mit allem abgeschlossen hatte. Und sie hatte mich in dem Glauben gelassen, dass Dad kein Teil mehr von unserem Leben war, obwohl das nicht der Fall war.

Sie hatte ihm hinter meinem Rücken Geld gegeben.

Sie hatte mich belogen.

Ich hatte mir garantiert wegen Dad einen Nebenjob besorgen müssen. Weil er Mom abzockte.

Die Buchstaben auf dem Blatt verschwammen vor meinen Augen.

Dawn berührte mich am Arm, und ich zuckte zusammen, als sie mich in die Wirklichkeit zurückholte. Mit großen Augen sah ich sie an.

»Ist wirklich alles okay?«, fragte sie.

Ich atmete zittrig ein und nickte. Auch hierüber konnte ich nicht mit Dawn sprechen. Sie würde zu ihrem Vater gehen, und obwohl mir der Gedanke nicht gefiel, dass er und Mom bald zusammenzogen, wollte ich nicht, dass sie sich meinetwegen trennten. Das würde ich Mom niemals antun.

»Ja«, krächzte ich. Ich zwang mich zu einem Lächeln, doch es fühlte sich an, als hätte ich mir zähen Kleister aufs Gesicht gepinselt. Meine Augen begannen zu brennen, und ich wandte mich schnell wieder meinen Notizen zu. Dawn sollte nicht sehen, dass ich mit den Tränen kämpfte.

Den Rest der Zeit gelang es mir nicht, eine andere prägende Erinnerung heraufzubeschwören. Alles, woran ich denken konnte, war mein Vater, der mich am Hals packte, und Mom, die vor mir stand und mit ihren Worten alles zerstörte, was wir uns nach Dads Verschwinden mühsam aufgebaut hatten. Ich probierte, mich in ihre Lage zu versetzen und das Geschehene aus ihrer Sicht zu bewerten, aber egal wie ich es auch drehte – ich konnte ihre Entscheidung nicht nachvollziehen.

Diese Übung würde bei mir jedenfalls keinen Funken für irgendetwas zünden, so viel stand fest.

»Die Zeit ist vorbei«, sagte Nolan.

Das konnte nicht sein. Ich hatte gerade einmal ein paar Stichpunkte zu Papier gebracht, mehr nicht. Missmutig blickte ich zu Nolan nach vorne. Er stand von seinem Stuhl auf und kam um den Schreibtisch herum.

»Hattet ihr Probleme bei der Aufgabe?«, fragte er und sah interessiert in die Runde. Als ihm niemand antwortete, setzte er sich auf den Tisch, lehnte sich auf die Hände gestützt zurück und ließ die Beine baumeln.

Ich fragte mich, ob ich mir die Vorsicht in seinem Blick bloß eingebildet hatte. In diesem Moment wirkte er auf mich wie immer.

Ich las die Schrift auf seinem Shirt. *Stelena Is Our Endgame*, stand dort in schwarzen Lettern. Obwohl sich in meinem Inneren gerade alles durcheinander und schwer anfühlte, brachte ich ein schmales Lächeln zustande, das sich überhaupt nicht nach Kleister anfühlte.

»Ich fand es schwer«, fing Paige schließlich an. »Wie soll man bei einer Erinnerung, die einem wichtig ist, die eigenen Gefühle außen vor lassen?«

»Eine berechtigte Frage. Ich gebe sie zurück in die Runde.« Nolan sah uns erwartungsvoll an.

»Also, ich habe versucht, das Ereignis aus der Sicht der anderen Person zu beschreiben«, sagte Jamie, der vor Dawn in der ersten Reihe saß.

Nolan nickte und machte eine einladende Geste. »Möchtest du uns das anhand deiner Erinnerung erläutern?«

Jamie räusperte sich und sah auf seinen Zettel. Am Rand des Blatts konnte ich ein paar Zeichnungen erkennen. Wann hatte er die Zeit gehabt, die anzufertigen? »Ich habe darüber nachgedacht, wie mein Onkel meinen Hund angefahren und dann versucht hat zu verheimlichen, was geschehen ist.«

»Oh Gott«, murmelte Nolan, und auch ein paar andere Kursmitglieder machten betroffene Geräusche.

»Ich habe versucht, die Situation ganz aus der Sicht meines Onkels zu analysieren und mich emotional davon zu trennen. Er hat sich bestimmt sehr für das geschämt, was passiert ist, und hat es deshalb verheimlicht. Ich glaube nicht, dass er mir wehtun wollte.«

»Also ist das Fazit dieser Aufgabe, dass man sich beim Schreiben von Emotionen trennen soll?«, fragte Paige.

»Ganz im Gegenteil! Man muss beim Schreiben unbedingt ganz viel fühlen. Nur kann man nicht nur aus den eigenen Emotionen schöpfen – das wäre auf Dauer doch eintönig. Protagonisten, mit denen man überhaupt nichts gemeinsam hat, sind wichtig. Man kann nicht über sich hinauswachsen, wenn man immer nur denselben Standpunkt vertritt.«

Ich verstand seine Erklärung, aber dennoch wollte ich das nicht auf meine und Moms Situation beziehen. Selbst wenn ich das Ganze aus ihrer Sicht betrachtete, konnte ich nicht nachvollziehen, was sie getan hatte. Und mir war egal, ob ich in dieser Hinsicht über mich hinauswuchs oder nicht, ganz gleich, wie kindisch dieser Gedanke auch sein mochte.

»Ich möchte, dass ihr diese Aufgabe zu Hause weiterspinnt und als Basis für einen fiktiven Text nehmt. Mindestens zwei Personen, die nicht ihr selbst seid, sollten darin vorkommen.« Er rutschte vom Tisch herunter und klatschte in die Hände. »Das war's für heute. Wir sehen uns nächsten Mittwoch.«

Das Rascheln von Rucksäcken und Sachen, die verstaut wurden, breitete sich im Raum aus. Ich warf mein Notizbuch förmlich in meine Tasche, den Stift feuerte ich hinterher, dann erhob ich mich. Bevor ich auch nur einen Schritt in Richtung Ausgang machen konnte, hakte Dawn sich bei mir unter.

»Tschüss, Nolan«, rief sie.

»Macht's gut, ihr zwei«, erwiderte er. Ich konnte nicht anders, als ein letztes Mal zu ihm zu sehen. Er saß vor einem riesigen Berg Papier, direkt daneben hatte er seinen Laptop aufgeklappt. Er lächelte Dawn und mich an, bevor er auf das Display schaute. Als wir durch die Tür nach draußen traten, konnte ich ihn laut ausatmen hören.

kapitel 19

Hätte mir jemand zu Beginn des Semesters gesagt, dass es in nicht allzu ferner Zukunft ein Wochenende geben würde, das ich nicht bei Mom, sondern erst auf einer Party bei Spencer Cosgrove und am nächsten Tag auf einem Basketballspiel der Woodshill Eagles verbringen würde, hätte ich es vermutlich nicht geglaubt. Vielleicht hätte ich sogar laut gelacht, weil mir der Gedanke so absurd vorgekommen wäre.

Jetzt, wo ich an dem großen Esstisch in Spencers Wohnzimmer saß, war mir allerdings überhaupt nicht nach Lachen zumute. Im Gegenteil, ich überlegte seit einer guten halben Stunde fieberhaft, wie ich mich schnellstmöglich aus dem Staub machen könnte.

Ich war umgeben von so vielen Pärchen, dass ich mich wie das hundertste Rad an einem monströsen Wagen fühlte. Links von mir saßen Monica und Ethan – aufeinander, wohlgemerkt –, rechts von mir turtelte Scott mit seinem Freund Micah, am Ende des Tisches hatten es sich Allie und Kaden gemütlich gemacht, und mir gegenüber saß Dawn auf einem Stuhl, während Spencer hinter ihr stand und ihre Schultern massierte.

Dawn hatte mir zu Beginn des Abends drei von Spencers Singlefreunden vorgestellt. Sie hegte immer noch die Vermutung, dass ich niedergeschlagen war, weil Blake mir das

Herz gebrochen hatte, und ich ließ sie in dem Glauben. Trotzdem hatte ich mir keine große Mühe dabei gegeben, mich mit Kyle, Ryle und Lyle – so nannte ich die drei in meinem Kopf – zu unterhalten. Ich war mir nicht sicher, ob das tatsächlich ihre Namen waren, zumal Dawn sie mir so schnell nacheinander vorgestellt hatte, dass ich überhaupt nicht hinterhergekommen war. Und leider hatte ich einen Großteil der Details, die sie mir hektisch zugeflüstert hatte, bereits wieder vergessen.

Ich warf einen Blick auf mein Handy. Keine neuen E-Mails. Keine neuen Nachrichten auf Skype. Ich hatte mir die App inzwischen aufs Handy geladen, obwohl ich mir nicht sicher war, ob Nolan und ich überhaupt noch mal auf diesem Weg miteinander kommunizieren würden. Seit Mittwoch hatte ich mich ein paarmal eingeloggt. Er war auch online gewesen, aber keiner von uns hatte den anderen angeschrieben.

Mit der Aufgabe, die Nolan uns in der Schreibwerkstatt gegeben hatte, war ich auch zu Hause nicht zurechtgekommen. Ich hatte mehrmals angesetzt, es aber irgendwann frustriert sein lassen und das Schreibprogramm geschlossen. Stattdessen hatte ich ihm meine Kommentare zu den nächsten hundert Seiten von Dawns Roman geschickt, in der Hoffnung, dass es dabei helfen würde, die Normalität zwischen uns wiederherzustellen. Doch bisher hatte Nolan noch nicht geantwortet, was zur Folge hatte, dass ich meinen Mailer im Minutentakt aktualisierte.

Ich entschuldigte mich bei den anderen und stand auf, um mir ein neues Getränk zu holen. Seit Blakes Party hatte ich die Finger vom Alkohol gelassen und beschloss, auch heute bei Orangensaft zu bleiben. Ich nahm mir ein Glas und hielt es unter den Eiswürfelspender an Spencers Kühlschrank. Auch wenn ich schon einige Male hier gewesen war, kam ich immer noch nicht darüber hinweg, dass Spencer so einen besaß. Es hatte etwas seltsam Hypnotisches, den Eiswürfeln dabei zuzusehen, wie sie in das Glas purzelten.

»Wie fasziniert du jedes Mal von diesem Kühlschrank bist«, erklang Dawns Stimme hinter mir.

Ich wartete, bis der letzte Eiswürfel sicher im Glas gelandet war, dann drehte ich mich zu ihr um. »Ich brauche unbedingt auch so einen. Irgendwann.«

Sie grinste. »Soll ich dir auch zeigen, wo Spence seine Süßigkeitenvorräte aufbewahrt?«

Ich nickte sofort. »Zu Schokolade sage ich nie Nein, das weißt du.«

Sie stellte sich neben mich an die Arbeitsfläche. »Hilf mir mal da rauf«, sagte sie.

»Die Probleme der Eins-fünfzig-Menschen«, murmelte ich und machte mit den Händen eine Räuberleiter.

»Eins achtundfünfzig!«, warf sie ein, als ich ihr half, auf die Arbeitsfläche zu klettern.

»Ja, ja, du bist riesig«, murmelte ich.

»Glaub nicht, dass ich dich von hier oben nicht höre.«

Ich grinste ihre Beine an und hielt die Hände erhoben, um im Notfall zupacken zu können. Dawn fischte zwei große Schokoriegel aus dem obersten Schrankfach, dann ließ sie sich vorsichtig auf der Arbeitsfläche nieder. Sie reichte mir einen der Riegel. »Sag ihm nicht, dass wir die gegessen haben.«

»Natürlich nicht.«

Dawn blieb auf der Arbeitsfläche sitzen, während ich mich seitlich dagegenlehnte.

»Wusstest du, dass ich früher immer eine Schwester oder einen Bruder haben wollte?«, fragte Dawn unvermittelt.

Ich hielt mitten im Kauen inne. Der Karamell klebte zwischen meinen Zähnen, als ich sprach. »Echt?«

Sie nickte. »Nachdem meine Mom sich aus dem Staub gemacht hat und Dad so traurig war, habe ich mich gefragt, wie es wohl wäre, wenn da noch jemand wäre, der dasselbe durchmacht wie ich. Manchmal kam es mir mit Dad ein bisschen einsam vor, so zu zweit.«

Ich dachte über ihre Worte nach. Ich hatte nie eine Schwester oder einen Bruder gewollt. Jemanden wie meinen Dad zum Vater zu haben hätte ich nicht einmal meinem schlimmsten Feind gewünscht.

»Ich finde es so schön, dass wir diese Möglichkeit jetzt bekommen«, fuhr Dawn fort, als ich nicht antworte. »Wir können füreinander da sein und uns helfen, wenn es der anderen schlecht geht.«

Dieses Gespräch schlug eine Richtung ein, der ich mich nicht gewachsen fühlte. Ich überlegte, ob Mom Dawn möglicherweise auf mich angesetzt hatte, um herauszufinden, wie sauer ich noch auf sie war, und um mich zu überreden, wieder nach Hause zu kommen. Wobei ich mir nicht vorstellen konnte, dass Dawn sich auf so etwas einlassen würde.

»Tut mir leid, dass ich in den letzten Wochen so schlecht drauf war«, sagte ich schließlich. »Ich hatte viel um die Ohren.«

»Ist es immer noch wegen der Sache mit Blake?«, fragte sie.

Ich zögerte, weil ich ihr nicht die Wahrheit sagen konnte, sie aber auch nicht anlügen wollte. »Es ist … kompliziert.«

»Okay.« Sie sah mich eindringlich an. »Ich möchte nur, dass du unmissverständlich Bescheid weißt: Ich bin für dich da. Immer.«

Ich wusste nicht, was ich darauf sagen sollte, also legte ich meinen Schokoriegel zur Seite und nahm sie fest in den Arm.

Ich fragte mich, wie es sich wohl anfühlen würde, mich ihr anzuvertrauen. Ich stellte mir vor, ihr zu sagen, dass ich Gefühle für Nolan entwickelt hatte. Ich stellte mir vor, ihr von Dad und Mom zu erzählen. Doch dann malte ich mir ihren verstörten Gesichtsausdruck aus. Es brauchte nicht viel Fantasie, um mir vorzustellen, wie sie sich erschrocken die Hand vor den Mund schlug und anschließend zu Stanley lief, um ihm von unserer Vergangenheit zu erzählen.

»Egal, was es ist: Ich bin mir sicher, dass alles wieder gut wird«, sagte Dawn leise. »Wenn man sich an einem Tiefpunkt befindet, kann es nämlich nur nach oben gehen. Habe ich von meinem Dad gelernt.«

Ich zwang mich zu einem Nicken. »Dein Dad ist ein weiser Mann.«

Dawn stieß ein Lachen aus, und wir lösten uns voneinander. Sie machte den Mund auf, um noch etwas zu sagen, doch dann richtete sie den Blick plötzlich auf einen Punkt hinter mir. Ohne auch nur zu blinzeln, schob sie sich den restlichen Schokoriegel in einem Stück in den Mund.

»Du brauchst die Schokolade nicht heimlich zu essen«, erklang Spencers Stimme. »Wo ich sie doch extra für dich gekauft habe.«

»Ich habe keine Schokolade gegessen«, sagte Dawn, der der halbe Riegel noch zwischen den Zähnen klebte.

Ich lachte auf, verstummte aber, als sie mir einen ernsten Blick zuwarf.

»Komm her«, sagte Spencer und legte die Arme um die Taille seiner Freundin, um sie von der Arbeitsfläche zu ziehen. »Isaac und Sawyer sind gerade angekommen.«

»Ohh!« Dawn drehte sich zu mir und murmelte eine schnelle Entschuldigung, bevor Spencer sie aus der Küche in Richtung Hausflur zog.

Ich goss Orangensaft auf meine halb geschmolzenen Eiswürfel und kehrte zurück ins Wohnzimmer, wo ein paar Leute zu tanzen begonnen hatten. Unsere Gruppe von vorhin hatte sich aufgelöst, stattdessen saßen jetzt zwei der Kyle-

Lyles am Esstisch und spielten mit ein paar anderen Leuten ein Trinkspiel. Seufzend nahm ich auf dem riesigen Sofa Platz.

Genau in dem Moment spürte ich, wie mein Handy vibrierte. Ich öffnete meine Tasche mit einer Hand und fischte es heraus, während ich mit der anderen mein Glas hob, um einen Schluck zu trinken.

Fast hätte ich den Saft wieder ausgespuckt.

Die Skype-App zeigte mir eine eingegangene Nachricht an. Ohne zu zögern, öffnete ich sie.

NoGa: Ich habe so lange nichts mehr von dir gelesen, dass ich mich richtig über deine Kommentare zu *By My Side* gefreut habe. Hast du zufällig Zeit, darüber zu sprechen?

Mein Herz machte einen Satz. Auch wenn ich es mir so sehr gewünscht hatte, ich hatte nicht daran geglaubt, dass er mir wieder schreiben würde. Adrenalin pumpte durch meine Adern. Plötzlich war ich wieder genau da, wo ich mich vor einem Monat befunden hatte: gefangen zwischen Aufregung, Nervenkitzel und einer merkwürdigen Ruhe, die ich nur in Gesprächen mit Nolan empfand.

Pengirl: Ich habe die Datei gerade nicht parat, ich bin auf einer Party.
NoGa: Oh, tut mir leid. Ich wollte nicht stören. Dann melde ich mich wann anders noch mal.

Sofort spürte ich ein wehmütiges Ziehen in meinem Bauch. Ich wollte nicht, dass dieses Gespräch schon vorbei war.

Pengirl: Du störst nicht.

Ich hatte zwar keinen Alkohol getrunken, fühlte mich aber wie berauscht, als ich die Nachricht abschickte.

Das hier war das, was wir zuvor auch schon getan hatten. Alles war fast so wie immer. Ich beobachtete, wie Nolan eine Antwort tippte.

NoGa: Ist die Party langweilig?

Ich dachte kurz nach und beugte mich über mein Handy.

Pengirl: Es hat einen riesigen Vorteil, hier zu sein: Es gibt einen Kühlschrank, der Eiswürfel ausspuckt.
NoGa: So einen wollte ich auch schon immer mal haben. Wie kann es da noch Nachteile geben?

Ich überlegte, was ich ihm schreiben konnte. Mein erster Impuls war, Dawns Verkupplungsversuche nicht zu erwähnen. Andererseits mussten wir irgendwann wieder an den Punkt kommen, wo wir unbefangen miteinander sprechen konnten. Wir hatten beschlossen, Freunde zu sein. Und wenn ich bei Dawn oder Blake nicht zögern würde, warum sollte ich es dann bei Nolan tun?

Pengirl: Dawn unternimmt alles, um mich unter die Haube zu bringen. Mir schwirrt schon der Kopf, weil sie mir so viele Kerle vorgestellt hat.
NoGa: Dann ist es ja gar nicht schlecht, dass ich dir geschrieben habe.

Ich hielt die Luft an und verbot mir inständig, seine Worte auf die Goldwaage zu legen.

Meine Finger flogen wie bei einem süchtig machenden Spiel

über das Display des Handys. Ich konnte und wollte nicht aufhören.

Pengirl: Das finde ich auch. Normalerweise bleibt mir so was erspart, weil ich an den Wochenenden immer bei meiner Mom bin.

Ich schickte die Nachricht ab, ohne nachzudenken. Als ich merkte, was ich da geschrieben hatte, spürte ich, wie mir das Herz in die Hose rutschte. Schnell korrigierte ich mich.

Pengirl: War. Ich war meistens bei meiner Mom.

Nolan schien zu zögern. Er tippte und hörte auf, und es dauerte einen Moment, bis seine Antwort kam.

NoGa: Ist alles okay bei euch?

Ich schluckte hart. Während ich mich bei Dawn so sehr davor fürchtete, dass sie die Wahrheit erfuhr, wusste Nolan sehr viel mehr über mich. Und bei ihm hatte ich mich mit meinen Geheimnissen immer sicher gefühlt.

Pengirl: Leider nicht. Ich weiß gerade nicht mal, ob ich je wieder zurück nach Hause fahren kann.

Nolans Antwort erschien postwendend auf meinem Display.

NoGa: Weil du dort nicht mehr sicher bist?

Ich hielt den Atem an. Nolan kannte die Wahrheit über meinen Vater, und er hatte die blauen Flecken an meinem Hals gesehen. Bestimmt hatte er eins und eins zusammengezählt. Die nächsten beiden Buchstaben zu tippen kostete mich mehr Überwindung als alles andere.

Pengirl: Ja.

Die Zeit, in der er eine Antwort tippte, kam mir wie eine Unendlichkeit vor.

NoGa: Bitte fahr nicht mehr dorthin. Schon gar nicht allein. Ich kann sonst nachts nicht mehr ruhig schlafen.

Mein Puls beschleunigte sich.

Pengirl: Du musst dir keine Sorgen um mich machen.

Nolan tippte und hörte dann auf. Tippte wieder und hörte auf. So ging es über fünf Minuten. Ich war schon am Überlegen, ob ich aufstehen und mir etwas Neues zu trinken holen sollte, als mein Handy endlich vibrierte.

NoGa: Dafür ist es längst zu spät, Everly.

Das Herz klopfte mir bis zum Hals. Meine Hände verkrampften sich um das Plastikgehäuse. Ich verstand nicht, wieso er das schrieb. Er hatte mir verkündet, seine Freundschaft wäre das Einzige, was er mir geben könnte. Aber waren das Dinge, die sich Freunde gegenseitig sagten? Würde Blake so etwas zu mir sagen? Und würde es bei ihm genauso bedeutungsvoll klingen?

»Magst du Steak?«, fragte in diesem Moment jemand vor mir und riss mich aus meinen Gedanken.

Ich blickte an dem Typen hoch, der mit in den Taschen vergrabenen Händen vor mir stand. Erst auf den zweiten Blick erkannte ich, dass es Isaac Grant war. Er gehörte zu Dawns Clique, sah allerdings ganz anders aus, als ich in Erinnerung hatte: Seine Locken waren stylisch zerzaust, seine Jeans hatte Risse an den Knien, und er hatte eine Lederjacke locker über die Schulter geworfen. Er sah nicht wie der schüchterne Typ aus, mit dem ich zum Semesterbeginn Dawns Verlagsvertrag gefeiert hatte. Im Gegenteil, er wirkte wie ein Draufgänger. Hätte er das unverwechselbare Brillengestell nicht getragen, hätte ich ihn vermutlich nicht erkannt.

»Wie bitte?«, fragte ich, als ich realisierte, dass ich ihn schon viel zu lange angestarrt hatte.

»Ob du Steak …« Er verstummte, und eine leichte Röte breitete sich auf seinen Wangen aus. »Weißt du was? Vergiss, was ich gesagt habe. Ist der Platz da noch frei?«, fragte er und ließ sich im selben Moment neben mich fallen.

»Jetzt nicht mehr«, sagte ich und sperrte mein Handy, obwohl ich Nolan unbedingt antworten wollte – auch wenn ich keine Ahnung hatte, was. Wahrscheinlich war Isaac in dieser Sekunde mein Schutzengel. Er hielt mich davon ab, diese gefährliche Konversation fortzuführen. »Wie geht's?«

Er öffnete den Mund und schloss ihn wieder. Dann schob er sich mit dem Zeigefinger die Brille ein Stück die Nase hoch.

»Ganz gut«, murmelte er.

»Das klang nicht sehr überzeugend.«

»Ich …« Er unterbrach sich selbst und seufzte dann leise. »Darf ich dir etwas anvertrauen?«

Stirnrunzelnd erwiderte ich seinen Blick. Ich kannte Isaac kaum. Was zum Henker sollte er mir anvertrauen wollen?

»Klar«, sagte ich leichthin.

Er räusperte sich kurz und beugte sich dann zu mir. »Dawn hat mich darauf angesetzt, herzukommen und mit dir zu reden.«

Ich blinzelte. Dann stöhnte ich frustriert auf. »Das kann doch nicht ihr Ernst sein. Sie hat mir heute bereits drei Kerle vorgestellt.«

Isaac schnaubte. »Sei froh, dass es nur drei waren. In den letzten Monaten habe ich so viele von Dawns Freundinnen kennenlernen müssen, dass ich den Überblick verloren habe.« Er lief noch röter an. »Nicht dass ich etwas gegen Dawns Freundinnen einzuwenden habe. Oder gegen dich. Ich meine, du bist sehr nett, ich wollte nicht ...«

»Verstehe schon, Isaac. Es ist anstrengend.«

Er sah mich dankbar an. »So. Sehr.«

Ich suchte den Raum nach Dawn ab, aber Isaac schüttelte sofort den Kopf. »Guck bloß nicht in ihre Richtung. Sie denkt, dass ich gerade dabei bin, mit dir zu flirten.«

»Oh Mann«, murmelte ich.

»Das trifft es auf den Punkt.«

Ich schielte möglichst unauffällig zum Esstisch, wo Dawn zusammen mit Sawyer Dixon saß. Bei ihr würde sich Dawn so etwas bestimmt nicht trauen. Sawyer wirkte nämlich wie jemand, der sich von niemandem etwas sagen ließ – etwas, wofür ich sie schon lange bewunderte, auch wenn wir noch nie ein Wort miteinander gewechselt hatten.

Dawn und Sawyer warfen beide verstohlene Blicke in unsere Richtung und gingen dabei nicht so subtil vor, wie sie vielleicht glaubten.

»Sie und Sawyer schauen her«, murmelte ich.

»Wirklich?«, fragte Isaac.

»Yep. Was hat Dawn denn genau gesagt?«, fragte ich.

Er seufzte leise. »Ich habe mit Sawyer so ein Projekt laufen.« Seine Wangen nahmen einen noch dunkleren Ton an. »Sie hilft mir dabei, ein bisschen selbstbewusster zu werden, und ich halte als Model für ihr Fotoprojekt her.«

Ich pfiff anerkennend. »Deshalb also der neue Look.«

Er richtete sich ein Stück auf. »Gefällt er dir?«

Ich nickte. »Total.«

»Sawyer hat es drauf. Sie hat das meiste davon ausgesucht.«

Er sprach ihren Namen mit einem niedlichen Stolz aus, der die Frage in mir aufkeimen ließ, ob er womöglich etwas für sie empfand. Sein Blick wirkte einen Moment lang verklärt, doch dann schien er sich selbst aus den Gedanken zu reißen.

»Würde es dir etwas ausmachen, wenn wir uns ein bisschen weiter unterhalten?«

Ich hob eine Braue. »Damit es so wirkt, als würdest du Dawn ihren Wunsch erfüllen und mit einer ihrer Freundinnen flirten?«

»Nun … ja. Aber auch, weil du traurig aussiehst.«

»Tue ich das?«

Isaac hob unschlüssig eine Schulter. »Ein klitzekleines bisschen.«

Ich schluckte schwer und senkte den Blick auf mein Handy.

Dafür ist es längst zu spät, Everly.

Merkte Nolan denn nicht, wie das klang? Konnte er sich nicht vorstellen, was er mit seinen Worten in mir auslöste? Ich wollte nicht an den Kuss zurückdenken. Das war seit Mittwoch das oberste Gebot: so tun, als wäre das nie geschehen, und sich normal benehmen. Genau wie vorher. Wie sollte ich das schaffen, wenn er so etwas zu mir sagte?

Normalerweise konnte ich mit Nolan über alles sprechen. Aber über Nolan konnte ich mit niemandem sprechen.

»Ich bin wirklich ein bisschen traurig«, antwortete ich leise.

»Das tut mir leid. Warum?«

Ich zuckte mit den Schultern. »Ich hatte ein paar miese Wochen. Streit mit meiner Mom, Gefühlskram und so weiter.« Ich durfte nicht vergessen, dass Isaac ein Freund von Dawn war. Nicht, dass er mit ihr über das sprach, was ich gerade gesagt hatte.

Ich hasste es, dass ich mir ständig Gedanken darum machen musste, wer was zu wem sagte. Nie konnte ich einfach die Wahrheit über mein Innenleben offenbaren, immer musste ich mich zurückhalten. Aber tief in mir wusste ich, dass es besser und sicherer so war.

»Das klingt nicht besonders gut. Kann ich irgendetwas für dich tun?«, fragte er.

Ich räusperte mich und schüttelte den Kopf. »Nein, aber ich kann anscheinend etwas für dich tun. Wie wär's, wenn wir Dawn eine kleine Show liefern?«, fragte ich, um nicht nur ihn, sondern auch mich von meinen Problemen abzulenken.

»Sawyer hat mir flirten beigebracht. Wenn du offen dafür wärst, kann ich die Lektion an dich weitergeben.«

»Okay, ich höre«, sagte ich und setzte mich aufrechter hin.

»Den Schritt mit dem Small Talk haben wir schon hinter uns, den können wir also überspringen«, sagte Isaac und wirkte darüber sehr glücklich.

»Wie sah die Small-Talk-Lektion denn aus?«

Isaac strich sich ein paar Locken aus der Stirn. »Einander begrüßen, vorstellen und den Namen des Gegenübers loben, egal, ob man ihn schön findet oder nicht. Deinen finde ich übrigens wirklich schön, da hätte ich gar nicht so zu tun brauchen.«

Ich lachte auf. Isaac war an diesem Abend wahrscheinlich die beste Person, der ich hätte begegnen können. Seine verschrobene Art war wie eine frische Brise in einem viel zu engen, stickigen Raum.

»Danke für das Kompliment, schätze ich«, sagte ich. »Was ist der nächste Schritt?«

Er beugte sich ein Stück zu mir und berührte mich zaghaft am Arm. Dann erschien ein Ausdruck auf seinem Gesicht, der wohl ein Lächeln sein sollte. »Aufreizend lächeln und die Person berühren.«

Ich erwiderte sein merkwürdiges Lächeln. Ich hatte keine Ahnung, was Sawyer ihm da beigebracht hatte, aber ich fürchtete, dass es seine Wirkung womöglich verfehlte. Wobei genau das ja vielleicht das Ziel war. Jemanden zum Lachen zu bringen war ja schließlich auch gut und gerade absolut das, was ich brauchte.

»Danke für diese hilfreiche Lektion, Isaac«, sagte ich.

Er lehnte sich zurück und wirkte zufrieden mit sich selbst. »Ich teile mein Wissen liebend gerne.«

Ich unterdrückte den Impuls, wieder nach meinem Handy zu greifen, und legte meine Hand flach auf die freie Fläche zwischen Isaac und mir. Ich konzentrierte mich auf das Gefühl des Sofastoffes unter meinen Fingerspitzen und verdrängte die Gedanken an Nolan und seine aufwühlenden Worte.

Wie einfach es wäre, dachte ich.

Wie einfach es wäre, wenn ich Gefühle für jemanden wie Isaac entwickeln und die vergessen könnte, die ich immer noch für die falsche Person hegte – ganz gleich, wie sehr ich es mir auch verbot.

kapitel 20

Ich hörte die ausgelassenen Rufe schon, bevor ich die Halle überhaupt betreten hatte. Unschlüssig blieb ich vor dem Eingang stehen und wurde prompt von einer Handvoll Menschen angerempelt. Ich schenkte ihnen keine Beachtung. Ich war viel zu sehr damit beschäftigt, mir selbst Mut zuzusprechen.

Ich würde das schaffen. Es war nur ein Basketballspiel. Und ich hatte es Blake versprochen.

Ich atmete einmal tief durch und zwang mich weiterzugehen.

Die Tribünen waren bereits zum Großteil gefüllt. Die meisten Zuschauer waren in Begleitung oder in kleinen Gruppen gekommen, und ich schlängelte mich durch sie hindurch, bis ich in einer der mittleren Reihen noch ein paar freie Plätze entdeckte. Schnell setzte ich mich.

Die Geräuschkulisse war ohrenbetäubend. Die Leute brüllten und stießen Jubelschreie aus, obwohl das Spiel noch nicht mal begonnen hatte. Ich reckte den Kopf und sah, dass die Mannschaft bereits auf dem Feld war. Ich versuchte, Blake zu finden, und brauchte nicht lange, bis ich die Schultern entdeckte, über die sich der Name Andrews zog. Direkt darunter prangte eine große weiße Neun. Die Spieler waren bereits in voller Montur gekleidet: dunkelblaues Trikot, weite Basketballshorts und Turnschuhe. Neben seinen Mitspielern wirkte Blake ausnahmsweise mal nicht wie die größte Person im Raum. Er war gerade dabei, seinen Mannschaftskameraden etwas zuzurufen. Von meinem Platz aus konnte ich ihn nicht verstehen, aber die Art, wie er mit den Armen gestikulierte und anschließend in die Hände klatschte, ließ mich vermuten, dass es etwas Ermutigendes war.

Blake hatte mich heute Morgen mit einer SMS an das Spiel erinnert und mich außerdem auf die Party eingeladen, die im Anschluss bei ihm zu Hause stattfinden würde. Ich wusste zwar noch nicht, ob ich hingehen würde, freute mich aber über jede Möglichkeit, mich ablenken zu können. Auch wenn ich Sport-Events seit Beginn meines Studiums eigentlich gemieden hatte wie die Pest.

Unruhig rutschte ich auf dem Sitz hin und her und überblickte das Publikum. Ich saß auf der Seite der Tribüne, auf der der größte Teil der Zuschauer im Dunkelblau der Woodshill Eagles gekleidet war und T-Shirts und Sweatshirts mit dem Logo der Mannschaft trug. Gegenüber von uns hatten sich die Fans der gegnerischen Mannschaft versammelt.

»Guck mal, hier ist noch was frei, Nolan«, erklang eine Stimme über mir, und ich hob den Blick.

Mein ganzer Körper versteifte sich.

Neben der Reihe, in der ich saß, stand Nolan mit zwei Menschen, die ihm so ähnlich sahen, dass ich sie direkt als seine Eltern ausmachte.

Unsere Blicke trafen sich.

Dafür ist es längst zu spät, Everly, wiederholten sich seine Worte in meinen Ohren.

Nachdem ich nach Spencers Party zu Hause angekommen war, hatte ich eine von Moms Tabletten genommen und war schlafen gegangen. Es war besser so gewesen. Womöglich hätte ich sonst die halbe Nacht wach gelegen und letztlich etwas Dummes auf seine Nachricht geantwortet.

Jetzt wirkte er genauso unbeholfen, wie ich mich fühlte. Mechanisch hob ich die Hand zum Gruß. Er erwiderte die Geste.

»Noch eine Studentin?«, fragte Mrs Gates und lächelte zwischen Nolan und mir hin und her.

»Gibt es an dieser Universität überhaupt einen Menschen, den du nicht kennst?«, fragte Mr Gates, und seine Frau lachte, ohne auf Nolans Antwort zu warten.

»Anscheinend nicht. Ist hier vielleicht noch frei?«, fragte sie an mich gewandt und deutete auf die Plätze neben mir.

Bevor ich genauer darüber nachdenken konnte, nickte ich. Mrs Gates schob Nolan förmlich in die Reihe, sie folgte, und das Schlusslicht bildete ihr Mann. Ich hielt den Atem an, als sie sich hinsetzten. Die Tribüne war verflucht eng, Nolans Knie befand sich bloß wenige Zentimeter von meinem entfernt. Ich wagte es nicht, mich zu bewegen.

»Mom, ist das wirklich nötig?«, fragte Nolan leise neben mir.

»Und ob.«

»Bring du sie zur Vernunft, Dad. Bitte.«

Ich hörte Mr Gates ein Schnauben ausstoßen. »Ich glaube, dafür ist es ein paar Jahre zu spät.«

Sieh nicht hin, beschwor ich mich selbst.

»Ein Schaumfinger reicht doch bestimmt«, schlug Nolan vor. »Sonst sehen die Leute hinter uns gleich nichts mehr.«

»Ich muss doch allen zeigen, für welches Team ich bin«, widersprach Mrs Gates.

»Das erkennen sie an deinem Sweatshirt. Oder an dem übergroßen Adler.«

Ich gab den Kampf gegen mich selbst auf und beugte mich vor, um Mrs Gates anzusehen. Neben dem Eagles-Sweatshirt trug sie jetzt auch noch einen monströsen Adler auf ihrem

Kopf und an jeder Hand einen Schaumfinger zum Anfeuern. Ich kämpfte vergeblich gegen ein Grinsen an. Sie sah zu lustig aus. Anscheinend bemerkte sie meinen Blick, denn sie wandte sich mir zu und schmunzelte.

Dann zog sie sich einen der Schaumfinger ab und reichte ihn mir über Nolan hinweg.

»Hier«, sagte sie. »Anscheinend gibt es ein Höchstlimit an Fankleidung, das man tragen darf.« Sie rollte mit den Augen, aber es wirkte nicht, als würde sie es böse meinen. Dafür war das Funkeln in ihren Augen viel zu schelmisch.

»Danke«, sagte ich schließlich und zog mir den Schaumfinger über die rechte Hand.

»Ich muss das einfach fragen«, sagte sie plötzlich. »Wie ist Nolan so als Dozent? Macht er sich gut? Ist er nett?«

Ich blinzelte perplex.

»Mom«, sagte Nolan warnend.

»Was denn? Ich bin nur neugierig.«

»Das hast du bereits jeden Menschen gefragt, dem wir heute begegnet sind. Everly ist nicht hier, um sich von dir ausquetschen zu lassen.«

»Ach, das ist Everly?« Mrs Gates beugte sich strahlend zu mir. »Wie schön, dich kennenzulernen.«

Ich wusste nicht, was ich mit dem Fakt anfangen sollte, dass Nolan seiner Mutter anscheinend von mir erzählt hatte.

»Ich freue mich auch, Sie kennenzulernen, Mrs Gates«, erwiderte ich höflich.

»Nenn mich bitte Barb. Und das da drüben ist Ronald«, gab sie zurück und deutete auf ihren Mann. Er sah zu mir und hob die Hand, richtete seinen Blick dann zurück aufs Spielfeld. Von ihm hatte Nolan eindeutig das kantige Gesicht und die grauen Augen geerbt.

»Barb«, murmelte ich. Ich hätte niemals gedacht, dass ich

mal Nolans Eltern kennenlernen, geschweige denn ein Basketballspiel zusammen mit ihnen und Nolan ansehen würde. Jetzt war ich in der Mitte der Reihe gefangen und konnte nur darüber nachdenken, wie dicht Nolans Arm neben meinem war und dass eine klitzekleine Bewegung ausreichen würde, damit wir einander streiften. Dass sich allein bei dem Gedanken die Härchen an meinen Armen aufstellten, war überhaupt nicht gut.

Fieberhaft suchte ich nach irgendetwas, was mich von der Tatsache ablenken würde, dass Nolan so dicht neben mir saß. Dann jagte ein Gedanke durch meinen Kopf.

»Wart ihr eigentlich schon Fallschirmspringen?«, fragte ich an Nolan gewandt.

Barb beugte sich vor und strahlte mich an. »Es war der Wahnsinn«, sagte sie.

»Mein Vater hat gekniffen«, sagte Nolan. Ich sah ihm in die Augen und realisierte, dass wir einander nicht mehr so nahe gewesen waren, seit … seit jenem Mittwoch.

Ich fing an, mit dem Schaumfinger herumzuspielen, um meinen Händen etwas zu tun zu geben.

»Das habe ich gehört. Wenn du nicht möchtest, dass ich vor deiner Studentin peinliche Geschichten aus deiner Kindheit erzähle, solltest du jetzt lieber still sein«, sagte Ronald unvermittelt.

Nolans Mundwinkel hoben sich leicht, und in seinen Augen funkelte es amüsiert.

»Hier ist ein Foto«, sagte Barb und hielt mir über ihren Sohn hinweg ein Handy hin. »Das bin ich, und das da ist Nolan.«

Ich lehnte mich vor und sah mir das Bild an. Man konnte die beiden kaum darauf erkennen, weil sie dicke Schutzkleidung und Brillen trugen, aber sie schienen beide zu lachen. Oder zu schreien.

»Und, wie war's?«, fragte ich.

»Wie ein Rausch – ich wäre am liebsten direkt noch mal gesprungen«, antwortete Nolan, und seine Mom machte ein zustimmendes Geräusch.

Ich wollte noch etwas sagen, aber in dem Moment wurde das Spiel angepfiffen, und die Menge begann, noch lauter zu jubeln. Schnell richtete ich meinen Blick nach vorne aufs Spielfeld.

Obwohl ich hiervor Angst gehabt hatte, war ich schon nach kurzer Zeit gefangen von der Dynamik des Spiels. Blake war in Bestform. Schon nach wenigen Sekunden verteilte er die Bälle an seine Mitspieler. Er war ein bisschen kleiner als die anderen, dafür bewegte er sich agil und wendig. Selbst aus der Entfernung konnte ich erkennen, dass er das Spiel souverän überblickte, obwohl es so schnell voranging. Wenn der Ball in der Hälfte der Eagles war, störte er den Spielaufbau und stellte die Passwege der Gegner zu.

Unsere Mannschaft war gut, aber die Gegner waren stark, und das Spiel verlief zunächst größtenteils ausgeglichen. Erst zum Ende der ersten Halbzeit konnten die Eagles eine knappe Führung erarbeiten, woraufhin die Stimmung auf unserer Tribüne immer ausgelassener wurde. Als Blake erneut einen perfekten Pass warf und sein Mannschaftskamerad, eine Sekunde bevor der Schiedsrichter zur Pause pfiff, noch einen Korb erzielte, riss Barb ihren Schaumfinger in die Höhe, und ich tat es ihr grinsend gleich.

Nolans Blick und meiner kreuzten sich. Mein Arm erlahmte für einen Moment. Ich sah etwas Schweres, Dunkles in seinen Augen. Hitze sammelte sich in meinem Magen.

Schnell wandte ich den Blick wieder nach vorne, wo in dieser Sekunde die Cheerleader aufs Spielfeld gelaufen kamen. Langsam ließ ich den Schaumfinger sinken, während einige der Zuschauer um mich herum aufsprangen und applaudierten.

Ich schluckte schwer und verfolgte angespannt die synchronen Tanzschritte und kraftvollen Bewegungen der Mädels und Jungs. Ich meinte, das Rascheln der Pompons in den Ohren und das Gefühl der Uniform auf meiner Haut zu spüren. Jegliche Gedanken an Nolan verblassten, als ich zum ersten Mal seit vier Jahren bei einer Cheer-Routine zusah.

Sie waren gut. Unglaublich gut sogar. Ich hatte gelesen, dass die Cheerleader aus Woodshill auch an Meisterschaften teilnahmen, hatte mich aber nie weiter damit auseinandergesetzt, weil es für mich nicht relevant gewesen war.

Ich war nie zu diesen Spielen gegangen, weil ich Angst gehabt hatte, dass es die schmerzhaften Erinnerungen, die ich immer noch mit Cheerleading verband, hervorholte. Jetzt wünschte ich, ich wäre schon früher hier gewesen. Mein Magen vollführte eine Drehung, als drei Mädchen hoch in die Luft geworfen und anschließend wieder aufgefangen wurden.

Ich erinnerte mich genau daran, wie es sich anfühlte, auf diese Weise zu fliegen und von der Euphorie der Zuschauer getragen zu werden. Der nächste Stunt ließ mich den Atem anhalten. Die Pyramide war vier Körperlängen hoch, und als der High-Flyer im Spagat in die Luft flog, sprang ich genau wie Nolans Eltern auf und schnappte nach Luft. Die Routine endete wenige Sekunden später, als das Lied in ein anderes überging und die Cheerleader an den Rand des Spielfelds liefen, um dem Publikum dort einzuheizen. Ein Kribbeln machte sich in meinem Nacken bemerkbar, und ich sah Nolan an. Er hatte sich halb zu mir gedreht und beobachtete mich.

»Was ist?«, fragte ich atemlos und strich mir das Haar hinters Ohr.

Seine Mundwinkel hoben sich leicht. »Du strahlst richtig. Das ist …« Er schluckte. »Es ist schön.«

In meinem Brustkorb wummerte es, und ich wusste nicht, ob das an der lauten Musik oder meinem Herzschlag lag.

Ich setzte mich wieder hin und sah zurück nach unten, wo die Mannschaften in Gruppen zusammenstanden und intensiv den Anweisungen ihrer Trainer lauschten. Ich versuchte, mich auf Blake zu konzentrieren, aber das rastlose Gefühl in mir wollte nicht abflauen – nicht, als die zweite Halbzeit begann, und auch nicht, als das Spiel sich dem Ende zuneigte.

Die Eagles gewannen mit einem deutlichen Vorsprung, und als das Spiel abgepfiffen wurde, war die Stimmung auf der Tribüne so ausgelassen, dass ich die innere Unruhe, die sich in mir ausgebreitet hatte, darauf schob. Ich versuchte noch, Blake zuzuwinken, aber er war zu beschäftigt, mit seinen Mannschaftskameraden und dem Coach zu feiern. Langsam, aber sicher lichteten sich die Tribünen, als die Zuschauer zu den Ausgängen strömten. Gemeinsam mit den Gates' reihte ich mich in die Menschentraube ein.

»Es tut gut, dich so ausgelassen zu sehen«, sagte Barb vor mir und hakte sich bei Nolan unter.

»Danke, Mom.«

»Jedes Mal, wenn wir hier sind, scheint es dir noch besser zu gehen«, fügte Ronald hinzu und klopfte Nolan auf den Rücken. »Das macht uns wirklich glücklich.«

»Guck dir doch nur an, wie weit du es geschafft hast.« Barb lehnte sich mit dem Kopf gegen Nolans Schulter, während er etwas Leises antwortete, was ich nicht verstand.

Plötzlich war es mir unangenehm, so dicht hinter ihnen zu gehen, auch wenn mir gar keine andere Wahl blieb, da die Leute hinter mir drängelten. Der Moment zwischen Nolan und seinen Eltern kam mir intim und unglaublich innig vor. Ich erinnerte mich daran, wie er mir bei unserem Telefonat erzählt hatte, dass er eine schwere Zeit durchgemacht hatte. Ich fragte mich, was damals wohl vorgefallen war, wenn es ihn und seine Eltern so nachhaltig geprägt hatte.

Draußen vor dem Eingang der Sporthalle bildeten sich kleine Grüppchen. Nolan und seine Eltern liefen weiter in die Richtung, in die ich auch gehen musste, und ich überlegte kurz, ob ich noch warten sollte, damit ich nicht noch mehr von ihrem Gespräch mitbekam. Doch dann drehte Barb sich zu mir um und warf mir ein breites Lächeln zu. Sie hielt an und wartete, bis ich das kleine Stück zu ihnen aufgeholt hatte.

»Es hat mich sehr gefreut, dich heute kennenzulernen, Everly«, sagte sie.

»Mich hat es auch sehr gefreut«, gab ich steif zurück.

»Wir sehen uns dann nächste Woche?«, fragte sie an Nolan gewandt.

»Klar, so wie immer.« Er beugte sich zu ihr und küsste sie auf die Wange. Danach umarmte er seinen Dad.

Nolans Eltern nickten mir noch einmal zu, bevor sie Hand in Hand in Richtung Parkplatz gingen und uns allein zurückließen. Unschlüssig vergrub ich die Hände in den Taschen meiner Jacke. Hier draußen war es eiskalt, und allmählich verließ mich das warme Gefühl, das das Spiel und die ausgelassene Stimmung in der Halle in mir ausgelöst hatten.

Ich sah zu Nolan, der die Hände auch in der Bauchtasche seines Woodshill-Eagles-Pullovers vergraben hatte. Darin sah er fast aus wie ein Student, und für einen kurzen Moment ließ ich mich von der Vorstellung hinreißen. Ich überlegte, wie es wohl wäre, wenn er nicht mein Dozent wäre. Wo wir uns kennengelernt hätten. Ob wir dann auch nur Freunde gewesen wären – oder doch mehr.

Schnell schüttelte ich mir die Gedanken aus dem Kopf.

»Du hast ganz tolle Eltern, Nolan«, sagte ich schließlich, weil es das Harmloseste war, was mir in diesem Moment einfiel.

Ein leichtes Lächeln umspielte seine Mundwinkel. »Sie sind die Besten. Auch wenn sie manchmal ein bisschen peinlich sind.«

»Ich glaube, das ist ihr Job, so als Eltern.«

»Stimmt auch wieder.« Eine kurze Pause entstand zwischen uns. Nolan sah mich mit schräg gelegtem Kopf an. Noch immer war der Ansatz eines Lächelns zu erkennen. »Man hat gesehen, dass du mal Cheerleaderin warst.«

Stirnrunzelnd erwiderte ich seinen Blick. »Was?«

»Du hast die ganze Zeit mitgewippt. Und du hast die Bewegungen mit den Händen nachgemacht. Ich glaube, du hast das nicht mal gemerkt.« Er hob die Hände und imitierte Jazz-Finger, was mir ein Grinsen entlockte. Im selben Moment überkam mich aber wieder diese unglaubliche Sehnsucht, die ich auch schon in der Halle gespürt hatte, als ich den Cheerleadern bei ihrer Routine zugesehen hatte.

»Ich wünschte, ich hätte niemals aufhören müssen«, sagte ich leise. Ich räusperte mich, weil meine Stimme mit einem Mal ganz heiser war. Ich verstand nicht, wieso ich mich jedem anderen Menschen gegenüber auf Knopfdruck verschließen konnte, bei ihm aber wie von selbst mein Innerstes offenbarte. Es ergab keinen Sinn. Und es war nicht richtig, dass er die einzige Person war, bei der ich so sein konnte.

»Du hast einmal mit Blake darüber gesprochen. Vor dem Kurs. Und ich habe das Bild bei dir zu Hause gesehen«, sagte er nachdenklich. »Es hat dir offensichtlich viel bedeutet.«

»Es hat mir *alles* bedeutet«, sagte ich sofort.

Er sah mich geduldig an, und obwohl ich wollte, bekam ich die Worte plötzlich nicht zusammen. Bilder von meinem Vater tauchten vor meinem inneren Auge auf, und ich blinzelte ein paarmal, um sie zu verdrängen. Nolan schien zu spüren, dass mir das Gespräch schwerfiel, und nickte in Richtung Campusgelände. Ich kam seiner stummen Aufforderung nach, und gemeinsam machten wir uns auf den Weg in Richtung der Rasenflächen vor dem Hauptgebäude.

»Darf ich fragen, wieso du aufgehört hast?«, fragte er, als das Gegröle der Menschen hinter uns immer leiser wurde und irgendwann nur noch unsere Schritte auf dem gepflasterten Weg und der Wind in den Bäumen zu hören waren.

Ich atmete tief ein. »Ich habe mich verletzt.«

»Was ist passiert?«, fragte er und kickte einen Stein. Er landete auf meiner Seite des Weges, und ich trat ihn zurück in seine Richtung. Dieser simple Akt entspannte meinen Körper. Das hier fühlte sich an wie eines unserer nächtlichen Gespräche. Auch wenn er nur neben mir herlief, spürte ich in seiner Gegenwart eine Sicherheit wie nirgendwo sonst. Nur deshalb schaffte ich es, die nächsten Worte auszusprechen.

»Ich hatte einen Wettkampf, und ausgerechnet an diesem Tag musste ich meinen Vater konfrontieren«, fing ich leise an. Ich richtete meinen Blick starr auf den Boden und suchte nach einem weiteren Stein, den ich treten konnte. »Ich habe es einfach nicht mehr ausgehalten und ihm die Meinung gesagt. Und dann … dann ist er auf mich losgegangen. Ich bin schlimm gestürzt. Neben ein paar Blutergüssen war auch mein Sprunggelenk gebrochen. Danach konnte ich das Cheeren vergessen.«

Ich erinnerte mich noch genau daran, wie grell das Licht im Krankenhaus gewesen war. An den verwirrten Tonfall des Arztes, der mich belächelt hatte, als ich in Tränen ausgebrochen war. Cheerleading war das Einzige, was mir im Alltag mit Dad Kraft gegeben hatte. Dem Arzt war mein Ausbruch lächerlich erschienen, dabei war meine Welt in der Sekunde untergegangen, in der die Röntgenbilder aufgehängt worden waren.

Nolan lief so dicht neben mir, dass ich seine Anspannung förmlich spüren konnte. »Fuck.«

Ich warf ihm einen Seitenblick zu, überrascht über seinen Fluch. So hatte ich ihn noch nie reden gehört. Und auch sein Gesichtsausdruck war mir völlig neu.

Er schüttelte den Kopf und sah zu mir. Das Mitgefühl und die Wut in seinen Augen drohten mich zu überwältigen. »Es tut mir unendlich leid, Everly. Ich wünschte, ich könnte das alles rückgängig machen.«

Durch seine einfühlsamen Worte fühlte sich mein Körper mit einem Mal viel leichter an. Als wäre ein schweres Gewicht von mir gehoben worden. Und das nur, weil ich ihm diesen Teil von meiner Vergangenheit anvertraut hatte.

»Wenn das alles nicht geschehen wäre, wäre ich aber nicht nach Woodshill gekommen.«

»Und hier bist du glücklich. Oder?«, fragte er leise.

»Einen Großteil der Zeit schon, ja.«

Ich sah ihn von der Seite an. Sein nachdenklicher Blick war auf den Boden gerichtet, und er kickte einen weiteren Stein, der auf dem Weg entlangkullerte und im Gras liegen blieb.

Ich räusperte mich. »Alles geschieht aus einem Grund, das hat meine Grandma immer gesagt«, fuhr ich nach einer Weile fort, und Nolan sah mich wieder an. Ich schluckte schwer. »Zwar habe ich damals alle meine Freunde und das einzige Hobby verloren, das mir jemals etwas bedeutet hat, aber nach der Sache hat meine Mom sich endlich von meinem Vater getrennt, und wir sind zu meiner Grandma gezogen. Sie hat uns ein neues Leben geschenkt.« Das war nicht übertrieben – ich war meiner Grandma immer noch unglaublich dankbar für das, was sie für uns getan hatte. Ich weiß nicht, ob Mom und ich die Zeit ohne sie überstanden hätten.

»Es hat deine Mom bestimmt große Überwindung gekostet, diesen Schritt zu gehen.«

Ich nickte, hielt aber inne, als ich mich an das erinnerte, was letztes Wochenende passiert war. Wie automatisch ging meine Hand zu meinem Hals, und ich presste die Lippen fest aufeinander. Die Flecken waren mittlerweile nicht mehr zu sehen, aber ich spürte einen Phantomschmerz an den Stellen, wo mein Vater mich gepackt hatte.

»Als ich letzte Woche bei meiner Mom gewesen bin, war mein Vater dort«, sagte ich rau.

Nolan atmete hörbar aus. »Everly …«

»Er hat meiner Mom einen Besuch abgestattet und wollte Geld von ihr«, fuhr ich erstickt fort. Die Erinnerung an die Begegnung jagte mir immer noch einen kalten Schauer über den Rücken.

»Wofür denn?«, fragte Nolan ruhig.

»Anscheinend hat er Schulden, und Mom bezahlt ihn regelmäßig. Nach allem, was wir durchgemacht haben, war ich viel zu wütend, um mir ihre Erklärungen anzuhören. Ich fühle mich so hintergangen von ihr.«

Nolan nahm die Hände aus der Tasche des Pullovers. Dann hielt er inne, als wüsste er nicht so recht, was er eigentlich mit ihnen hatte machen wollen. Letztlich ballte er sie zu Fäusten. »Solange deine Mom mit dieser Sache nicht abgeschlossen hat …« Er hielt kurz inne. »Bitte fahr nicht noch einmal dorthin. Schon gar nicht allein. Ich habe das ernst gemeint, was ich dir gestern Abend geschrieben habe.«

Mein Puls beschleunigte sich, als ich an seine Worte dachte.

»Weil du dann nachts nicht mehr schlafen kannst«, sagte ich langsam.

Er nickte.

»Weil du dir Sorgen um mich machst.«

Wieder ein Nicken, diesmal langsamer.

»Weil wir Freunde sind.« Meine Worte klangen eher nach einer Frage, auch wenn ich den Sinn dahinter selbst nicht verstand.

Nolan stand ganz still da.

»Ja«, sagte er mit rauer Stimme.

Ich schluckte schwer. Er räusperte sich.

»Und weil wir Freunde sind, musst du mich beim nächsten Mal anrufen, wenn du nach Hause fährst«, fuhr er fort.

»Auf Skype?«, fragte ich.

»Auf meinem Handy.«

Ich brauchte kurz, bis ich realisierte, was er mit dieser Aussage implizierte. Im nächsten Moment holte ich mit eisigen Fingern mein Handy aus der Tasche, entsperrte es und reichte es ihm. Er nahm es entgegen, um seine Nummer einzutippen. Wenig später gab er es mir mit ernstem Blick zurück. »Egal, zu welcher Tages- oder Nachtzeit – du kannst dich immer bei mir melden. Okay?«

Ich nickte.

Nolan sah aus, als würde er noch etwas sagen wollen, aber er presste die Lippen fest aufeinander, als würde er sich mit Gewalt davon abhalten.

Ich sah zurück zur Sporthalle. Inzwischen standen wir so weit entfernt, dass ich die Menschen davor kaum erkennen konnte. Ich fragte mich, was für ein Bild wir wohl abgaben, wenn jemand von dort zu uns schauen würde. Ein Dozent, der mit einer Studentin sprach? Zwei Freunde, die eine ergreifende Situation miteinander erlebten?

Mir kam beides nicht richtig vor. Dieser ganze Moment zwischen uns hatte sich nach so viel mehr angefühlt. Mit jeder

Begegnung stauten sich mehr unausgesprochene Worte zwischen uns auf.

Keiner meiner Freunde wusste so viel über mich. Bei keinem von ihnen fühlte sich mein Inneres so durcheinander und gleichzeitig so geborgen an, wie wenn ich Nolan ansah.

Als ich ihm jetzt wieder in die Augen blickte und den tosenden Sturm darin wahrnahm, erlaubte ich mir zu hoffen, dass ich mir diese Verbindung zwischen uns nicht einbildete. Und dass er – entgegen dem, was er mir in meiner Wohnung gesagt hatte – das Gleiche spürte wie ich.

kapitel 21

»Was da wohl drin ist?«, fragte Allie neben mir und beäugte die blutrote Flüssigkeit in ihrem Glas.

Im Gegensatz zu ihr zögerte ich keine Sekunde. Ich setzte mein eigenes Glas an und trank einen großen Schluck – bei einem Cocktail, der »Hexenblut« hieß, hatte ich gar keine andere Wahl. Während sich der Geschmack von Kirsche in meinem Mund ausbreitete, fuhr ich mit der Zunge über meine Lippen, an denen der schwarz gefärbte Zucker vom Rand des Glases kleben geblieben war.

»Superlecker«, verkündete ich. Die anderen beäugten erst mich, dann ihr Getränk skeptisch, wagten es aber schließlich auch, einen Schluck zu nehmen. Obwohl das bereits unsere dritte Runde war, hatten sich davor alle geweigert, einen der Halloween-Cocktails zu probieren, die heute zur Feier des Tages im *Hillhouse* serviert wurden. Mein Favorit war der, in dem blutige Augen schwammen, aber ich bezweifelte, dass die anderen jetzt schon bereit dafür waren.

»Danke, dass du so mutig warst. Ich war mir nicht sicher, ob da nicht doch echtes Blut drin ist«, sagte Dawn und hielt ihr Glas ins Licht. Es sah tatsächlich sehr aus wie Blut – und gefiel mir daher umso besser.

Wahrscheinlich sollte ich das eher nicht laut aussprechen.

Wir saßen an einem kleinen Tisch am Rand der Bar, Allie,

Kaden und ich auf der einen, Dawn, Spencer und Scott auf der anderen Seite. Monica und Ethan hatten sich Stühle von einem anderen Tisch geklaut und am Tischende Platz genommen. Wir mussten eng zusammenrücken und gaben mit unseren unterschiedlichen Kostümen bestimmt ein äußerst merkwürdiges Bild ab.

»Schmeckt nicht so übel, wie ich gedacht habe.« Kaden lehnte sich zurück und legte Allie den Arm um die Schulter. Ich beäugte ihn skeptisch über seine Freundin hinweg, und als hätte er meinen Blick bemerkt, drehte er den Kopf in meine Richtung. »Was ist?«, fragte er und sah an seinem Hemd runter, als würde er erwarten, einen Fleck zu entdecken.

»Du bist nicht verkleidet«, stellte ich fest.

Er blickte wieder auf, eine Braue in die Höhe gezogen. »Bin ich wohl.«

»Als was denn?«

»Ich bin ein sexy Holzfäller. Sieht man doch«, gab er zurück und deutete auf das karierte Hemd, dessen oberster Knopf offen stand.

Ich fragte mich, ob er das ernst meinte.

»Sag mal, Spence, ist das nicht dein Hemd?«, fragte Dawn und sah zwischen Kaden und ihrem Freund hin und her.

»Du hast dir ein Hemd von Spencer geliehen, statt dir ein richtiges Kostüm zu besorgen?«, fragte ich fassungslos.

»Als wäre das weniger Aufwand gewesen.« Scott schüttelte den Kopf, grinste aber.

»Sie wollten ihn eben auch erst nicht reinlassen«, warf Spencer ein. »Er musste mehr Geld zahlen, um … Aua!« Er verzog schmerzhaft die Mundwinkel und hob sein Knie an, um sich das Schienbein zu reiben.

»Und du willst Hulk sein?«, fragte Kaden unbeeindruckt. »Ich habe dich kaum berührt.«

Spencer funkelte Kaden wütend an. Er hatte sich grün angemalt und sollte wohl tatsächlich den Hulk darstellen, allerdings wirkte er kein bisschen Furcht einflößend – vor allem nicht, wenn er versuchte, böse zu gucken.

Ich wechselte einen Blick mit Scott und musste ein Grinsen unterdrücken.

»Worauf wir uns, glaube ich, alle einigen können …«, sagte Dawn schnell, »… ist, dass Everly und Scott mit Abstand die besten Halloweenkostüme haben.«

»So ist es«, sagte Scott und hielt mir über den Tisch hinweg seine Faust hin. Ich stieß mit meiner dagegen.

Während ich ein schwarzes Kleid mit bordeauxroten Spitzenbesätzen trug und mir scharfe Eckzähne und rote Kontaktlinsen eingesetzt hatte, war er ganz in Schwarz gekleidet und hatte sich das Gesicht und die Hände so bemalt, dass er aussah wie ein zum Leben erwachtes Skelett. Außer mir war er der Einzige, der sich ein Kostüm ausgedacht hatte, das gruselig genug für Halloween war – zumindest, wenn es nach mir ging. Allie hatte sich als Wonder Woman verkleidet, während Dawn einen schwarzen Bodysuit trug und die Black Widow zu Spencers Hulk war. Auch Monica und Ethan hatten sich ein Pärchenkostüm ausgesucht: Sie ging als Frappucino mit Sahnehaube, er als Barista.

»Beim nächsten Mal machen wir eine Pre-Halloween-Party«, sagte ich entschlossen.

»Genau. Dann helfen Everly und ich euch bei euren Kostümen, damit ihr halloweentauglich ausseht.« Scott sah in die Runde und blieb besonders lange bei Kaden hängen, der als Reaktion nur den Kopf in den Nacken legte und sein Glas austrank.

»Ich wäre bereit, eine Runde tanzen zu gehen«, sagte er und sah fragend in die Runde.

Scott war der Erste, der von seinem Stuhl sprang. Er zog Dawn mit sich hoch und begann, sie in Richtung der Tanzfläche zu zerren, bevor die anderen überhaupt aufgestanden waren. Ich erhob mich langsam und atmete tief durch. Dann horchte ich in mich hinein und stellte fest, dass ich zum ersten Mal seit langer Zeit keine Angst davor verspürte, auf die Tanzfläche zu gehen.

Ich hatte meine Wochenenden eigentlich meistens mit Mom verbracht und hatte es vermieden, mit meinen Freunden auszugehen. Und bei den Gelegenheiten, wo ich mit ihnen im *Hillhouse* gewesen war, war ich immer diejenige gewesen, die am Tisch auf die Sachen aufgepasst hatte, bloß um nicht tanzen zu müssen.

Doch nach dem Basketballspiel, das mich emotional weniger aufgewühlt hatte als befürchtet, fiel mir die Entscheidung jetzt gar nicht schwer.

Ich folgte den anderen, ermutigt von der Erinnerung an meinen Spaß auf Blakes Party und dem Alkohol, dessen Wirkung sich langsam, aber sicher in mir entfaltete.

Spencer wirbelte Dawn herum und begann, eng umschlungen mit ihr zu tanzen. Für einen kurzen Moment sah es so aus, als wollte Scott protestieren, doch dann ertönten die ersten Akkorde eines Songs von Little Mix, und seine Empörung war vergessen.

Er jubelte und zog mich zu sich, und gemeinsam bewegten wir uns zur Musik, die in unseren Ohren dröhnte. Ich genoss das Gefühl, an nichts denken zu müssen – nicht an Mom, nicht an Dad und auch nicht an Nolan.

Während wir tanzten, ließ ich meinen Blick durch den Raum schweifen und betrachtete die Kostüme der anderen Gäste. Gerade als ich eine aufwendig aussehende Spinnenbein-Konstruktion entdeckt hatte, die mich sehr beeindruckte, legte jemand die Hand auf meine Schulter. Ich drehte mich um – und blickte in das Gesicht des Jokers.

Ich blinzelte zweimal.

»Blake!«, rief ich aus.

Er grinste, was durch das rot verschmierte Make-up um seinen Mund angemessen gruselig aussah. Dann umarmte er mich kurz und führte mich anschließend in eine Drehung.

»Ich habe dich und deinen Schaumfinger am Samstag auf der Tribüne gesehen«, rief er über die Musik hinweg. »Wohin bist du nach dem Spiel so schnell verschwunden?«

Die Frage traf mich unvorbereitet, und einen Moment lang vergaß ich weiterzutanzen. »Ich habe … einen Freund getroffen.«

Blake sah mich eingehend an, doch bevor er nachhaken konnte, wechselte ich das Thema. »Bist du mit deinen Freunden hier?«, fragte ich und blickte mich suchend nach Ezra, Otis und Cam um.

»Ja, die holen gerade was zu trinken. Wir waren auf dem Weg zur Bar, als wir euch entdeckt haben. Hey, Dawn!«

Dawn drehte sich zu uns und hielt mitten in ihrer Bewegung inne. Auf ihrem Gesicht spielte sich eine Vielzahl von Emotionen ab, als wäre sie unsicher, für welche davon sie sich entscheiden sollte. Ihr Blick zuckte zu mir, und ich versuchte ihr mit einem Lächeln zu erklären, dass alles okay war, woraufhin sie nickte und Blake mit einer Umarmung begrüßte. Die anderen winkten ihm ebenfalls zu, und dann drehte Blake mich wieder ein und legte eine Hand an meine Taille.

»Meine Freunde kommen bestimmt ein paar Lieder ohne mich aus«, erwiderte er, als wir anfingen, uns zum Takt der Musik zu bewegen.

»Oder sie ersetzen dich einfach durch einen der anderen hundert Joker, die heute Abend hier sind«, antwortete ich trocken.

»Was?« Er hielt sich die Hand ans Ohr, und ich stellte mich auf die Zehenspitzen, um näher an ihn heranzukommen.

»Dein Kostüm«, sagte ich laut. »Es ist nicht besonders kreativ.«

Blake lehnte sich zurück und grinste mich an. Dann fuhr er sich durchs grün angesprühte Haar. »Aber du musst zugeben, dass ich eindeutig der bestaussehende Joker der ganzen Party bin.«

Ich schnaubte und ließ meinen Blick durch den Raum schweifen, um den Joker wiederzufinden, der mir vorhin aufgefallen war, weil er exakt so ausgesehen hatte wie Heath Ledger. Ich entdeckte ihn an der Bar, doch bevor ich Blake auf ihn aufmerksam machen konnte, blieb ich an der Person hängen, die neben diesem Joker stand.

Mein Atem stockte.

Es war Nolan.

Er trug eine Lederrüstung, darüber einen roten Umhang, der mit Metallschnallen an seinen Schultern befestigt war, und auf dem Barhocker neben ihm lag ein Hammer. Seine Haare waren halb hochgebunden, seine Arme nackt, und die enge schwarze Hose betonte seine Beine auf eine Weise, die meinen Magen einen Salto schlagen und Hitze in meine Wangen schießen ließ. Ich sah in sein Gesicht, und das Gefühl wurde bloß noch schlimmer.

Denn Nolan beobachtete mich. Er ließ seinen Blick langsam an meinem Kleid entlanggleiten, bis er an Blakes Hand hängen blieb, die noch immer auf meiner Taille lag. Er verzog keine Miene, als er sein Glas an den Mund hob, um einen großen Schluck daraus zu trinken.

Was eben noch ein harmloser Tanz gewesen war, fühlte sich unter Nolans schwerem Blick wie etwas Verbotenes an. Als würde ich einen Fehler begehen. Und ich verstand nicht, wieso.

Ich sah ihn weiter an, während ich mit Blake und meinen Freunden tanzte. Nolan leerte sein Getränk. Dann wandte er sich an den Joker und die Hexe, die neben ihm standen. Er wechselte ein paar Worte mit ihnen und umarmte sie, bevor er sich umdrehte und eins mit der Menge wurde.

Er ging.

Die Musik drang nur noch gedämpft zu mir durch, und plötzlich fühlte es sich an, als würden alle meine Bewegungen in Zeitlupe geschehen. Als Nolan sich immer weiter zum Ausgang vorarbeitete und schließlich aus meinem Blickfeld verschwand, war es, als würde eine andere Macht meinen Körper beherrschen. Ohne auch nur einen Blick zurück zu meinen Freunden zu werfen, machte ich mich von Blake los und lief Nolan hinterher. Ich schlängelte mich durch Vampire, Hexen und viele, viele Superhelden, an der Bar vorbei und zur Garderobe. Dort angekommen stellte ich mich auf die Zehenspitzen, um einen Überblick zu bekommen. Nach ein paar Sekunden entdeckte ich seinen roten Umhang und spürte, wie mir das Herz plötzlich bis zum Hals schlug. Dann holte ich tief Luft, sammelte mich und lief zu ihm.

»Gehst du schon?«, fragte ich.

Nolan erstarrte. Langsam drehte er sich zu mir.

Für den Bruchteil einer Sekunde ging sein Blick zu der künstlichen Blutspur, die meinen Hals hinablief.

Dann schluckte er schwer und nickte.

»Aber wir hatten noch gar nicht die Chance, miteinander zu reden«, sagte ich. »Dawn würde sich über dein Kostüm freuen. Sie und Spencer sind Black Widow und Hulk – damit hättet ihr fast die halben Avengers zusammen. Und ich bin mir sicher, den Rest würdet ihr im *Hillhouse* auch noch irgendwo finden. Superhelden scheint das Motto des Abends zu sein.« Ich presste die Lippen aufeinander, um mich davon abzuhalten, noch mehr belangloses Zeug zu reden. Doch der Alkohol in meinem Blut machte mich mutig, und ich wollte einfach nicht, dass Nolan schon verschwand.

»Ich sollte wirklich los«, sagte er. Die Worte verließen seinen Mund schleppend, und in diesem Moment fiel mir auch auf, wie gerötet seine Wangen waren. Ich fragte mich, ob er ebenfalls betrunken war.

»Du kannst mich nicht erst beim Tanzen beobachten und dann einfach gehen«, platzte ich heraus, ohne auch nur eine Sekunde vorher darüber nachgedacht zu haben, wie sich das laut ausgesprochen anhören würde.

In Nolans Blick flackerte etwas Dunkles auf.

»Ich habe ehrlich gesagt keine Lust, dir weiter dabei zuzusehen, wie du mit Blake tanzt.«

Er wirkte genauso überrascht über seine Worte wie ich über meine.

»Warum?«, fragte ich kaum hörbar.

Zwei Leute drängten sich an uns vorbei, und ich verlor das Gleichgewicht. Nolan griff nach meinem Arm, dabei schien er genauso unstet auf den Beinen zu sein wie ich. Wir taumelten einen Schritt zur Seite.

Mit einem Mal war er ganz nah bei mir, und ich konnte die Hitze, die von ihm ausging, förmlich spüren. Ich sah auf seine Finger, die auf meinem nackten Arm lagen, und zurück in sein Gesicht. Mein Mund wurde trocken. Nolan starrte ebenfalls auf seine Hand und wirkte dabei beinahe hypnotisiert. Zärtlich strich er mit dem Daumen über meine Haut.

Ein Prickeln jagte über meinen Arm und schoss durch meinen ganzen Körper. Wir standen so dicht beieinander, dass ich Nolans dichte Wimpern einzeln zählen konnte und seinen Atem sanft an meiner Schläfe spürte.

»Was ist das mit dir und Blake?« Er sprach so leise, dass ich ihn über die Musik fast nicht gehört hätte. Das Herz schlug mir bis zum Hals, als ich verstand, was er damit meinte.

Ich dachte an seinen finsteren Blick im Unterricht, als Blake und ich zusammen zum Seminar gekommen waren. Ich hatte mich damals gefragt, ob ich es mir nur eingebildet hatte – aber jetzt war ich mir sicher, dass das nicht der Fall gewesen war.

»Wieso fragst du das?«

Er streichelte mich weiter, fast, als könnte er nicht mehr aufhören, jetzt, wo er es sich einmal erlaubt hatte. Seine Berührung war so unglaublich sanft, dass sie eine Gänsehaut auf meinen Armen auslöste. Es fühlte sich berauschend an. Ich lehnte mich rücklings gegen die Wand, und als wären wir Magneten, folgte Nolan meiner Bewegung, bis er direkt vor mir stand. Mir war noch nie aufgefallen, wie breit seine Schultern waren, und ich kämpfte gegen den Impuls an, meine Hände auf sie zu legen.

Sein Blick glitt über mein Gesicht, und er schluckte hart. »Ich weiß, dass das unendlich verkehrt ist, aber … es gefällt mir nicht.«

In seinen Augen wirbelten die unterschiedlichsten Gefühle.

»Was gefällt dir nicht?« Ich konnte nicht anders. Ich musste nachhaken. Ich brauchte die Gewissheit.

»Dich so zu sehen. Mit Blake«, raunte er, ohne den Blick von mir abzuwenden.

Ich hielt den Atem an. Plötzlich konnte ich mich nicht länger gegen den Impuls wehren, ihn ebenfalls zu berühren. Ich legte eine Hand auf seinen Oberarm. Seine Haut fühlte sich heiß an. Es war, als würde die Welt um uns herum verblassen und in den Hintergrund rücken.

»Blake und ich sind Freunde«, flüsterte ich.

Meine Knie wurden weich, als er noch näher kam. Hatte ich an seinem Arm gezogen? Ich wusste es nicht.

»So wie du und ich?«, fragte er dicht vor mir.

Am liebsten hätte ich sein Gesicht berührt. Die Stoppel an seinen Wangen. Seinen Mund. Mein Blick blieb genau dort hängen. Ich hätte mich nur auf die Zehenspitzen stellen brauchen, um meine Lippen auf seine zu legen. Aber ich würde das nicht noch einmal tun. Das hatte ich mir geschworen.

»Nein«, sagte ich heiser. »Nicht wie du und ich.«

Einige Sekunden verstrichen, in denen ich mich in seinen grauen Augen verlor. Noch immer hielten wir uns aneinander fest, und ich fragte mich, wohin diese Unterhaltung führen sollte. Nolans Blick senkte sich zu meinen Lippen. Sein Mund öffnete sich leicht, und ich spürte, wie er hörbar die Luft einzog.

»Everly, ich …«

»Everly!«

Nolan und ich sprangen auseinander. Ich drehte mich in die Richtung, aus der der Ruf gekommen war, und sah, wie Spencer sich zwischen einer kleinen Gruppe hindurchzwängte. Verdammt, hatte er gesehen, wie dicht Nolan eben noch bei mir gestanden hatte?

»Dawn meinte, ich soll mal schauen, wo du geblieben bist«, sagte er, als er bei uns angekommen war. Er sah zwischen mir und Nolan hin und her, dann weiteten sich seine Augen. »Du passt ja perfekt zu unserer Gruppe, Mann. Hast du Lust, eine Runde mit uns zu trinken?«

Ich sah zu Nolan, der den Kopf schüttelte. »Ich wollte eigentlich gerade gehen. Tut mir leid.«

»Schade. Na ja, vielleicht nächstes Mal.« Spencer wandte sich an mich. »Wolltest du noch frische Luft schnappen, oder kommst du mit zurück?«

Ich schluckte schwer und warf Nolan einen letzten Blick zu. Die Hitze war aus seinen Augen verschwunden. Man sah ihm deutlich an, wie sehr er bereute, was gerade geschehen war.

Ich zwang mich zu einem Lächeln. »Ich komme mit. Ich könnte einen Drink brauchen.«

Ohne noch einmal zurückzusehen, ging ich mit Spencer zu den anderen. Doch die restliche Nacht blieb ich in Gedanken bei Nolan und der Frage, was für eine Art von Freundschaft wir zum Teufel eigentlich führten.

kapitel 22

Von der heißen Schokolade, die Dawn uns gemacht hatte, ging ein köstlicher Duft aus. Ich nahm einen Schluck und seufzte genüsslich.

»Lies die E-Mail, Dawn«, sagte ich und stupste ihr Knie mit meinem Fuß an.

Augenblicklich schüttelte sie den Kopf. »Ich traue mich nicht.«

Wir hatten es uns auf dem Boden ihres Wohnheimzimmers gemütlich gemacht. Während ich mich durch die Hausaufgaben der letzten Woche quälte, starrte Dawn auf die E-Mail ihrer Lektorin. Diese hatte ihr das Lektorat zu *About Us* geschickt, und Dawn tat alles, um die Datei bloß nicht öffnen zu müssen. Immer wieder fand sie neue Dinge im Internet, die sie mir unbedingt zeigen wollte, stand auf, um sich noch ein Kissen zu holen, das sie zu den anderen auf dem Boden legen konnte, oder besorgte uns weitere Snacks aus ihrem Nachtschrank. Inzwischen lag so viel Kram um uns herum, dass ich mich gar nicht mehr traute, mich zu bewegen, aus Angst, einen Schokoriegel plattzumachen.

»Du wirst die E-Mail schlecht ignorieren können«, sagte ich und unterstrich eine Zeile in der Lyrikanalyse, die ich gerade für eines meiner Seminare las. Der Text bestand aus kompliziert formulierten Sätzen, die sich über eine halbe Seite zogen, und ich verstand so gut wie nichts. Ich war mir sicher, dass sich der Autor auch verständlicher hätte ausdrücken können, wenn er gewollt hätte. Wäre ich allein zu Hause gewesen, hätte ich wahrscheinlich längst aufgegeben und genau wie Dawn das Internet nach Dingen durchforstet, die ich eigentlich gar nicht brauchte.

Aus dem Augenwinkel konnte ich sehen, wie Dawn Pinterest öffnete. Kurz überlegte ich, dasselbe zu tun.

»Wie wäre es, wenn ich mir einen neuen Überwurf für mein Bett bestelle?«, fragte Dawn.

»Wie wäre es, wenn du die Datei endlich öffnest?«, entgegnete ich. »Komm schon. So schlimm wird es nicht sein.«

»Das sagst du.« Dawn seufzte übertrieben laut und ließ sich – Gesicht voran – in ihre Kissen fallen. Keine zwei Sekunden später setzte sie sich wieder auf. »Oh Mann, das ist fast noch schlimmer, als ein Referat zu halten. Vielleicht sollte ich einfach keine Bücher mehr schreiben.«

Entgeistert sah ich sie an. »Quatsch. Du bist fürs Schreiben gemacht, Dawn.«

Sie blinzelte perplex. Dann breitete sich ein langsames Grinsen auf ihrem Gesicht aus. »Danke.« Sie griff nach meiner Hand und drückte sie kurz. »Du wirst für deine Autoren später mal eine tolle Agentin sein, weißt du das?«

Ich versteifte mich. Ich wünschte, ich könnte Dawn erklären, wie es mir in Bezug auf mein Studium und meine Zukunft ging. Ich wünschte, ich könnte ihr von Mom und Grandma erzählen und dass ich das alles nur für sie tat, auch wenn mich der Druck, dieses Studium zu beenden, und die Aussicht auf meine berufliche Laufbahn oft nahezu erstickten. Gleichzeitig rügte ich mich dafür, so zu denken. Immerhin sollte ich froh sein, überhaupt diese Chance bekommen zu haben.

»Sollen Spencer und ich dich nächste Woche eigentlich mitnehmen?«, fragte sie plötzlich.

»Hm?«

»Zu Dad und Maureen. Wir hatten doch unsere Hilfe beim Umzug angeboten«, sagte Dawn langsam.

Ach verdammt.

Der Umzug.

Ich war so wütend auf Mom gewesen, dass ich das völlig verdrängt hatte.

Fieberhaft suchte ich nach einer Erklärung, die ich Dawn geben konnte, irgendeine Ausrede oder Lüge, aber mein Inneres sträubte sich mit aller Kraft. Ich war es so leid zu lügen. Ich war müde. Und Dawn war mir wichtig. Ein Fünkchen Wahrheit war besser, als überhaupt nichts zu sagen.

»Ich komme nicht mit, Dawn«, sagte ich leise.

Sie sah mich eine Weile stumm an. »Ist es immer noch wegen der Sache mit deiner Grandma? Weil das ihr Haus ist?«

Wie von selbst schüttelte ich den Kopf. »Nein, das ist es nicht. Ich habe mich mit meiner Mom gestritten.«

»Oh nein. Kann ich irgendetwas tun?«, fragte sie zögerlich. Mit einem Mal wirkte sie unsicher. Bestimmt, weil ich ihre Angebote die letzten Male immer ausgeschlagen hatte. Ich fragte mich, wie oft sie das noch mitmachen würde, bevor sie genug von mir und meinen Ausflüchten hatte.

»Nein danke«, sagte ich und räusperte mich.

Ein enttäuschtes Flackern trat in Dawns Augen.

»Es liegt weder an dir noch an deinem Dad«, sagte ich schnell. »Das musst du mir glauben.«

Sie sah mich eingehend an, nickte aber schließlich. »Ich hoffe einfach, dass ihr euch schnell wieder vertragt. Ich meine, bald sind die Feiertage. Und ich dachte eigentlich, dass wir sie zusammen verbringen und eine neue Tradition starten oder so.«

Bei ihren Worten schnürte sich meine Kehle zu. »Ich werde noch mal mit ihr reden«, murmelte ich, einfach nur, damit der niedergeschlagene Ausdruck von Dawns Gesicht verschwand. Leider hatte ich damit nur mittelmäßigen Erfolg.

»Ich glaube …«, fing sie an, wurde aber unterbrochen, als Sawyer ins Zimmer kam und die Tür hinter sich ins Schloss warf.

Dawns Mitbewohnerin trug einen Lederminirock, dazu eine halb geöffnete schwarze Bluse, die den Blick auf das Spitzenbustier darunter freigab. Alles an ihr unterstrich ihre Mir-ist-alles-scheißegal-Ausstrahlung, die ich bewundernswert fand. Wie gerne ich auch so durchs Leben gehen würde. Wobei der leere Blick in ihren Augen heute fast beängstigend wirkte.

»Hallo, Mitbewohnerin.«

Sawyer schien Dawns Begrüßung entweder nicht wahrzunehmen oder nicht wahrnehmen zu wollen. Sie ließ ihren Rucksack geräuschvoll neben ihren kleinen Tisch fallen, nahm die Kopfhörer, die um ihren Hals hingen, und setzte sie sich auf die Ohren. Dann legte sie die Arme auf dem Tisch ab und vergrub das Gesicht darin, als würde sie die Welt für einen Moment abschalten wollen.

Fragend sah ich Dawn an, die mit einem Mal noch viel trauriger dreinblickte.

»Sie hat schlimmen Liebeskummer. Etwas ist zwischen ihr und Isaac vorgefallen, aber sie ist ganz ähnlich wie du, wenn es darum geht, mit jemandem zu reden«, sagte sie und zwang sich zu einem Lächeln, das mehr nach einer Grimasse aussah.

Isaac und ich hatten nach der Party ein paarmal miteinander geschrieben, und aus seinen Nachrichten war deutlich hervorgegangen, dass er tiefe Gefühle für Sawyer hatte. Ich fragte mich, was geschehen war. Sie sah wirklich mitgenommen aus.

Ich warf einen Blick auf die Uhr und beschloss, die beiden allein zu lassen. Schnell packte ich mein Zeug ein und erhob mich vom Boden. »Ich mache mich dann mal auf den Weg«, sagte ich zu Dawn.

»Wollen wir nicht noch weiter über die Sache mit deiner Mom sprechen?«, fragte sie.

Ich zog mir die Jacke über und stellte den Kragen auf. »Ich glaube, da braucht dich gerade jemand dringender.«

Sie sah zu Sawyer und nickte abwesend. Ich umarmte sie kurz und fest und lief anschließend zur Tür. Bevor ich den Raum verließ, warf ich noch einen Blick über die Schulter. Dawn setzte sich neben ihre Mitbewohnerin und strich ihr vorsichtig über den Kopf. Sie murmelte etwas, doch bevor ich Sawyers Antwort hören konnte, zog ich leise die Tür ins Schloss und ging.

Auf dem Nachhauseweg hielt ich beim Café auf dem Campus an. Das Gespräch mit Dawn ging mir ununterbrochen durch den Kopf, und ich hoffte, dass mir ein Matcha Latte dabei helfen würde, mich wieder zu beruhigen. Ich begrüßte die Barista, der ich inzwischen nicht mal mehr meine Bestellung sagen musste. Ich stellte mich an den äußeren Rand des Tresens und wartete, während sie mein Getränk zubereitete.

In diesem Moment klingelte mein Handy. Ich kramte es aus meiner Tasche und versteifte mich, als ich den Namen auf dem Display las.

Mom.

Seit dem Vorfall mit Dad hatte sie mehrmals versucht, mich zu erreichen, aber bisher hatte ich ihre Anrufe ignoriert. Ich war nicht bereit gewesen, mit ihr zu sprechen. Allerdings fragte ich mich jetzt, wo ich mich mit Dawn unterhalten hatte und der Umzug so kurz bevorstand, ob es nicht doch an der Zeit war, mir zumindest anzuhören, was sie zu sagen hatte.

Ich starrte auf Moms Anzeigebild, das uns beide mit Sonnenhüten auf dem Kopf zeigte. Wir hatten es vorletzten Sommer im Garten unseres Hauses aufgenommen. Damals, als sie noch nicht mit Stanley zusammen gewesen war und ich nicht gewusst hatte, dass sie Dad heimlich wieder in unser Leben gelassen hatte.

Wie sollte ich ihr je wieder vertrauen? Und würde ich überhaupt wieder zurück in das Haus gehen können?

Ich verfluchte Mom dafür, dass sie mir meinen liebsten Rückzugsort auf der Welt genommen hatte. Mein Herz blutete bei dem Gedanken, mein Zimmer nie wieder betreten zu können. Nie wieder an die Decke mit den leuchtenden Sternen zu sehen, die Grandma zusammen mit mir aufgehängt hatte, als ich nachts schreiend aufgewacht war und mich vor der Dunkelheit gefürchtet hatte.

»Möchtest du nicht rangehen?«, erklang eine Stimme neben mir, und ich drehte mich um.

Nolan stand neben mir an der Getränkeausgabe und nickte auf mein Handy. Mein Herz machte einen Satz und begann, noch schneller zu schlagen, als ich an unsere Begegnung an Halloween zurückdachte. Daran, wie er vor mir gestanden und mich berührt hatte, und an die Sehnsucht in seinem Blick. Ich war mir sicher, dass ich mir das nicht eingebildet hatte, und fragte mich, was geschehen wäre, wenn Spencer uns nicht unterbrochen hätte.

Doch dann erinnerte ich mich an Nolans Reaktion. Sein schneller Abgang hatte mir deutlich gezeigt, wie sehr er den Moment zwischen uns bereute. Ich glaube, wir hatten uns kurz vergessen – es musste an den Kostümen gelegen haben, am Alkohol und dem dunkel beleuchteten Flur, in dem wir gestanden hatten.

Jetzt, bei Tageslicht und ohne Verkleidung, war die Realität unverkennbar: Nolan war und blieb mein Dozent. Das Einzige, was wir darüber hinaus sein konnten, waren Freunde. Freunde, die – hätten wir uns unter anderen Umständen kennengelernt – vielleicht etwas miteinander angefangen hätten. In der Wirklichkeit war das nicht möglich, und das wussten wir beide.

Wir taten besser daran, uns an unserer Freundschaft festzuklammern. Davon war ich überzeugt. Leider änderte das nichts daran, dass ich bei diesem Gedanken immer noch ein schmerzhaftes Ziehen im Brustkorb spürte, egal wie sehr ich es zu verdrängen versuchte.

Mein Handy hörte auf zu klingeln, und ich zuckte mit den Schultern. »Zu spät«, murmelte ich und starrte auf das Display.

(1) verpasster Anruf von Mom

Ich hob den Blick, um zu sehen, wie weit die Barista mit meinem Getränk war. Obwohl Nolan in einigem Abstand zu mir stand, konnte ich ihn neben mir spüren. Ich schielte vorsichtig zu ihm rüber und bemerkte, dass er mich ansah. Sein Blick war nachdenklich, aber seine Augen strahlten die gewohnte Wärme aus.

Er beugte sich ein Stück zu mir. »Geht es dir gut?«

Ich fragte mich, ob man mir die Unsicherheit ansah, und seufzte, als die Barista meinen To-go-Becher auf den schmalen Tresen stellte. Ich umschloss ihn mit beiden Händen und blieb bei Nolan stehen, während er auf sein Getränk wartete. Ich wusste auch nicht, was mit mir los war. Ich sollte gehen, das war mir klar, aber ich konnte mich nicht von ihm losreißen. Er war der Einzige, der den Grund für den Streit mit meiner Mom kannte, und ich hatte das Gefühl, er wusste, was mich beschäftigte, obwohl ich nichts gesagt hatte.

»Ich habe immer noch nicht mit meiner Mom geredet«, sagte ich leise und zeichnete den Rand meines Bechers mit dem Finger nach.

Nolan nahm sein Getränk entgegen und sah mich dann von der Seite an. »Möchtest du das denn?«

Wie von selbst setzten wir uns in Bewegung und liefen nebeneinanderher in Richtung Ausgang. Ich dachte kurz nach. »Ich weiß auch nicht so genau. Sie zieht nächste Woche mit Dawns Dad zusammen, und ich habe Angst, dass wir danach keine Gelegenheit mehr bekommen, uns in Ruhe auszusprechen.«

Er warf mir einen überraschten Blick zu. »Ihr habt mal erzählt, dass die beiden ein Paar sind. Aber dass es schon so ernst ist, wusste ich nicht.«

»Dawn und ich ehrlich gesagt auch nicht, bis sie es uns im September eröffnet haben.«

Er brummte nachdenklich.

»Jetzt ist plötzlich November, und ich habe keine Ahnung, wie ich mit der Situation umgehen soll, nachdem ich das mit Dad erfahren habe.«

»Kennt Dawn die Geschichte von deinem Vater inzwischen?«, fragte er, während wir langsam über den Gehweg liefen.

Ich schüttelte schnell den Kopf.

»Okay, verstehe.« Gedankenverloren blickte er auf den Becher in seiner Hand. »Meinst du, deine Mutter hat mit Dawns Vater über die ganze Sache gesprochen? Weiß er, wie gefährlich er ist?«

Ich dachte fieberhaft nach, doch leider konnte ich mir nicht vorstellen, dass sie das getan hatte. Sie hatte ja nicht mal mir die ganze Wahrheit erzählt. In meinem Hals bildete sich ein Kloß, als ich wieder an die Begegnung mit Dad dachte. Ich wollte nicht, dass Stanley oder Dawn jemals so etwas durchmachen mussten. Und Mom konnte das auch nicht wollen, da war ich mich ganz sicher.

Es gab eindeutig zu viele unausgesprochene Dinge zwischen meiner Mutter und mir. Wahrscheinlich dachte sie dasselbe und versuchte mich deshalb anzurufen.

»Ich glaube, ich muss mit ihr reden«, sagte ich nach einer Weile.

»Das ist eine gute Idee.«

Ich seufzte. In den letzten Monaten hatte ich öfter mit meiner Mom gestritten als je zuvor. Es machte mich unendlich traurig, dass diese Sache uns so entzweit hatte, und ich wollte nicht, dass unser Verhältnis auf Dauer kaputtging. Andererseits wusste ich nicht, ob wir jemals wieder an den Punkt zurückkehren konnten, an dem wir uns vor wenigen Wochen befunden hatten. Nach der Sache mit Dad hatte ich den Glauben daran verloren.

»Ich bin mir sicher, dass euch ein Gespräch guttun wird«, fuhr Nolan fort.

»Aber was, wenn das ein Fehler ist und ich damit nur alles schlimmer mache?«

Nolan blieb vor mir stehen und sah zu mir herunter. Sein Blick war sanft, und seine Mundwinkel hoben sich ein Stück. »Nach so einer Sache auf einen anderen Menschen zuzugehen und die Hand auszustrecken ist nie ein Fehler, Everly. Es ist unglaublich mutig.«

Der Himmel hinter ihm leuchtete rot und orange, weil die Sonne allmählich unterging, und Nolans Gesicht war in die unterschiedlichsten Farben getaucht. Mit einem Mal fiel mir das Atmen schwerer. Das Bild brannte sich in mein Gedächtnis, und ich war mir sicher, diesen Moment niemals vergessen zu können.

Plötzlich hörte ich seine Stimme in meinem Ohr.

Bitte fahr nicht noch einmal dorthin. Schon gar nicht allein.

Ich hätte nie gedacht, dass ich ihn beim Wort nehmen würde, als er mir nach dem Basketballspiel seine Handynummer gegeben hatte. Jetzt fragte ich mich, ob ich unsere Begegnung heute dem Schicksal zu verdanken hatte.

»Steht dein Angebot noch?«, hörte ich mich selbst fragen.

Nolan schien sofort zu wissen, wovon ich sprach. »Natürlich steht das Angebot noch. Ich komme gerne mit zu deiner Mom.«

»Das da vorne ist es«, sagte ich und deutete auf das Haus.

Nolan lenkte seinen SUV neben unsere Auffahrt an den Straßenrand und schaltete die Zündung aus. Auf der Fahrt hatten wir kaum gesprochen, weil ich viel zu nervös gewesen war. Stattdessen hatte Nolan mir sein Handy gegeben, damit ich mich um die Musik kümmern konnte. Ich war durch seine Playlists gescrollt und hatte das eine oder andere Album gefunden, das ich auch besaß. Es hatte mich von dem mir bevorstehenden Gespräch abgelenkt, doch jetzt, wo ich Moms Auto in der Auffahrt sah, konnte ich das mulmige Gefühl in meinem Magen nicht länger verdrängen. Meine Finger zitterten leicht, als ich das Handy auf dem Getränkehalter ablegte.

»Soll ich mit reinkommen?«, fragte Nolan zögerlich, als ich keine Anstalten machte, aus dem Auto auszusteigen.

Ich schluckte schwer und schüttelte den Kopf. »Lieber nicht.«

»In Ordnung«, sagte er. »Dann warte ich hier.«

Ich nickte und legte meine Hand an den Gurt, um mich abzuschnallen. Obwohl ich vorhin noch so entschlossen gewesen war, mit meiner Mom reden zu müssen, überforderte mich der Gedanke plötzlich, und ich hielt in der Bewegung inne.

Ich lehnte mich wieder zurück und sah Nolan an. »Ich brauche noch einen Moment.«

Verständnis breitete sich auf seinem Gesicht aus. »Wir haben alle Zeit der Welt. Von mir aus auch bis morgen früh.«

»Bean fände das wahrscheinlich nicht so toll.«

Nolan lächelte schief. »Das stimmt allerdings.«

»Wo ist er im Moment?«

»Bei meinen Eltern. Ich habe ihn heute Morgen vor der Uni zu ihnen gebracht.«

»Wohnen sie bei dir in der Nähe?«, fragte ich neugierig und war froh über die Ablenkung.

»Ja, bloß ein paar Häuser weiter.«

»Beim Basketballspiel hat man gemerkt, wie eng euer Verhältnis ist. Ihr habt wie eine feste Einheit gewirkt«, sagte ich.

Eine Zeit lang starrte Nolan nur auf das Lenkrad.

»Es war nicht immer so«, antwortete er schließlich.

Ich zögerte und wartete, ob er das weiter ausführen wollte. Als er es nicht tat, räusperte ich mich. »Warum nicht?«, fragte ich vorsichtig.

Nolan stieß hörbar die Luft aus.

»Es gab eine Zeit, da habe ich mich überhaupt nicht mit meinen Eltern verstanden. Ich habe damals am anderen Ende der Staaten studiert, um möglichst weit von ihnen wegzukommen. Das haben sie mir übel genommen. Eigentlich haben sie mir alles übel genommen.«

»Das kann ich mir gar nicht vorstellen.«

»Oh, glaub mir. Ich habe ununterbrochen gegen sie rebelliert.«

Ich lachte kurz auf.

Er warf mir einen amüsierten Blick von der Seite zu. »Was ist so lustig?«

Ich presste schnell die Lippen aufeinander. »Tut mir leid. Nachdem ich dich mit deinen Eltern gesehen habe, kann ich mir dich als Rebell bloß schwer vorstellen.«

Er sah wieder nach vorne. Obwohl ich ihn nur im Profil sah, hatte sein Lächeln etwas Trauriges an sich. »Ich war der personifizierte Albtraum eines jeden Elternpaares. Ich war ein undankbarer Besserwisser, habe immer das Gegenteil von dem getan, was sie von mir wollten, und bin fast nie nach Hause gekommen, was meiner Mom graue Haare beschert hat.«

Wie merkwürdig. Beim Basketballspiel hatten die drei so innig miteinander gewirkt. Ich war automatisch davon ausgegangen, dass Nolan eine behütete Kindheit und Jugend erlebt hatte und sich schon immer toll mit seinen Eltern verstand.

»Was hat sich geändert?«

Sein Lächeln verblasste gänzlich. Er öffnete den Mund und schloss ihn wieder. Sein Adamsapfel bewegte sich auf und ab, als er schluckte. »Ich habe eine schwierige Zeit durchgemacht. Und trotz allem, was zwischen uns passiert war, haben sie mich wieder liebevoll bei sich aufgenommen. Seitdem weiß ich sie zu schätzen und verbringe viel Zeit mit ihnen.« Er blinzelte, als wäre er selbst überrascht darüber, dass er mir das über sich erzählt hatte. Dann räusperte er sich. »Bean liebt die beiden. Und immer wenn er bei ihnen ist, bekommt er Unmengen zu essen. Um ihn brauchst du dir also keine Gedanken machen.« Mit einem Mal war das unbeschwerte Lächeln wieder da, wenn auch in abgeschwächter Form.

Ich fragte mich, was in seiner Vergangenheit vorgefallen war, beschloss aber, nicht nachzuhaken, ganz gleich, wie neugierig mich das Ganze machte.

»Das freut mich. Auch wenn ich Bean unheimlich gerne kennengelernt hätte.«

»Das wirst du noch. Aber ich sollte dich vorwarnen: Bean wird sich über euer Treffen wahrscheinlich nicht so sehr freuen wie du. Er hat Angst vor Fremden.«

»Gibt es dafür einen bestimmten Grund?«, fragte ich.

»Wahrscheinlich hat sein vorheriger Besitzer ihn nicht gut behandelt, bevor er ihn am Rand des Highways ausgesetzt hat.«

»Das klingt furchtbar.«

»Bean war von Anfang an so scheu, als wir … als ich ihn aus dem Tierheim adoptiert habe«, endete er schließlich.

Seine Worte echoten in meinem Kopf. Besser gesagt ein Wort.

Wir.

Er hatte »wir« gesagt.

Sofort fragte ich mich, wer die Person war, mit der Nolan sich ein Haustier geholt hatte und ob sie sich noch in seinem Leben befand. Ich konnte nichts gegen das Gefühl unternehmen, das meine Kehle bei diesem Gedanken zuschnürte.

»Armer Bean«, antwortete ich verspätet.

»Hab kein Mitleid mit ihm. Meine Mom versorgt ihn wahrscheinlich gerade mit unendlich vielen Leckerlis.«

Ich schmunzelte. »Dann ist es vielleicht ganz gut, dass wir uns im Café über den Weg gelaufen sind.«

»Auf jeden Fall.«

Die Art, wie er das sagte, ließ meinen Magen einen Satz machen. Ich verstand selbst nicht, wieso, aber Nolan gab mir das Gefühl, jetzt bei mir und nirgendwo anders sein zu wollen. Bei ihm fühlte ich mich wohler als bei jeder anderen Person – und das, obwohl ich wusste, was mir bevorstand.

Ich stieß einen langen Seufzer aus. »Ich glaube, ich gehe jetzt rein.«

»In Ordnung. Wenn irgendetwas sein sollte, ruf mich an. Du brauchst nur durchklingeln, und ich komme zu dir. Okay?«

Ich nickte und wich seinem Blick aus, als ich mich schließlich abschnallte. Ich wollte gerade die Beifahrertür öffnen, als

Nolan nach meiner Hand griff. Zögerlich drehte ich mich zu ihm. Seine grauen Augen lagen auf mir. »Du schaffst das, Everly«, sagte er zuversichtlich.

Er drückte meine Hand kurz, und ein warmes Kribbeln tanzte über meine Haut. Ich spürte, wie mein Mund trocken wurde. Ich brachte nur ein Nicken zustande. Er ließ meine Hand wieder los, und ich stieg aus.

Ich legte den Weg bis zur Haustür in großen Schritten zurück. Als ich den Schlüssel ins Schloss steckte, prickelte es in meinem Nacken. Ich spürte Nolans Blick auf mir, und mit einem Mal war ich froh, als die Tür aufschwang und ich ins Haus gehen konnte.

Moms Mantel hing am Haken der Garderobe, und der Boden war nass von ihren Stiefeln. Es sah alles danach aus, als wäre sie gerade erst nach Hause gekommen, obwohl es schon Abend war.

Ich ließ meine Sachen an und ging erst ins Wohnzimmer und danach in die Küche. Weit und breit keine Spur von Mom. Ich lief zurück in Richtung Flur und dann nach oben ins erste Stockwerk. Stirnrunzelnd sah ich den Lichtstrahl, der aus einem geöffneten Spalt meiner Zimmertür in den Flur geworfen wurde. Kurzerhand öffnete ich die Tür.

»Mom?«

Sie drehte sich zu mir um, einen Karton in der Hand. Ihre Augen weiteten sich, als sie mich entdeckte.

»Everly!«, rief sie, stellte den Karton auf einem weiteren ab und kam dann auf mich zu. Fest schloss sie mich in die Arme und drückte mich an sich. Über ihre Schulter hinweg sah ich einige Umzugskartons, die sich in der Mitte meines Zimmers stapelten.

»Was ist das?«, fragte ich, ohne ihre Umarmung zu erwidern. Ich tat das nicht absichtlich, es war, als hätten meine Arme eine

Blockade. Sie hingen schlaff zu meinen Seiten hinunter. Mein Körper war noch unendlich wütend auf sie, während mein Geist sich auf eine Aussprache eingestellt hatte und vom Anblick der Kartons überfordert war.

Mom ließ mich los. Ihre Wangen waren gerötet, als hätte ich sie bei irgendetwas erwischt. »Nichts weiter, nur ein paar Sachen, die ich aussortiert habe, um Platz in meinem Schrank zu schaffen. Ich wollte sie morgen zur Wohlfahrt bringen. Deshalb hatte ich auch angerufen – ich wollte fragen, was du davon noch brauchst.«

Es fühlte sich an, als hätte sie mir einen Eimer eiskaltes Wasser ins Gesicht geschüttet.

Mom hatte nicht angerufen, um mit mir über Dad zu reden. Sie tat einfach so, als wäre überhaupt nichts passiert. Wollte sie mich auf den Arm nehmen? Eine Hitze sammelte sich in meinem Bauch, die ich nicht zurückdrängen konnte, ganz gleich, wie sehr ich dagegen ankämpfte.

»Und da dachtest du, dass sich mein Zimmer bestens als Abstellkammer eignet?«, fragte ich. Ich konnte nichts dagegen machen – meine Besonnenheit schwand Stück für Stück und wurde durch die unerbittliche Wut ersetzt, die bei unserer letzten Begegnung in mir aufgeflammt war und beim Anblick der Kartons wieder mit voller Wucht zurückkehrte.

»Hätte ich gewusst, dass du heute herkommst, hätte ich die Sachen natürlich unten in den Flur gestellt. Aber du weißt doch, wie eng hier alles ist und …« Sie hielt inne. Dann lächelte sie und legte eine Hand an meine Wange. »Es ist so schön, dich zu sehen.«

Ich widerstand dem Drang, vor ihr zurückzuweichen. Das hier war Mom, verdammt. Ich war noch nie vor ihr zurückgewichen. »Also stehen die Umzugspläne nach wie vor?«

Sie furchte die Stirn. »Natürlich, Schatz.«

»Weiß Stanley von Dad?«, fragte ich eindringlich. »Weiß er, dass er hier jederzeit aufkreuzen könnte?«

Moms Gesicht wurde aschfahl. Sie ließ die Hand von meiner Wange sinken und wich meinem Blick aus. Dann drehte sie sich um, lief zu ihren Kartons und schloss den obersten mit einem Ruck.

»Das war eine ziemlich deutliche Antwort«, presste ich hervor.

»Ich habe dir schon mal gesagt, dass dich mein Liebesleben nichts angeht, Everly.«

»Und ich habe dir damals schon gesagt, dass es mich sehr wohl etwas angeht, wenn andere darunter leiden. Was wirst du Stanley erzählen, wenn Dad hier aufkreuzt? Oder Dawn?«, fragte ich und machte einen Schritt auf sie zu, damit sie mich ansah. »Willst du die beiden wirklich dieser Gefahr aussetzen?«

Sie zuckte kaum merklich zusammen. Als sie den Blick wieder hob, schimmerten Tränen in ihren Augen.

»Ich wollte doch nur ein einziges Mal eine Beziehung, die von Dauer ist«, flüsterte sie.

»Die kannst du doch auch haben, Mom. Nur weil du Stanley die Wahrheit erzählst, heißt es doch nicht, dass er sofort …« Ich konnte den Rest des Satzes nicht aussprechen. Es wäre nicht fair gewesen, ihr zu sagen, dass Stanley nicht wieder verschwinden würde, wenn ich selbst nicht daran glaubte.

Mom hielt sich mit blassen Wangen an ihrem Karton fest. Ich versuchte, mich zusammenzureißen, und räusperte mich. Es gab noch mehr Fragen, die ich ihr stellen musste.

»Wie lange geht das mit Dad nun schon?«

Moms Schultern versteiften sich. Sie presste die Lippen zu einem weißen Strich zusammen. Dann holte sie zittrig Luft. »Seit etwa einem halben Jahr.«

Es fühlte sich an, als würde sie mir den Boden unter den

Füßen wegreißen. Die Gedanken wirbelten in meinem Kopf umher, wild und unaufhaltsam. »Du bezahlst ihn seit einem halben Jahr? Wieso, um Himmels willen?«

Sie schüttelte hilflos den Kopf. »Weil er das Geld braucht.«

»Ich kapiere das nicht, Mom, das kann doch unmöglich der einzige Grund sein.«

»Ich habe ihm gesagt, dass es jetzt einen anderen Mann in meinem Leben gibt. Er hat versprochen, nie wiederzukommen, wenn ich ihm dieses eine Mal noch das Geld gebe.«

»Genau, wie er uns immer und immer wieder versprochen hat, nie wieder die Hand gegen dich oder mich zu erheben?«, fragte ich. »Er hat seine Versprechen nie gehalten, ganz gleich, wie sehr wir das gehofft haben.«

»Ich muss daran glauben. Etwas anderes bleibt mir gar nicht übrig.«

Ich sah sie ungläubig an. »Nachdem ich letztes Mal hier war, dachte ich, ich hätte vielleicht irgendetwas in dir bewegt. Dass du einsehen würdest, wie falsch das alles ist.« Ich schüttelte den Kopf über meine eigene Dummheit. »Dabei wirst du dich nie ändern. Genauso wenig, wie Dad sich jemals ändern wird. Ihr werdet euch weiterhin gegenseitig kaputtmachen. Aber ich werde ganz sicher kein Teil mehr davon sein.«

»Es ist doch nur Geld«, rief sie und riss die Hände in die Höhe. »Wenn ihn das für immer von uns fernhält, zahle ich bereitwillig jeden Cent, den ich habe.«

Ihre Worte schnürten mir die Luft ab. Meine Hände und Knie zitterten.

»Weißt du was?« Ich machte einen Schritt nach vorne und riss einen der Umzugskartons von dem Stapel. Ich öffnete ihn und schüttete den Inhalt auf dem Boden aus, dann sprang ich auf mein Bett. »Du kannst diesen Raum gerne als deine persönliche Abstellkammer nutzen. Ich brauche ihn nicht mehr.«

Ich schob einen Arm hinter die Bücher, die im Regal über meinem Bett standen, und zog sie in den Karton.

»Everly!«, rief Mom, machte aber keine Anstalten, mich aufzuhalten.

Ich ignorierte sie und schnappte mir die Notizbücher, die auf dem obersten Regalbrett lagen. Dumpf landeten sie ebenfalls in dem Karton. Dann legte ich den Kopf in den Nacken und betrachtete die Leuchtsterne an der Decke.

Wie kann man schlecht schlafen, wenn man den Sternenhimmel über sich hat?, erklang Grandmas Stimme in meinem Kopf. Das hatte sie gesagt, während wir beide abwechselnd auf die Leiter geklettert waren, um die Sterne aufzuhängen.

Kurzerhand stellte ich mich auf die Zehenspitzen und fing an, die selbstklebenden Sterne abzunehmen. Meine Hände bebten so sehr, dass ich für manche mehrere Anläufe brauchte.

»Ich verspreche dir, dass es aufhören wird. Er hat mir gesagt, dass er nicht noch mal kommen wird. Das musst du mir glauben«, sagte Mom, während der Stapel aus Sternen in meiner Hand immer größer wurde. Als ich den letzten abgenommen hatte, legte ich sie zu den Büchern in den Karton und sprang vom Bett. Ich klemmte mir eines der großen Dekokissen unter den Arm, hob den Karton hoch und lief aus dem Zimmer, ohne Mom noch einmal anzusehen.

»Bitte warte, Liebling«, sagte Mom und folgte mir die Treppe nach unten.

Vor der Haustür angekommen drehte ich mich noch einmal zu ihr um. »Ich kann das nicht länger mitmachen, Mom. Ich wünschte, du würdest das verstehen«, flüsterte ich erstickt.

Sie öffnete den Mund, bekam aber kein Wort heraus.

Umständlich öffnete ich die Haustür mit dem Ellenbogen und trat nach draußen. Der Karton war so schwer, dass er mir in die Handflächen schnitt. Es war eine willkommene Ablenkung vom Schmerz, der in meinem Inneren wütete.

Nolan war ausgestiegen, als ich die Haustür aufgemacht hatte, und kam mir mit langen Schritten entgegen. Er sah so aus, als wollte er etwas sagen, aber ich schüttelte nur den Kopf und lief an ihm vorbei zu seinem Kofferraum. Er öffnete ihn sofort, und nachdem ich den Karton hineingeworfen hatte, legte er kommentarlos eine Hand auf meinen Rücken und führte mich sanft, aber bestimmt zur Beifahrerseite. Mit Sicherheit spürte er, wie ich am ganzen Körper zitterte, als er mit der freien Hand die Tür öffnete und mir auf den Sitz half. Erst nachdem ich angeschnallt war, ging er ums Auto herum und stieg selbst ein.

»Bitte … bitte fahr los«, flüsterte ich, mein Blick vor Tränen verschwommen.

Er nickte knapp, auch wenn ich ihm deutlich ansehen konnte, dass er mir am liebsten tausend Fragen gestellt hätte. Dann schaltete er die Zündung ein. Und als sich der Wagen in Bewegung setzte, ergriff Taubheit Besitz von meinem gesamten Körper.

kapitel 23

Eine gefühlte Ewigkeit lang stand ich regungslos im Eingangsbereich meiner Wohnung. Der Karton in meinen Händen wurde immer schwerer.

Irgendwann trat Nolan um mich herum und nahm ihn mir ab. Er trug ihn ins Wohnzimmer und stellte ihn dort auf den Boden, bevor er zu mir zurückkehrte.

»Everly«, raunte er. »Langsam machst du mir Angst.«

»Tut mir leid«, gab ich tonlos zurück, konnte mich aber noch immer nicht vom Fleck bewegen.

»Möchtest du deinen Mantel ausziehen?«, fragte er.

Ich nickte benommen und hob die Hände, um ihn zu öffnen. Meine Finger bebten so sehr, dass mir der erste Knopf immer wieder entglitt. Ich stieß einen Fluch aus.

Nolan griff nach meinen Händen und schob sie sanft aus dem Weg. Dann öffnete er die Knöpfe mit drei kurzen Handgriffen, trat hinter mich und streifte mir den Mantel von den Schultern. In jeder anderen Situation hätte sich dabei wohl eine aufregende Hitze in meinem Körper ausgebreitet. Jetzt war mir nur bitterlich kalt, und ich fragte mich, wie mir je wieder warm werden sollte.

Nolan führte mich ins Wohnzimmer, wo ich mich auf meinen Lieblingssessel fallen ließ und sofort die Beine anzog.

»Ich bin gleich wieder da«, murmelte er und verließ den Raum. Wenig später ertönte leises Klirren aus der Küche.

Ich starrte auf den Tisch, auf dem noch immer die Herbstdekoration lag, die ich neulich bei Target gekauft hatte. Ich hatte meine Wohnung heimeliger einrichten wollen. Damals hatte ich nicht gewusst, dass ich ab sofort nur noch dieses eine Zuhause haben würde.

Nolan kehrte mit zwei dampfenden Bechern in den Händen zurück. Fragend sah ich zu ihm hoch.

»Etwas Warmes wird dir jetzt guttun«, sagte er schlicht und hielt mir einen der Becher auffordernd hin.

Ich nahm ihn entgegen, und der Geruch von Früchtetee breitete sich vor mir aus. Ich atmete ihn tief ein und legte beide Hände an den heißen Becher. Vorsichtig trank ich einen ersten Schluck. Die Wärme rann meine Kehle hinab, und ich hatte das Gefühl, langsam wieder aufzutauen.

Eine Weile betrachtete ich die dunkelviolette Flüssigkeit und die kleinen Dampfschwaden, die von ihr aufstiegen. Dann hob ich den Blick und sah Nolan an, der sich gegenüber von mir auf das Sofa gesetzt hatte und seinen Becher ebenfalls fest umschlossen hielt. Sein Blick war warm und lag geduldig auf mir. Ich räusperte mich.

»Es war schrecklich«, flüsterte ich schließlich. Meine Stimme klang ganz rau, weil ich so lange nicht mehr gesprochen hatte. »Ich kann nie wieder dorthin zurückgehen.«

Er nickte. »Okay.«

»Daran ist nichts okay. Mom hat überhaupt nicht verstanden, was sie mir damit angetan hat, als sie Dad in dieses Haus gelassen hat. Und heute ist mir klar geworden, dass sie es wahrscheinlich wieder tun wird. Aber ich kann nicht zurück an einen Ort, wo ich ständig Angst haben muss, dass mein Vater jederzeit auftauchen könnte. Ich ... ich glaube, ich habe heute mein Zuhause verloren«, sagte ich mit erstickter Stimme. »Dabei weiß ich, dass es für meine Mom auch nicht leicht ist. Ich habe sie so angefahren wie noch nie zuvor. Ich bin ein schrecklicher Mensch.«

Nolan schüttelte den Kopf und stellte seinen Becher auf dem Tisch ab. Dann stand er auf und kam zu mir. Er kniete sich vor meinen Sessel und sah mit ernstem Blick zu mir hoch.

»Du hast dich einer deiner schlimmsten Ängste gestellt und warst heute mutiger als ungefähr jeder Mensch, den ich kenne. Du bist kein schlechter Mensch, Everly Penn, sondern das genaue Gegenteil.«

Ich sah ihn ungläubig an. Mit einem Mal kitzelte es in meinen Fingern, und ich war froh, den Tee zu halten, weil ich sonst etwas Bescheuertes getan hätte. Nolans Gesicht zu berühren, beispielsweise.

Wie von selbst wanderte mein Blick zu dem Karton, der auf dem Boden neben dem Tisch stand. »Ich brauche deine Hilfe bei etwas«, sagte ich und hob meine Beine vom Sessel.

Nolan sah mich fragend an, machte aber Platz und stand wieder auf. Ich stellte meinen Becher ab und lief zu dem Karton. Nach und nach fischte ich die Sterne heraus und sammelte sie vorsichtig in meiner Hand. Ich hoffte, sie würden noch kleben, auch wenn einige von ihnen zwischen Buchdeckel gerutscht waren und ich sie von dort wieder hatte abziehen müssen.

»Ich habe ein paar Sachen mitgenommen, an denen ich hänge«, erklärte ich. Ich hielt Nolan den Stapel aus Sternen entgegen. »Ich würde die hier gerne über meinem Bett befestigen.«

Ein kleines Lächeln breitete sich auf seinen Lippen aus. »Leuchten die im Dunkeln?«

Ich nickte und ging ins Schlafzimmer. Ich stieg aufs Bett, nahm einen ersten Stern zwischen Zeigefinger und Daumen und stellte mich auf die Zehenspitzen. Ich kam nicht an die Decke ran – mein Bett hier war nicht so hoch wie das in meinem ehemaligen Kinderzimmer. Hilfe suchend sah ich zu Nolan, der mir aus dem Wohnzimmer gefolgt war. Ohne eine Frage zu stellen, schob er die Ärmel seines Langarmshirts hoch und stellte sich neben mich aufs Bett. Probehalber streckte er sich, bis er mit den Fingerspitzen die Decke erreichte. Triumphierend sah er mich an.

Ich reichte ihm den ersten Stern. »Hier.«

Er nahm ihn vorsichtig zwischen die Finger und sah dann an die Decke. »Irgendwelche Wünsche?«

Ich zuckte mit den Schultern. »Einfach kreuz und quer. Ich hoffe, der Kleber hält noch.«

Nolan drückte den ersten Stern an. Als er seine Finger langsam entferne, hielt ich die Luft an, doch nichts geschah – der Stern blieb an der Decke. Ich reichte ihm den nächsten, der ein bisschen kleiner war und den Nolan in einigem Abstand daneben befestigte.

»Meine Grandma hat mir diese Sterne gekauft und mit mir aufgehängt, weil ich früher so schlimme Albträume hatte«, erzählte ich nach einer Weile.

Nolan sah mich an. »Sie klingt wie eine liebe Frau.«

»Sie war der tollste Mensch der Welt«, sagte ich und reichte ihm einen weiteren Stern. Er nahm ihn und streckte sich, um ihn direkt über meinem Kissen zu befestigen.

So machten wir weiter. Ich sah Nolan dabei zu, während er Stern für Stern an meine Decke klebte. Manchmal, wenn er sich nach oben reckte, rutschte sein Shirt hoch und entblößte einen Teil seines Bauchs. Mein Atem stockte jedes Mal, wenn ich die Muskeln sah, die sich dort abzeichneten, und es kitzelte mich in den Fingern, die Hand auszustrecken und zu testen, ob sie sich genauso anfühlten, wie sie aussahen.

Ich erinnerte mich daran, wie er sich einmal im Unterricht gestreckt hatte und ich mir gewünscht hatte, dass genau das passiert. Dieser Tag schien eine Ewigkeit zurückzuliegen.

Inzwischen hatte sich so viel mehr zwischen Nolan und mir entwickelt. Ich schmachtete ihn nicht mehr bloß aus der Ferne an – er war hier. Bei mir. Und er machte nicht den Eindruck, als würde er irgendwo anders sein wollen.

Er war für mich da. Jetzt, wo ich ihn am meisten brauchte.

»Geschafft«, sagte er, sprang vom Bett und betrachtete sein Werk von unten. Er lief zur Tür und schaltete das Oberlicht aus.

Ich stand noch immer auf dem Bett und legte den Kopf in den Nacken. Die Sterne tauchten mein Schlafzimmer in ein sanftes Licht, und ich ließ meinen Blick zurück zu Nolan wandern, der langsam durchs Zimmer ging und vor dem Bett stehen blieb. Er betrachtete die Sterne.

»Sieht doch gar nicht schlecht aus«, sagte er.

Mein Herz wummerte.

Ich dachte an all unsere tiefgründigen Gespräche. An die Halloweennacht, in der er mir offenbart hatte, dass er eifersüchtig auf Blake war. An seine Berührungen, die verboten waren, mich aber erschütterten wie sonst nichts auf der Welt.

»Nolan?«

Er riss den Blick von den Sternen los und sah zu mir. »Ja?«

Ich verlor mich in den Tiefen seiner Augen. Der Sternenhimmel über mir begann sich zu drehen, als ich Luft holte.

»Was ist das zwischen uns?«, flüsterte ich.

Er öffnete den Mund und schloss ihn wieder. Dann schluckte er schwer. Eine Ewigkeit schien zu vergehen, bis er endlich wieder sprach. »Bitte frag mich das nicht, Everly.«

Noch immer stand ich auf dem Bett. Er hatte den Kopf leicht in den Nacken gelegt, um zu mir hochblicken zu können. Es war dunkel, aber ich brauchte das Licht auch gar nicht – ich kannte sein Gesicht auswendig. Vorsichtig hob ich die Hand und strich mit den Fingerspitzen an seiner Schläfe entlang. »Wieso nicht?«

Er schloss die Augen und holte tief Luft. »Weil …« Er verstummte, als ich eine sanfte Spur über seine Wange nach unten zog. Jetzt, wo ich einmal angefangen hatte, konnte ich nicht aufhören, ihn zu berühren. Ich fuhr die Linie seines Kiefers nach. Ein Muskel in seinem Gesicht zuckte, als er die Zähne fest zusammenbiss. Dann machte er plötzlich einen Schritt nach hinten. Meine Hand griff ins Leere. Ich ließ sie sinken und biss auf die Innenseite meiner Wange, um die Enttäuschung zu verdrängen.

»Ich sollte gehen.« Nolan blieb an Ort und Stelle stehen, beide Hände zu Fäusten geballt, den Blick auf mich gerichtet.

»Okay.« Meine Stimme war ein heiseres Flüstern. Ich wusste, dass das, was ich hier tat, gefährlich war. Und ich wusste auch, dass ich damit riskierte, das zu zerstören, was wir uns gerade erst mühsam wiederaufgebaut hatten. Trotzdem konnte ich nicht aufhören. Ich hatte heute so viel verloren, dass ich nicht über die Konsequenzen nachdenken konnte. Ich hieß die Gefühle für Nolan willkommen, weil sie nicht wehtaten. Das Kribbeln, das meinen gesamten Körper erfüllte, war im Gegenzug zu dem Schmerz eine Wohltat. Ich wollte mehr davon.

Als hätte Nolan meine Gedanken gelesen, machte er auf dem Absatz kehrt und verließ mein Schlafzimmer. Es fühlte sich an, als würde mein Herz nach unten rutschen und schmerzhaft auf dem Boden aufprallen. Ich stieg von meinem Bett und folgte ihm.

Er war bei meinem Sessel stehen geblieben, eine Hand auf der Lehne. Er umklammerte sie so fest, dass seine Knöchel weiß hervortraten. Ich starrte auf seine steifen Schultern und seinen angespannten Rücken.

»Ich habe es ernst gemeint, als ich gesagt habe, dass ich nicht mehr zum Kurs kommen muss.« Ich wusste selbst nicht genau, wieso ich nicht einfach aufgab. An genau diesem Punkt waren wir schon einmal gewesen. Und damals hatte Nolan mir mehr als deutlich gemacht, was für einen Riesenfehler ich begangen hatte, als ich ihn geküsst hatte.

»Das geht nicht«, sagte er kaum hörbar.

»Aber wieso?«

»Weil du dann nicht mehr meine Studentin bist. Und wenn du nicht mehr meine Studentin bist, dann …« Er hielt inne. Atmete tief ein. Aus. Langsam drehte er sich wieder zu mir um. Er schien einen Kampf zu führen – gegen sich, gegen mich, gegen das, was zwischen uns in der Luft lag. Erst sah er zu Boden, dann wieder zu mir hoch. Als sich unsere Blicke begegneten, sammelte ich mich.

»Dann was, Nolan?«, fragte ich auffordernd.

Er verlor den Kampf. Das Feuer in seinem Blick gewann die Oberhand.

»Dann gibt es nichts mehr, was mich davon abhalten könnte, dich in meine Arme zu nehmen, zurück in dein Schlafzimmer zu tragen und so tief zu küssen, dass du mich nie wieder vergisst«, sagte er mit rauer Stimme.

Eine Schockwelle ging durch meinen Körper. Mein Herz setzte aus, mein Mund wurde staubtrocken. Ich fragte mich, ob ich Halluzinationen hatte oder ob er das gerade wirklich gesagt hatte.

»Dann trete ich hiermit offiziell aus der Schreibwerkstatt aus«, brachte ich mühsam hervor.

Er stieß ein kurzes Lachen aus. Es klang überhaupt nicht fröhlich. Danach schien er nicht so recht zu wissen, was er mit seinen Händen anstellen sollte. Erst legte er eine zurück an den Sessel, dann schob er sich eine Haarsträhne hinters Ohr, und schließlich ballte er sie wieder zu Fäusten. »Ich bin nicht der Richtige für dich, Everly.«

Ich konnte nicht glauben, dass er erst so etwas Gewichtiges von sich gab und nun die Ernüchterung kam. »Wer sagt das?«

Ich weiß nicht, wie lange wir so dastanden. Die Sekunden dehnten sich zu Minuten aus, während wir uns in der Schwebe befanden und beide nicht zu wissen schienen, was als Nächstes geschehen würde.

Ich beobachtete Nolan. Seine Augen waren dunkel und voller Verzweiflung, und ich realisierte, dass das unseretwegen war. Der Boden unter meinen Füßen begann zu schwanken, als ich verstand, was das heißen musste.

»Du hast etwas gefühlt. Bei unserem Kuss, meine ich«, sagte ich zögerlich.

Er schluckte hart. »Ja. Aber das hat nichts zu bedeuten.«

»Wie kannst du das sagen?«

»Weil es so ist.« Obwohl seine Stimme so sanft wie immer klang, fühlten sich seine Worte wie ein Schlag vor die Brust an.

Ich schüttelte den Kopf. »Hast du deshalb darauf bestanden, dass ich zurück zum Kurs komme? Weil dir das einen Grund gibt, mich auf Abstand zu halten?«

Er antwortete nicht, aber das brauchte er auch gar nicht. Ich erkannte die Wahrheit in seinem Blick, als wäre sie schon die ganze Zeit über dort gewesen.

»Gleichzeitig gibst du mir deine Nummer und möchtest, dass wir Freunde sind. Du sagst mir, dass du dich um mich sorgst. Du bist eifersüchtig, wenn ich mit einem anderen tanze. Du bist für mich da, wenn ich dich brauche. Wenn dein Plan wirklich war, uns voneinander fernzuhalten, ist er kläglich gescheitert.«

Er wandte den Blick ab und fuhr sich leise fluchend durchs Haar. Für einen Moment dachte ich, er würde endgültig kehrtmachen und verschwinden. Doch dann drehte er sich wieder zu mir.

»Es tut mir leid«, sagte er. »Es tut mir leid, dass ich ununterbrochen an den Tag denke, an dem du mich geküsst hast. Es tut mir leid, dass es mir das Herz zerbricht, dich traurig zu sehen. Und es tut mir leid, dass ich zu dir gekommen bin, obwohl ich es eigentlich besser weiß.«

Ich schlang die Arme um mich selbst und krallte die Finger in meine Seiten. Nolan sah mich schmerzerfüllt an.

»Mir fallen so viele Gründe ein, wieso ich nichts für dich sein kann. Und auch das tut mir leid«, wisperte er.

Ich konnte nicht glauben, dass ich zum ersten Mal in meinem Leben Gefühle für jemanden entwickelt hatte, diese Person mich ebenfalls begehrte, wir uns aber gegenseitig nicht das geben konnten, was wir voneinander wollten. Ich weigerte mich, das zu akzeptieren. Nach allem, was geschehen war, war ich nicht bereit, Nolan einfach so gehen zu lassen. Das hier war der Moment. Mein letzter Versuch.

Ich erwiderte seinen Blick fest und legte alles hinein: all die Momente, in denen ich mich stumm nach ihm gesehnt hatte, all die Nächte, in denen ich wach gelegen und an ihn gedacht hatte, all die Gefühle, die ich zum ersten Mal in meinem Leben empfunden hatte.

»Mir würden unzählige Gründe einfallen, wieso du gut für mich bist. Aber ich glaube, jetzt gerade ist nur einer von Bedeutung«, flüsterte ich und machte einen Schritt auf ihn zu. Ich hob die Hand und legte sie auf seine Brust. Sein Herz raste genauso sehr wie mein eigenes. »Bei dir fühle ich mich sicher,

Nolan. Und ich habe mich in meinem Leben noch nie zu jemandem so hingezogen gefühlt wie zu dir. Zählt das denn gar nicht?«

Seine Augen wurden noch dunkler, seine Pupillen wirkten riesig. Eine leichte Röte hatte sich auf seinen Wangen ausgebreitet. Ganz langsam hob er die Hand und legte sie über meine auf seinem Brustkorb. Kurz fürchtete ich, er würde sie wegziehen und mich erneut von sich stoßen. Doch im nächsten Moment umfasste er sie fest und neigte den Kopf nach vorne, bis seine Stirn meine berührte. Ich schloss die Augen und gab mich der Nähe zu ihm voll und ganz hin.

»Das zählt«, raunte er. »Es zählt mehr als alles andere.«

Im nächsten Moment schob er die andere Hand in meinen Nacken und zeichnete eine Spur über meinen Haaransatz. Mein Atem stockte.

»Everly ...«, flüsterte Nolan.

Dann senkte er den Kopf und küsste mich.

kapitel 24

Nolan strich mit den Lippen über meine, während ich das Gefühl hatte, an Ort und Stelle zu schmelzen. Ich konnte nicht glauben, dass das hier gerade wirklich geschah.

Nolan hielt mich in seinen Armen. Er war bei mir. Und er küsste mich.

Es fühlte sich an, als würde ich träumen.

Ich hielt mich an ihm fest, während er fortfuhr, mich zu streicheln. Seine Berührungen waren so zart, als wäre ich etwas unendlich Kostbares für ihn. Ein Schauer durchlief meinen Körper.

Zum ersten Mal in meinem Leben ließ ich mich bei einer anderen Person fallen. Nolan schien das zu spüren, denn er legte eine Hand an meine Wange und zog mich noch dichter an sich heran. Er drückte einen hauchzarten Kuss auf meinen Mundwinkel. »Es tut mir leid, dass ich dich von mir gestoßen habe«, raunte er.

Langsam fuhr er mit den Lippen über meine Wange, bis hin zu meinem Ohr, verweilte kurz dort und zeichnete dann den Umriss meines Gesichts weiter mit den Lippen nach. Stockend atmete ich ein, meine Knie wurden ganz weich. Ich strich über seine Brust nach oben bis hin zu seinem Schlüsselbein. Meine Hände bebten. Ich konnte immer noch nicht glauben, dass ich ihn berühren durfte.

»Ich verstehe, wieso du es getan hast.«

»Diesen Fehler werde ich nicht noch mal machen.« Seine Worte klangen wie ein Versprechen, das meinen Magen Purzelbäume schlagen ließ. »Ich …«

Er verstummte, als ich mich vorbeugte und meine Lippen auf seinen Hals legte. Ich konnte nicht anders. Die Nähe zu ihm und seine sanften Worte ließen mich mutiger werden. Ich erkundete seine warme Haut mit dem Mund. Nolan zog die Luft scharf ein und packte mich bei den Hüften. Seine Finger gruben sich dort in die Haut, und mit wild pochendem Herzen blickte ich zu ihm hoch. Seine Augen wirkten wie flüssiges Silber.

»Ich habe nicht vor zu gehen«, beendete er den Satz schließlich.

Sein nächster Kuss war anders, fordernder und intensiver. Ich stellte mich auf die Zehenspitzen, und er zog mich so fest an sich, dass sich meine Brüste gegen ihn pressten. Er stieß ein tief aus der Brust kommendes Geräusch aus, bei dem mir ganz schummrig wurde.

Ich seufzte in seinen Mund und fuhr mit den Händen an seinen Schultern hinab über seinen Oberkörper – und weiter nach unten. Es war, als hätte sich mein Körper verselbstständigt. Ich ließ meine Fingerspitzen unter sein Shirt gleiten und erkundete seinen Bauch. Das Einzige, was ich fühlte, waren harte Muskeln und heiße Haut. Der Stoff war im Weg, und am liebsten hätte ich ihm das Shirt vom Körper gerissen, aber ich war unsicher, wohin wir uns gerade bewegten, und zögerte.

»Darf ich dir das ausziehen?«, fragte ich dicht an seinen Lippen und zupfte gleichzeitig am Saum seines Shirts.

Ich hoffte, er merkte mir die Unsicherheit nicht an. Ich hatte das hier erst ein einziges Mal getan. Es war in der Euphorie nach einem Wettkampf geschehen und hatte mir nichts bedeutet. Ich war mir nicht sicher, wie es richtig funktionierte, schon gar nicht mit Nolan – jemandem, der mir so wichtig war. Er war älter als ich, garantiert um einiges erfahrener, und außerdem …

Nolan umrahmte mein Gesicht mit seinen Händen, was mich dazu zwang, ihn anzusehen. Sein Blick lag heiß auf mir, seine Wangen hatten einen leichten Rotton angenommen. Er streichelte mich sanft mit den Daumen.

»Möchtest du das denn?«, fragte er.

Ich nickte entschlossen. »Mehr als alles andere.«

Er hielt den Atem an. Zögerte einen Augenblick. Schließlich nickte auch er.

Kam es mir nur so vor, oder schien er genauso nervös wie ich zu sein?

Vorsichtig ließ ich die Hände weiter unter sein Shirt wandern und schob den Stoff nach oben, den Blick auf sein Gesicht geheftet. Seine Brust hob und senkte sich schneller. Dann hob er die Arme, um mir zu helfen. Er zog sein Shirt über den Kopf und ließ es dann zu Boden fallen. Ich legte meine Hände auf seinen Bauch und streichelte gemächlich über seine Haut. Ich ertastete seine definierten Muskeln, auf die ich zuvor bereits einen Blick erhascht hatte, erlaubte mir jetzt aber, den Anblick in mich aufzunehmen. Von seinem Bauchnabel zog sich ein schmaler Pfad Härchen nach unten und verschwand im Bund seiner Boxershorts, der über der Jeans zu erkennen war. Ich ließ die Hände nach oben wandern und stutzte, als ich die schwarzen Zeilen sah, die sich über Nolans Rippenbogen erstreckten.

Bedächtig strich ich über die Worte, die über seine Seite nach unten verliefen. Ich neigte den Kopf ein Stück, um lesen zu können, was dort in Schreibschrift geschrieben stand.

Eine lichte Mitternacht –: dies ist deine Stunde, o Seele,
dein freier Flug ins Wortlose,
Weg von Büchern, weg von Künsten, nach getilgtem Tag,
nach getaner Arbeit,
Dich ganz und weitfort hebend, schweigend, staunend, sinnend
über das, was du am meisten liebtest:
Nacht, Schlaf, Tod und die Sterne

Das Blut rauschte in meinen Ohren. Ich hatte dieses Gedicht schon oft gelesen, so oft, dass ich es fast auswendig kannte.

»Walt Whitman«, murmelte ich und zeichnete die Linien mit den Fingern nach. Ich sah wieder zu Nolan hoch, doch er hatte den Blick gesenkt.

»*Eine lichte Mitternacht*«, sagte er mit rauer Stimme.

Alles an seiner Körpersprache und seiner Mimik verriet mir, wie viel ihm diese Worte wohl bedeuten mussten. Er schien in einer Erinnerung versunken, und ich fragte mich unweigerlich, welches Ereignis in seiner Vergangenheit ihn dazu gebracht hatte, sich dieses Tattoo stechen zu lassen.

»Es ist wunderschön«, sagte ich und legte meine Hand auf den Text. Als Nolan immer noch nichts sagte und sein Körper weiter angespannt blieb, räusperte ich mich. »Ich wusste gar nicht, dass du ein Tattoo hast.«

Als er mich wieder ansah, verschwand der gedankenverlorene Ausdruck von seinem Gesicht. Seine Mundwinkel kräuselten sich leicht. »Bisher hast du mich ja auch noch nicht nackt gesehen.«

Ein Stein fiel mir vom Herzen, als er sich sichtlich entspannte. Ich erwiderte seinen Blick amüsiert. »Ich bin gerade dabei, das zu ändern.«

Sein Schmunzeln verwandelte sich in ein Grinsen, das fast schon jungenhaft wirkte. »Everly, flirtest du gerade mit mir?«

Ich hob abwägend die Schultern. »Ich bin mir nicht so sicher, immerhin bist du derjenige, der halb nackt in meinem Wohnzimmer steht.«

Als Antwort schlang er einen Arm um meine Taille und zog mich an seinen nackten Oberkörper. Dann lagen seine Lippen wieder auf meinen, ein lächelnder Kuss diesmal. Als er sich von mir löste, betrachtete ich noch einmal sein Tattoo und fuhr mit den Fingern über seinen Rippenbogen. Wieder holte Nolan scharf Luft. Ich liebte es, wie er auf meine Berührungen reagierte. Es war, als würde sein Körper meinem antworten. Als sprächen wir eine Sprache, die wir noch nie zuvor benutzt hatten und die nur wir beide verstehen konnten.

»Es sieht schön aus. Und es macht dich noch viel attraktiver«, sagte ich und spürte gleichzeitig, wie meine Wangen heiß wurden.

»Ach ja?«, fragte Nolan und sah mich mit einem Blick an, den ich noch nie zuvor an ihm gesehen hatte. Er war neckisch, beinahe herausfordernd, und gleichzeitig war da ein dunkles Flackern, das ein Kitzeln in meinem Magen auslöste.

Seine Daumen fuhren unter den Stoff meines Oberteils. Er streifte meine Haut nur minimal, und trotzdem erschauerte ich.

»Ja«, murmelte ich und fuhr mit den Lippen über die Stoppeln an seinem Kiefer.

Sein Atem stockte. Dann zupfte er am Saum meines Shirts. »Darf ich?«, murmelte er.

Ich nickte und hob die Arme. Er zog mein Oberteil langsam über meinen Kopf und ließ es neben uns auf den Boden fallen. Sein Blick glitt über meinen cremeweißen BH, dann legte Nolan seine Hände an meine nackte Taille. Ich atmete scharf ein, als er mit den Daumen über die empfindliche Haut an meinem Bauch strich. Begehren flammte in seinem Blick auf.

Ich liebte es, ihn so zu erleben. Halb nackt, mit den Händen auf meinem Körper. Allein die Art, wie er mich ansah, versetzte mich in einen Rausch.

Nolan senkte den Kopf und küsste meinen Hals. Er zog eine Spur über mein Schlüsselbein, weiter runter, während seine Hände über meinen Bauch und schließlich meinen Rücken wanderten. Ich konnte nichts gegen die Geräusche tun, die meine Lippen verließen, als er vor mir in die Knie ging und anfing, Küsse auf meinem Bauch zu verteilen. Gleichzeitig zog er mit den Fingern eine zarte Spur über meine Hüften nach vorne bis zum Bund meiner Jeans.

Er sah zu mir hoch und zupfte an der Hose. »Darf die auch verschwinden?«, fragte er rau.

Ich nickte.

Wenn es nach mir ging, durfte alles verschwinden. Ich wollte, dass es keine Barrieren mehr zwischen uns gab: keine Zweifel, keine Zurückhaltung … keine Kleidung.

Nolan öffnete erst den Knopf, dann den Reißverschluss meiner Jeans. Anschließend zog er sie über meine Beine nach unten. Er half mir, aus der Hose zu steigen, während ich mich mit einer Hand an seiner Schulter festhielt.

Als er sich vom Boden erhob, wirkte er mit einem Mal viel größer als wenige Sekunden zuvor. Mit trockener Kehle blickte ich zu ihm hoch. Er hielt meinen Blick fest, beinahe fragend, als würde er von mir erfahren wollen, wie unser nächster Schritt aussehen sollte. Als wäre es einzig und allein meine Wahl, was geschah und was nicht. Und ich wusste genau, was ich wollte.

»Küss mich, Nolan«, flüsterte ich. Diesmal schämte ich mich nicht dafür. Allmählich verschwand die Befangenheit zwischen uns und wurde durch reine Begierde ersetzt.

Nolan schob eine Hand tief in mein Haar. Sein Blick glitt

zu meinen Lippen, hoch zu meinen Augen und wieder runter. Dann kam er meinem Wunsch nach. Ich hatte das Gefühl, alles um mich herum löste sich auf, mit so viel Hingabe küsste er mich. Er tauchte die Zunge in meinen Mund, und ich drängte mich gegen ihn. Das Gefühl von seiner Haut an meiner überstieg meine Vorstellungskraft. Sein Griff war fest, gleichzeitig bebten seine Schultern, als ich mit den Händen über seinen Rücken nach oben fuhr. Ich seufzte.

»Du hattest irgendetwas von Ins-Schlafzimmer-Tragen erwähnt«, murmelte ich dicht an seinen Lippen.

Sein Lachen klang heiser und unbeschwert zugleich, und mir wurde ganz warm. Ich hatte ihn noch nie so erlebt und kostete jede Sekunde voll und ganz aus. Ich wollte das, was gerade zwischen uns passierte, wie einen Film in meinem Gedächtnis abspeichern, um ihn in Zukunft immer wieder ansehen zu können.

Im nächsten Moment packte Nolan meine nackten Oberschenkel und hob mich hoch. Wie von selbst schlang ich die Beine um ihn. Ich sah ihm in die Augen, als er mich ins Schlafzimmer trug. Beim Bett angekommen, zögerte er nicht. Vorsichtig legte er mich auf der weichen Matratze ab und war wenig später auf mir.

Als ich spürte, wie hart er war, war es, als hätte jemand einen Schalter umgelegt. Hemmungslos ließ ich meine Hände über seinen Körper gleiten. Ich krallte die Finger in seine Schultern und drückte den Rücken durch, als er meine Halsbeuge küsste.

Das hier war so viel besser als das, was ich bei meinem ersten Mal erlebt hatte. Damals hatte ich schlichtweg meine Jungfräulichkeit verlieren wollen, weil alle in meinem Umfeld das in dieser Zeit getan hatten und ich dazugehören wollte.

Hätte ich gewusst, wie gut es sich anfühlen konnte, hätte ich auf Nolan gewartet.

Seine Berührungen versprachen vollkommene Geborgenheit, während sein heißer Mund und die tiefen Laute, die er ausstieß, mir das Gefühl gaben, unendlich begehrt zu werden. Die Mischung machte mich schwindelig und gleichzeitig süchtig nach mehr.

Inzwischen hatten sich meine Augen an die Dunkelheit gewöhnt, und der schmale Lichtstreifen aus dem Wohnzimmer sowie die Sterne an meiner Decke reichten, um Nolan sehen zu können. Einige Strähnen hatten sich aus seinem Zopf gelöst und fielen ihm ins Gesicht, was ihn wild wirken ließ. Ich strich eine nach hinten und ließ die Hand in sein Haar gleiten.

»Das wollte ich schon lange machen«, flüsterte ich.

Er schüttelte lächelnd den Kopf, bevor er meine Hand nahm und anfing, sanfte Küsse auf meinem Handgelenk zu verteilen. »Und ich dachte immer, ich bilde mir das ein.«

Seine Stoppeln kratzten über die empfindliche Haut meines Handgelenks, und ich erschauerte.

»Was?«, fragte ich abgelenkt und strich weiter über sein Haar. Ich fragte mich, wie es wohl offen aussah.

Nolan hob den Kopf wieder und beugte sich vor. »Die Art, wie du mich manchmal angesehen hast.« Er küsste mich. »Der Hunger in deinen Augen«, murmelte er an meinem Mund.

Ich spürte, wie mir eine mörderische Hitze in die Wangen schoss. Am liebsten hätte ich die Hände vors Gesicht geschlagen, aber er war mir so nah, dass das nicht möglich war. »Eigentlich sollten es nur kurze, heimliche Blicke sein.«

»Ich hatte Angst, dass ich zu viel hineininterpretiere.« Er drückte die Lippen auf die Stelle hinter meinem Ohr, und eine Gänsehaut bildete sich auf meinen Armen.

»Ich bin aber nicht die Einzige, die dich so ansieht«, murmelte ich und strich mit den Fingern an den Muskeln neben seiner Wirbelsäule entlang nach unten.

Nolan hob den Kopf wieder und sah mich aus dunklen Augen an. »Du bist die Einzige, bei der es von Bedeutung ist.«

Ich reagierte ganz instinktiv und zog ihn für einen Kuss zu mir runter. Ich gab ihm mit meinem Körper zu verstehen, wie viel seine Worte mir bedeuteten. Und im nächsten Moment machte Nolan sein Versprechen wahr: Er küsste mich so tief und besitzergreifend, dass ich seinen Mund wahrscheinlich nie wieder vergessen würde.

Ich stöhnte auf und drückte mich ihm entgegen, um mehr von seiner Haut zu spüren. Er biss in meine Unterlippe, und ich keuchte, als er gleichzeitig mit den Hüften gegen mich stieß. Sein Körper rieb sich an meinem, und wieder spürte ich Nolans Erektion durch den Stoff seiner Jeans – es war wundervoll. In mir sammelte sich so viel Energie, dass ich mich stärker als je zuvor fühlte. Ich hätte ganze Berge anheben können.

Fiebrig griff ich nach unten. Bei seiner Gürtelschnalle angekommen zitterten meine Hände vor Verlangen.

»Soll ich?«, raunte er dicht an meinem Ohr.

»Bitte.«

Kurzerhand kniete Nolan sich aufs Bett und öffnete erst seinen Gürtel, dann die Knöpfe seiner Jeans. Ich sah ihm schwer atmend dabei zu, wie er vom Bett aufstand und sich die Hose von den Beinen schob. Ich setzte mich auf und kniete mich auf den Bettrand. Mein Blick verselbstständigte sich und wanderte an ihm hinab. Ich saugte jedes Detail auf, das ich bekommen konnte, prägte mir seinen schlanken Körper ein und ließ zu, dass sich die schwarzen Linien über seinen Rippen in mein Gedächtnis brannten. Wie von selbst streckte ich die Hand nach ihm aus und fuhr mit den Fingerspitzen über seinen harten Bauch.

Ich zeichnete eine zarte Spur bis zu seiner Leiste, bevor ich mich vorbeugte und ihn dort küsste. Nolans Bauch spannte sich unter meinem Mund an. Ich umfasste seine Hüften und leckte vorsichtig über den Muskel, der schräg nach unten verlief. Nolan schnappte nach Luft. Im nächsten Moment griff er in mein Haar und zog meinen Kopf nach hinten, um meinen Mund zurückzuerobern. Seine andere Hand wanderte nach hinten zu meinem BH, und ich spürte, dass sie genauso stark wie meine eigene bebte. Er öffnete den BH und streifte mir erst den einen, dann den anderen Träger von den Schultern.

Danach kniete er sich vors Bett und spreizte meine Beine mit seinem Körper. Er sah mir fragend in die Augen, und ich nickte und rutschte ein Stück vor, um ihm noch näher zu sein. Er beugte sich vor und begann, Küsse auf meinem Schlüsselbein, meinem Dekolleté und schließlich meiner Brust zu verteilen. Ich spürte seinen Daumen, der einen neckenden Kreis um meine Brustwarze zog. Dann nahm Nolan sie in den Mund und saugte daran. Ich keuchte auf und musste mich an der Bettkante festhalten, während Nolans zweite Hand sich um meine andere Brust schloss und sie sanft knetete. Ich klammerte mich an ihn, während er jegliche Hemmungen, die noch übrig gewesen waren, mit seinen Küssen und Berührungen vertrieb. Als er sich mit dem Mund der zweiten Brust zuwenden wollte, schüttelte ich den Kopf. Nolan sah mich mit vor Lust verhangenem Blick an.

»Ich brauche dich«, flüsterte ich. »Jetzt.«

Ich hatte so etwas noch nie ausgesprochen und fühlte mich plötzlich entblößter als zuvor.

»Ganz sicher?«, fragte er genauso leise. Seine Stimme war ganz rau, der Mund rot vom Küssen.

»Ich wollte dich schon, als ich dich das erste Mal gesehen habe, Nolan. Elf Monate reichen mir an Vorspiel«, murmelte ich.

Mehr brauchte er nicht. Er schlang einen Arm um mich und hob mich hoch, um mich in der Mitte des Bettes abzulegen. Er kniete sich zwischen meine Beine und sah mir in die Augen, als er die Finger unter meinen Slip hakte und ihn nach unten zog. Ich hob die Füße an, um ihm zu helfen. Mein Herz raste, als er den Slip neben dem Bett auf den Boden fallen ließ und mich ansah. Ich verspürte den Impuls, die Decke über mich zu ziehen, aber gleichzeitig hatte es etwas Aufregendes an sich, wie Nolans Blick über meinen Körper glitt. Er konnte nichts mehr vor mir verstecken – in seinen Augen spiegelte sich das gleiche Verlangen, das auch durch meinen Körper strömte.

Er beugte sich vor, um Küsse auf meinem Knie und dann weiter oben auf meinem Bein zu verteilen. Seine Stoppeln kratzten über die Innenseiten meiner Oberschenkel, und ich konnte kaum noch atmen. Durch halb gesenkte Lider blickte er zu mir hoch. »Du bist wunderschön, Everly.«

Ich wollte etwas zurückgeben und ihm sagen, dass ich ihn genauso schön fand, aber die Worte verließen mich, als er noch mehr Küsse auf den Innenseiten meiner Schenkel verteilte und ich seinen Atem plötzlich an einer noch viel empfindlicheren Stelle spürte. Er drückte nur einen einzigen kurzen Kuss auf das Nervenbündel dort, bevor er zurück zu mir kam.

»Elf Monate, hm?«, fragte er.

Ich gab seiner Schulter einen Klaps, schlang im nächsten Moment aber die Arme um ihn. Ich wollte ihm so nahe sein, wie es nur ging. Nolan schloss kurz die Augen und brummte tief. Als er mich wieder ansah, war der dunkle Blick wieder da.

»Dann strenge ich mich wohl besser an«, raunte er.

Als Antwort hakte ich meine Finger unter seine Boxershorts und schob sie ein Stück nach unten. Nolan half mir, und dann gab es nichts mehr zwischen uns.

»Ich habe Kondome im Nachtschrank«, flüsterte ich. Er beugte sich zur Seite und zog die Schublade auf. Wenig später erklang das Rascheln von Folie. Das Herz schlug mir bis zum Hals, als er sich über mich beugte.

Er hatte einen Ellenbogen neben meinem Gesicht aufgestützt, mit der anderen Hand umschloss er meinen Nacken und neigte meinen Kopf so, dass wir einander in die Augen sehen konnten.

Ohne zu zögern, hob ich das Becken, und Nolan drückte seine Härte gegen mich. Wir hielten beide den Atem an, als er langsam in mich eindrang. Mein Körper zitterte. Vorsichtig schlang ich beide Beine um Nolans Hüfte, woraufhin er weiter in mich glitt.

Wir stöhnten beide auf. Nolans Griff um meinen Nacken verfestigte sich, als er den Kopf senkte und einen heißen Kuss auf meinen Mund drückte. Vorsichtig zog er sich aus mir zurück und stieß wieder zu.

Nolan bog meinen Kopf nach hinten und zog eine Spur an Küssen über meinen Hals. Ich klammerte mich an seinen Schultern fest, während ich an meine Zimmerdecke starrte, wo das Licht der Sterne vor meinen Augen verschwamm. Es fühlte sich so intensiv an, dass ich es jetzt schon kaum aushielt.

»Sag mir, was dir gefällt, Everly.« Er saugte an meiner Halsbeuge, bevor er den Kopf wieder hob und mir in die Augen sah. »Zeig es mir.«

Ich tat das Erstbeste, was mir in den Sinn kam, und hob die Hand an seinen Kopf. Vorsichtig löste ich das Band aus seinen Haaren, bis sie ihm über die Schultern fielen. Ich schob meine Finger hinein und zog ihn zu einem Kuss zu mir runter. Gleichzeitig hob ich das Becken an, und er glitt ganz in mich. Ich biss fest in seine Unterlippe, weil ich mir nicht anders zu helfen wusste, woraufhin sich ein tiefer, kehliger Laut aus seiner Brust befreite und er wieder zustieß, härter diesmal. Ich stöhnte auf.

»Das gefällt mir«, flüsterte ich atemlos. »Genau so.«

Ich beugte mich vor und leckte eine Spur über die Grube an seiner Kehle, dann ließ ich meine Hand an seiner Schulter über seinen Arm hinabwandern und wieder zurück. Nolan umfasste meinen Oberschenkel und baute einen langsamen Rhythmus auf. Ich spürte, wie sich das Verlangen in mir steigerte und das Kribbeln über meinen Rücken bis in die Zehenspitzen schoss, aber ich wollte nicht, dass es zu Ende ging.

»Ist es so gut?«, flüsterte Nolan.

»Ja«, gab ich zurück. Und als die Empfindungen mich unter sich begruben, konnte ich nichts anderes mehr sagen. In meinem Wortschatz existierten nur noch zwei Worte: »Ja« und »Nolan«.

Er war vollkommen bei mir, als ich auf den Höhepunkt zusteuerte. Es wurde zu viel, alles um mich herum drehte sich, und Nolan wurde zu meinem Fixpunkt. Sein nächster Stoß entlockte mir einen Laut, den ich noch nie von mir gegeben hatte. Er klang verzweifelt, überwältigt und roh. Ich krallte mich mit einer Hand in Nolans Haar fest, die Finger der anderen grub ich in seinen Rücken, als ich mich ihm entgegenbog.

Nolan hielt sich genauso an mir fest, seine Hüften prallten auf meine, als könnte er sich nicht länger zurückhalten. Mit geschlossenen Augen lehnte er die Stirn gegen meine Schläfe.

»Everly«, flüsterte er und drang ein letztes Mal in mich, bevor sein ganzer Körper erbebte.

Und auch danach blieb mein Name ein leises Flüstern auf seinen Lippen.

kapitel 25

Nolan sah im Schlaf aus wie ein Engel. Seine Gesichtszüge waren vollkommen entspannt, und sein blondes Haar wirkte in der Morgensonne fast golden. Ich hätte ihn für immer so ansehen können.

Ich versuchte, mich daran zu erinnern, wie ich eingeschlafen war. Wir hatten beide an den Sternenhimmel geschaut, ich mit dem Kopf auf seiner Brust. Ich hatte seinem gleichmäßigen Herzschlag gelauscht, während er meinen Arm träge gestreichelt und leise mit mir gesprochen hatte. Irgendwann waren meine Augenlider so schwer geworden, dass ich nicht länger dagegen hatte ankämpfen können.

Ich war so früh eingeschlafen wie nie zuvor. Und jetzt, wo ich Nolan so betrachtete, fragte ich mich, ob es ihm genauso ergangen war.

Ich wusste nicht, wie lange ich so dagelegen hatte, als ich das erste Mal auf meinen Wecker schaute – und erschrak. »Shit.«

Ich hätte nichts lieber getan, als mit Nolan im Bett zu bleiben und so zu tun, als würde die Welt draußen nicht existieren, aber ich war für mein erstes Seminar spät dran und hatte danach eine Schicht im *Get Inked*. Vorsichtig schälte ich mich aus der Decke und lief ins Bad. Ich putzte Zähne, sprühte Trockenshampoo in mein Haar und trug eine getönte Tagescreme auf. Es dauerte keine fünf Minuten, bis ich fertig war. Im

Wohnzimmer packte ich meine Unisachen notdürftig zusammen und ging danach zurück ins Schlafzimmer. Kurz erlaubte ich mir, Nolans Anblick in mich aufzunehmen.

Er schlief seelenruhig. Einen Arm hatte er hinter sein Kopfkissen geschoben, der andere war zu der Seite ausgestreckt, auf der ich eben noch gelegen hatte. Die Decke war bis zu seinen Hüften runtergerutscht und legte den Blick auf seinen Oberkörper frei. Ich ließ meine Augen über seine nackte Haut wandern und konnte einen Moment lang nicht glauben, dass wir tatsächlich die Nacht miteinander verbracht hatten.

Ich verstand nicht, wie es möglich war, dass ich mich noch immer so stark von ihm angezogen fühlte. Ich hätte erwartet, dass diese Spannung, die sich über die letzten Monate hinweg zwischen uns angestaut hatte, nach letzter Nacht zumindest ein bisschen abgeflaut wäre – doch das war nicht der Fall. Nolan so zu sehen sandte nach wie vor kleine Energieschübe durch mich hindurch, als wäre mein ganzer Körper aufgeladen.

Es kostete mich eine riesige Überwindung, meinen Mantel anzuziehen und nicht zurück zu ihm ins Bett zu gehen. Auf leisen Sohlen lief ich zu ihm und setzte mich auf den Bettrand. Ich legte vorsichtig die Hand an seine Wange.

»Nolan«, flüsterte ich und strich ihm das Haar aus der Stirn. »Ich muss jetzt leider los. Ich habe eine Vorlesung und muss danach arbeiten.«

Er regte sich und öffnete die Augen ein Stück. Als er mich sah, lächelte er träge. »Everly.«

Ich wollte gerade etwas sagen, als er sich ruckartig aufrichtete. »Oh Gott, wie spät ist es?«

»Kurz nach acht.«

Erleichtert ließ er sich zurück in die Kissen sinken. »Ich dachte, ich hätte mein Seminar verpasst. Ich kann nicht glauben, dass ich so lange geschlafen habe.«

»Kein Wunder, du hast dich ja auch sehr verausgabt.«

Er sah mich an, und diesmal war sein Lächeln mehrdeutig, aber gleichzeitig unsicher, als wüsste er nicht genau, wie er mit mir umgehen sollte nach dem, was gestern Nacht passiert war. Mir ging es genauso. Ich hatte ihn zum Lachen bringen wollen – aber war das wirklich angebracht? Mit dem, was wir getan hatten, hatten sich eine ganze Reihe von Problemen vor uns aufgetan. Ich wusste nicht, was das alles für uns bedeutete, und fragte mich, ob wir neben unserer Freundschaft womöglich noch mehr riskiert hatten.

Ich stand auf. Vielleicht war es gar nicht schlecht, dass ich schnell losmusste.

»Ich bin dann mal weg«, murmelte ich. »Du kannst gerne noch bis zu deinem Seminar hierbleiben. Ich … ähm, ich habe nur Toast da, glaube ich. Aber den kannst du gerne essen.« Ich spürte, wie meine Wangen heiß wurden.

»Danke«, sagte er. Er sah genauso unbeholfen aus wie ich.

Ich hob die Hand zum Abschied. Dann machte ich auf dem Absatz kehrt und lief schnell aus der Wohnung. Als die Tür hinter mir ins Schloss gefallen war, lehnte ich mich gegen die Wand daneben und atmete tief durch. Ich fragte mich, wieso es sich gerade so anfühlte, als hätte ich in wenigen Sätzen das kaputtgemacht, was wir letzte Nacht miteinander gehabt hatten.

In der Uni versuchte ich, mich auf meine Seminare zu konzentrieren, aber es klappte nicht. Erst dachte ich ununterbrochen an Nolan und die letzte Nacht. Doch nach und nach drängten sich die Gedanken an das, was davor geschehen war, in mein Gedächtnis.

Als Nolan und ich zurück nach Woodshill gefahren waren, hatte Mom versucht mich anzurufen und mir mehrere Nachrichten geschickt, aber ich hatte alle ungelesen gelöscht und mein Handy schließlich ausgeschaltet. Ich fragte mich, was Mom danach wohl getan hatte. Ob sie Stanley von unserem Streit erzählt oder mein Zimmer unbeirrt weiter mit ihren Sachen zugestellt hatte, als wäre nichts passiert. Gleichzeitig wollte ich die Antworten auf diese Fragen nicht wissen – sie hätten zu sehr wehgetan.

Nach der Uni fuhr ich ins *Get Inked.* Ich begrüßte die beiden Kunden, die im Eingangsbereich saßen, hängte meinen Mantel auf und lief an den Computer, um mir die Termine des Tages anzusehen.

Katie kam aus dem Behandlungszimmer nach vorne und stellte sich zu mir.

»Na? Alles klar?«, fragte ich lächelnd.

Sie runzelte die Stirn und beugte sich zu mir, um mich aus zusammengekniffenen Augen anzusehen. Dann richtete sie sich wieder auf. »Du hattest Sex«, stellte sie fest. Laut, nebenbei bemerkt. Schnell warf ich einen Blick zu dem Pärchen, das vorne neugierig die Köpfe reckte. Ich fuhr zu Katie herum.

»Woher weißt du das?«, zischte ich.

Sie ignorierte die Frage. »Erzähl mir alles. Ich kann heute wirklich ein bisschen Ablenkung brauchen«, sagte sie und lehnte sich mit den Armen auf die Arbeitsfläche neben dem Computer.

Bei dem Gedanken an Nolans und meine gemeinsame Nacht spürte ich, wie Hitze durch meinen Körper schoss – in alle Richtungen, aber vor allem nach unten.

Anscheinend konnte man mir das ansehen, denn Katie pfiff anerkennend durch die Zähne. »Das muss ja eine Nacht gewesen sein.«

Ich heftete den Blick auf den Computerbildschirm, ohne wirklich etwas zu erkennen. Ich konnte Katie unmöglich erzählen, wer Nolan war, aber immerhin würde sie, im Gegensatz zu meinen anderen Freunden, nicht so lange nachbohren, bis sie wusste, wer der Mann gewesen war, mit dem ich die Nacht verbracht hatte. Schließlich kannte sie kaum jemanden aus meinem Umfeld.

»Ich hatte die mit Abstand beste Nacht meines Lebens.« Nicht, dass ich vorher überhaupt schon mal die Nacht mit einem Mann verbracht hatte, aber das musste sie ja nicht auch noch erfahren.

Katie neben mir quiekte und schlug mir auf den Oberarm. Ich verzog das Gesicht vor Schmerz. »Tut mir leid, aber das ist einfach sehr aufregend.«

Ich presste die Lippen aufeinander und sah wieder zu den Kunden, die immer noch im Eingangsbereich saßen. In diesem Moment kam Zev von hinten nach vorne. Er begrüßte mich mit einem Nicken und bat das Paar dann in den Behandlungsraum. Erleichtert atmete ich aus und wandte mich anschließend Katie zu.

»Ich habe keine Ahnung, wie man sich nach so einer Nacht benimmt«, gab ich zu.

»War es ein One-Night-Stand?«, fragte sie.

»Keine Ahnung. Die Umstände sind ein bisschen kompliziert.« Das war die Untertreibung des Jahres, aber ich wusste nicht, wie ich es anders beschreiben sollte.

Katie brummte nachdenklich. »Dann entwirre es. Sorg für klare Verhältnisse.«

Hilflos sah ich sie an.

Sie lehnte sich mit verschränkten Armen gegen den Tresen. »Wieso ist es denn so kompliziert?«

Ich konnte ihr unmöglich verraten, dass Nolan mein Dozent war. Auch wenn ich nicht mehr zur Schreibwerkstatt ging, würde er weiterhin an der Uni unterrichten, an der ich Studentin war. Ich wusste nicht, wie die Woodshill University mit solchen Fällen umging, aber allein die Vorstellung, wie die Leute sich auf uns stürzen würden, wenn sie davon erfuhren, versetzte mich in Panik. Das musste ich um jeden Preis verhindern.

»Wir sind gute Freunde«, fing ich zögerlich an. »Und obwohl ich Männer mein Leben lang wie die Pest gemieden habe, könnte ich mir vorstellen … das zu wiederholen. Es ist das erste Mal, dass ich mich so fühle.« Als ich den Gedanken laut aussprach, machte mein Herz einen Satz. Gleichzeitig wusste ich, wie falsch es eigentlich war.

Katies Augen leuchteten auf. »Das klingt doch wundervoll! Ich freue mich so für dich.«

Fragend sah ich sie an.

»Die besten Beziehungen entstehen aus Freundschaften«, sagte sie. »Ich hätte auch gerne so jemanden.«

»Ich dachte, mit dir und Zombie-Nick von Halloween läuft es toll.«

»Nah«, sagte sie und hob unschlüssig eine Schulter. »Er ist kein Für-immer-Typ.«

Ich fragte mich unwillkürlich, ob Nolan ein Für-immer-Typ war. Bei dem Gedanken fühlte sich mein ganzer Körper noch viel heißer an. Ich hatte keine Ahnung, wo wir standen, und je länger ich darüber nachdachte, desto unsicherer wurde ich.

»Vertrau einfach auf dein Bauchgefühl. Ich weiß, wie komisch es ist, wenn man etwas mit einem Freund anfängt. Du musst nur über die anfängliche Befangenheit hinwegkommen, dann wird alles gut«, sagte sie zuversichtlich.

Ich nickte, obwohl meine Zweifel immer größer wurden. Konnten wir das wirklich noch einmal wiederholen? Trotz aller Umstände?

Ich sammelte mich, griff nach meinem Handy und schaltete es zum ersten Mal seit gestern Abend an.

Ich öffnete eine neue Nachricht, um Nolan zu schreiben, doch genau in diesem Moment vibrierte mein Handy. Nolan hatte mir bereits heute Mittag eine Nachricht geschickt.

Möchtest du Bean morgen kennenlernen?

Ein langsames Lächeln breitete sich auf meinem Gesicht aus. Ich wusste vielleicht nicht, was das zwischen uns war und wie es weitergehen würde – aber ich wusste, dass ich es unbedingt herausfinden wollte.

Sofort setzte ich zu einer Antwort an.

Natürlich möchte ich! Wie aufregend.

Erleichtert sah ich Katie an. Sie schlang einen Arm um meine Schulter und seufzte theatralisch. »Hach, junge Liebe. Was für ein schöner Anblick.«

kapitel 26

Die Adresse, die Nolan mir gegeben hatte, führte mich zu einem Mehrfamilienhaus in einer schönen Wohngegend, in der außer ein paar vereinzelten Neubauten hauptsächlich alte, liebevoll erhaltene Gebäude standen.

Mit den schiefen Fensterläden, der abblätternden Farbe an der schwarzen Tür und dem kleinen, parkähnlichen Garten, der den hinteren Teil des Grundstücks einnahm, machte Nolans Haus einen alten, aber keinesfalls heruntergekommen Eindruck. Vielmehr spürte man die Geschichte des Gebäudes schon, wenn man es nur ansah. Ich holte tief Luft, öffnete das kleine Gartentor und trat dann die nassen Stufen nach oben. Ich suchte Nolans Namen auf den Schildern und drückte die Klingel. Der Summer ertönte wenig später, und als ich mich gegen die Tür stemmte, hörte ich bereits ein gedämpftes Bellen. Mein Herz machte einen Satz, als ich eintrat und Nolan in der Wohnungstür auf der linken Seite des Flurs stehen sah.

Er hatte die Haare zurückgebunden, trug ein schwarzes Shirt, auf dem rechts oben das kleine Logo von The 1975 prangte.

Er sah eigentlich genau so aus wie immer, und gleichzeitig raubte mir sein Anblick den Atem. Ich wusste nicht, was ich getan hätte, wenn in diesem Moment nicht Bean meine Aufmerksamkeit erregt hätte. Er versteckte sich hinter Nolans

Beinen und winselte leise. Mit den runterhängenden Schlappohren und der kauernden Haltung erweckte er auf den ersten Blick einen traurigen Eindruck.

Ich griff in meine Tasche und holte die Packung mit Leckerlis heraus, die ich auf dem Weg hierher besorgt hatte. »Ich habe Bestechung mitgebracht.«

Nolan lächelte, trat beiseite und hielt mir die Tür ganz auf. »Ich bin mir sicher, dass er früher oder später darauf zurückkommen wird.«

Ich betrat die Wohnung, und Nolan nahm mir den Mantel ab. Als ich einen Schritt auf Bean zu machte, kehrte er augenblicklich um und verschwand mit trippelnden Schritten in einem der Zimmer, die weiter hinten vom Flur wegführten.

»Oh«, sagte ich enttäuscht. »Er hat Angst vor mir.«

»Mach dir keine Gedanken«, sagte Nolan und deutete mir an, ihm zu folgen. Er führte mich durch den Flur, vorbei an zwei geschlossenen Türen, bis ins Wohnzimmer. »Er braucht nur ein bisschen, bis er auftaut.«

Da ging es Bean wohl genau wie mir. Ich hatte keine Ahnung, wie ich mich verhalten sollte. Nolan hatte mir gestern bloß noch geschrieben, dass ich Hunger mitbringen solle – mehr nicht. Ich wusste nicht, was mich heute erwartete, geschweige denn, wo wir nach unserer gemeinsamen Nacht standen. Auf der einen Seite hielt ich diese Ungewissheit kaum aus, auf der anderen bedeutete es mir viel, dass er mich zu sich nach Hause eingeladen hatte. Also versuchte ich, mir meine Anspannung nicht anmerken zu lassen, und nahm stattdessen Nolans Wohnung in Augenschein.

Das Apartment musste vor nicht allzu langer Zeit modernisiert worden sein. Während das Äußere des Gebäudes einen alten Eindruck auf mich gemacht hatte, war das Innere offen und modern. Neben der Wohnzimmertür befand sich eine

Treppe, die in den oberen Bereich der Wohnung führte. Von hier aus konnte ich den Rand eines großen Bettes mit dunklem Überwurf ausmachen. Schnell wandte ich den Blick ab und sah mich im Wohnzimmer um.

Ein Großteil der Möbel war dunkel, aber eine Tagesdecke, eine Rattanlampe und eine Leselampe mit Kupferschirm neben dem braunen Ledersofa lieferten helle Akzente. An der Wand hingen Bilder in Schwarz-Weiß, auf denen abstrakte Formen zu erkennen waren, die gut zum Rest der Einrichtung passten. Außerdem waren überall Bücher. Schon im Flur hatte ich einen Stapel auf der Kommode gesehen, auf der Treppe nach oben lagen ein paar, ebenso auf dem Wohnzimmertisch. Für Nolan schienen sie ein Teil der Einrichtung zu sein, was mich zum Lächeln brachte.

»Ich hoffe, du magst Risotto«, sagte Nolan. Ich drehte mich zu ihm um und sah jetzt erst den Esstisch, auf dem zwei Gedecke inklusive gefalteten Servietten aufgelegt waren. In der Mitte des Tisches brannte eine Kerze. Mir wurde warm, als ich realisierte, wonach das aussah: als wären wir auf einem Date. Auch wenn ich es nicht wagte, diesen Gedanken laut auszusprechen.

»Ich liebe Risotto«, gab ich verspätet zurück und ließ mich von ihm zum Tisch führen. Nachdem ich mich gesetzt hatte, verschwand Nolan in der angrenzenden Küche.

»Ich wusste nicht genau, was du magst, also habe ich etwas gemacht, was eigentlich jeder isst«, sagte er, als er keine halbe Minute später mit zwei Schüsseln und zwei Tellern zurückkam, die er alle gleichzeitig balancierte. Überrascht sah ich ihn an.

»Während meines Studiums habe ich gekellnert«, erklärte er, als er meinen Blick bemerkte. Er stellte einen weißen Teller mit Risotto und eine Schüssel mit Salat vor mir ab. Von dem Essen ging ein herrlicher Parmesanduft aus, und ich spürte meinen Magen rumoren.

»Und kochen kannst du auch«, sagte ich lächelnd.

Er legte den Kopf schräg. »Mein Dad hat es mir früh beigebracht. Er wollte, dass ich mich gut ernähre, wenn ich studieren gehe.«

Ich fragte mich, welche Fakten über ihn es noch gab, die ich nicht kannte, doch meine Gedanken nahmen eine ganz andere Wendung, als er begann, mir ein Glas Wasser einzuschenken. Er hatte seine Ärmel hochgeschoben, was den Blick auf seine nackten Unterarme freigab. Mein Mund wurde trocken, als ich daran dachte, dass diese Arme vor weniger als achtundvierzig Stunden um mich geschlungen gewesen waren.

Ich räusperte mich und wandte mich schnell meinem Teller zu. »Das sieht super aus.«

»Ich hoffe, es schmeckt dir.«

Ich nahm eine erste Gabel und seufzte, als sich der Geschmack von würzigem Parmesan in meinem Mund ausbreitete. Das Risotto war perfekt.

Nolan sah mich eingehend an.

»Sehr lecker«, sagte ich, doch sein Blick blieb bestehen. Als hätte er gemerkt, dass er mich zu lange angestarrt hatte, räusperte er sich und begann selbst zu essen.

Eine kurze Pause entstand.

»Was … hast du heute gemacht?« Ich hatte keine Ahnung, wieso ich so befangen war. Immerhin war das hier Nolan. Wir hatten schon so viele tolle Unterhaltungen geführt, dass es mir eigentlich leichtfallen müsste, mit ihm zu reden. Nur weil diese Situation so anders als alle anderen war, bedeutete das nicht, dass es komisch werden musste.

Nolan nahm einen Schluck Wasser. »Ich war in der Galerie von zwei Freundinnen. Sie haben sie vor Kurzem eröffnet und suchen im Moment immer noch nach Künstlern und Fotografen für zukünftige Ausstellungen. Wir haben darüber gesprochen, ob man dort nicht auch Veranstaltungen wie eine Open-Mic-Night planen könnte.«

»Zu so etwas wollte ich schon immer mal gehen«, sagte ich.

»Um etwas vorzutragen?«, fragte er.

Ich schüttelte schnell den Kopf. »Ich bin eher der Mensch, der bei so was als Unterstützung und zum Anfeuern mitkommt.«

»Du bist so talentiert. Ich bin mir sicher, dass die Leute ausflippen würden, wenn du mal etwas vorträgst«, sagte er, setzte bei meinem bestürzten Blick aber schnell hinterher: »Aber ich verstehe natürlich, dass das nicht für jeden was ist.«

»Du magst das, oder?«, fragte ich. »Vortragen. Vor Leuten sprechen.«

Er nickte. »Ja, ich war schon in der Schule so.«

»Und wusstest du auch schon immer, dass du …« Ich hielt inne, unsicher, ob ich aussprechen durfte, was ich seit unserer gemeinsamen Nacht eigentlich aus meinem Bewusstsein verdrängen wollte.

»Ob ich schon immer unterrichten wollte?«, fragte er mit schräg gelegtem Kopf.

Ich nickte zögerlich.

Er schien über seine Antwort nachdenken zu müssen. »Ich wusste, worin meine Stärken lagen, aber als ich mein Studium begonnen habe, hatte ich keine Ahnung, was ich mit meinem Leben anfangen sollte. Ich bin erst später auf das gestoßen, was ich wirklich machen wollte.«

»Ich wünschte, das würde mir auch bald passieren«, sagte ich und dachte unvermittelt an Mom. Ein stechender Schmerz durchzuckte mich. Ich konnte das Echo ihrer verzweifelten Worte in Gedanken hören und wünschte für einen Moment, ich könnte mir die Ohren zuhalten, obwohl ich wusste, dass das nicht helfen würde. Und jetzt, wo ich an die Zukunft dachte, kostete es mich doppelt so viel Mut, meine nächsten Worte zu finden. »Ich fühle mich nicht dazu berufen, eine Literaturagentur zu eröffnen. Nicht so, wie Dawn ganz eindeutig dafür gemacht ist, Bücher zu schreiben. Oder wie es ganz eindeutig deine Berufung ist, Dozent zu sein.«

Sein Blick wurde warm. »Es ist lieb, dass du das sagst.«

»Es ist die Wahrheit.«

Eine Weile war es still zwischen uns.

»Vera Wang hat erst mit vierzig ihr erstes Hochzeitskleid designt«, sagte er schließlich.

Unwillkürlich musste ich grinsen. »Das ist das erste Beispiel, das dir eingefallen ist? Vera Wang?«

»Eigentlich sind mir ungefähr zwanzig Autoren eingefallen, die ihren Debütroman erst nach ihrem vierzigsten Geburtstag veröffentlicht haben, aber ich dachte, Bücher wären vielleicht das falsche Beispiel, wenn das Literaturstudium dir nicht so gut gefällt.«

»Es gefällt mir schon«, sagte ich zögerlich. »Ich liebe Bücher. Ich bin mir nur noch nicht so sicher, was ich in Zukunft damit anfangen soll. Und manchmal zweifle ich daran, dass ich überhaupt eine Berufung habe so wie andere Leute.« Ich dachte an Blake, Dawn, Nolan und Katie, die alle ganz eindeutig wussten, was sie den Rest ihres Lebens tun wollten, und das auch schon sehr früh herausgefunden hatten. Wenn ich mich mit ihnen verglich, fragte ich mich unweigerlich, ob ich irgendetwas falsch gemacht hatte.

Nolan griff nach meiner Hand und riss mich damit aus den Gedanken. »Manche Leute finden ihre Bestimmung erst später im Leben, Everly. Daran ist nichts verkehrt.«

Ich erwiderte seinen Blick. Plötzlich schlug mir das Herz bis zum Hals. Irgendwie schaffte ich es zu nicken. Mein Blick sank zu seinem Mund. Zurück zu seinen Augen.

In diesem Moment stand Nolan auf. Der Stuhl schabte hörbar über den Boden, und die Spannung, die gerade wieder zwischen uns geherrscht hatte, verflog. Er nahm meine leeren Teller und stapelte sie auf seine. Dann lief er damit in Richtung Küche, während ich mich sammelte und den enttäuschten Stich verdrängte, der sich in meinem Magen bemerkbar machte.

»Ich würde dir gerne etwas zeigen«, sagte Nolan, als er wieder zurück ins Wohnzimmer kam. Er nickte in Richtung Flur, und ich stand auf und folgte ihm. Er führte mich zu einer Tür im vorderen Teil seiner Wohnung, und als er sie öffnete, erkannte ich, dass er mich in sein Büro gebracht hatte – und dann konnte ich mich nicht mehr zurückhalten. In wenigen Schritten hatte ich den Raum durchquert und stand vor den dunklen Holzregalen, die bis an die Decke reichten und über und über mit Büchern gefüllt waren.

»Du hast ja eine richtige Bibliothek!«, rief ich aus. Ich strich über die Einbände von Romanen, Sachbüchern, Biografien und wissenschaftlichen Werken, die nach Nachnamen einsortiert worden waren, genau, wie er es mir damals beim Telefonieren beschrieben hatte.

Ich legte den Kopf in den Nacken und sah zum obersten Regalbrett. »Du hast wirklich nicht übertrieben. Da kommt man nur mit einer Leiter ran.«

»Oder mit diesem Stuhl«, sagte er. Ich sah über die Schulter hinweg zu Nolan, der mit verschränkten Armen im Türrahmen lehnte und zu dem Bürostuhl an seinem Schreibtisch nickte.

»Kein Wunder, dass du runtergefallen bist. Der hat ja auch Rollen«, sagte ich tadelnd.

Er lächelte bloß leicht.

Ich wandte mich wieder den Regalen zu. So verführerisch Nolans Anblick auch war, seine Bibliothek fesselte mich gerade ein bisschen mehr. Einen kurzen Moment war ich überfordert und wusste nicht, wo ich anfangen sollte, aber dann entwickelte ich ein System, bei dem ich Brett für Brett durchging, bis ich ganz unten rechts angekommen war. Vorsichtig zog ich *Die Bücherdiebin* von Markus Zusak aus dem Regal.

»Das hier wollte ich schon immer mal lesen«, sagte ich und hielt es hoch, damit Nolan das Cover sehen konnte.

»Eines meiner Lieblingsbücher. Ich leihe es dir.«

Ich lächelte und drehte das Buch um. Ich öffnete den hinteren Deckel, um die letzte Seite anzugucken. Nolan war schneller bei mir als The Flash höchstpersönlich. Er klappte das Buch wieder zu und sah mich schockiert an.

»Was machst du denn da?«, fragte er ungläubig, ohne die Hand von dem geschlossenen Buchdeckel zu nehmen.

Ich erwiderte seinen Blick mit hochgezogener Braue. »Die letzte Seite lesen.«

Er sah aus, als hätte ich ihm gerade eröffnet, dass ich vorhatte, Bean zum Dessert zu verspeisen. »Aber wieso, um Himmels willen?«

»Weil ich wissen muss, was am Ende passiert.«

»Das widerspricht allen heiligen Büchergesetzen, Everly.«

Es gefiel mir viel zu gut, wie er meinen Namen aussprach. »Ich habe das schon als Kind immer gemacht.«

Er atmete scharf ein. »Das ist so schlimm, dass mir die Worte fehlen.«

»Soll ich dir sagen, was schlimm ist? Über vierhundert Seiten zu lesen, um dann herauszufinden, dass dein liebster Charakter stirbt«, widersprach ich.

Er stieß ein leises Lachen aus. »Das klingt, als wärst du schon früh traumatisiert worden.«

»Es gibt nun mal Menschen, die vorher gerne wüssten, worauf sie sich einlassen.«

»Nicht in meinen vier Wänden.« Er sagte das mit einer solchen Autorität, dass es mir in seinem Büro mit einem Mal ganz heiß vorkam. Ich schluckte schwer und konzentrierte mich darauf, ihm nur in die Augen zu sehen und meinen Blick nicht wieder zu seinem Mund oder anderen Stellen an seinem Körper wandern zu lassen.

Ich war machtlos gegen das Prickeln, das mich bei dem Verlangen in seinem Blick durchströmte. Ich wusste nicht, was als Nächstes geschah. Im einen Moment hatten wir einander angesehen, und im anderen lagen seine Hände an meinem Gesicht und sein Mund auf meinem. Ich hätte nicht sagen können, wer wen zuerst küsste, es war unausweichlich und unbeschreiblich und … ich bekam keine Luft mehr.

Nolan drängte sich gegen mich, und ich stieß mit dem Rücken gegen das Bücherregal. Das Buch fiel mir aus der Hand, und ich wollte mich gerade danach bücken, als er eine Hand in mein Haar schob und meinen Mund zurück zu seinem brachte.

»Lass es liegen«, raunte er dicht an meinen Lippen. Dann küsste er mich wieder und verbannte jegliche Gedanken an das Buch aus meinem Kopf. Mit einer Hand versuchte ich, Halt zu gewinnen, mit der anderen krallte ich mich in sein Shirt und zog ihn enger an mich.

Ich glitt mit der Zunge in seinen Mund und strich über seine. Ich hatte ihn vermisst, obwohl bloß ein Tag seit unserem letzten Treffen vergangen war. Meine Knie wurden weich, als Nolan die Hände an meinem Körper hinabwandern ließ und meinen Hintern umfasste. Er hob mich hoch und drehte sich, um mich auf seinem Schreibtisch abzusetzen. Ich hatte die Augen geschlossen, konnte aber das Geräusch von Papier hören, das zu Boden segelte. Ich war zu beschäftigt damit, an seinem Shirt zu zerren, um dem Beachtung zu schenken. Ich löste meinen Mund von seinem, um ihm das Shirt über den Kopf zu ziehen. Nolan ließ mir keine Zeit, mich an ihm sattzusehen – eine Hand an meinem Hals, die andere in meinen Haaren küsste er mich weiter. In meinem Kopf wirbelte alles durcheinander.

Ich konnte nicht glauben, dass wir uns eben noch über Bücher unterhalten hatten und jetzt auf seinem Schreibtisch miteinander rummachten. Niemals hätte ich gedacht, so etwas einmal zu tun.

Seine Hände wanderten unter den Saum meines Kleides. Er löste die Lippen von meinen. »Ist das okay?«, fragte er, als er die Finger unter den Bund meiner Strumpfhose und meines Slips hakte.

»Ja«, sagte ich mit rauer Stimme.

»Sag mir, wenn ich dir zu schnell bin. Oder zu langsam. Sag alles, was dir in den Sinn kommt. Ich möchte, dass es gut für dich ist.«

In meinem Magen flatterte es wild. »Alles, was du mit mir machst, fühlt sich toll an.« Mit dem Finger zeichnete ich die Form seiner Lippen nach, bevor ich wieder in seine Augen sah. »Du darfst mich also gerne ausziehen, Nolan.«

Er brauchte keine weitere Aufforderung und zog die Strumpfhose mitsamt Slip herunter. Hitze schoss mir in die Wangen, als meine nackte Haut auf das kühle Holz traf. Und mir wurde noch heißer, als Nolan sich runterbeugte und anfing, an den Innenseiten meiner Schenkel entlangzustreichen. Sein Mund wanderte nach oben, und ich keuchte auf, als seine Lippen meine Mitte trafen. Er verteilte heiße Küsse auf mir, und als ich seine Zunge spürte, musste ich mich an der Kante des Schreibtisches festkrallen.

Es dauerte nicht lange. Die Spannung ergriff Besitz von

meinem gesamten Körper, sie wuchs und wuchs, und ich erbebte, den Blick auf die vielen Bücher in den Regalen geheftet.

Als ich wieder zur Besinnung kam, richtete Nolan sich auf und schlang ohne ein weiteres Wort die Arme um mich. Er hob mich hoch und trug mich durch das Büro ins Wohnzimmer. Wahrscheinlich war es gut, dass ich nicht selbst laufen musste, ich hatte nämlich das Gefühl, mein ganzer Körper wäre geschmolzen. Mit mir im Arm ging er langsam die Stufen der Treppe zu seinem Schlafzimmer hinauf.

Ich sah ihm in die Augen, als er mich sanft auf dem Bett setzte und sich dann neben mich legte. Er warf einen Blick zu seinem Nachttisch, und ein Lächeln breitete sich auf seinem Gesicht aus.

»Elf Uhr elf«, murmelte er. »Wünsch dir was.«

Ich überlegte kurz, während ich mit den Fingern über seinen lächelnden Mund strich. »Es ist das erste Mal seit langer Zeit, dass ich mir nichts wünsche«, flüsterte ich und kuschelte mich enger an ihn. »Weil ich genau da bin, wo ich sein möchte.«

Ein warmer Ausdruck trat in Nolans Augen, und die tiefe Zuneigung, die ich für ihn empfand, spiegelte sich in seinem Blick wider, als er mein Kinn mit den Fingern anhob und mich küsste.

Ich wusste nicht, wieso ich aufwachte.

Ich blinzelte und konnte erst nur Nolans Umrisse erkennen. Als sich meine Augen langsam an die Dunkelheit gewöhnt hatten, sah ich, dass er wach war. Er starrte gegen die Decke und rieb sich über den Brustkorb, als hätte er Schmerzen und als würde es ihm schwerfallen, ruhig und gleichmäßig zu atmen. Vorsichtig hob ich die Hand und legte sie über seine auf seiner Brust.

»Hey«, flüsterte ich.

Nolan drehte den Kopf zur Seite und lächelte – aber es wirkte angespannt.

Ich stützte mich auf den Ellenbogen und setzte mich halb auf, um einen Blick auf den Wecker auf seinem Nachttisch zu erhaschen. Es war kurz nach drei Uhr nachts. Wieder war ich in seiner Gegenwart eingeschlafen und hatte nicht stundenlang wach gelegen und verzweifelt versucht, die dunklen Gedanken zurückzuhalten. Ich hatte an gar nichts gedacht außer an Nolan und wie gut es sich anfühlte, in seinen Armen zu liegen.

Bei ihm dagegen schien das anders auszusehen.

»Kannst du nicht schlafen?«, fragte ich und strich zart über seinen Handrücken.

Er zögerte einen Moment, dann schüttelte er den Kopf.

Ich erinnerte mich daran, wie er von seinen Schlafproblemen erzählt hatte, und überlegte, was ich tun konnte, um ihm zu helfen. Da kam mir ein Gedanke. Ich lehnte mich vor, sodass ich mit meinem Gesicht nah an seins kommen konnte. »Wollen wir sonst die nächsten Seiten lesen, die Dawn geschickt hat?«, fragte ich.

Nolan blinzelte. Sein Atem ging immer noch unregelmäßig, aber die Leere in seinen Augen verschwand. Schließlich nickte er.

Ich schwang die Beine über die Bettkante, stand auf und zog den Saum des T-Shirts runter, das Nolan mir geborgt hatte. Auf meinen Wunsch hin hatte er das *Stranger-Things*-Shirt herausgesucht, über das ich damals im Seminar gelächelt hatte. Ich genoss das Gefühl, seine Kleidung zu tragen und ganz von seinem Duft eingehüllt zu sein.

Ich lief um das Bett herum. Nolan hatte die Beine schon aufgestellt und rieb sich mit beiden Händen übers Gesicht. Er ließ sie wieder sinken und sah zu mir hoch. Seine Haare waren offen, und er war oberkörperfrei, wovon ich mich jedoch nur kurz ablenken ließ. In diesem Moment wollte ich für ihn da sein, so, wie er schon so oft für mich da gewesen war.

Ich griff nach seinen Händen, um ihn hochzuziehen. Was auch immer ihn heute Nacht heimgesucht hatte – es sorgte dafür, dass seine Finger bebten. Ich führte ihn sanft in Richtung Treppe und lief mit ihm nach unten. Am Fuß der Treppe hielt ich inne.

»Möchtest du sie auf dem Laptop lesen oder ausdrucken?«

Er drückte meine Hand. »Wir drucken sie aus.«

Jetzt war er derjenige, der voranging und mich hinter sich her in sein Büro zog. Meine Wangen wurden heiß, als ich die Blätter und Stifte sah, die wir mit unserer Aktion vom Vorabend überall um den Schreibtisch herum auf dem Boden verteilt hatten. Nolan ignorierte das Chaos. Er schaltete seinen Computer ein und klickte ein paarmal auf seiner Maus herum, bis der Drucker im Regal neben dem Schreibtisch Geräusche von sich gab und wenig später die ersten Seiten ausspuckte. Das Ganze dauerte keine zwei Minuten. Ich nahm den Stapel Papier aus dem Drucker und schnappte mir einen Bleistift aus einem kleinen Behälter neben seinem Bildschirm. Ich schob mir den Stift hinters Ohr und griff wieder nach Nolans Hand. Ich führte ihn zurück ins Wohnzimmer, direkt zum Sofa. Er setzte sich hin, während ich die Leselampe dahinter einschaltete. Danach nahm ich neben ihm Platz und legte die Blätter erst mal zur Seite.

Nolans Blick war auf den Boden geheftet, sein Haar fiel nach vorne und verdeckte die Hälfte seines Gesichts. Er war völlig in Gedanken versunken und schien meine Anwesenheit gar nicht richtig wahrzunehmen.

»Du kannst über alles mit mir reden. Das … das weißt du, oder?«, fragte ich vorsichtig.

Wo auch immer er gerade feststeckte – meine Worte rissen ihn zurück in die Wirklichkeit. Zurück zu mir. Er drehte sich zu mir und hob die Hand an mein Gesicht. Zärtlich strich er mit dem Daumen über meine Wange, runter zu meinem Kiefer.

»Ich weiß«, murmelte er, bevor er sich vorbeugte und mich küsste.

Wir verharrten einen Moment lang so. Dann machte ich mich von ihm los und lehnte mich zurück. Ich legte eine Hand auf Nolans Schulter und versuchte, ihn zu drehen. Er kam der stummen Bitte nach, und dann zog ich ihn runter, bis sein Kopf auf meinen Schoß gebettet war. Seine Lippen verzogen sich zu einem Lächeln.

»Du bist gemütlich«, sagte er.

»Das hatte ich gehofft.«

Mit einer Hand streichelte ich sanft über sein Schlüsselbein, hin zu seinem Nacken und zurück. Mit der anderen griff ich nach Dawns Manuskript. Ich räusperte mich leise – und dann fing ich an vorzulesen. Falls Nolan überrascht war, zeigte er es nicht. Aus dem Augenwinkel konnte ich sehen, wie er zu mir hochblickte und sein Lächeln eine Spur breiter wurde.

Irgendwann erklang das Trappeln von Hundepfoten auf dem Holzboden, und Bean erschien in der Wohnzimmertür. Langsam kam er näher, sein Blick eindeutig skeptisch, doch dann beschnupperte er mich und rollte sich schließlich vor dem Sofa zusammen. Ich ließ mich davon nicht beirren, freute mich aber insgeheim über diesen Fortschritt.

Nolans Haare kitzelten meine Schenkel, als sich sein Körper Stück für Stück entspannte und sein Kopf in meinem Schoß schwerer wurde. Ich streichelte ihn weiter, und je länger ich ihm vorlas, desto tiefer und gleichmäßiger ging sein Atem.

Als ich ungefähr bei der Hälfte der Seiten eine kurze Pause einlegte und den Blick senkte, sah ich, dass seine Augen geschlossen waren und sich sein Gesichtsausdruck entspannt hatte. Gerade als ich dachte, dass er eingeschlafen war, hob er die Hand und legte sie über meine.

»Danke«, sagte er mit heiserer Stimme.

Ich strich ihm eine Strähne aus der Stirn und hoffte inständig, dass er mich öfter auf diese Art für ihn da sein ließ. Ich konnte mir nämlich nichts Schöneres vorstellen.

kapitel 27

Als ich am Montag von der Uni nach Hause kam, hielt ich wenige Meter vor der Haustür abrupt inne.

Auf der Eingangstreppe saß Stanley. Er trug einen blauen Overall, als hätte er in seiner Werkstatt gearbeitet und wäre im Anschluss direkt zu mir gefahren. Als er mich entdeckte, erhob er sich schnell und strich seine Hose glatt. Ich rückte die Tasche auf meiner Schulter zurecht und ging zögerlich auf ihn zu.

»Everly, wie schön, dich zu sehen«, sagte er und machte einen Schritt nach vorne.

»Hi, Stanley.«

Er schien nicht so recht zu wissen, ob er mich umarmen sollte oder nicht, also nahm ich ihm die Entscheidung ab und reichte ihm die Hand. Seine Haut war eiskalt, als er einschlug.

»Bist du schon lange hier?«, fragte ich.

»Eine Weile«, gab er zurück. »Hättest du Lust, ein bisschen mit mir spazieren zu gehen?«

Am liebsten hätte ich abgelehnt. Ich konnte mir nämlich nur zu gut vorstellen, weshalb er hier war.

»Hat Mom dich geschickt?«, fragte ich.

Er schüttelte den Kopf. »Ich besuche Dawn heute und dachte mir, ich kann dann ja auch einen Abstecher zu dir machen. Also – spazieren wir ein bisschen?«

Ich nickte, obwohl ich nichts lieber getan hätte, als nach oben ins Warme zu gehen.

Stanley vergrub beide Hände in den Taschen seines Overalls, und zusammen verließen wir das Wohngebiet und schlugen einen der Wanderwege ein.

»Dawn war schon so oft mit mir spazieren«, fing er irgendwann an. »Ich habe das Gefühl, dass ich Woodshill fast auswendig kenne.«

Ich hatte keine Ahnung, was ich darauf antworten sollte. Ich hatte nie das Gefühl gehabt, dass Stanley und ich besonders viel gemeinsam hatten, und konnte mir nicht vorstellen, welche Richtung dieses Gespräch einschlagen würde. Also schwieg ich.

»Wie läuft es in der Uni? Und mit deinem Job?«, fragte er unvermittelt, und ich warf ihm einen verwirrten Seitenblick zu.

»Bist du wirklich hergekommen, um mich das zu fragen?«

Stanley hielt den Blick nach vorne gerichtet. »Ich weiß, dass wir bisher noch nicht so viel Zeit zu zweit verbracht haben, und ich dachte, das können wir ändern. Immerhin ziehen deine Mutter und ich diese Woche zusammen.«

Auf diese Erinnerung hätte ich wirklich verzichten können. Jetzt musste ich daran denken, dass ich nicht mehr zurück nach Hause konnte und dass die Beziehung zu meiner Mom einen irreparablen Schaden erlitten hatte. Außerdem ließ es mich an Dad denken, und immer wenn ich das tat, konnte ich seine Hände wieder an meinem Hals fühlen und sein Brüllen in meinen Ohren hören. Ich kniff kurz die Augen zusammen und versuchte, diese Gedanken beiseitezuschieben und mich stattdessen auf meine Umgebung zu konzentrieren. Allmählich kamen wir dem See näher, an dem ich manchmal laufen ging. Der Kies knirschte unter meinen Schuhen, und von meinem Atem bildeten sich kleine Wölkchen vor meinem Gesicht.

»Nachdem meine Frau mich verlassen hatte, war ich so wütend. Ich habe niemandem mehr vertraut, weil ich der Überzeugung war, dass jede andere Frau mich genauso verlassen würde, wie Dawns Mutter es damals getan hat«, sagte Stanley.

Ich seufzte. Ich fand es lieb, dass er die Wogen zwischen Mom und mir glätten wollte, aber unsere Situationen hatten nichts gemeinsam. Seine Frau hatte ihn nicht misshandelt. Für ihn war es traurig gewesen, verlassen zu werden. Bei uns war Dads Verschwinden das Beste, was jemals hätte passieren können.

»Ich wollte dir heute nur sagen, dass ich euch niemals das antun werde, was dein Vater euch angetan hat.«

Ich blieb mitten auf dem Gehweg stehen und starrte Stanley an. »Was?«, krächzte ich.

Er wandte sich mir zu und sah mich warm an. »Ich werde euch niemals das antun, was dein Vater euch angetan hat.«

»Mom hat mit dir darüber geredet?« Meine Stimme zitterte, und das hatte nichts mit den Minusgraden zu tun, die hier draußen herrschten.

Stanley nickte ernst. »Sie hat mir alles erzählt.«

Ich schüttelte ungläubig den Kopf, während er meinen Blick nachdenklich erwiderte. »Weiß … weiß Dawn auch davon?«

»Nein. Das kannst du ihr erzählen, wenn du dich bereit dazu fühlst.«

Ich wusste nicht, was ich sagen sollte. Meine Gedanken rasten.

Stanley nickte nach vorne, damit wir weiterliefen. »Das, was dein Vater euch angetan hat, ist furchtbar, und ich wünschte, ich könnte irgendetwas tun, um das rückgängig zu machen. Leider geht das nicht, egal wie sehr ich mir das auch wünsche.

Ich kann dir nur versprechen, immer für euch da zu sein, ganz gleich, was passiert.«

Etwas in meiner Kehle zog sich zusammen. Der kalte Wind brannte in meinen Augen, und ich fühlte, wie sich Tränen darin bildeten.

»Hat sie dir auch erzählt, dass sie Dad wieder in unser Leben gelassen hat?«, fragte ich nach einer Weile. »Dass er neulich vorbeigekommen ist, als ich dort gewesen bin?«

Jetzt war Stanley derjenige, der innehielt, nur ganz kurz, dann lief er weiter neben mir her.

Seinem Gesichtsausdruck nach zu urteilen wusste er nichts davon. »Wie es scheint, weißt du doch nicht alles«, murmelte ich.

Er brauchte einen Moment, bis er sich wieder gesammelt hatte. »Deshalb möchtest du nicht beim Umzug helfen?«, fragte er schließlich.

Ich nickte kurz. »Ich kann nicht zurück, wenn die Gefahr besteht, dass er wiederkommt.«

Stanley schwieg lange, während wir weiterliefen. Irgendwann kamen wir an einer Parkbank vorbei, und er deutete darauf. Ich setzte mich neben ihn, während er weiter in Gedanken versunken war, den Blick auf den See geheftet.

Irgendwann drehte er sich zu mir »Es wird nichts geben, was Maureen und mich entzweit. Und ich würde niemals zulassen, dass irgendwer ihr oder dir wehtut.«

Wieso sagte er mir das? Hatte Mom ihn hergeschickt, damit ich ihr doch meinen Segen gab? Und warum hatte sie Stanley von Dad erzählt, ihm aber verschwiegen, dass er neulich bei uns gewesen war?

Ich schluckte trocken und dachte an die Kartons, die Mom in meinem Zimmer abgestellt hatte. Ganz gleich, wie lieb sein Besuch gemeint war und was Mom mit ihm beredet hatte – das war nicht länger meine Sache. Diesmal würde ich Mom nicht dabei zusehen, wie alles auseinanderfiel. Ich würde das nicht noch mal schaffen. Schon gar nicht, wenn mein Vater involviert war. Die Gedanken schmerzten mich mehr, als ich für möglich gehalten hätte. Der Wind wurde noch schneidender, und meine Augen begannen zu tränen. Ich räusperte mich.

»Danke, dass du für meine Mom da bist, Stanley«, sagte ich, den Blick fest auf meine Schuhspitzen geheftet. »Bitte pass gut auf sie auf.«

Bevor er noch etwas sagen oder weiter versuchen konnte, meine Meinung zu ändern, stand ich auf und lief zurück zu meiner Wohnung.

»Ich glaube, mein Herz schmilzt«, sagte Spencer beim Anblick des kleinen schwarzen Kätzchens, das sich auf dem Boden um ein Paar Strümpfe zusammengerollt hatte. Seine Pfoten waren die einzigen Stellen, die weiß waren, und es sah so aus, als trüge es Socken.

»Meins auch«, seufzte Dawn neben mir.

»Und meins erst«, murmelte ich. Der Kleine war wirklich sehr niedlich.

Isaac brummte bloß. Er saß mit verschränkten Armen auf dem Sofa in Allies und Kadens Wohnung, den Blick mit gerunzelter Stirn auf das Kätzchen geheftet, als hätte es ihm etwas angetan. Seine Haare waren durcheinander, sein Hemd zerknittert, und wenn ich die dunklen Ringe unter seinen Augen richtig deutete, hatte er seit Nächten nicht mehr richtig geschlafen.

Wir waren heute bei Allie und Kaden, weil die beiden sich ein Geschwisterkind für ihren Kater Spidey geholt hatten, das sie uns unbedingt vorstellen wollten. Dawn hatte beschlossen, es wäre eine tolle Möglichkeit, Isaac von seinem Kummer abzulenken, allerdings machte er auf mich nicht den Eindruck, als würde die Wirkung des Anti-Liebeskummer-Kätzchens bei ihm einsetzen.

Kaden kam mit Spidey im Arm zu ihm und setzte den großen Kater neben Isaac auf dem Sofa ab. Spidey rollte sich dicht neben ihm zusammen, und Isaacs Ausdruck wurde ein bisschen weicher.

»Ich sollte mir auch eine Katze holen«, sagte er und fuhr über das rote Fell des Katers. »Katzen brechen einem nicht das Herz.«

»Dann hast du noch nie eine Katze gehabt, die neben ihr Klo pinkelt«, gab Kaden zurück. »Oh, und falls es dich interessiert: Sawyer geht es überhaupt nicht gut. Regelt euren Scheiß endlich und redet miteinander.« Allie stieß ihm den Ellenbogen in die Seite, und er verzog die Mundwinkel schmerzerfüllt.

Isaac presste bloß die Lippen aufeinander und fuhr fort, den Kater zu streicheln. Ich stand auf und setzte mich neben ihn aufs Sofa. Ich würde Kaden an die Gurgel gehen, wenn er ihn noch mal so dumm von der Seite anmachte. Wir wollten Isaac hiermit aufheitern. Nicht das Gegenteil.

»Also, wenn euch das mit dem Danebenpinkeln stört, adoptiere ich den kleinen Mann gerne«, sagte Spencer liebevoll und streichelte den Kopf des kleinen Kätzchens auf dem Boden. Dawn gab ein entzücktes Geräusch von sich.

»Ihr habt uns immer noch nicht den Namen verraten«, sagte ich an Allie und Kaden gewandt.

»Das liegt nur daran, dass Kaden eine große Show daraus machen wollte.« Allie klang genervt, aber ihre Augen funkelten.

Kaden erhob sich vom Sofa und hob sein Glas feierlich. »Ladys und Gentlemen, das neue Mitglied im Hause White-Harper heißt …« Er machte eine Kunstpause. »Tony.«

Er sah erwartungsvoll in die Runde.

»Tony. Wie Tony Stark«, erklärte er langsam, als wären wir alle schwer von Begriff. »Tony Stark aka Iron Man?«

Ein leises »Ahhh« ging durch den Raum. Dann wandten Spencer und Dawn sich wieder dem Kätzchen zu, während ich Isaac ansah und mit der Schulter gegen seine stupste.

»Hey. Magst du Steak?«, fragte ich.

Isaac sah erst verwirrt aus, dann gab er ein schnaubendes Lachen von sich. »Einen Moment lang dachte ich, du meinst die Frage ernst.«

»Ich hatte ein bisschen mehr Euphorie erwartet, Bubbles«, sagte Kaden neben uns. Er klang enttäuscht.

»Mach dir nichts draus. Der Name ist der Hit.«

Ich warf einen kurzen Blick zu Allie und Kaden, die sich küssten. Dann sah ich wieder Isaac an, dessen Nase sich angewidert kräuselte. Ich unterdrückte ein Lachen. Vor wenigen Wochen hatte ich genauso ausgesehen, wenn meine Freunde ihre Finger nicht voneinander lassen konnten. Jetzt dachte ich automatisch an Nolan und daran, dass ich es kaum erwarten konnte, ihn wiederzusehen.

»Diesmal bist du derjenige, der traurig aussieht«, sagte ich zu Isaac.

Er fuhr fort, den großen Kater zu streicheln, und hob ratlos eine Schulter. »Bin ich auch.«

»Kann ich irgendwas für dich tun?«, fragte ich.

Isaac dachte kurz nach. »Mir meine Gefühle wegnehmen, damit es sich nicht mehr so anfühlt, als hätte man mich durch den Fleischwolf gedreht?«

Ich verzog angewidert das Gesicht. Was hatte der Kerl nur immer mit seinen Fleischvergleichen?

»So schlimm?«

Es tat mir leid, ihn so zu sehen, und ich wünschte, ich könnte noch mehr für ihn tun.

»Dich hat es ziemlich erwischt, oder?«, fragte ich vorsichtig.

Isaac lächelte leicht. »Sawyer ist die Frau, die ich heiraten wollte.«

Ich sah ihn verblüfft an. Er sagte das mit völliger Gewissheit, als wäre es eine Tatsache, derer er sich schon lange bewusst war und die sich auch in Zukunft nicht ändern würde. »Wirklich?«

Er nickte knapp. »Aber ich versuche mich gerade mit aller Kraft davon abzulenken. Erzähl mir also lieber irgendwas. Beispielsweise, ob bei dir und deiner Mom wieder alles okay ist.«

Jetzt war ich diejenige, die eine Grimasse zog. Es fiel mir nach wie vor nicht leicht, mit anderen über meine Probleme zu sprechen, aber immerhin war es ein Fortschritt, dass ich nicht sofort den Impuls verspürte, mit einer fadenscheinigen Ausrede aus dem Raum zu rennen.

»Nicht wirklich«, gab ich zurück. Seit Stanleys Besuch hatte ich jegliche Gedanken an Mom verdrängt. Ich tat einfach so, als hätte das Gespräch nie existiert, und versuchte, mich mit dem Gedanken anzufreunden, dass Mom nun Stanley hatte, der auf sie aufpassen würde. Das gab mir immerhin ein bisschen Seelenfrieden.

»Familie ist wichtig. Ich wüsste nicht, was ich ohne meine machen würde«, sinnierte Isaac.

Ich presste bloß die Lippen aufeinander, weil es mir genauso ging. Es tat weh, über das nachzudenken, was zwischen Mom und mir vorgefallen war. Mir vorzustellen, sie in Zukunft nicht mehr regelmäßig zu sehen, war schlimmer als alles andere. Aber ich hielt weiter an meinem Entschluss fest. Ich würde nicht wieder zurück nach Hause kommen. Es gab zu viele Dinge, die mich davon abhielten.

»Ablenkung ist ein gutes Stichwort. Am besten tun wir so, als würden unsere Probleme gar nicht existieren.«

Er hob eine Augenbraue. »Ich bin mir nicht sicher, ob das auf Dauer funktioniert.«

»Ich auch nicht. Aber etwas anderes bleibt mir gerade nicht übrig. Alle Alternativen sind nämlich mit Konfrontation verbunden, und das kommt gerade nicht infrage.«

Isaac seufzte. »Sieht bei mir eigentlich ganz ähnlich aus«, sagte er, auch wenn er nicht hundertprozentig überzeugt wirkte.

»Siehst du? Wir machen das gut.«

Isaac streichelte Spidey weiter und nickte gedankenverloren.

kapitel 28

Als es klingelte, sprintete ich förmlich zu meiner Eingangstür. Ich ließ Nolan gar nicht richtig ankommen und schlang die Arme um seinen Hals, noch während er auf der Schwelle zu meiner Wohnung stand. Er legte einen Arm um meine Taille und drückte mich an sich, mit der anderen schloss er die Tür.

»Eine schöne Begrüßung«, sagte er lächelnd, als ich mich ein Stück zurücklehnte, die Arme weiterhin um seinen Hals geschlungen. Ich sah auf seinen Mund und sofort wieder hoch, plötzlich unsicher, ob so eine überschwängliche Begrüßung überhaupt angebracht war. Wir hatten bisher nicht darüber gesprochen, was das zwischen uns war, und nach unserer letzten gemeinsamen Nacht wusste ich noch weniger, wo wir standen. Ich war für ihn da gewesen, und wir waren zusammen eingeschlafen. Das musste etwas bedeuten, oder?

Als hätte Nolan meine Zweifel gespürt, beugte er sich zu mir und küsste mich. Mein Herz machte einen freudigen Satz.

»Essen und Film stehen auch schon bereit«, sagte ich.

Nolan reckte sich, um einen Blick ins Wohnzimmer werfen zu können, wo ich den Tisch gedeckt hatte. Auf dem Rückweg von der Arbeit hatte ich etwas bei meinem asiatischen Lieblingsrestaurant mitgenommen und auf meinem Couchtisch ausgebreitet, daneben stand mein Laptop, auf dem ich bereits den ersten Film geöffnet hatte.

Bei unserem letzten Treffen hatte Nolan mir erzählt, dass er bislang nur wenige Horrorfilme gesehen hatte, und vorgeschlagen, dass ich ihm nach und nach meine Favoriten zeigen könnte. Ich hatte eine Liste auf Netflix erstellt, die wir nach und nach abarbeiten konnten, und beginnen würden wir heute mit *Conjuring – Die Heimsuchung*.

Ich nahm ihm die Jacke ab, ergriff seine Hand und zog ihn mit mir ins Wohnzimmer. Ich hatte mir Mühe geben wollen, genau wie er beim letzten Mal, und hatte ein paar Kerzen angezündet und den Tisch so schön wie möglich gedeckt. Im Gegensatz zu Nolans Wohnung merkte man meiner aber deutlich an, dass es sich um eine Studentenbude handelte. Ich hatte keinen Esstisch mit Stühlen – ich hatte nur meinen Paletten-Tisch, das Sofa und den Sessel. Ich fragte mich, wie der Anblick wohl auf ihn wirken musste, doch bevor ich etwas sagen konnte, drehte er sich mit leuchtenden Augen zu mir um.

»Das sieht toll aus. Vielen Dank«, sagte er und strich kurz über meinen Rücken.

Verlegen trat ich von einem Bein aufs andere. Jede Begegnung mit Nolan ließ unser Verhältnis intimer werden. Und je mehr Zeit ich mit ihm verbrachte, desto intensiver wurden meine Gefühle für ihn. Ich wusste nicht, wie das am Ende aussehen sollte, wenn ich ihm jetzt schon so verfallen war.

Ich räusperte mich und deutete ihm an, Platz zu nehmen. Er setzte sich auf das Sofa, und nachdem ich seine Jacke auf dem Sessel abgelegt hatte, griff ich nach den Pappschachteln, um unsere Teller aufzufüllen.

»Das ist meine Art von Kochen«, sagte ich und legte ein paar Wantans auf seinen Teller. »Du musst mir irgendwann das eine oder andere Rezept beibringen.«

»Klar, gerne. Wobei ich es so auch ganz schön finde«, sagte er.

Ich verteilte das restliche Essen auf unseren Tellern und setzte mich dann neben ihn. »Bist du bereit für *Conjuring*?«, fragte ich.

»Kann losgehen«, gab er zurück.

In seiner Stimme schwang ein Unterton mit, der mich unweigerlich an Dawn erinnerte. Sie hatte genauso zögerlich geklungen, als wir damals *The Grudge* geschaut hatten.

»Du schaffst das. Ich glaube an dich«, sagte ich und tätschelte seine Schulter, bevor ich den Film startete.

Ein paar Minuten aßen wir schweigend und verfolgten das Geschehen. Irgendwann deutete Nolan mit seinen Stäbchen auf den Bildschirm, auf dem gerade der Hund zu sehen war, der sich nicht traute, das neue Haus seiner Familie zu betreten. »Man sollte Tieren immer vertrauen. Wäre das mein Hund, wäre ich längst über alle Berge.«

Ich schmunzelte. »Meinst du wirklich? Stell dir vor, du kaufst ein Haus und Bean weigert sich reinzugehen – würdest du es sofort wieder verkaufen?«

Er dachte kurz nach. »Wahrscheinlich hast du recht. Eher nicht. Aber trotzdem – das sind doch ganz offensichtliche Anzeichen dafür, dass gleich alles schiefgehen wird.«

Ich unterdrückte ein Grinsen. Wenn er wüsste.

Wir sahen uns den Film weiter an. Nach ein paar Minuten vergaß Nolan zu essen und verharrte mit den Stäbchen vor seinem Mund, den Blick auf meinen Laptop geheftet. »Okay, jetzt würde ich definitiv ausziehen. Und zwar ans andere Ende der Staaten. Oder auf einen anderen Kontinent.«

Ich fand es niedlich, dass er nicht mal versuchte, seine Angst vor mir zu verheimlichen. Bei einer besonders gruseligen Szene zuckte er so heftig zusammen, dass ihm die Stäbchen aus der Hand und auf den Teller fielen. Seine Wangen waren blass, als er mir einen Blick von der Seite zuwarf.

»Du siehst mich viel mehr an als den Film.«

»Weil ich ihn schon auswendig kenne.«

»Wie kannst du dir so was angucken und noch schlafen?«

»Ob ich Horrorfilme schaue oder nicht – schlafen tue ich ohnehin schlecht.«

Nolan seufzte. »Ich auch. Aber würde ich mir so was öfter angucken, wäre es bestimmt noch schlimmer.« Plötzlich veränderte sich etwas in seinem Blick, und er räusperte sich. »Tut mir übrigens leid wegen neulich. Ich wollte dich nicht die halbe Nacht wach halten.«

Ich lehnte mich nach vorne und drückte auf Pause, um den Film anzuhalten. Dann drehte ich mich zur Seite und lehnte mich mit der Schulter gegen die Rückenlehne meiner Couch, um Nolan richtig ansehen zu können.

»Ich habe das gerne gemacht. Und ich würde jederzeit wieder die halbe Nacht mit dir wach bleiben«, wisperte ich.

In Nolans grauen Augen flackerte etwas Dunkles auf. Was auch immer ihm Schlafprobleme bereitete, ich war mir sicher, dass er gerade daran dachte. Und auch wenn ich wissen wollte, was es war, wollte ich ihm gleichzeitig Freiraum lassen. Er sollte mir nicht aus Zwang etwas anvertrauen, wozu er nicht bereit war. Früher oder später würde er schon mit mir reden. Genau, wie ich es bei ihm getan hatte.

»Du bist zauberhaft, Everly.« Er strich mir eine Haarsträhne hinters Ohr. »Und warmherzig.«

Ich spürte, wie meine Wangen rot wurden, aber ich machte eine einladende Handgeste. »Du darfst gerne weitermachen.«

Er beugte sich vor und küsste meine Schläfe. »Außerdem bist du liebevoll.« Sein Mund wanderte an meinem Hals hinab. »Und wunderschön.«

»Ich glaube, wir sollten das mit dem Horrorfilmabend verschieben«, sagte ich heiser und klappte den Laptop zu.

»So ein Mist«, raunte Nolan an meinem Hals. Er strich mit dem Mund bis hinter mein Ohr und küsste die empfindliche Stelle direkt dahinter. »Dabei wollte ich dir doch unbedingt zeigen, wie mutig und stark ich sein kann.«

Ich schob eine Hand in seinen Nacken und hielt ihn dicht bei mir. Dann neigte ich den Kopf, um seinen Lippen besseren Zugang zu gewähren. »Dafür würden mir auch andere Wege und Mittel einfallen«, flüsterte ich, während er fortfuhr, meinen Hals zu liebkosen.

»Mir auch.« Nolan legte eine Hand auf meine Hüfte. Seine Finger strichen über nackte Haut, wo mein Shirt hochgerutscht war. Im nächsten Moment packte er mich fester und zog mich auf seinen Schoß. Ich japste überrascht und hielt mich an seinen Schultern fest.

Ich liebte es, dass Nolans Berührungen genau wie seine Worte waren: roh und echt. Gleichzeitig fühlte ich mich bei ihm so geborgen wie nirgends sonst.

Nolan vergrub eine Hand in meinem Haar und zog mich für einen Kuss zu sich. Das Gefühl seiner Lippen an meinen war mir mittlerweile vertraut, und dennoch war dieser Kuss genauso aufregend wie jeder vorangegangene. Ein Knäuel von Energie sammelte sich in meinem Bauch und sandte ein Prickeln durch meinen gesamten Körper, als Nolans Hände unter mein Shirt fuhren und es mir vom Körper zogen. Unser Kuss geriet aus dem Ruder und wurde fiebrig. Sein Shirt verschwand, mein BH folgte, und dann waren wir Haut an Haut. Nolans Hände waren überall auf mir, und ich berührte ihn mindestens genauso gierig. Mein Verlangen nach ihm stieg mit jedem unserer Treffen noch mehr, und ich glaubte nicht, dass ich jemals genug hiervon haben würde. Dafür fühlte es sich viel zu gut an.

Ich strich über seinen Bauch nach unten bis zu seiner Jeans und öffnete den ersten Knopf. Ich schob meine Hand unter seine Boxershorts und umfasste ihn, was Nolan scharf einatmen ließ. Ich hielt selbst den Atem an und streichelte ihn.

»Ein bisschen fester«, murmelte Nolan, den Blick auf mein Gesicht geheftet. Er fuhr mit seinem Daumen über meine Wange und meine Lippen und küsste mich, als ich seiner Aufforderung nachkam. Irgendwann legte er seine Hand über meine und half mir. Seine Erektion wurde unter unserem gemeinsamen Griff zunehmend härter, bis er meine Hand unvermittelt losließ und sich an dem Knopf meiner Hose zu schaffen machte. Er half mir dabei, sie von meinen Beinen zu streifen, und zog mich zurück auf seinen Schoß. Der Stoff seiner Jeans fühlte sich rau unter meiner nackten Haut an.

Er holte ein Kondom aus seinem Portemonnaie und rollte es sich über, bevor er mich ein Stück hochhob. Ich schnappte nach Luft, als ich ihn an meinem Eingang fühlte.

Unsere Gesichter waren bloß eine Handbreit voneinander entfernt. Nolans Lider waren halb gesenkt, und sein Atem ging unregelmäßig. Ich keuchte auf, als er in mich eindrang.

Nolan schlang einen Arm um mich und zog mich so dicht an sich, dass für nichts anderes mehr zwischen uns Platz war. Das hier war noch so viel intimer als unser letztes Mal. Zärtlich streichelte ich seine Wange und bewegte mich auf ihm. Sein Griff verfestigte sich um mich.

»Nach unserem ersten Mal dachte ich, ich hätte geträumt«, murmelte er. »Aber das hier passiert wirklich, oder?«

Statt einer Antwort beugte ich mich zu ihm und küsste ihn. Ich wollte ihm zeigen, wie real das mit uns war und dass es sich auch für mich unbeschreiblich anfühlte. Obwohl ich nervös war und nicht genau wusste, was ich tat, war das Gefühl von Nolan so nah bei mir das Natürlichste der Welt – beinahe wie atmen. Ich verstand nicht, wie das möglich war, aber ich kostete jede Sekunde voll und ganz aus.

Es war das zweite Mal, dass ich mit Nolan in meinem Bett aufwachte. Als ich die Augen aufschlug, lächelte er mich an. Er sah ausgeschlafen und glücklich aus. »Guten Morgen.«

Ich schlang den Arm um seinen Bauch und kuschelte mich enger an ihn. Wieso zum Teufel hatte ich das hier so lange verschmäht? Es fühlte sich wunderschön an, neben der Person aufzuwachen, die einem mehr als alles andere bedeutete.

»Guten Morgen«, erwiderte ich und strich über seinen Bauch und weiter hoch zu seinem Tattoo. Ich sah nicht hin, aber inzwischen wusste ich, wo sich die einzelnen Zeilen befanden. Ich zeichnete sie mit den Fingern nach. »Hast du gut geschlafen?«

»Und wie. Dank dir.«

»Vielleicht sollten wir das öfter machen.«

»Sex vorm Einschlafen?«, fragte Nolan.

Ich nickte, und er grinste. Kleine Falten bildeten sich neben seinen Augen. Am liebsten hätte ich jede einzelne davon geküsst.

»Du bist nicht mal von meinem Wecker aufgewacht«, sagte er nachdenklich.

»Wirklich?«

Er nickte. »Diesmal habe ich mir einen gestellt, damit ich nicht wieder einen halben Herzinfarkt bekomme wie beim letzten Mal.«

»Musst du gleich los?«, fragte ich.

Er nickte. »Ich halte heute einen Vortrag vor dem Fachschaftsrat.«

Seine Worte erinnerten mich schmerzlich daran, dass wir mit dem, was wir hier taten, vermutlich gegen alle möglichen Regeln der Universität verstießen. Fragen keimten in meinem Kopf auf, aber ich drängte sie zurück. Ich konnte ihn jetzt nicht fragen, was das mit uns war und wie es in Zukunft weitergehen sollte. Ich wollte den Moment nicht zerstören und stieß ein Seufzen aus.

»Das war ein sehr tiefer Seufzer«, merkte Nolan an.

Ich legte den Kopf in den Nacken, um ihn wieder anzusehen. »Ich wünschte, wir könnten ewig hier liegen bleiben.«

Er lächelte schief. Dann beugte er sich vor und küsste meine Nasenspitze. »Nächstes Mal.«

Ich nickte und zeichnete kleine Kreise auf seinem Brustkorb. »Brauchst du irgendwas? Frühstück oder so?«

Er schüttelte den Kopf. »Nur eine heiße Dusche, wenn das geht.«

»Klar«, sagte ich und setzte mich dann schweren Herzens auf. Ich holte ein Handtuch aus meinem Schrank und reichte es Nolan.

»Danke«, sagte er und stand ebenfalls auf. Er beugte sich für einen Kuss zu mir, bevor er mein Schlafzimmer verließ und ins Bad ging. Wenig später hörte ich die Dusche anspringen. Ich widerstand der Versuchung, zu ihm zu gehen, und machte mich daran, das Chaos im Wohnzimmer aufzuräumen. Ich wusch die Teller ab, schmiss die Pappschachteln in den Müll und schloss meinen Laptop an den Strom an. Dann packte ich meinen Kram für die Uni zusammen und ging zurück ins Schlafzimmer, um mich anzuziehen.

»Everly?«, erklang Nolans Stimme hinter mir.

Ich zog mir den Pullover über den Kopf und hoffte inständig, dass meine Haare nicht elektrisch geladen waren, als ich mich zu ihm umdrehte. »Ja?«

Er stand auf der Schwelle zu meinem Schlafzimmer. Er trug die Sachen vom Vorabend, und seine Haare waren feucht vom Duschen. Am liebsten wäre ich sofort auf ihn zugegangen und hätte ihn berührt – bis ich seinem Blick begegnete.

Er ließ mir das Blut in den Adern gefrieren.

»Was ist das?«, fragte er tonlos. Seine grauen Augen wirkten kalt und distanziert, und um seinen Mund hatte sich eine tiefe Kerbe gebildet. Er hielt etwas hoch. Auf den ersten Blick erkannte ich nicht, was es war. Dann sah ich, dass es die Pillendose war, die ich Mom damals gestohlen hatte.

Ich spürte, wie ertappte Hitze meinen Hals hinaufkroch. Fest presste ich die Lippen aufeinander.

»Everly, wieso hast du eine halb geleerte Dose Schlaftabletten in deinem Badezimmer stehen?«

Noch nie hatte Nolan so mit mir gesprochen. Seine Stimme war beinahe bedrohlich ruhig, seine Haltung so starr, dass ich ihn nicht wiedererkannte. Das dort war nicht der Mann, der mir letzte Nacht liebevoll Komplimente ins Ohr geflüstert hatte.

»Das ist nichts«, sagte ich und machte einen Schritt auf ihn zu, um ihm die Pillen abzunehmen. Nolan hob den Arm hoch und hielt sie außerhalb meiner Reichweite.

»Das ist ein starkes Hypnotikum«, sagte er mit bebender Stimme. »Du nimmst das doch nicht, oder?«

Ich öffnete den Mund und schloss ihn wieder.

Ich konnte Nolan nicht belügen. Egal, wie sehr ich auch wollte – das hatte ich noch nie gekonnt.

»Nicht mehr«, sagte ich schließlich.

»Nicht mehr?«, fragte er fassungslos. »Was heißt das, nicht mehr?«

»Das heißt, dass ich sie manchmal zum Einschlafen benutzt habe. In letzter Zeit aber nicht. Das ist wirklich keine große …«

»Das ist nicht mal dein Rezept«, unterbrach er mich mit Blick auf das Schild auf der Dose. »Wo hast du die Tabletten her?«

»Wieso interessiert dich das?«, fragte ich und griff wieder

nach dem Döschen. Diesmal bekam ich es zu fassen und nahm es ihm weg. Ich warf es achtlos aufs Bett.

»Weil das gefährlich ist, verdammt. Hast du dich überhaupt über die Nebenwirkungen informiert? Über das Risiko, abhängig zu werden?«

»Du brauchst dir keine Sorgen zu machen. Ich werde nicht abhängig, nur weil ich die mal eine Woche nehme.«

Nolans Augen weiteten sich vor Entsetzen. Plötzlich wurde mir klar, dass mir dieser Ausdruck nicht fremd war. Ich hatte ihn schon mal gesehen – damals, direkt nachdem ich ihn geküsst hatte. Da hatte er mich genau so angesehen. Als hätte ich auch jetzt etwas gesagt oder getan, was ihn zutiefst bestürzte.

»Ich glaube das nicht«, murmelte er und machte einen Schritt von mir weg. Auch das erinnerte mich an jenen Tag. Aber diesmal war alles anders. Ganz gleich, was gerade auch geschah: Ich würde nicht zulassen, dass er mich wieder von sich stieß.

»Du musst mit mir reden, Nolan«, sagte ich sanft.

»Ich muss überhaupt nichts.«

In meinem Magen zog sich alles schmerzhaft zusammen.

»Ich kann nicht glauben, dass du Schlaftabletten nimmst«, sagte er mit Blick auf mein Bett, wo die Dose lag. Es kam mir vor, als würde sie uns verspotten.

»Ich habe es dir nicht gesagt, weil ich mich geschämt habe. Ich habe sie meiner Mom geklaut, kurz nach unserem ersten Kuss. Es war dumm und naiv, aber ich wollte einfach mal wieder eine Nacht durchschlafen.«

Nolan starrte mich fassungslos an. »Du … du hast sie meinetwegen genommen?«

Ich schüttelte den Kopf und machte einen großen Schritt auf ihn zu. »Ich habe sie genommen, weil sie der einfache Ausweg aus einer schwierigen Situation waren und weil ich dachte, dass ein bisschen Schlaf mir helfen würde. Es lag ganz bestimmt nicht an dir. Und ich kann sie meiner Mom gerne zurückgeben, wenn es dir so wichtig ist. Okay?«

Vorsichtig griff ich nach seiner Hand. Sie fühlte sich ganz kalt an.

»Nein.« Ich konnte sehen, wie unregelmäßig und schnell sich seine Brust hob und senkte. Als er mich wieder ansah, drohte die Panik in seinem Blick mich bei lebendigem Leib zu verschlingen. »Nein, das ist überhaupt nicht okay.«

»Was soll ich dann tun?«, fragte ich. »Was kann ich machen, damit wir das aus der Welt schaffen können?«

Er schüttelte den Kopf und machte einen Schritt zurück. Ich folgte ihm, weil ich das Gefühl hatte, dass er mir zusehends entglitt. Nolan hob die Hand, um mich vom Weitergehen abzuhalten. Es fühlte sich an, als würde er sie um mein Herz schließen und fest zudrücken.

»Ich kann das nicht«, sagte er mit hohler Stimme.

Die Hand drückte fester zu. Seine Worte wiederholten sich in meinem Kopf, gleich mehrmals hintereinander.

»Was kannst du nicht?«, fragte ich kaum hörbar.

Er holte zittrig Luft. »Das, was zwischen uns ist.«

Ich verstand nicht, was gerade geschah. Ich kapierte es einfach nicht. Eben hatten wir noch mit verschlungenen Gliedmaßen im Bett gelegen, und jetzt sah Nolan mich an, als wäre ich eine Fremde.

»Was ist denn zwischen uns?«, fragte ich weiter, obwohl ich mich vor der Antwort fürchtete. Mein Herz raste, meine Hände bebten unaufhörlich.

Er zuckte mit den Achseln. Jetzt war er derjenige, der mir fremd vorkam.

»Was … was sind wir, Nolan?« Eben hatte ich die Antwort auf diese Frage mehr als alles andere wissen wollen. Jetzt war das Gegenteil der Fall, und trotzdem konnte ich mich nicht aufhalten.

»Ich weiß es nicht.« Seine Stimme war rau, kaum mehr als ein Wispern. In meinen Ohren rauschte ein Wasserfall.

»Wieso machst du das kaputt, was wir miteinander haben? Nur wegen der Tabletten? Ich schmeiße sie weg, sie sind mir egal, das habe ich doch schon gesagt.«

»Nein«, sagte er schnell. »Ich dachte bloß …« Er unterbrach sich selbst und schüttelte den Kopf.

»Was dachtest du?«

Er biss die Zähne zusammen, sein Kiefermuskel trat deutlich hervor. Ich wartete einen Moment, ob er weitersprach, aber er schwieg.

»Für einen so wortgewandten Mann bist du erstaunlich still, wenn es darauf ankommt.« Ich konnte die Bitterkeit in meiner Stimme selbst heraushören.

»Das mit uns war doch nichts für die Ewigkeit«, platzte es aus ihm heraus.

Eisige Kälte breitete sich in meinem Körper aus.

»Ich bin dein Dozent, Everly. Was dachtest du, wohin das führt?«

Seine Worte klangen hart und mechanisch, als hätte er sie auswendig gelernt. Ich konnte nicht glauben, dass das gerade wirklich geschah. Es fühlte sich an, als hätte er einen Hammer genommen und das zwischen uns damit zertrümmert.

»Aber das war uns beiden doch von Anfang an klar«, sagte ich mit gebrochener Stimme.

Das konnte er nicht ernst meinen. Er musste diese Verbundenheit zwischen uns doch auch spüren, ich konnte mir das unmöglich eingebildet haben. Es machte auf mich den Eindruck, als würde er einen Vorwand vorschieben, um die Sache mit uns zu beenden.

Ich konnte ihn nicht einfach gehen lassen. Nicht, nachdem ich wusste, wie es sich anfühlte, wenn wir zusammen waren.

Genau wie zuvor auch unternahm ich einen letzten Versuch, ihn zu mir zurückzuholen und ging auf ihn zu. Voller Verzweiflung legte ich meine bebenden Hände an sein Gesicht, damit er mich wieder ansah.

»Du bist der einzige Mann auf diesem Planeten, der mir jemals etwas bedeutet hat. Wir finden einen Weg, Nolan. Da bin ich mir ganz sicher.«

Ich ließ die Daumen über die Stoppeln an seinem Kiefer gleiten. Vorsichtig stellte ich mich auf die Zehenspitzen und küsste ihn. Ich legte alles in den Kuss, was ich in mir hatte, und er stieß ein leises Keuchen aus, das mir eine Gänsehaut auf die Arme trieb.

Ich liebe dich, wollte ich sagen. *Ich liebe dich.*

Als hätte Nolan meine Gedanken gelesen, unterbrach er den Kuss. Er lehnte seine Stirn gegen meine, sein Atem ging immer noch viel zu schnell. Ich öffnete die Augen wieder, doch er wich meinem Blick aus.

Im Gegensatz zum letzten Mal nahm er mich nicht in seine Arme. Er tat das genaue Gegenteil und machte einen Schritt zurück. Dann noch einen. Er sah mich an. Schüttelte den Kopf.

Ein Zittern durchlief meinen Körper.

»Es tut mir so leid, Everly«, flüsterte er. »Aber ich kann nicht.«

Dann machte er auf dem Absatz kehrt, durchquerte meine Wohnung und riss die Tür auf. Ohne sich noch einmal zu mir umzudrehen, knallte er sie hinter sich ins Schloss.

Und brach mir damit das Herz.

kapitel 29

Ich wusste nicht, wie viel Uhr es war. Ich saß auf meinem Sessel und starrte mit leerem Blick auf den Tisch, auf dem gestern noch die Take-away-Schachteln gestanden hatten. Dann sah ich zum Sofa, wo Nolan und ich vor nicht einmal zwölf Stunden miteinander geschlafen hatten.

In meiner Kindheit hatte ich einmal einen Fahrradunfall gehabt, bei dem ich schlimm gestürzt war und mir mehrere Knochen geprellt hatte. Genau so fühlte sich mein Körper jetzt auch an. Jede Bewegung, jeder Atemzug war mit Schmerzen verbunden. Jegliche Kraft schien mich verlassen zu haben. Ich hatte es nicht mal zurück in mein Schlafzimmer geschafft.

Irgendwann wurde es draußen dunkel. Ich aß nichts. Ich trank nichts. Ich ging nicht einmal ins Bad. Mein Kopf war leer. Da war nichts mehr, nur Nolans Worte, die sich in Dauerschleife wiederholten und mir immer und immer wieder das Herz rausrissen.

Mein Leben lang hatte ich mich genau hiervor gefürchtet. Es war, als wäre mein schlimmster Albtraum in Erfüllung gegangen. Ich wusste nicht, wie es jemals aufhören sollte. Mit tauben Fingern holte ich mein Handy aus der Hosentasche. In diesem Moment gab es nur eine einzige Person, deren Stimme ich hören wollte. Eine einzige Person, die mich auffangen konnte. Ich drückte die Kurzwahltaste und hob das Handy wie in Zeitlupe an mein Ohr. Das Freizeichen ertönte ein paarmal, bevor abgehoben wurde.

»Hallo?«

Ich spürte, wie mir beim Klang ihrer Stimme Tränen in die Augen schossen.

»Mom?«, flüsterte ich gebrochen.

»Liebling?«, fragte sie alarmiert. »Everly, Liebling, was ist los?«

»Kannst du herkommen, Mom?«

»Natürlich. Natürlich kann ich das.«

Ich hatte jegliches Gefühl für die Zeit verloren. Es kam mir vor wie ein Wimpernschlag und zugleich wie eine Ewigkeit, bis ich hörte, wie die Tür aufgeschlossen wurde und meine Mutter in die Wohnung rauschte. Als sie mich auf dem Sessel sitzen sah, schnappte sie nach Luft. Im nächsten Moment war sie bei mir und zog mich in ihre Arme. Als ich ihren vertrauten Geruch wahrnahm, konnte ich mich nicht mehr zusammenreißen. Ich schluchzte auf und klammerte mich an sie. Das, was zu Hause geschehen war, wirkte wie eine lange verblasste Erinnerung. Es zählte nur, dass sie bei mir war.

Ich wusste nicht genau, wie lange ich weinte, aber irgendwann setzte sie sich auf die Lehne des Sessels und bettete meinen Kopf auf ihren Schoß. Sie streichelte mein Haar, bis meine Tränen versiegt waren und sich mein Gesicht geschwollen und gespannt anfühlte.

»Möchtest du mir erzählen, wer dir wehgetan hat?«, fragte Mom nach einer Weile. »Dann kann ich mich gleich auf den Weg machen und ihm die Hölle heißmachen.«

Ich versteifte mich. »Woher weißt du …?« Ich sprach den Rest nicht aus.

»Falls du dich erinnerst: Ich kenne mich gut mit Liebeskummer aus«, sagte sie und streichelte meinen Kopf weiter.

Ich schniefte, nicht fähig, irgendetwas zu sagen. In meinem Kopf wirbelte alles durcheinander. In Gedanken kämpfte ich immer noch mit dem, was vorhin geschehen war, während mein Körper das Unausweichliche bereits begriffen hatte.

»Ich verstehe es nicht«, flüsterte ich. »Wie kann man in der einen Sekunde so glücklich sein und in der nächsten am Boden zerstört? Wie geht das?«

Mom seufzte. »Das habe ich mich auch oft gefragt.« Die Hand auf meinem Kopf hielt inne. »Möchtest du mir wirklich nicht erzählen, was passiert ist?«

Ich schluckte schwer. Mom war die einzige Person auf der Welt, vor der ich mich so zeigen konnte – aber trotzdem kam ich nicht gegen die Blockade in meinem Inneren an, die sich weigerte, ihr von Nolan zu erzählen. Es war zum Verrücktwerden.

»Ich habe mich zum ersten Mal in meinem Leben verliebt, und es ist furchtbar ausgegangen. Er hat mich … verlassen.« Das auszusprechen trieb erneut Tränen in meine Augen.

»Wenn er dich so zum Weinen bringt, hat er dich nicht verdient. Niemand, der meine Tochter in einen solchen Zustand versetzt, hat sie verdient«, sagte Mom schlicht.

Ich wischte mir über die Augen. Das hier war einer der Hauptgründe, wieso ich mich niemals hatte verlieben wollen. Ich fühlte mich verloren – genauso verloren, wie Mom immer auf mich gewirkt hatte.

Das konnte gerade nicht wirklich passieren. Mir wurde klar, dass ich das nicht zulassen durfte. Ich setzte mich auf und sah ihr in die Augen.

»Wie komme ich aus diesem Loch wieder raus, Mom?«, fragte ich.

Sie schenkte mir ein trauriges Lächeln und wischte mir eine Träne von der Wange. Die letzte, nahm ich mir vor. Mehr würde ich nicht weinen.

»Das braucht Zeit. Wichtig sind Menschen, die dich unterstützen und mit denen du sprechen kannst. Und Ablenkung. Am besten ganz viel davon«, sagte sie.

Der erste Teil dieser Liste gefiel mir nicht besonders. Eigentlich gefiel mir überhaupt nichts an dieser Situation. Bestimmt würde ich Jahre brauchen, um über Nolan hinwegzukommen.

Vor wenigen Stunden waren wir noch so etwas wie … ja, was eigentlich? Ein Paar waren wir nicht gewesen. Und das Wort »Affäre« schien mir unzulänglich, weil wir sehr viel mehr als das gewesen waren – zumindest hatte ich das geglaubt. Wahrscheinlich war das der Trugschluss gewesen, dem ich mich hingegeben hatte.

Tief im Inneren hatte ich angenommen, wir würden zusammenbleiben, ganz gleich, welche Hindernisse uns in den Weg gestellt wurden. Währenddessen hatte Nolan in mir anscheinend nur etwas Lockeres für zwischendurch gesehen. Jetzt, wo sich seine Worte in Dauerschleife in meinem Kopf wiederholt hatten, sah ich keine andere Erklärung für sein Verhalten.

»Mom, ich muss dir etwas gestehen«, flüsterte ich unvermittelt, als ich daran dachte, wie Nolans und meine Auseinandersetzung begonnen hatte.

»Was denn?«, fragte sie mit warmem Blick.

Mühselig erhob ich mich vom Sessel. Jeder Schritt fühlte sich an, als wäre ich zuvor einen Marathon gelaufen. Mit bleiernen Gliedern ging ich in mein Schlafzimmer und holte die Pillendose vom Bett. Sie fühlte sich kalt in meiner Hand an und deutlich schwerer, als sie in Wirklichkeit war.

Ich kehrte zurück ins Wohnzimmer und hielt sie Mom hin. »Ich habe diese Tabletten aus deinem Badezimmerschrank genommen.«

Ihre Augen wurden groß, als sie die Pillen entgegennahm. Sie schüttelte ungläubig den Kopf. »Was hast du dir dabei nur gedacht?«

Ich zuckte mit den Schultern, weil ich nicht das Gleiche sagen wollte, was ich Nolan auch gesagt hatte.

»Ich hatte Probleme beim Schlafen und dachte, sie könnten nicht schaden. Immerhin hast du sie früher auch genommen.«

»Ja, und als ich gemerkt habe, dass ich mich tagsüber schon darauf gefreut habe, abends wieder eine nehmen zu können, habe ich schleunigst damit aufgehört.«

Ich sah sie ungläubig an. Ich hatte nicht gewusst, dass es so ernst gewesen war.

»Everly, versprich mir, dass du so etwas nie wieder tust. Es gibt so viele andere Methoden, leichter in den Schlaf zu finden«, fuhr Mom fort.

Ich nickte und schluckte den Kloß in meinem Hals runter. »Tut mir leid«, flüsterte ich.

Mom stand auf und ging ins Badezimmer. Wenig später hörte ich die Klospülung. Mit der leeren Dose in der Hand kehrte sie zurück, ging in die Küche und warf sie dort in den Mülleimer. Erst danach kam sie wieder zu mir. Sie griff nach meiner Hand und drückte sie.

»Ganz gleich, wie du dich jetzt fühlst – ich verspreche dir, dass es besser wird. Morgen sieht die Welt schon ein bisschen anders aus.«

Ich wollte ihren Worten mehr als alles andere glauben. Wirklich.

Leider konnte ich es nicht.

Mom blieb bis zum nächsten Morgen bei mir. Sie bot mir sogar an, sich für ein paar Tage bei der Arbeit krankzumelden, aber ich konnte sie dazu überreden, nach Portland zurückzufahren. Bevor sie ging, musste ich ihr versprechen, nicht allein zu Hause zu sitzen, also machte ich mich danach wie in Zeitlupe für die Uni fertig und ging zu meiner Vorlesung.

Als ich im Hörsaal saß, bereute ich diese Entscheidung zutiefst. Ich hörte der Professorin zwar zu, aber es war, als würde sie eine andere Sprache sprechen. Irgendwann fing ich an, die Leute um mich herum in Augenschein zu nehmen. Einige starrten gelangweilt aus dem Fenster, andere schrieben eifrig mit oder tippten unter dem Tisch etwas auf ihrem Handy. Alles war wie immer, und ich verstand nicht, wie das Leben einfach so weitergehen konnte – wie ich so tun sollte, als wäre alles normal, obwohl es sich anfühlte, als würde eine riesige Wunde in meiner Brust klaffen.

Ich war froh, als die Vorlesung vorbei war. Ich sammelte mein Zeug zusammen und machte mich auf den Weg zu meinem nächsten Seminar, auch wenn ich nichts lieber getan hätte, als nach Hause zu gehen und mich auf meinem Sessel einzurollen. Den Blick fest nach vorne gerichtet, schlängelte ich mich durch die Grüppchen von Studenten, die vor den Hörsälen warteten.

Dann erregte etwas meine Aufmerksamkeit – ein blonder Haarschopf.

Mitten auf dem Gang hielt ich inne. Das war keine bewusste Entscheidung, mein Körper drückte einen Moment lang einfach auf Pause.

Nolan stand in einiger Entfernung an der Seite des Ganges und unterhielt sich mit einem Studenten, der etwas in einem Notizbuch notierte. Nolan gestikulierte wild mit den Händen, was den Studenten zum Lachen brachte.

Auch er lächelte. Und das gab mir den Rest.

Wie konnte er dort stehen und lächeln? Wie konnte er so tun, als wäre nichts geschehen, während ich es kaum schaffte, aufrecht zu stehen, weil ich vor Schmerzen fast zusammenbrach?

Als hätte er meinen Blick bemerkt, sah Nolan in meine Richtung. Sein Lächeln verrutschte ein Stück, aber als sein Gegenüber weiter mit ihm sprach, war es wieder da. Er wandte sich von mir ab und widmete seine volle Aufmerksamkeit dem Studenten.

In Gedanken marschierte ich hoch erhobenen Hauptes an ihm vorbei, ohne ihn eines weiteren Blickes zu würdigen. Ich ließ mir nicht anmerken, was er mir mit seinen Worten angetan hatte. Ich tat, als würde es mir überhaupt nichts ausmachen, ihn zu sehen, nachdem er mich so verletzt hatte.

Die Realität sah anders aus.

Statt weiterzugehen, als wäre nichts gewesen, spürte ich, wie meine Hände zu zittern begannen. Jemand rempelte mich von der Seite an und fluchte kurz auf, bevor er weiterlief. Ich wünschte, ich hätte meine Beine auch vom Fleck bewegen können, aber ich schaffte es nicht. Ich konnte nicht von Nolan wegsehen. Tränen bildeten sich in meinen Augen.

»Everly?«, erklang eine Stimme neben mir.

Mit verschwommenem Blick drehte ich mich zu Blake, der neben mir angehalten hatte und mir jetzt eine Hand auf die Schulter legte. Erschrocken öffnete er den Mund, schloss ihn aber wieder und sah in die Richtung, in die ich eben noch geblickt hatte. Verständnis breitete sich auf seinen Zügen aus.

»Wollen wir ein Stück gehen?«, fragte er.

Ich nickte mechanisch.

Ohne zu zögern, legte Blake mir den Arm um die Schulter, drehte mich sanft, aber bestimmt um und lief mit mir in die entgegengesetzte Richtung bis zu einer schmalen Seitentür.

Als wir nach draußen traten, peitschte mir kalter Wind ins Gesicht, der sich durch meine nassen Wangen noch viel schlimmer anfühlte. Verärgert wischte ich die Tränen weg. Schluss damit, verdammt.

»Wohin gehen wir?«, fragte ich mit rauer Stimme.

»Zum Training«, antwortete Blake.

Ich sah an ihm hoch. »Ich spiele kein Basketball.«

Er grinste. »Nein, aber du kannst zuschauen. Und vielleicht kann dich das von deinem Liebeskummer ablenken.«

Mom hatte gelogen. Es war heute überhaupt nicht besser als gestern. Wenn Blake anhand eines einzigen Blickes wusste, was mit mir los war, würden es Leute wie Dawn garantiert aus einer Meile Entfernung erkennen. Was bedeutete, dass ich ihr auf keinen Fall begegnen durfte, solange es mir so schlecht ging. Ich biss die Zähne fest zusammen.

»Ist es so offensichtlich?«, fragte ich.

»Willst du die Antwort darauf wirklich hören?«, entgegnete er, als wir bei der Sporthalle ankamen. Er nahm die Hand von meiner Schulter, um die Tür aufzumachen.

Ich brummte nur.

»Ich habe echt keine Ahnung, was zum Teufel ihr euch dabei gedacht habt.«

»Das hat er auch gesagt.«

Blake sah mich erschrocken an. »Jetzt ernsthaft?«

Ich nickte knapp. »Du brauchst mir also keinen Vortrag darüber halten. Ich weiß selbst nicht, was ich mir dabei gedacht habe. Um ehrlich zu sein, habe ich gar nicht richtig nachgedacht – ich habe mich zum ersten Mal von meinen Gefühlen leiten lassen. Was für eine beschissene Idee das war, merke ich gerade selbst.«

Vor der Tür zur Umkleide hielt er inne und sah mich ernst an. »Hat er dir wehgetan?«

Ich presste die Lippen aufeinander und wischte mir noch mal über die Wangen.

Ich konnte nicht sagen, was zwischen Nolan und mir vorgefallen war, und begriff nicht, wie alles so schnell bergab gegangen war.

»Ich glaube, wir haben uns gegenseitig wehgetan«, antwortete ich nach einer Weile. Auch wenn ich nicht verstand, was ich getan hatte, das Nolan in solche Angst versetzt hatte.

»Ich weiß, wie sich Herzschmerz anfühlt, Everly«, sagte Blake.

Fragend sah ich ihn an.

»Es ist scheiße und tut weh, als wären einem verschiedene Gliedmaßen abgetrennt worden. Aber mit der Zeit wird es besser. Wirklich.«

»Ich wusste nicht, dass du Herzschmerz-Experte bist.«

Für einen kurzen Moment flackerte es in seinen Augen dunkel auf. Er hob die Hand, um sich den Hinterkopf zu reiben, und grinste schief. »Ich bin seit Jahren Experte. Es gibt tolle Methoden, dagegen anzugehen.«

»Sag jetzt nicht, du willst, dass wir uns wieder küssen«, scherzte ich, während ich mich insgeheim fragte, wer ihm wohl das Herz gebrochen hatte.

Statt einer Antwort öffnete Blake die Tür der Umkleide. Ich rümpfte die Nase, als der Geruch von Schweiß, Deo, schmutziger Kleidung und Gummi in meine Nase drang.

»Ey!«, erklang eine empörte Stimme.

»Sorry«, murmelte ich mit heißen Wangen, als ich Otis' nackten Oberkörper sah. Ein Typ neben ihm, den ich nicht kannte, war gerade dabei, sich Basketballshorts anzuziehen. Schnell senkte ich den Blick auf den Boden und ließ mich von Blake durch die gegenüberliegende Tür in Richtung Halle bugsieren.

Blake führte mich unterhalb der Tribüne am Spielfeldrand entlang. Laute Musik dröhnte durch die Halle, und ich wäre fast stehen geblieben, als ich die Cheerleader sah, die am anderen Ende trainierten. Kurz überlegte ich, wieder kehrtzumachen, weil ich die Konfrontation mit meiner Vergangenheit heute nicht auch noch brauchen konnte.

Andererseits war mir klar, dass es gerade keinen einzigen Ort gab, an dem es mir nicht mies gehen würde. Außerdem hatte es mir beim letzten Mal Spaß gemacht, die Choreografie und Hebefiguren der Gruppe anzusehen. Also folgte ich Blake bis zu einer schmalen Bank, auf der bereits Ezra saß und auf seine Mannschaftskameraden zu warten schien. Er wirkte genauso missmutig wie bei der Party damals, nickte mir aber knapp zu, als ich mich neben ihn setzte. Blake blieb neben der Bank stehen.

»Du wirst gleich Zeugin unseres Trainings werden«, sagte er. »Kannst du dir etwas Besseres vorstellen als schweißüberströmte Männerkörper und den Adrenalinrausch des Spiels?«

»Sandwiches, Mac 'n Cheese, Matcha Latte …«, begann ich augenblicklich aufzuzählen, aber Blake unterbrach mich mit einem Schnauben.

»Du kannst nicht einfach ein paar Nahrungsmittel aufzählen und behaupten, dass das alles besser ist, als bei unserem Training zuzusehen, ohne jemals dabei zugesehen zu haben.«

»Auch wieder wahr«, murmelte ich, zu ausgelaugt, um mir weiter schlagfertige Antworten aus den Fingern zu ziehen.

»Wann sind die endlich fertig?«, fragte Ezra mit Blick auf die Cheerleader, die immer noch in Aufstellung standen.

»Also, ich habe nichts dagegen, so begrüßt zu werden«, meinte Blake. Mir entging sein zweideutiges Lächeln nicht. Als er meinen Blick bemerkte, verschwand es schnell. »Weil mich die Tanzschritte und Cheers fürs Training motivieren, meine ich.«

Ich zog eine Braue in die Höhe. »Schon klar.«

»Mich nervt es«, murrte Ezra, und ich fragte mich, ob er immer so ein Sonnenschein war. »Ich habe keinen Bock, jedes Mal zehn Minuten später anzufangen, nur weil Coach Carlson immer überzieht.«

Während Blake noch etwas erwiderte, wandte ich mich wieder den Cheerleadern zu, die ihre Choreografie gerade wieder von vorne begonnen hatten. Viele der Schrittfolgen kannte ich noch von früher und hätte sie wahrscheinlich mit verbundenen Augen tanzen können. Wie auch beim letzten Mal fiel mir auf, dass der Squad gut war und die anspruchsvollen Elemente mit viel Energie tanzte. Erst nach einigen weiteren Takten bemerkte ich, dass einer der Jungs bei jedem Count eine Millisekunde zu früh tanzte. Und auch eines der Mädchen stach aus der Gruppe heraus – und zwar nicht auf gute Weise. Ihre Bewegungen waren unkontrolliert, und während die anderen Mädchen bei jedem Sprung auf einer Höhe blieben, wirkte sie wie ein Flummi, weil sie immer unterschiedlich hoch sprang.

Gerade als ich schauen wollte, ob mir noch etwas auffiel, ging die Musik aus.

»Endlich«, sagte Ezra und stand auf. Er schnappte sich einen Ball vom Halter neben der Bank und fing an, ihn über das Feld zu dribbeln. Blake sah noch einmal zu mir.

»Ich gehe mich mal umziehen«, sagte er. »Bei dir alles klar so weit?«

Ich nickte, obwohl ich nach wie vor nicht wusste, was ich eigentlich hier tat. Aber wahrscheinlich hatte Blake recht – Ablenkung würde bestimmt guttun. Und zumindest könnte ich meiner Mom heute Abend erzählen, dass ich mein Versprechen eingehalten und mich nicht zu Hause verkrochen hatte.

»Viel Spaß beim Training. Ich feuere dich von hier aus an. Im Sitzen, versteht sich«, sagte ich.

»Das ist mein Mädchen«, gab er grinsend zurück. Mit hochgereckten Daumen lief er rückwärts und ließ mich allein auf der Bank zurück. Ich stützte die Hände auf und lehnte mich nach hinten, als die Cheerleader langsam in meine Richtung kamen und begannen, ihre Sachen von der Bank neben meiner aufzusammeln.

Das Mädchen, dessen Sprungbewegungen mir aufgefallen waren, stand ganz in meiner Nähe, als sie ihre Flasche aufdrehte und gierig ein paar Schlucke nahm. Ich zwang mich, von ihr wegzusehen und mich auf das Basketballteam zu konzentrieren, das inzwischen fast vollzählig auf dem Platz war. Bälle knallten auf das Linoleum, und ich versuchte, mich darauf zu konzentrieren. Doch mein Blick zuckte wie von selbst wieder zu der Cheerleaderin. Sie strich sich das dunkle Haar aus der Stirn hinters Ohr, ihre Brauen waren tief zusammengezogen, als wäre sie selbst nicht zufrieden mit ihrer Leistung. Und dann konnte ich irgendwie nicht anders – die Worte wanderten meinen Hals hinauf und platzten förmlich aus mir heraus.

»Du musst kontrollierter springen.«

Das Mädchen schaute mich an. Verwirrt zog sie die Brauen zusammen, blickte über ihre Schulter und zurück zu mir, als wäre sie sich nicht sicher, ob ich sie gemeint hatte.

»Ich meine, du warst toll. Ihr wart alle toll«, stammelte ich und wollte meine ersten Worte am liebsten zurücknehmen, als sie mit langsamen Schritten in meine Richtung kam.

»Wie meinst du das, was du eben gesagt hast?«, fragte sie.

Ich atmete tief durch und sammelte Mut. »Ich meine … du bist jedes Mal unterschiedlich hoch gesprungen«, erklärte ich und hob die Hände, um ihr zu veranschaulichen, was ich meinte.

Das Mädchen seufzte. Sie warf einen flüchtigen Blick über die Schulter und sah wieder zu mir. Dann senkte sie die Stimme. »Ich bin noch nicht so lange dabei wie die anderen. Ich hatte schon Mühe, überhaupt bei der Choreo mitzukommen.«

»Du bist richtig gut«, versicherte ich ihr schnell. »Spann beim nächsten Mal einfach den Bauch an und orientiere dich an der Höhe der anderen. Wenn du dazu noch den Beckenboden anspannst, kannst du dich auch schneller bewegen – das wären also zwei Pluspunkte auf einmal.«

Sie legte den Kopf schräg. »Bist du Trainerin oder so was?«

»Nein«, sagte ich, überrascht über ihre Frage. Gleichzeitig fühlte ich mich seltsam geschmeichelt. »Ich habe nur selbst lange gecheert.«

»Bist du öfters hier?«, fragte sie und sah mich eingehend an. »Dann könntest du beim nächsten Mal gucken, ob ich es richtig mache.«

Während ich über ihre Frage nachdachte, ließ ich meinen Blick zur Basketballmannschaft wandern. Ich stellte fest, dass Blake recht behielt: Hier zu sein half mir tatsächlich dabei, mich abzulenken. Außerdem war es wirklich nicht übel, schwitzenden Männern bei ihren Sportübungen zuzuschauen. Ich konnte mir definitiv vorstellen, mehr Zeit hier zu verbringen.

Schließlich sah ich wieder zu dem Mädchen hoch und lächelte. »Wahrscheinlich schon.«

kapitel 30

Die nächste Woche tat ich alles in meiner Macht Stehende, um mich von Nolan abzulenken. Ich telefonierte jeden Abend mit meiner Mom, und auch wenn unser Streit noch immer wie eine dunkle Wolke über uns schwebte, war es, als ob wir eine stille Verabredung getroffen hätten, ihn zu ignorieren, solange es mir derart schlecht ging. Stattdessen erklärte Mom mir Techniken, die mir dabei helfen sollten, nachts besser einzuschlafen.

Statt stundenlang auf den Bildschirm meines Laptops zu starren, las ich eine Stunde vor dem Schlafengehen in einem Buch oder hörte mir beruhigende Meditationen an. Auch wenn es mich ständig in den Fingern kitzelte, Nolan zu schreiben oder zu sehen, ob er online war, kämpfte ich mit aller Kraft gegen diesen Impuls an. Zu lange hatte ich Mom dabei zugesehen, wie sie den falschen Männern hinterhergelaufen war. Ich hatte bereits den Fehler begangen und mein Herz an jemanden verloren, der es eindeutig nicht haben wollte – weitere Fehler würden nicht folgen. So viel stand fest.

Ich verbrachte so wenig Zeit wie möglich allein in meiner Wohnung. Stattdessen machte ich Überstunden im *Get Inked* und hörte mir bereitwillig die Geschichten an, die Katie mir erzählte. Ich besuchte ein weiteres Mal Allie und Kaden, wo ich einen Großteil der Zeit damit verbrachte, mich mit Spencer darüber zu streiten, wer Tony streicheln durfte (ich gewann). Ich machte mehr für die Uni als sonst und ging in die Bibliothek, um meine Hausaufgaben in Gesellschaft von anderen zu erledigen, statt allein zu Hause am Laptop. Und ich besuchte jedes Training der Basketballmannschaft, wo ich den Jungs entweder bei Testspielen und ihrem Krafttraining zusah oder nebenher Kram für die Uni erledigte.

Blake und ich verstanden uns immer besser. Er war die einzige Person, die von Nolan und mir wusste, und irgendwie hatte ich das Gefühl, dass uns das auf eine ganz besondere Weise zusammenschweißte.

»Dawn hat mir heute eine Warnung gegeben«, sagte er, als wir am Dienstag über den Campus in Richtung Café liefen.

»Wie, eine Warnung?« Ich zurrte den Schal enger um meinen Hals. Nahezu alle Bäume auf dem Campusgelände hatten mittlerweile ihre Blätter verloren und sahen jetzt karg und nackt aus.

»Sie denkt immer noch, dass ich derjenige bin, der dir das Herz gebrochen hat.«

Mein Schweigen ragte wie eine Mauer zwischen Dawn und mir hoch, von der ich keine Ahnung hatte, wie ich sie jemals überwinden sollte.

»Das tut mir leid, Blake«, sagte ich.

»Schon okay. Sie meinte nur, dass ihr aufgefallen ist, wie viel Zeit wir miteinander verbringen, und dass ich ja vorsichtig mit dir umgehen soll, weil sie mir sonst Dinge antun wird, die mit großen Schmerzen verbunden sind.«

Ich stieß ein kurzes Lachen aus, hörte aber auf, als ich Blakes Blick bemerkte. »Dawn ist tough.«

»Und eine loyale Freundin«, sagte Blake in einem Tonfall, der mich stutzig machte. Ich hielt ihm die Tür zum Café auf und sah ihn eingehend an. »Ich meine ja nur«, sagte er leichthin. »Wie wäre es, wenn ihr mal miteinander redet?«

Ich schüttelte automatisch den Kopf. »Das kann ich nicht.«

»Sie würde bestimmt genau so wie ich reagieren. Verständnisvoll und mit Grazie.«

Ich schüttelte grinsend den Kopf, als wir an den Tresen traten. Ich bestellte einen Karamell-Macchiato für Blake und einen Matcha Latte für mich und bezahlte beides, weil ich dieses Mal an der Reihe war. Wir stellten uns an die Seite, um auf unsere Bestellung zu warten.

»Ich traue mich nicht, das Dawn zu erzählen. Es ist ja nicht so, als wäre No–« Blake stieß mir den Ellenbogen in die Seite, gleichzeitig fing er laut zu husten an. Ich folgte seinem Blick.

Dort, auf genau dem Platz, an dem wir damals über Dawns Manuskript diskutiert hatten, saß Nolan. Er balancierte seinen Laptop auf dem Schoß, weil der Tisch viel zu klein für das ganze Papier war, das er darauf ausgebreitet hatte. Sein Anblick versetzte meinem Herzen einen schmerzhaften Stich, und einen Moment lang drangen die Geräusche um mich herum nur gedämpft zu mir durch.

Nolan lehnte sich nach hinten und rieb sich mit einer Hand übers Gesicht. Dann blickte er hoch und entdeckte Blake und mich am Rand der Theke. Er lächelte – bestimmt ein Reflex –, doch als er mir in die Augen sah, verblasste es schnell. Sofort senkte er den Blick wieder auf seine Notizen.

Es war keine zehn Tage her, seit er mir ins Ohr geflüstert hatte, wie wundervoll er mich fand und wie sehr er die Zeit mit mir genoss, keine zehn Tage, seit wir nebeneinander eingeschlafen waren – und jetzt konnte er mich nicht einmal mehr ansehen.

Der Gedanke machte mich so wütend, dass ich am liebsten rübergegangen wäre und seinen Papierkram vom Tisch gefegt hätte. Leider war das nicht möglich, also tat ich das Zweitbeste, was mir in den Sinn kam: Ich holte mein Handy aus der Tasche. Ich umfasste es so fest, dass ich fürchtete, das Display könnte jeden Moment zerspringen, und öffnete unseren Nachrichtenverlauf. Die letzte Nachricht, die dort zu sehen war, stammte von Nolan.

Ich freue mich auf dich.

Blind vor Wut fing ich an zu tippen.

14:14 Uhr – ich wünschte, ich hätte dich niemals kennengelernt.

Ich drückte auf Senden und wartete. Ich beobachtete, wie Nolan sein Handy aus der Hosentasche nahm und die Nachricht öffnete. Sein Gesicht wurde aschfahl, seine Schultern versteiften sich.

»Bestellung für Everly!«, rief die Barista aus, und ich riss den Blick von Nolan los, um mein Getränk entgegenzunehmen.

»Danke für die Runde«, sagte Blake neben mir.

»Gerne«, murmelte ich und lief neben ihm in Richtung Ausgang.

Beim Rausgehen warf ich einen letzten Blick zu Nolans Tisch. Er hatte das Handy wieder weggesteckt und tat so, als hätte es die SMS nicht gegeben. Genau, wie er tat, als hätte es uns niemals gegeben.

An Thanksgiving fühlte ich mich endlich wieder bereit, zu Mom zu fahren. Sie war in den vergangenen zwei Wochen mehrmals in Woodshill gewesen, und wir hatten beinahe jeden Abend miteinander telefoniert. Es war unglaublich viel zwischen uns vorgefallen, aber die Tatsache, dass sie bedingungslos für mich da gewesen war und mich unterstützt hatte, als ich sie am meisten brauchte, überlagerte alles andere, und ich konnte gar nicht anders, als ihre Einladung anzunehmen. Zumal es mir falsch vorgekommen wäre, über die Feiertage allein in meiner Wohnung zu bleiben, da auch meine Freunde zu ihren Familien fuhren.

Es war ungewohnt, plötzlich andere Menschen als uns beide in diesem Haus zu haben. Seit Grandmas Tod hatten nur Mom und ich hier gelebt, und ich musste mich zusammenreißen, damit man mir nicht anmerkte, wie seltsam ich es fand, dass die doppelte Anzahl von Schuhen im Eingangsbereich stand und Bilder an den Wänden hingen, die ich noch nie in meinem Leben gesehen hatte.

Glücklicherweise hatte Mom meinen brüsken Vorschlag, mein Zimmer in eine Abstellkammer umzuwandeln, nicht angenommen. Als ich hochkam, stand eine Vase mit frischen Blumen auf meinem Schreibtisch, ein paar neue Bücher in meinem Regal, und das Bett war frisch bezogen. Abgesehen von der Matratze, die Mom für Dawn in die Mitte des Raums auf den Boden gelegt hatte, sah alles aus wie immer.

»Wie lieb von deiner Mom«, sagte Dawn und ließ sich auf die Matratze fallen. Sie streckte die Arme und Beine von sich und sah aus, als würde sie einen Schneeengel machen wollen.

Es war das erste Mal seit einer ganzen Weile, dass wir allein waren – ohne Spencer oder die anderen um uns herum, die mich davor bewahrten, Dawn in das einweihen zu müssen, was bei mir gerade los war. Ich spürte, dass sie sich genauso befangen fühlte wie ich und nicht so richtig wusste, was sie sagen sollte. Das schlechte Gewissen, das ich so oft in ihrer Gegenwart verspürte, kehrte zurück. Ich wollte nicht, dass es so zwischen uns war. Und vor allem wollte ich ihr nicht das Gefühl vermitteln, dass ich es nicht schön fand, die Feiertage mit ihr und ihrem Dad zu verbringen.

»Ich freue mich, dass wir dieses Jahr Thanksgiving miteinander feiern«, sagte ich und meinte die Worte von Herzen.

»Ich freue mich auch.«

Schweigen breitete sich zwischen uns aus, und ich ging zögerlich zu meinem Bett, um mich hinzusetzen. Ich legte den Kopf in den Nacken und blickte an die Decke, wo an einigen der Stellen, an denen vor Kurzem noch die Sterne geklebt hatten, kleine Löcher in der Wand prangten. Ich sah Nolan vor mir, wie er auf meinem Bett gestanden und die Sterne für mich befestigt hatte. Schnell verdrängte ich das Bild aus meinem Kopf. Ich würde nicht an ihn denken. Nicht jetzt, nicht in dieser Nacht, nicht am nächsten Morgen. Am besten überhaupt nicht mehr.

Ich räusperte mich.

»Tut mir leid, dass ich nicht mehr zur Schreibwerkstatt komme«, sagte ich mit rauer Stimme.

Dawn drehte sich auf die Seite und stützte den Kopf auf der Hand ab. »Möchtest du wirklich gar nicht wiederkommen?«

Ich schüttelte den Kopf. »Nein.«

»Aber der Kurs hat dir solchen Spaß gemacht. Du warst die Beste. Außerdem vermisst Nolan dich, da bin ich mir ganz sicher.«

Ich biss die Zähne fest aufeinander und starrte auf die Blümchen auf meinem Bettbezug. Langsam zeichnete ich sie mit den Fingern nach.

»Das sage ich nicht bloß so. In letzter Zeit ist er ziemlich schlecht drauf. Bestimmt liegt das daran, dass er eines seiner Schäfchen verloren hat.«

Wie von selbst schüttelte ich den Kopf. »Das liegt sicher nicht an mir.«

Dawn schien zu verstehen, dass sie diesen Kampf nicht gewinnen konnte, und seufzte leise. »Wenn du magst, kann ich dir das Kursmaterial geben, und wir tauschen uns über die Aufgaben aus.«

»Das brauchst du nicht, aber danke.«

Sie setzte sich auf. »Es kann doch nicht sein, dass Blake dir das alles kaputtmacht. Ich werde das nicht zulassen.«

Ich schluckte hart und atmete tief durch. Dann setzte ich mich ebenfalls gerade hin. Ich rutschte bis zur Bettkante vor und nahm Dawns Hand in meine. Ich sah ihr fest in die braunen Augen.

»Ich weiß zu schätzen, dass du dich so für mich einsetzt. Aber Blake hat mit meiner Entscheidung, die Schreibwerkstatt zu verlassen, nichts zu tun.«

»Nicht?«, fragte sie überrascht.

Ich schüttelte den Kopf. Ein Kloß hatte sich in meinem Hals gebildet. »Nein, hat er nicht. Es wäre also wirklich toll, wenn du lieb zu ihm sein könntest. Er ist im Moment so ziemlich der beste Freund, den ich habe.«

Sie versteifte sich, nickte aber schnell. »Ich verstehe.«

Ich spürte, dass diese Aussage sie traf, dabei hatte ich eigentlich das genaue Gegenteil beabsichtigt.

»Ich bin momentan einfach …« Meine Kehle schnürte sich zusammen, und es war, als würde mein Körper mich mit Gewalt davon abhalten weiterzusprechen. »Es tut mir leid«, flüsterte ich schließlich.

»Ist schon okay.« Dawn drückte meine Hand. »Aber eine Frage hätte ich noch: Möchtest du trotzdem *By My Side* weiterlesen? Ich habe nämlich die nächsten Kapitel mitgebracht, aber wenn du dafür momentan keinen Kopf hast, verstehe ich das natürlich auch.«

Ich schüttelte schnell den Kopf. »Nein, ich möchte auf jeden Fall weiterlesen. Ich freue mich schon darauf.«

Ein Strahlen breitete sich auf Dawns Gesicht aus, und sie

griff nach ihrem Rucksack. Aus einer Seitentasche holte sie einen USB-Stick heraus und reichte ihn mir. »Hier, dann kannst du es dir nachher auf deinen Laptop ziehen.«

In diesem Moment steckte Mom ihren Kopf durch den Türspalt. Sie lächelte, als sie Dawn und mich sah. »Essen ist fast fertig, ihr zwei.«

»Sehr gut. Ich habe einen Bärenhunger«, sagte ich und stand auf. Dann hielt ich Dawn die Hände hin, um ihr hochzuhelfen. Als sie sie ergriff, drückte ich einmal kurz zu, und sie erwiderte die Geste, bevor sie sich von mir hochziehen ließ. Wir folgten Mom aus dem Zimmer ins Treppenhaus, wo bereits ein köstlicher Geruch in meine Nase drang. Das ganze Haus roch nach leckeren Gewürzen und Essen, und als wir unten ankamen, stieß Dawn ein anerkennendes Pfeifen aus.

Es war nicht zu übersehen, dass Stanley und Mom sich große Mühe gegeben hatten, unser erstes gemeinsames Thanksgiving so perfekt wie möglich zu gestalten. Den dunklen Holztisch im Esszimmer hatte ich schon bei meiner Ankunft bewundert. Er stammte aus Stanleys Haus, und ich vermutete, dass er ihn in seiner Werkstatt angefertigt hatte. Jetzt war er wunderschön gedeckt mit einem selbst gemachten Mittelstück mit Kürbissen, silbernen Kerzenständern, einer breiten Vase mit Weizen und silbern angesprühten Tannenzapfen. Stanley kam gerade mit mehreren Schüsseln beladen aus der Küche. Ein herrlicher Duft ging von ihnen aus, und mein Magen knurrte laut.

»Bitte setzt euch doch«, sagte Stanley. Seine Wangen waren rot, und ich fragte mich, ob das von der Aufregung stammte oder ob er sich in der Küche so angestrengt hatte.

Während Dawn und ich auf der rechten Seite des Tisches Platz nahmen, stellte er die Schüsseln vor uns ab. Mom eilte in die Küche und kam mit zwei weiteren Platten zurück, die sie zwischen den Dekorationselementen ablegte. Ich betrachtete unser Festmahl und hätte vor Freude auf meinem Stuhl hüpfen können. Es war das vegetarische Paradies: gefüllte Portobello-Pilze, Pumpkin Pie, Süßkartoffel-Gnocchi, gefüllter Ofenkürbis mit Walnüssen und Cranberries …

»Gibt es keinen Truthahn?«, fragte ich überrascht. Da wir in diesem Jahr mit Dawn und Stanley feierten, war ich fest davon ausgegangen, dass es wieder Fleisch geben würde.

»Dawn und ich dachten, wir probieren es auch mal vegetarisch«, sagte Stanley lächelnd.

»Es sieht so lecker aus«, sagte Dawn verzückt.

»Bevor es losgeht, habe ich noch etwas vorbereitet«, sagte Mom und hielt eine Hand hoch, in der sie einen kleinen Stapel braune Kärtchen hielt. Sie verteilte eins an jeden von uns, und ich sah mir meines an. Oben am Rand stand »Ich bin dankbar für …«, darunter waren Linien aufgezeichnet, auf die man seine Antworten notieren konnte.

»Ich dachte, es wäre eine schöne Idee, wenn wir aufschreiben, wofür wir heute dankbar sind. Die Kärtchen sammeln wir dann und schauen sie uns im nächsten Jahr wieder an. Ich würde auch gerne ein Foto machen, das wir ausdrucken und in ein Album kleben.«

»Das ist eine tolle Erinnerung«, sagte Stanley, und Dawn neben mir machte ein zustimmendes Geräusch.

»Super. Hier, die Stifte.« Mom reichte jedem von uns einen Stift, bevor sie sich über ihr Kärtchen beugte.

Ich betrachtete den Stift in meiner Hand und spürte, wie sich mein ganzer Körper verkrampfte, weil ich keinen blassen Schimmer hatte, was ich notieren sollte. Während Dawn neben mir hektisch schrieb, saß ich reglos auf meinem Platz und konnte nicht verhindern, dass meine Gedanken wie von selbst zu Nolan gingen.

Er fehlte mir. Ich vermisste unsere Gespräche und seine

Nähe. Ich vermisste es, ihn zu berühren, und seine warmen Küsse und Umarmungen. Ich vermisste es, jemanden zu haben, mit dem ich vorbehaltlos über alles reden konnte.

Ich sah zu Mom und Stanley. Er hatte einen Arm über ihre Stuhllehne gelegt und streichelte ihren Rücken flüchtig. Ich stellte fest, dass meine Vorbehalte ihm gegenüber kaum noch vorhanden waren. Er wusste von der Sache mit Dad, und dennoch war er bei Mom und sah sie mit einem Ausdruck in den Augen an, der keinen Zweifel an seiner tiefen Liebe für sie ließ.

Ich schaute wieder auf mein Kärtchen. Meine Finger schmerzten, so fest umfasste ich den Stift.

Ich bin dankbar …

… dafür, heute nicht allein sein zu müssen.

Zu mehr war ich nicht imstande. Nicht, wenn alles in mir tobte und verrücktspielte.

»Alle fertig?«, fragte Mom.

Ich nickte und reichte ihr das Kärtchen über den Tisch hinweg. Sie legte es zusammen mit den anderen neben ihrem Teller ab. »Und nun zum ersten Edwards-Penn-Familienfoto.«

»Dafür habe ich sogar extra etwas gekauft.« Stanley bückte sich und hob einen kleinen Stab vom Boden auf.

»Ich hoffe, das ist nicht, wofür ich es halte«, sagte Dawn alarmiert.

Verwirrt beobachtete ich, wie Stanley sein Handy in eine kleine Öffnung in dem Stab klemmte.

»Oh Gott, Dad, sag mir bitte, dass du dir keinen Selfie-Stick geholt hast«, stöhnte Dawn.

»Das ist eine wirklich tolle Erfindung«, sagte Stanley bloß und zog den Stab, so weit es ging, aus.

Dawn vergrub das Gesicht in den Händen.

»Bitte alle einmal lächeln«, sagte Mom.

Ich blickte auf den Bildschirm von Stanleys Handy, auf dem

wir alle vier mehr oder weniger zu sehen waren. Ich rang mich zu einem Lächeln durch. Und während Stanley an die dreißig Fotos schoss, fragte ich mich, wann ich mich nicht mehr so unendlich verloren fühlen würde.

kapitel 31

Am nächsten Morgen beschlossen Dawn und ich, unsere Eltern mit einem Frühstück zu überraschen. Sie hatten sich solche Mühe mit dem Thanksgiving-Dinner gegeben, dass wir ihnen unbedingt auch eine Freude machen wollten und den Tisch mit allem deckten, was wir in der Küche fanden. Dawn zeigte mir sogar, wie man Omelette zubereitete, und als Mom und Stanley nach unten kamen und sich zu uns an den Tisch setzten, freute ich mich über den glücklichen Ausdruck auf ihren Gesichtern.

Wir saßen bis weit in den Mittag hinein zusammen und sprachen über Gott und die Welt. Zu Beginn musste ich mich anstrengen, nicht an Nolan und meinen Dad zu denken. Immer wieder versuchten die Gedanken zu mir durchzudringen, doch mit der Zeit fiel es mir leichter, sie von mir zu schieben. Ich wollte mir diesen Morgen nicht verderben lassen. Stanley und Dawn hier zu haben fühlte sich viel weniger seltsam an, als ich noch vor ein paar Tagen erwartet hätte. Im Gegenteil, es gefiel mir sogar.

»Hast du dich schon eingelebt, Stanley?«, fragte ich nach einer Weile.

Er hob abwägend die Schultern. »Ich glaube ja. Auch wenn mir eure Nachbarin noch ein bisschen Angst macht. Sie sieht so skeptisch aus.«

»Mrs Baker? Keine Sorge, das war sie bei uns auch, als wir zu Grandma gezogen sind«, sagte ich und winkte ab.

»Wirklich? Und wie habt ihr sie für euch gewinnen können?«, fragte er.

Ich überlegte, konnte mich aber nicht mehr erinnern. Fragend sah ich Mom an.

»Wir hatten sie auf den Geburtstag meiner Mutter eingeladen«, sprang sie lächelnd ein und spießte eine Erdbeere mit ihrer Gabel auf. »Weißt du noch, was sie anhatte?«

Ich riss die Augen auf. »Oh Gott, sie hatte so einen Waschbär um den Hals, den sie selbst beim Jagen erlegt hatte. Ich hatte Todesangst vor ihr.« Ich überlegte kurz. »Habe ich immer noch, jetzt, wo ich so darüber nachdenke.«

Stanley lachte, aber er wirkte auch ein bisschen blass um die Nase. »Ich glaube, vielleicht will ich sie doch nicht für mich gewinnen. Ich toleriere einfach weiter ihre Blicke aus zusammengekniffenen Augen.«

Mom berührte ihn sanft am Arm. »Keine Sorge, Schatz. Die anderen in der Straße scheinen dafür alle schon begeistert zu sein.«

Stanley neigte abwägend den Kopf. »Na ja, aber auch nur, weil sie neue Möbel von mir wollen.«

»Was nicht schlecht für deine Werkstatt ist, oder?«, warf ich ein.

Er lächelte breit. »Das stimmt. Ich bin jetzt schon für die nächsten beiden Quartale komplett ausgebucht.«

Dawn jubelte kurz. »Wie toll!«

»Wo wir gerade drüber sprechen …«, sagte Mom unvermittelt und setzte sich aufrechter hin. Sie legte die Gabel auf dem Rand ihres Tellers ab. »Ich wollte euch etwas erzählen.«

Sie blickte zwischen Dawn und mir hin und her. »Da mir im Verlag Stunden gekürzt wurden, haben Stanley und ich überlegt, ob das vielleicht ein Zeichen gewesen ist, endlich den Schritt in die Selbstständigkeit zu wagen. Ich möchte im nächsten Jahr endlich die Agentur aufmachen.«

»Wirklich?«, fragte ich mit klopfendem Herzen.

Sie nickte ernst. »Es ist der richtige Zeitpunkt. Ich will das schon so lange machen. Außerdem hast du bald deinen Abschluss«, sagte sie mit einem stolzen Lächeln.

Die Worte blieben mir im Hals stecken. Ich war wie vor den Kopf gestoßen. Dabei hatte ich gewusst, dass dieser Moment früher oder später kommen würde. Mom plante ihre – unsere – Selbstständigkeit schon seit Jahren. Sie hatte ganze Ordner voller Inspiration für ihr Branding gesammelt, Artikel über Autoren und Agenturen, Interviews und vieles mehr, alles in Vorbereitung auf den Tag, an dem sie ihr Vorhaben endlich in die Tat umsetzen konnte.

Einerseits war ich aufgeregt für sie, doch auf der anderen Seite war da diese Panik, die mich ergriff, wenn ich über meine Zukunft nachdachte. In meinem Bauch rumorte es, und kalter Schweiß bildete sich in meinem Nacken. Mein Körper teilte mir unmissverständlich mit, was er von dieser Entscheidung hielt. Aber was für eine Wahl hatte ich schon?

»Das ist toll, Mom«, brachte ich hervor. Mein Lächeln war nur halb erzwungen – ich freute mich für sie. Nur für mich freute ich mich nicht.

»Ich kann es kaum erwarten, endlich loszulegen.«

»Also eine Autorin hättest du auf jeden Fall schon mal«, sagte Dawn neben mir.

»Wen denn?«, fragte Mom.

Dawn sah sie an, als wäre sie auf den Kopf gefallen. »Na, mich natürlich. Du hast mir schon dabei geholfen, meinen jetzigen Verlag zu finden. Bei wem sollte ich sonst unterkommen?«

Moms Wangen wurden ganz rot vor Aufregung. »Bist du dir ganz sicher? Wir haben noch keine Referenzen, und bestimmt geht vieles am Anfang erst mal schief …«

Ich räusperte mich. »Also, so kannst du nicht an Autoren herantreten, Mom.«

Mom lachte auf. »Du hast recht.« Sie wandte sich wieder an Dawn. »Wir werden dich in allen Bereichen unterstützen und dir zur Seite stehen, Dawn. Bitte sei unsere erste Autorin.«

»Ich bin liebend gern die erste Autorin in eurer Agentur, Maureen«, sagte Dawn.

»Ich glaube, darauf müssen wir mit Kaffee anstoßen«, sagte Stanley in die Runde und hob seinen Becher hoch.

Ich stieß mit meinem gegen die Becher der anderen, während die Worte »in eurer Agentur« in meinem Kopf echoten und mein Schicksal zu besiegeln schienen.

Nach dem Frühstück brachen Dawn und Stanley auf, um zu ihrem alten Haus zu fahren, und Mom und ich machten uns daran, das Chaos des gestrigen Abends zu beseitigen. Während wir abwuschen, sah Mom mich prüfend von der Seite an – inzwischen schon zum vierten Mal.

»Ich kann deine Blicke förmlich spüren, Mom«, sagte ich und schrubbte die Schüssel mit ein bisschen mehr Druck als notwendig.

»Darf ich meine Tochter nicht ansehen?«, entgegnete sie.

»Nicht, wenn du es zwanzigmal hintereinander machst, um ihren Gemütszustand zu überprüfen.«

Sie nahm die nasse Schüssel entgegen, die ich ihr reichte. »Ich mache mir nur Sorgen.«

»Das brauchst du nicht. Es geht langsam bergauf«, sagte ich, obwohl sich die Worte schal in meinem Mund anfühlten.

Es war nicht ganz gelogen: Zeit mit meinen Freunden zu

verbringen half mir, und auch dieses Wochenende hatte mich zeitweise von Nolan ablenken können. Das änderte jedoch nichts an der Tatsache, dass sich mein Herz immer noch genauso geschunden anfühlte wie an dem Tag, an dem er aus meiner Wohnung verschwunden war. Immer wenn ich allein war und zu lange über ihn nachdachte, kamen mir die Tränen. Ich fragte mich, ob das jemals besser werden würde. Es waren schon mehr als zwei Wochen vergangen, und trotzdem träumte ich nahezu jede Nacht von Nolan – nur um aufzuwachen und festzustellen, dass er mich verlassen hatte.

»Das freut mich«, sagte Mom. Sie räumte die Schüssel in den Schrank und stellte sich dann hinter mich. Sie legte die Hände um meine Schultern und schmiegte ihre Wange gegen meine. »Es kann nur besser werden. Und ich komme so oft nach Woodshill, wie du mich brauchst. Das wird noch leichter, wenn ich in die Selbstständigkeit gehe.«

»Danke, Mom«, sagte ich, auch wenn mich das schlechte Gewissen ihr gegenüber beinahe erdrückte. Sie ging fest davon aus, dass ich mich genauso auf unsere Zusammenarbeit freute wie sie. Wahrscheinlich würde ich es niemals schaffen, ihr zu sagen, dass das nicht der Fall war. Ich erinnerte mich an all den Schmerz, den sie hatte verkraften müssen. Der Anblick ihrer Tränen war so tief in meinem Bewusstsein verankert, dass es ganz normal für mich geworden war, ihr keinen Grund geben zu wollen, unglücklich zu sein. Unsere Auseinandersetzung wegen Dad hing uns immer noch nach, und auch wenn die Situation mit Nolan dafür gesorgt hatte, dass wir uns wieder angenähert hatten, wollte ich nie wieder das Gefühl haben, dass unsere Beziehung kurz vor dem Bruch stand.

»Komm«, sagte Mom nach einer Weile und löste sich von mir. »Ich hole die Kisten von oben, dann können wir die Dekoration wieder einpacken.«

»Okay«, sagte ich und ließ das Wasser aus dem Becken. Ich konnte Moms Schritte auf der Treppe hören, als ich damit begann, die Arbeitsflächen und den Rest der Küche sauber zu machen. Ich band die vollen Müllsäcke zu und hob sie aus den Behältern, bevor ich in den Flur lief, um mir Moms Gartenschuhe überzuziehen. Dann durchquerte ich das Wohnzimmer und öffnete die Tür zum Garten.

Ich ging zu den Mülltonnen und warf die vollen Säcke hinein. In dem Moment, in dem ich den Deckel wieder schloss, hörte ich Laub hinter mir knistern.

Ich drehte mich um – und erstarrte.

Im Garten unseres Hauses stand mein Vater.

Diesmal trug er Alltagskleidung – eine Jeans und ein T-Shirt –, und ich wusste nicht warum, aber das wirkte auf mich noch viel Furcht einflößender als seine Uniform bei unserer letzten Begegnung.

Ich erinnerte mich an seine Hände an meinem Hals, und sofort setzte mein Fluchtinstinkt ein. Mein Vater war verdammt unberechenbar – ich brauchte nur ein falsches Wort zu sagen, um seine Sicherungen durchbrennen zu lassen. In diesem Moment gab es für mich nur eine Möglichkeit: Ich musste so schnell wie möglich ins Haus und die Tür verbarrikadieren.

Ohne zu überlegen, sprintete ich los. Ich schlug einen Bogen um ihn herum und rannte zurück. Leider hatte ich die Rechnung ohne meinen Vater gemacht – er war gut in Form und verdammt schnell. Er erreichte die Terrassentür kurz hinter mir. Ich schlug sie zu, doch seine Hand schoss im letzten Moment dazwischen. Er brüllte auf, als ich seine Finger einklemmte.

Shit. Shit, Shit, Shit.

»Mom!«, schrie ich aus vollem Hals und sprintete durchs Wohnzimmer. Ich konnte mich nicht umdrehen und wusste nicht, wo er war, aber ich hörte seine stampfenden Schritte hinter mir.

»Everly, bleib stehen! Ich will nur reden«, rief er mir nach.

Ich hatte diese Worte schon zu oft von ihm gehört und schenkte ihnen keine Beachtung. Meine einzige Aufgabe war, so schnell wie möglich zu meiner Mutter zu kommen. Zwei Stufen auf einmal nehmend lief ich nach oben.

»Mom!«, rief ich wieder. Die Verzweiflung ließ meine Stimme schrill und viel zu hoch klingen. Ich kam im ersten Stock an, doch bevor ich die Leiter zum Dachboden erreichen konnte, packte Dad mich von hinten und riss mich herum.

»Ich sagte, ich will nur reden«, wiederholte er. Sein Gesicht war eine wutverzerrte Maske, und der Anblick machte mir eine solche Angst, dass es mich jegliche Kraft kostete, das Wort zu erheben.

»Du musst verschwinden, Dad«, sagte ich mit fester Stimme und reckte das Kinn. Er sollte nicht denken, er könnte wieder mit mir machen, was er wollte. Diesmal würde ich nicht starr vor Panik sein – ich würde um mich treten, hauen und all die Griffe anwenden, die ich damals im Selbstverteidigungskurs gelernt hatte. Ganz gleich, wie groß meine Angst war: Ich würde mich wehren und heil aus dieser Situation herauskommen.

»Wer war der Mann, der gestern Abend hier war?«, fragte er beunruhigend leise.

»Das geht dich nichts an«, sagte ich und schielte zum Eingang des Dachbodens. Ob Mom mich gehört hatte?

»Es geht mich sehr wohl etwas an, wenn meine Ex-Frau und meine Tochter die Nacht mit irgendeinem Freak verbringen.« Plötzlich ließ er von mir ab. »Maureen!«, brüllte er, und ich zuckte zusammen.

Meine Augen weiteten sich vor Schreck, als er nach oben

sah und dann einen Schritt auf die Leiter zum Dachboden zu machte. Ich lief ihm hinterher und stellte mich direkt vor ihn, damit er nicht weiterkam. »Lass Mom in Ruhe, Dad. Verschwinde einfach.«

Er reagierte nicht und kniff die Augen zusammen, als der Boden über uns knarzte. Während ich Mom eben noch voller Verzweiflung gerufen hatte, hoffte ich jetzt inständig, dass sie nicht runterkommen würde. Dad durfte ihr nicht begegnen, wenn er so drauf war. Ich fürchtete mich vor dem, was er ihr antun würde.

»Mom«, rief ich erneut, ließ es diesmal aber wie eine Warnung klingen.

»Ist schon gut, Everly«, erklang Moms Stimme. Ich riss den Kopf zu ihr herum und sah, wie sie langsam die Leiter des Dachbodens herunterkam. »Was willst du hier, Jim?«, fragte sie an Dad gewandt.

»Ich will wissen, was zum Teufel hier los ist«, sagte er und gestikulierte wild in Richtung Treppenhaus. »Wieso hängen unten fremde Jacken an der Garderobe? Wieso stehen Männerschuhe im Flur? Und wieso zum Henker habt ihr Thanksgiving gestern mit einem anderen Mann verbracht?«

Moms Unterlippe bebte, doch als hätte sie es selbst bemerkt, presste sie die Lippen einmal kurz aufeinander, und das Zittern stoppte. »Ich bin mit meinem Freund zusammengezogen. Er wohnt jetzt hier«, sagte sie schlicht.

Dad öffnete den Mund. Schloss ihn wieder. Rote Flecken breiteten sich an verschiedenen Stellen auf seinem Gesicht aus. »Mich hat deine Mutter nie auch nur einen Fuß in dieses verdammte Haus setzen lassen ... und jetzt bist du mit einem anderen hier eingezogen?«

»Ja, bin ich.«

»Willst du mich wirklich so demütigen?«

»Es war nicht meine Absicht, dich zu demütigen. Um ehrlich zu sein, habe ich überhaupt nicht an dich gedacht, als wir diese Entscheidung getroffen haben. Und dass ich dir kein Geld mehr gebe, habe ich dir vor Wochen schon gesagt – ich weigere mich, noch länger für deine Schulden herzuhalten, Jim.«

Er ballte die Hände zu Fäusten, und wieder spürte ich, wie mein Körper vor Furcht erstarren wollte. Ich wehrte mich mit aller Kraft dagegen. Ich würde mich dieser Angst nicht hingeben. Nie wieder.

Dad machte einen Schritt auf Mom zu, doch sie riss blitzschnell die Hand in die Höhe. Erst dachte ich, sie würde sich zur Wehr setzen wollen – doch dann sah ich das Handy in ihrer Hand. Ein laufender Anruf wurde auf dem Display angezeigt.

»Die Polizei ist auf dem Weg hierher. Wenn ich du wäre, würde ich mir gut überlegen, was ich als Nächstes tue«, sagte Mom bedrohlich leise.

Dad sah zu dem Handy und zurück zu Mom. »Das …«, fing er an. »Das hast du nicht wirklich gemacht«, brachte er schließlich ungläubig hervor.

»Doch, habe ich. Und das hätte ich schon viel früher tun sollen«, gab Mom zurück und sah dabei mich an. Mit den Lippen formte sie die Worte *Tut mir leid*.

Dann passierte alles ganz schnell: Dad machte einen Satz nach vorne und entriss Mom das Handy, im nächsten Moment schmiss er es zu Boden und trat darauf, bis Glas splitterte und es in seine Einzelteile zerbrach. Ich schnappte nach Luft, als er den Kopf hob und Mom ansah. Er holte weit aus.

Ich hatte dieses Bild schon so oft gesehen. Als ich klein gewesen war, hatte ich mich in irgendeiner Ecke versteckt und die Ohren, so fest es ging, zugehalten. Als Jugendliche hatte ich regungslos vor Entsetzen dagestanden, bis er auch auf mich aufmerksam geworden war. Ich wusste, was als Nächstes geschehen würde, wenn ich nichts unternahm.

Ich reagierte instinktiv. Ich sprang auf meinen Vater zu. Mit beiden Händen packte ich seinen Arm und riss ihn zurück. Er wehrte sich gegen meinen Griff, wir rangelten miteinander, bis er sich ruckartig zu mir umdrehte und mich von sich stieß. Mit voller Wucht flog ich nach hinten, mein Kopf knallte gegen die Wand – und dann wurde alles schwarz.

kapitel 32

Das Licht war grell, als ich die Augen aufmachte. Es tat weh, und ich blinzelte mehrmals, während ich zu verstehen versuchte, was geschehen war. Dann kam meine Erinnerung zurück – und alles spielte sich wie ein Horrorfilm noch mal in meinem Kopf ab.

Ruckartig setzte ich mich auf.

»Everly!«, erklang die Stimme meiner Mom. Sofort war sie bei mir und berührte meine Schulter.

»Ist alles …?« Ich konnte die Frage nicht beenden, weil mir plötzlich speiübel wurde. Ich schlug mir eine Hand vor den Mund und würgte. Mom reagierte schnell und hielt mir einen Mülleimer hin. Ich erbrach gefühlt alles, was ich die gesamte Woche über gegessen hatte, in die durchsichtige Tüte. Selbst als mein Magen leer war, krampfte sich mein Körper mehrmals zusammen. Es dauerte eine Weile, bis ich kraftlos wieder zurücksank. Mein Schädel pochte, und dunkle Flecken tanzten vor meinen Augen.

»Ist alles okay?«, flüsterte ich.

Mom strich mir das Haar aus der Stirn und hinters Ohr. Mit schimmernden Augen nickte sie. »Jim wurde festgenommen.«

Mir war immer noch schlecht, und mein Magen machte einen unangenehmen Hüpfer. »Wurde er?«

Sie nickte. »Ich habe die Polizei gerufen, als ich dich gehört habe. Du klangst …« Sie schüttelte den Kopf, und Tränen befreiten sich aus ihren Augenwinkeln. »Gott, Liebling, ich habe mir solche Sorgen gemacht. Das ist alles meine Schuld.«

Ich widersprach nicht. Zum einen, weil ich immer noch gegen die Übelkeit ankämpfte, und zum anderen, weil sie recht hatte. Mom hätte Dad niemals in unser Leben zurücklassen dürfen. Wir hatten uns während der letzten beiden Wochen zwar wieder angenähert, aber das hieß nicht, dass ich das einfach vergessen konnte – ganz gleich, wie sehr ich es mir auch wünschte.

»Ich hätte viel früher etwas gegen ihn unternehmen müssen. Es tut mir wahnsinnig leid, dass ich dich dieser Gefahr ausgesetzt habe.«

Ein Prickeln trat hinter meine Augen.

»Als er dich gegen die Wand gestoßen hat, dachte ich einen kurzen Moment, ich hätte dich verloren, Liebling. Das war mit Abstand der schlimmste Augenblick meines Lebens«, flüsterte Mom und umfasste meine Hand fest.

»Ich bin noch da«, sagte ich hilflos.

»Und darüber bin ich unendlich froh.« Mom wischte sich über die Augen. »Du hast Gott sei Dank nur eine Gehirnerschütterung.«

»Wie lange war ich bewusstlos?«, fragte ich.

»Den ganzen Tag. Es ist früher Abend«, sagte sie und strich mit dem Daumen über meinen Handrücken. »Ich würde einmal nach dem Arzt schauen gehen. Ist es okay, wenn ich dich kurz allein lasse?«

Ich nickte. Sie beugte sich zu mir und drückte mir einen Kuss auf die Wange. Dann verließ sie das Krankenhauszimmer. Ich schloss meine brennenden Augen, doch sofort sah ich das Gesicht von Dad vor mir und riss sie wieder auf.

In dem Moment öffnete sich die Tür zu meinem Zimmer.

Ich wollte gerade eine Anmerkung darüber fallen lassen, wie schnell Mom gewesen war, als ich innehielt.

Mein Herz machte einen Salto. Plötzlich war mir wieder schwindelig, aber diesmal aus einem ganz anderen Grund.

Nolan stand auf der Schwelle zu meinem Zimmer.

Sein Mund war leicht geöffnet, und sein Ausdruck vor Anspannung ganz starr.

»Everly«, flüsterte er.

Seine Stimme gab mir den Rest.

Tief aus meiner Kehle befreite sich ein Schluchzen, das ich nicht zurückhalten konnte. Die Gefühle überwältigten mich, und ich war völlig machtlos gegen die Tränen, die mir über die Wangen liefen. Ich sank tiefer in die Matratze und hoffte, dass das Bett mich bei lebendigem Leib verschlingen würde. Es war zu viel. Einfach alles. Die Begegnung mit meinem Vater, die vielen Geheimnisse, Nolan – ich bekam kaum noch Luft.

Innerhalb weniger Sekunden war er bei mir. »Es tut mir leid, Everly«, flüsterte er erstickt. »Es tut mir so leid.« Seine Arme schlangen sich um mich, und ich konnte gar nicht anders, als mich gegen ihn zu lehnen. Nolans Hände strichen sanft über meinen Rücken, seine Stimme war in meinem Ohr, er machte beruhigende Geräusche, und irgendwie schaffte er es, meinen Schmerz, meine Wut und meine Trauer ein wenig zu lindern.

Mein Kopf schwirrte, mein Inneres fuhr Karussell. Ich wusste nicht, wo oben oder unten war, ich wusste nur, dass ich Nolan so sehr vermisst hatte. Und jetzt war er hier.

Ich konnte spüren, wie seine Arme bebten, als er mich festhielt, genau, wie seine Stimme zitterte, als er immer wieder Entschuldigungen und Versprechen murmelte, dass alles wieder gut werden würde. Ich erlaubte mir diesen einen Moment der Schwäche, weil ich ganz genau wusste, was danach folgen würde.

Irgendwann hatte ich mich beruhigt, und meine Tränen waren versiegt. Nolan schien das zu spüren und löste die Umarmung. Er blieb auf der Bettkante sitzen, den Blick auf mich gerichtet, eine Hand auf der Matratze wie ein stummes Angebot.

»Jetzt tut mein Kopf noch mehr weh«, murmelte ich und rieb mir die Stirn.

Er lächelte nicht. Eher im Gegenteil. Seine dunkelgrauen Augen wirkten gequält, und unter ihnen lagen Ringe, die vor wenigen Wochen dort noch nicht gewesen waren. Er wirkte völlig ausgelaugt.

»Wie bist du hergekommen?«, fragte ich nach einer Weile.

Nolan schluckte hart. »Blake hat mich angerufen.«

Ich sah ihn stirnrunzelnd an.

»Dawn hat es ihm erzählt, und er dachte, es wäre eine gute Idee, wenn ich auch Bescheid wüsste.«

Ich atmete lange und hörbar aus. Ich wusste nicht, ob ich Blake dankbar dafür sein sollte oder ihm nicht doch den Hals umdrehen würde, wenn wir uns das nächste Mal sahen.

Eine Pause entstand, in der ich nicht wusste, was ich sagen sollte. Ich wich Nolans Blick aus und starrte stattdessen auf meine blassen Hände.

»Ich habe mir solche Sorgen gemacht«, sagte er, und seine Stimme klang so schmerzerfüllt, dass ich ihn doch wieder ansehen musste. Aber zur selben Zeit erklangen seine Worte in meinem Kopf.

Das mit uns war doch nichts für die Ewigkeit.

»Wieso bist du hier, Nolan?«, flüsterte ich.

Er räusperte sich. »Weil ich dir eine Erklärung schulde.«

Wie in Zeitlupe legte er seine Hand über meine und sah mir dabei fragend in die Augen. Ich drehte meine Hand, sodass ich seine umfassen konnte. Obwohl ich es nicht wollte, spürte ich, wie das Kribbeln erwachte, das anscheinend nur er in mir auslösen konnte.

Abwartend sah ich ihn an.

»Ich habe Gefühle für dich entwickelt, Everly«, sagte er schließlich. Der Ausdruck in seinen Augen war so gequält, dass er jegliche Freude, die ich unter normalen Umständen über diese Worte empfunden hätte, im Keim erstickte.

»Dann verstehe ich dich noch weniger«, sagte ich leise.

Er fing an, die Linien meiner Handfläche mit dem Zeigefinger nachzuzeichnen. »Ich hatte mir geschworen, nie wieder so zu empfinden«, sagte er nach einer Weile.

Fragen über Fragen tummelten sich in meinem Kopf. Ich erinnerte mich an all die Momente, in denen ich die Dunkelheit in ihm gespürt und mich gefragt hatte, was ihm zugestoßen war. Ich dachte an die schwere Zeit, von der er erzählt hatte, an die Andeutungen, die seine Eltern gemacht hatten, und versuchte, die Puzzleteile zusammenzusetzen.

»Hat dich jemand verletzt?«, fragte ich.

Seine Hand wurde ganz still, und sein Blick wirkte verschleiert. Nach einer Weile blinzelte er und schien wieder da zu sein.

»Als ich in Boston studiert habe, hatte ich eine Freundin. Catherine.« Er machte eine Pause. Es kam mir vor, als würde es ihm körperliche Schmerzen bereiten, allein ihren Namen auszusprechen. »Vorher war ich bloß für Sachen offen, die nicht länger als eine Nacht gingen. Als ich sie kennengelernt habe, hat sich meine Welt vollkommen verändert.«

Es tat weh, ihn so zu sehen. Und es tat weh, ihn so über eine andere Frau sprechen zu hören.

»Wir waren verliebt. Zum ersten Mal in meinem Leben wusste ich, worüber ich mein Leben lang in Büchern gelesen habe. Das, was andere immer merkwürdig an mir gefunden haben, hat sie gemocht. Sie war diejenige, die mich dazu ermutigt hat zu unterrichten, als ich dachte, dass ich zu nichts zu gebrauchen bin.«

Er griff mit der freien Hand in seine Jackentasche und holte etwas heraus, das er mir wenig später hinhielt. Es war ein Foto, dessen Ränder eingerollt und so stark geknickt waren, dass es aussah, als würde es jeden Moment auseinanderfallen.

Das Bild zeigte eine jüngere Ausgabe von Nolan. Er sah aus wie Anfang zwanzig, hatte kürzere Haare und trug ein schwarzes Shirt und eine Jeans, die tief auf den Hüften saß. Schnell wurde mein Blick von dem Mädchen neben ihm angezogen. Sie hatte dunkelblondes Haar, das in sanften Wellen bis zu ihren Rippen fiel. Sie hatte beide Arme um Nolans Taille geschlungen und strahlte in die Kamera, während er nur sie ansah, einen liebevollen Ausdruck in den Augen. Es war eindeutig, dass die beiden verliebt ineinander waren.

»Was ist passiert?«, fragte ich, ehe ich mich zurückhalten konnte.

»Catherine war der lustigste Mensch, den ich jemals kennengelernt habe. Sie war der Meinung, dass zu viele Menschen das Leben zu ernst nehmen, und war immer für einen Scherz zu haben. Sie hat mein Leben so viel bunter gemacht. Ich … ich habe die Anzeichen nicht erkannt«, sagte er mit rauer Stimme.

Ich hielt seine Hand fest und wartete geduldig, bis er weitersprach.

»Sie hatte eine schwere Jugend, und das hat sie nie wirklich überwinden können. Wir haben oft darüber gesprochen, wenn es ihr schlecht ging. Ich dachte, wir könnten alles schaffen und würden … für immer zusammenbleiben. Aber manchmal reicht Liebe nicht aus. Nicht, wenn die eigenen Dämonen immer größer werden und drohen, einen zu verschlingen.« Seine Augen glänzten. »Irgendwann wollte sie nicht mehr mit mir reden. Sie feierte mehr als sonst, war nur noch unterwegs und schlief viel tagsüber. Einmal, als ich bei ihr war, habe ich eine Packung Schlaftabletten auf ihrem Schreibtisch entdeckt.«

Ich hielt den Atem an. Seine Hand bebte in meiner, und wir klammerten uns aneinander.

»Als ich sie darauf angesprochen habe, schob sie es auf die anstehenden Prüfungen. Sie sagte mir, sie hätte Schlafprobleme und bräuchte die Nächte, um wieder Energie zu tanken. Ich habe ein bisschen recherchiert und noch mal versucht, mit ihr darüber zu reden, aber sie hat wieder abgeblockt.«

Mein Herz schlug schneller. Ich fürchtete mich vor dem Ausgang der Geschichte.

»Über die Semesterferien ist Catherine nach Hause zu ihren Eltern gefahren. Drei Tage später erhielt ich einen Anruf von ihrem Vater.« Seine Stimme wurde immer rauer. »Sie war tot.«

Einen Moment lang war es ganz still im Krankenzimmer.

»Was?«, flüsterte ich.

Nolan hob hilflos die Schultern. »Ich dachte, er macht Witze. Wir hatten am Abend davor noch miteinander telefoniert. Sie hat mir gesagt, wie sehr sie mich liebt. Ich habe gehofft, ihr Vater lügt mich an, weil er mich nie wirklich gemocht hat. Aber es war keine Lüge. Sie … sie hat sich das Leben genommen. Mit einer Überdosis.«

Ich schnappte nach Luft. Dann dachte ich an seinen schockierten Ausdruck, als er die Tabletten in meinem Badezimmer gefunden hatte, und an alles, was danach gefolgt war.

»Es tut mir so leid, Nolan«, wisperte ich.

Er senkte den Blick auf unsere Hände und schüttelte bloß den Kopf. »Ich hätte es merken sollen. Die Anzeichen waren da, aber ich habe sie nicht richtig gedeutet.«

Ich schüttelte heftig den Kopf, und sofort machte sich ein Pochen in meinen Schläfen bemerkbar. »Gib dir nicht die Schuld an etwas, was nicht in deiner Hand gelegen hat.«

Er sagte nichts, während ich an all das dachte, was ich in den letzten Monaten über ihn erfahren hatte. Das war also der Grund für die schwere Zeit gewesen, die er durchgemacht hatte. Meine Gedanken gingen zu seinem Tattoo. Ich hatte gedacht, dass er sich das Gedicht hatte stechen lassen, weil er es gerne mochte – doch jetzt hatten die Worte *Nacht, Schlaf, Tod und die Sterne* eine ganz andere Bedeutung bekommen.

»Was ist danach passiert?«, fragte ich mit Bedacht.

Nolan atmete tief ein. »Ich bin mit Bean aus Boston zurück nach Woodshill zu meinen Eltern gezogen. Sie sind in der Zeit für mich da gewesen. Ich … ich war völlig am Ende, Everly. Ich habe es nicht mal geschafft, morgens aufzustehen.«

Ich hielt seine Hand weiter fest und drückte sie kurz. »Das muss furchtbar für dich gewesen sein. Aber …« Ich zögerte kurz, dann sprach ich langsam weiter. »Aber schau doch nur, wie stark du aus dieser Sache hervorgegangen bist. Sie hat dich zu dem Mann gemacht, der du heute bist.«

Er verzog die Mundwinkel bitter und schob das Foto zurück in seine Tasche. Dann wandte er sich mir wieder zu. »Meine Eltern haben mich während der gesamten Zeit unterstützt, aber es hat lange gedauert. Und als ich wieder halbwegs auf den Beinen war, habe ich mir geschworen, mich nie wieder auf etwas einzulassen, was tiefer geht.«

Ein Kloß bildete sich in meiner Kehle. »Hast du deswegen mit mir Schluss gemacht?«

»In dem Moment, in dem ich dich kennengelernt habe, wusste ich, dass ich mich endlich mit dem, was geschehen ist, auseinandersetzen muss. Ich habe mit meinen Eltern gesprochen und auch mit Catherines Eltern, und ich dachte, ich bin auf einem guten Weg und hätte es hinter mir gelassen. Ich wollte es unbedingt schaffen – für mich und für dich. Aber als ich die Tabletten bei dir gefunden habe, da …« Er brach ab und hob hilflos die Schultern. »Da wurde ich zurückkatapultiert. Ich konnte nur darüber nachdenken, wie sehr mich die Sache damals zerstört hat. Ich habe immer noch damit zu kämpfen, und es ist nicht genug von mir übrig, als dass ich das noch einmal überleben würde.«

Ein Brennen trat in meine Augen, und ich senkte den Blick. Es tat weh, ihn das sagen zu hören, auch wenn ich nun seine Beweggründe kannte und ihn besser verstand.

»Aber die letzten Wochen haben mir gezeigt, dass ich nicht in einer Welt leben möchte, in der wir nicht zusammen sind«, fuhr er fort. »Und es tut mir unendlich leid, dass ich einfach verschwunden bin, ohne es zumindest zu versuchen.«

Ich sah auf unsere verschlungenen Finger und strich mit dem Daumen über seine Hand. Ich erinnerte mich an den Tag, an dem ich genau das im Café getan hatte. Schon damals hatte er mich von sich gestoßen, indem er mich bei unserem darauffolgenden Treffen ignoriert hatte. Dasselbe hatte er nach unserem Kuss getan. Und dann schließlich vor zwei Wochen, an dem Morgen, nachdem wir das zweite Mal miteinander geschlafen hatten.

Ich konnte das nicht noch einmal mitmachen. Ganz gleich, wie wichtig er mir war und wie viel er mir bedeutete. Der Kloß in meinem Hals wurde von Sekunde zu Sekunde größer. Ich räusperte mich.

»Danke, dass du hergekommen bist. Und dass du mir das anvertraut hast. Ich weiß, wie schwierig das für dich gewesen sein muss«, flüsterte ich. Dann blickte ich wieder auf und sah ihm in die Augen. »Aber ich glaube nicht, dass das mit uns einen Sinn hat.«

Er öffnete den Mund und schloss ihn wieder. Dann schüttelte er den Kopf. »Ich weiß, wie sehr ich dich verletzt habe, und es tut mir von Herzen leid. Es ist, wie du gesagt hast: Wir finden einen Weg. Wir können warten, bis du deinen Abschluss hast. Oder ich …«

Ich hob die Hand, um ihn vom Weitersprechen abzuhalten. »Das ist doch nicht das Einzige, was zwischen uns steht«, flüsterte ich. »Du hast eben erst gesagt, dass du seit Catherines Tod immer noch mit den Dämonen kämpfst, die dich seitdem heimsuchen.« Seine Schultern verspannten sich bei meinen Worten. Sein Gesicht war wie eingefroren. »Ich kann nicht mit dir zusammen sein, wenn du deine Verlustängste auf uns projizierst und immer abhaust, wenn es dir zu viel wird.«

Er schüttelte den Kopf. »Wir gehören zusammen, Everly. Bitte gib uns nicht auf.«

»Du warst derjenige, der uns zuerst aufgegeben hat«, sagte ich heiser. »Und du hattest recht damit.«

Jegliche Farbe wich aus seinem Gesicht. »Was ich da gesagt habe, war ein riesengroßer Fehler. Ich hatte Angst – aber jetzt nicht mehr.«

»Deine Ängste haben sich doch sicher nicht plötzlich geändert, nur weil ich im Krankenhaus liege, Nolan.«

Der Moment zwischen uns dehnte sich aus. Ich wartete auf eine Antwort, obwohl ich die Wahrheit eigentlich schon längst kannte. Nolan machte den Mund auf und schloss ihn wieder. Es wirkte, als würde er in den Tiefen seines Inneren nach etwas graben, was er nicht finden konnte, egal wie sehr er sich auch anstrengte.

Er hatte immer noch Angst. Und das bedeutete, dass er mir bei der nächsten Gelegenheit wieder wehtun würde – ob er es wollte oder nicht.

Ich strich über seine Hand. »Ich kann das nicht mehr, tut mir leid.«

Die Muskeln an seinem Kiefer traten hervor. Mechanisch

nickte er. »Ich würde auch nicht mit jemandem zusammen sein wollen, der ein emotionales Wrack ist.«

Ich schüttelte den Kopf. »So meinte ich das nicht, und ich hoffe, das weißt du. Ich möchte eine Beziehung mit dir, wenn du hundertprozentig und voll und ganz bei mir bist. Wenn du nicht nur aus Angst zu mir kommst, sondern weil du mich genauso sehr liebst wie ich dich.«

Bei meinen Worten zuckte er heftig zusammen. Er sah mich fassungslos an, die Lippen leicht geöffnet.

Ein leises Klopfen unterbrach uns. Ich hob den Blick und sah Dawn im Türrahmen stehen, deren Augen mindestens so groß waren wie Nolans.

»Darf ich reinkommen?«, fragte sie leise.

Ich nickte.

»Ich wollte ohnehin gerade gehen«, murmelte Nolan. Er räusperte sich und schien nicht genau zu wissen, wie er sich von mir verabschieden sollte. Letztlich hob er unsere verschlungenen Hände an seinen Mund und drückte einen flüchtigen Kuss auf meine Fingerknöchel.

Dann ließ er mich los und erhob sich vom Bett. Er sah mir noch einmal in die Augen, bevor er kehrtmachte und ohne ein weiteres Wort aus dem Krankenzimmer lief. Er schloss die Tür hinter sich – und dann war ich mit Dawn allein.

Ihre Stirn furchte sich, als sie erst zu der Stelle sah, an der Nolan eben noch gesessen hatte, und schließlich zur Tür, durch die er gerade verschwunden war. Das Ganze wiederholte sie dreimal, bevor ich mit der Hand neben mich auf das Bett klopfte.

Zögerlich kam sie zu mir und setzte sich auf die Bettkante. Sie warf einen letzten Blick zur Tür, dann betrachtete sie meine Hand. Noch immer konnte ich ein Echo von Nolans Lippen auf meiner Haut spüren. Meine Wangen fühlten sich warm an, und mein Kopf schwirrte von dem erschütternden Gespräch, das wir gerade geführt hatten.

»Blake war also wirklich nicht der Grund, weshalb du nicht mehr zur Schreibwerkstatt kommst«, sagte Dawn plötzlich.

Ich atmete tief durch.

Dawn hatte meine Offenheit verdient. Nicht nur, weil sie gesehen hatte, dass etwas zwischen mir und Nolan war, sondern auch, weil sie immer noch hier bei mir war, obwohl ich sie schon so oft mit meinem Schweigen vor den Kopf gestoßen hatte. Ich war es leid, immer das Thema zu wechseln. Ich war es leid, alles mit mir selbst ausmachen zu müssen. Nach allem, was geschehen war, brauchte ich eine Freundin. Und dafür musste ich meinen Mut zusammennehmen und endlich den Mund aufmachen.

Ich räusperte mich.

»Dawn, ich glaube, es ist an der Zeit, dass wir miteinander reden.«

Sie lächelte traurig. »Das glaube ich auch.«

Ich rückte ein Stück zur Seite, und sie kam der stummen Aufforderung sofort nach. Meine Stiefschwester legte sich neben mich, schob eine Hand unter ihr Gesicht und sah mich erwartungsvoll an. Und dann, nachdem ich so, so lange geschwiegen hatte, schaffte ich es endlich, ihr alles zu erzählen. Jedes kleinste Detail.

Am nächsten Morgen durfte ich wieder nach Hause.

Mom, Stanley und Dawn hatten es geschafft, sich gegen die Schwester zu wehren, die sie mehrmals hatte wegschicken wollen, und waren die ganze Nacht bei mir geblieben. Wir hatten stundenlang miteinander geredet. Zuerst hatte ich Dawn von Nolan erzählt, und als Stanley und Mom zu uns gestoßen waren, hatten wir über meinen Vater gesprochen. Mom hatte von ihrem Gespräch mit der Polizei berichtet und erklärt, dass Dad ein Kontaktverbot auferlegt worden war und er sich uns von nun an nicht mehr nähern durfte. Außerdem würde er sich vor Gericht wegen Körperverletzung verantworten müssen. Dads Kollegen waren fassungslos gewesen, als sie von der Sache erfuhren, und hatten Mom angeboten, sich immer zu melden, sollte sie Hilfe brauchen.

Anschließend hatten Mom und ich Dawn von der Zeit erzählt, die wir wegen Dad hatten durchmachen müssen. Wir hatten zusammen geweint, auch Stanley, der so ergriffen war, als hätte er die Geschichte zum ersten Mal gehört.

Ich war froh, als wir nach Hause kamen und die Stimmung zwischen uns weniger angespannt war. Während Dawn und Stanley etwas zu essen für uns kochten, brachte Mom mich in mein Zimmer und bestand darauf, bei mir zu bleiben, während ich duschte. Laut meinem Arzt waren Kreislaufprobleme bei einer Gehirnerschütterung ganz normal, weshalb wir aufpassen mussten, dass ich mir nicht erneut den Kopf stieß, sollte mir schwindelig werden und ich das Gleichgewicht verlieren.

Nach der Dusche brachte Mom mich zurück ins Bett, wo sie gefühlt eine Million Kissen aufstapelte, damit ich gut liegen konnte.

»Ich kann auch noch die aus meinem Zimmer holen. Einen Moment«, sagte sie, doch ich hielt sie mit einer Handbewegung davon ab.

»Schon okay, Mom. Wirklich«, sagte ich und hob die Decke hoch, damit ich mich hineinkuscheln konnte. Ich lehnte mich zurück und gab einen demonstrativ zufriedenen Seufzer von mir. »Ich fühle mich jetzt schon wie in einem Hotel.«

Sie zog sich meinen Schreibtischstuhl neben das Bett und sah mich eingehend an. »Ich möchte nur, dass es dir so gut wie möglich geht.«

»Es geht mir gut. Schon viel besser als gestern«, sagte ich.

Sie wirkte nicht überzeugt. »Es tut mir so leid, Liebling. Ich hätte viel früher die Polizei rufen sollen.«

Ich dachte an all die Nächte, in denen ich Mom hatte weinen hören, und an die blauen Flecken und Blutergüsse auf ihrem Körper. Mit einem Mal fühlte sich mein Magen ganz flau an, und mein Hinterkopf pochte schmerzhaft. »Du hättest es tun sollen, als er dir wehgetan hat, Mom. Nicht nur für mich. Auch für dich selbst.«

Sie nickte. »Ich weiß. Ich … ich besuche seit Kurzem eine Selbsthilfegruppe.«

Ich horchte auf. »Wirklich?«

»Dort sind andere Frauen und Männer, denen häusliche Gewalt widerfahren ist. Ich gehe dort schon seit einer Weile hin.« Sie lächelte, doch es wirkte düster. »Jim hat mich erpresst. Er hat gedroht, deine Adresse ausfindig zu machen und zu dir zu fahren, wenn ich ihm das Geld nicht gebe.«

»Mom«, flüsterte ich erschrocken. Das hatte ich nicht gewusst.

»Das konnte ich nicht zulassen. Ich wusste aber auch nicht, was ich sonst hätte machen sollen, also habe ich ihn bezahlt. Deine Worte haben mich wachgerüttelt. Mir ist klar geworden, dass es nie aufhören wird, wenn ich der Sache nicht selbst ein Ende setze. Deshalb bin ich zu dieser Gruppe gegangen. Und die Gespräche haben mir wirklich geholfen.«

Ich sah sie schockiert an. Mein Herz klopfte rasend schnell, und ich wusste nicht, was ich sagen sollte, weil ich so durcheinander war.

»Ich habe dort mein Selbstvertrauen wiedergefunden. Sonst hätte ich mich nicht getraut, die Polizei zu rufen.« Mom nahm meine Hand. »Vielleicht kannst du ja auch mal zu einem der Treffen mitkommen«, schlug sie vor. »Wir sprechen jede Woche über ein anderes Thema und bekommen Fragen gestellt, die dafür sorgen, dass wir uns mit uns selbst auseinandersetzen. Ich nehme jedes Mal so viele neue Denkansätze mit nach Hause.«

Ich schluckte schwer und nickte, auch wenn ich allein schon bei dem Gedanken daran in kalten Schweiß ausbrach.

»Du kannst es dir auch erst mal ganz in Ruhe überlegen. Ich möchte dich zu nichts drängen.«

Ich öffnete den Mund und schloss ihn wieder. Ich wusste, dass Mom recht hatte. Mit Dawn zu sprechen hatte unglaublich gutgetan, auch wenn ich mich verletzlich dabei gefühlt hatte.

Bevor ich jedoch Fremden von meinem Leben erzählte, musste ich erst einmal ein Gespräch mit meiner Mutter führen. Ein Gespräch, das sich nicht um Dad, sondern ein ganz anderes Thema drehte, das mich seit Monaten belastete.

»Mom, ich muss dir etwas sagen«, fing ich an. Mir war kalt und heiß zugleich, und es fühlte sich an, als würde ich jeden Moment das Gleichgewicht verlieren, obwohl ich lag.

»Ich habe alle Zeit der Welt, Liebling. Wir können meinetwegen bis Weihnachten reden«, sagte sie warm.

Ich krallte die Finger in die Decke, um irgendetwas zu haben, woran ich mich festhalten konnte.

»Ich glaube … ich möchte nicht in deiner Agentur arbeiten, Mom«, flüsterte ich schließlich.

Sie runzelte die Stirn und blinzelte, als hätte sie nicht richtig gehört.

»Versteh mich bitte nicht falsch – ich finde es großartig, dass du das endlich machen möchtest. Und ich helfe dir natürlich, wo ich kann. Nur bin ich mir nicht sicher, ob das das Richtige für mich ist.«

Es schien, als bräuchte sie einen Moment, um meine Worte

zu verdauen. »Wie lange empfindest du schon so?«, fragte sie nach einer Weile.

Ich schluckte trocken. »Ich weiß es gar nicht genau. Nachdem wir zu Grandma gezogen sind und es dir so schlecht ging, habe ich geglaubt, ich müsste alles in meiner Macht Stehende tun, damit es dir wieder gut geht. Ich wollte diese Pläne unbedingt mit dir verwirklichen, weil ich dachte, es würde dich glücklich machen. Nur hätte ich die Wahl, dann …« Ich machte eine kurze Pause. Ich wollte meine Mutter nicht verletzen. Es kostete mich jegliche Energie, die ich noch hatte, die nächsten Worte auszusprechen. »Hätte ich die Wahl, dann würde ich nicht in deine Fußstapfen treten.«

Mom schluckte schwer und atmete tief durch. Sie rieb sich mit beiden Händen übers Gesicht. Nach der Nacht, die wir hinter uns hatten, merkte man ihr die Müdigkeit deutlich an. Trotzdem wirkte ihr Blick wach und klar, als sie mich ansah.

»Ich bin ehrlich: Es war mein großer Traum, dass wir dieses Projekt eines Tages gemeinsam angehen.«

Es fühlte sich an, als würden Steine in meinem Magen liegen. Ich wollte den Mund aufmachen, um mich zu entschuldigen, doch Mom sprach weiter.

»Aber das war mein Traum, und ich werde ihn auch allein umsetzen. Ich wollte dir niemals das Gefühl geben, dass du keine Wahl hast.«

Meine Augen prickelten gefährlich, aber ich versuchte alles, die Tränen zurückzuhalten. »Ich wollte dich nicht enttäuschen, Mom. Nach allem, was wir durchgemacht haben, war das die schlimmste Vorstellung für mich.«

»Wie kommst du auf die Idee, dass du mich jemals enttäuschen könntest?«, fragte sie leise und strich mir übers Haar. Ihr Lächeln war warm und traurig zugleich. »Egal, was du in Zukunft machst – ich werde immer stolz auf dich sein.«

Ich konnte nicht fassen, dass Mom wirklich so dachte. Es fühlte sich an, als würde eine riesige Last von meinen Schultern fallen.

»Aber das Studium gefällt dir doch, oder?«, fragte Mom unvermittelt.

Ich zögerte. »Ich weiß es nicht genau.«

»Wie meinst du das?«

»Es ist anders, als ich es mir vorgestellt habe. Einige Kurse sind okay, andere mache ich nur, weil ich sie eben machen muss.«

Einen Moment lang schwiegen wir. Ich spielte mit der Bettdecke und versuchte mein pochendes Herz zu beruhigen, während Mom meine Worte zu verarbeiten schien. Schließlich seufzte sie und legte die Fingerspitzen nachdenklich an ihren Mund. »Ich habe eine Idee.«

Ich sah sie fragend an.

»Das Semester neigt sich dem Ende zu. Wie wäre es, wenn du dich im nächsten Semester für andere Kurse einschreibst? Ich bin mir sicher, es gibt die Möglichkeit, in andere Studiengänge reinzuschnuppern.«

Ich riss die Augen auf. »Das geht nicht.«

»Wieso nicht?«

»Wir haben einen Kredit für mein Studium aufgenommen, ich kann doch jetzt nicht einfach drei Semester über den Haufen werfen!«

»Ich sage ja nicht, dass du ganz von vorne anfangen sollst, sondern, dass du dir ein Semester nimmst, um herauszufinden, ob es an der Uni irgendetwas anderes gibt, was dich interessiert. Schau dir andere Kurse an, finde heraus, wohin es dich am meisten zieht. Mach dich frei von deinen eigenen Erwartungen und der Vorstellung, dass ich dich zu einer Zusammenarbeit mit mir zwingen möchte«, sagte sie mit einer Grimasse.

»Ich hätte viel früher mit dir reden sollen«, murmelte ich. Ich zerknüllte den Rand der Bettdecke zwischen meinen Fingern.

»Wir haben beide Fehler gemacht. Fehler sind menschlich, Everly. Das Einzige, was wir tun können, ist, daran zu wachsen und es beim nächsten Mal besser zu machen.«

Ich nickte.

»Wir bekommen das schon hin. Schließlich sind wir ein Team«, sagte Mom.

»Sind wir.« Ich beugte mich vor und nahm meine Mutter fest in den Arm. Ich atmete ihren vertrauten Geruch ein und hieß ihre Wärme willkommen.

Ich hasste, dass es zu so einer Begegnung mit Dad hatte kommen müssen, damit wir endlich offen miteinander sprechen konnten, aber gleichzeitig spürte ich, dass sich gerade ein neuer Weg vor uns auftat. Einer, den wir Hand in Hand betreten konnten.

kapitel 33

Ich wippte mit dem Fuß, die schweißnassen Hände fest auf meine Oberschenkel gedrückt. Mrs Perkins trat um ihren Schreibtisch herum und nahm auf dem Stuhl Platz. Sie schenkte mir ein freundlich distanziertes Lächeln und stützte sich mit den Unterarmen auf den Schreibtisch.

»Also, Ms Penn. Was führt sie heute her?«, fragte sie.

Ich klärte meine Stimme mit einem Räuspern. Zwar hatte ich mir einen Text zurechtgelegt, aber es schien, als hätte ich die Hälfte davon vergessen. Mühsam kratzte ich die Worte zusammen. »Ich studiere in meinem dritten Semester in Woodshill und bin unentschlossen, was meinen Major angeht.«

Obwohl ich noch mehrmals mit Mom darüber gesprochen hatte, fühlte es sich merkwürdig an, das einer fremden Person zu erzählen. Allein den Termin bei der Studienberatung zu vereinbaren hatte mich unglaublich viel Mut und Überwindung gekostet. Ich war mir sicher, dass ich bereits Schweißflecken unter den Armen hatte, weil ich so nervös war.

»Es gibt viele Studenten und Studentinnen, denen es so geht«, sagte Mrs Perkins und tippte etwas in ihren PC ein. »Ich werfe gerade einen Blick in Ihre Akte. Je nachdem, wie viele Credits Sie bereits gesammelt haben, gibt es verschiedene Möglichkeiten für Sie. Haben Sie schon eine Vorstellung, was Sie stattdessen machen möchten?«

Ich schluckte schwer. »Leider nein. Ich habe mich durch das Kursverzeichnis geklickt und habe ein paar Kurse gefunden, die ganz interessant klangen, aber ich war mir nicht sicher, ob ich mich dafür überhaupt einschreiben kann.«

Mrs Perkins wandte sich nach einem ausführlichen Blick in meine Akte wieder mir zu. »Wenn Sie sich nicht für einen Major entscheiden können, gibt es an der Woodshill University die Möglichkeit, sich lediglich auf eine Richtung festzulegen, und zwar eine, die Ihren akademischen Interessen entspricht.«

»Was bedeutet das genau?«, fragte ich.

»Wir haben die Majors gruppiert, innerhalb derer oft hin und her gewechselt wird, damit Studenten verschiedene Bereiche ausprobieren können, sollten sie unentschlossen sein.«

»Bedeutet das, ich müsste das Hauptfach erst einmal nicht wechseln?«

Sie schüttelte den Kopf. »Nein, Sie könnten bis zu einer bestimmten Zahl von Credits verschiedene Kurse besuchen und müssen sich erst im Anschluss für einen Major entscheiden. Da Sie allerdings schon einige Credits haben, haben Sie nicht so viel Zeit wie andere Studenten, die diesen Pfad seit dem ersten Semester gehen. Ich gebe Ihnen Material mit, damit Sie sich das einmal im Detail anschauen können.«

Sie hob einen Zeigefinger, um mir zu zeigen, dass ich kurz warten sollte, dann rollte sie mit dem Schreibtischstuhl zu einem ihrer Aktenschränke. Es dauerte einige Minuten, bis sie mit einem Stapel aus Papier und Broschüren zu mir zurückkam.

»Lassen Sie sich nicht von der Menge erschlagen. Wir stellen Ihnen gerne einen Berater zur Seite, der alle Möglichkeiten mit Ihnen durchgeht und Ihnen Einschätzungen geben kann, was realistisch ist und was nicht«, erklärte sie und schob mir mehrere Blätter rüber, die in einer Ecke zusammengetackert waren. »Als ersten Schritt würde ich Ihnen empfehlen, den Myers-Briggs-Test zu machen. Er teilt Menschen in verschiedene Typen ein, und anhand des Ergebnisses fällt es uns leichter, Ihnen eine Empfehlung für die Auswahl Ihrer Kurse zu geben. Auch das soll aber nur als Stütze dienen, die letztendliche Entscheidung liegt natürlich bei Ihnen.« Sie schob ein weiteres Blatt über den Tisch. »Außerdem bietet die Woodshill University spezielle Workshops für Studenten an, die Probleme haben, sich auf ein Hauptfach festzulegen. Den Kalender finden Sie auch online.« Sie legte eine Broschüre auf den immer höher werdenden Stapel vor mir. »Wenn Sie sich für einen ganz neuen Bereich interessieren, empfehle ich Ihnen, an den Einführungskursen teilzunehmen. Dort können Sie sich mit Dozenten und anderen Studenten zum jeweiligen Fach austauschen und Fragen stellen.«

Ich schluckte schwer und blätterte durch die Broschüre. Das waren ganz schön viele Informationen auf einmal, und ich fragte mich, ob ich gerade womöglich einen Fehler beging. Es war keineswegs so, dass ich mein Hauptfach hasste. Ich wollte bloß herausfinden, ob es für mich noch etwas anderes geben konnte – etwas, was mich mehr ansprach und mir dabei half, meiner wahren Berufung ein kleines Stück näher zu kommen.

»Es ist gut, dass Sie diese Möglichkeit nutzen wollen, Ms Penn«, sagte Mrs Perkins, als hätte sie meine Gedanken gelesen.

Ich blickte von dem schmalen Heft auf. »Ich habe Angst, dass ich eine falsche Entscheidung treffe. Was, wenn ich irgendetwas wähle, was mir überhaupt nicht zusagt?«

»Solange Sie nicht durchfallen, kann die Teilnahme am jeweiligen Kurs angerechnet werden. Das kann Ihnen Ihr Berater alles noch einmal detailliert erklären.«

Ich nickte langsam und blätterte weiter durch die Broschüre. Mir war nicht bewusst gewesen, wie viele Fächer in denselben Bereich wie Literatur fielen, obwohl sie nichts mit Sprache zu tun hatten. Automatisch begann ich, imaginäre Kreuze bei verschiedenen Kursen zu machen, die ich auf den ersten Blick interessant fand.

»Es kann immer passieren, dass ein bestimmtes Fach nichts für Sie ist. Lassen Sie sich von dieser Angst nicht einschränken, Ms Penn. Gehen Sie gezielt auf die Suche, auch außerhalb der Vorlesungszeit. Vielleicht finden Sie ja Jobs oder Praktika in Bereichen, die Sie spannend finden – hierbei gibt es kein Richtig oder Falsch. Nutzen Sie das Semester, um sich auszuprobieren. Auch dafür ist das Studium gedacht.«

Ihre Worte machten mich baff. Obwohl ich schon mein drittes Semester hier verbrachte, hatte ich das Studium noch nie als solche Chance gesehen. Es fühlte sich an, als würde sich mir gerade eine vollkommen neue Welt eröffnen – als wäre ich gerade wieder kurz vor meinem Abschluss an der Highschool und würde erst mit dem Studium beginnen.

Ich nahm den Stapel mit Papier entgegen und umarmte ihn wie einen wertvollen Schatz.

»Danke, Mrs Perkins«, sagte ich. Ich hatte dieses Wort noch nie so von Herzen gemeint wie in dieser Sekunde.

»Du hast gerade den Move des Jahrhunderts verpasst, Everly!« Ich blickte auf und sah Blake mit hochgerissenen Armen vor mir stehen. Er sah mich empört an.

»Das liegt nur daran, dass das hier so interessant ist«, gab ich zurück. »Ich bin ein INFJ-Typ. Und es ist fast schon gruselig, wie sehr das, was hier steht, mit meiner Persönlichkeit übereinstimmt.«

Blake sah mich an, als hätte ich nicht mehr alle Tassen im

Schrank. Er wischte sich mit dem Handtuch über das schweißnasse Gesicht und kam dann zu mir auf die Bank, die inzwischen zu so etwas wie einem Stammplatz für mich geworden war. Er sah mir über die Schulter und auf den Laptop, auf dem ich gerade das lange Ergebnis meines Tests las.

»Vielleicht sollte ich den auch mal ausfüllen«, überlegte er.

»Du weißt doch aber schon, was du machen möchtest.«

Er zuckte mit den Schultern. »Und? Klingt trotzdem interessant. Wie ich sehe, bist du eine Kämpferin mit Sensibilität, Kreativität und viel Fantasie.« Er überflog die nächsten Absätze und grinste. »Das klingt sehr nach dir.«

»So was ist totaler Schwachsinn«, merkte Ezra an, der zu uns trat und sich seine Wasserflasche schnappte, die vor der Bank stand.

»Wenn Blake den Test macht, musst du ihn auch machen.« Ich grinste zu ihm hoch, als er den Kopf in den Nacken legte und die Flasche in wenigen Zügen leerte.

»Was bei Blake wohl rauskommt?«, fragte er und wischte sich mit dem Handrücken über den Mund.

»Bestimmt, dass ich ein großartiger Sportler mit Zukunftsaussichten in der NBA bin.«

»Wohl eher, dass du ein Idiot bist, der dringend mal wieder flachgelegt werden m…« Er kam nicht weiter, denn Blake sprang auf und machte einen Satz auf ihn zu. Ezra reagierte schnell und rannte los, Blake dicht auf seinen Fersen. Ihre Schuhe quietschten laut auf dem Boden, und ich musste grinsen. Es hatte etwas unfreiwillig Komisches, Kerlen, die knapp zwei Meter groß waren, beim Fangspiel zuzusehen.

»Das Basketballtraining ist zu Ende!«, dröhnte plötzlich eine Stimme aus der Richtung der Umkleiden. Ich drehte den Kopf und sah die Cheerleader zusammen mit ihrer Trainerin die Halle betreten.

Coach Carlson war eine kleine, zierliche Frau Mitte dreißig mit kurzen dunkelbraunen Haaren. Als ich sie das erste Mal gesehen hatte, hätte ich niemals damit gerechnet, welche Lautstärke ihre Stimme annehmen konnte, geschweige denn, mit wie viel Autorität sie ein gesamtes Basketballteam aus einer Sporthalle vertreiben konnte. Aber es funktionierte auch dieses Mal. Sie klatschte in die Hände, und die Mannschaft stoppte ihre Übungen und verließ das Spielfeld – mit Ausnahme von Ezra und Blake, die einander weiter durch die Halle jagten. Als Coach Carlson näher zu mir kam, konnte ich sehen, wie sie die Augen verdrehte. Sie bemerkte meinen Blick.

»Die beschweren sich, wenn wir überziehen, machen aber immer genau dasselbe«, erklärte sie.

Ich unterdrückte ein Lächeln. Seit ich beim Training zusah, beschwerten sich beide Parteien regelmäßig übereinander, ganz gleich, ob es sich bei der überzogenen Zeit bloß um eine Minute handelte. Ich hatte das Gefühl, dass es ihnen Spaß machte, übereinander zu meckern, und dass sie mittlerweile gar nicht mehr anders konnten. Es war ein fester Bestandteil ihrer Routine.

Coach Carlson kniff prüfend die Augen zusammen. »Du bist öfter hier, oder?«

Überrascht sah ich sie an. »Ja.«

Sie ließ ihren Blick zu ihren Cheerleadern schweifen, die begonnen hatten, sich warm zu machen, dann wieder zu mir. »Becca hat erzählt, dass ihr hier jemand schon ein paarmal geholfen hat. Warst du das?«

Vorsichtig nickte ich. Nachdem ich sie das erste Mal auf ihre unregelmäßigen Sprungbewegungen hingewiesen hatte, war Becca nach ihrem Training noch zweimal zu mir gekommen und hatte sich erklären lassen, was ich gemeint hatte. Ich hatte ihr vorgemacht, wie sie zu Hause allein trainieren konnte, und als ich letzte Woche beim Training zugesehen hatte, war mir aufgefallen, wie viel kontrollierter ihre Bewegungen geworden waren. Becca hatte mich nach der Choreo angestrahlt, und ich hatte ihr einen nach oben gereckten Daumen gezeigt.

»Ist dir sonst noch irgendetwas aufgefallen, als du uns zugesehen hast?«, fragte sie forsch weiter, und unwillkürlich überlegte ich, ob ich sie mit meiner Hilfestellung wohl verärgert hatte. Eigentlich ging mich ihr Team nichts an, immerhin war ich hier nur Zuschauerin.

Ich zögerte mit meiner Antwort. Mir waren noch ein paar Dinge aufgefallen, aber ich war mir nicht sicher, ob ich sie aufzählen sollte. Ich wollte keineswegs unhöflich wirken.

»Die Mannschaft trainiert auf einem wirklich hohen Niveau«, wich ich ihrer Frage aus, doch sie schüttelte ungeduldig den Kopf.

»Sei ruhig ehrlich«, sagte sie. »Die Frage war ernst gemeint.«

Ich atmete tief durch. »Okay. Einer der Jungs ist immer den Bruchteil einer Sekunde zu schnell. Das macht den Überraschungseffekt für das Publikum kaputt.«

Sie nickte knapp. »Und was würdest du ihm raten?«

Ich sah zu ihrem Team, das inzwischen dabei war, die Matten fürs Training vorzubereiten. Ich schaute ihnen kurz zu, dann riss ich den Blick von ihnen los und wandte mich wieder an Coach Carlson.

»Ich hatte das Problem früher selbst, als ich noch aktiv trainiert habe«, erklärte ich. »Mir wurde immer gesagt, dass ich die Bewegung erst auf den allerletzten Drücker ausführen soll – also eigentlich erst dann, wenn es mir persönlich zu spät vorkam. Mit der Zeit habe ich mich dann daran gewöhnt.«

Die Trainerin nickte langsam, und der Ansatz eines Lächelns zeigte sich in ihren Mundwinkeln. Da ich keine Ahnung hatte, worauf sie mit ihren Fragen hinauswollte, packte ich langsam meine Sachen zusammen, schnappte mir meine Tasche und erhob mich von der Bank. Blake war längst in den Umkleiden verschwunden und bestimmt gleich fertig mit Duschen, und wir waren mit Dawn zum Essen verabredet.

»Wie heißt du?«, fragte Coach Carlson unvermittelt.

Ich hielt inne. »Everly. Everly Penn.«

Sie sah mich eingehend an. »Hast du gesehen, dass das Sport-Department eine Ausschreibung für eine Assistenzcoach-Stelle veröffentlicht hat, Everly?«

Ich öffnete den Mund und schloss ihn wieder. Wieso zum Teufel erzählte sie mir das?

»Du klingst, als hättest du Erfahrung. Ich dachte, das wäre vielleicht eine Möglichkeit für dich«, erklärte sie.

»Aber … aber ich studiere noch«, sagte ich ein wenig hilflos.

Sie zuckte die Achseln. »Es wäre ein Teilzeitjob, knapp zwanzig Stunden die Woche. Ich will es nicht schönreden – Wochenendstunden und Reisen sind fester Bestandteil der Arbeit. Wir sind nicht nur für die Spiele der Eagles da, sondern nehmen auch an Wettkämpfen teil. Ich brauche Unterstützung beim Training und den Übungen, aber auch bei Einzeltrainings, dem Inventar, Papierkram und der Überprüfung der akademischen Fortschritte der einzelnen Athleten. Aber am wichtigsten ist mir, dass ich jemand habe, der mit dem Sport vertraut ist.« Sie schien zu sehen, wie überrumpelt ich war, und hob beschwichtigend eine Hand. »Lass es dir durch den Kopf gehen. Die Ausschreibung ist auf der Seite der Universität, falls du dir die Details anschauen möchtest. Ich würde mich jedenfalls über deine Bewerbung freuen.«

Ich starrte sie an.

Nur weil mir diese Dinge aufgefallen waren, bedeutete das nicht, dass ich andere Leute – Leute in meinem Alter, nebenbei bemerkt – trainieren konnte. Wie sollte ich das neben dem Studium hinbekommen? Mal ganz abgesehen von der Tatsache, dass ich Cheerleading in gewisser Hinsicht immer noch mit Dad und meinem Unfall verband?

»Vielen Dank für den Hinweis, aber ich bin mir nicht sicher, ob ich die richtige Person für die Stelle bin«, sagte ich so schnell, dass sich die Worte überschlugen. Ich schlang mir die Tasche um die Schulter.

Coach Carlson nickte. »Das ist schade, aber da kann man wohl nichts machen.«

Ich hob unbeholfen die Hand zum Abschied und sah zu, dass ich schnellstmöglich aus der Halle – und von ihrem Angebot – wegkam.

kapitel 34

»Du siehst aus, als hättest du einen Geist gesehen«, sagte Blake, als unser Essen gebracht wurde. Ein süßer Geruch mit Chilinote breitete sich in meiner Nase aus, und ich unterdrückte ein Seufzen. Ich hatte das Essen hier höllisch vermisst.

Wir saßen in meinem asiatischen Lieblingsrestaurant, bei dem ich erst vor Kurzem das Essen für Nolan und mich geholt hatte. Seitdem hatte ich mich nicht mehr getraut, auch nur an dem Laden vorbeizugehen. Dass ich heute mit Dawn und Blake hergekommen war, hatte eigentlich ein Schritt nach vorne sein sollen, doch jetzt steckte ich gedanklich in einem ganz anderen Dilemma fest – auch wenn die Suppe herrlich duftete.

»Ich glaube, Coach Carlson hat mir vorhin eine Stelle als Assistenzcoach der Cheerleader angeboten«, sagte ich monoton.

»Was?«, fragten Blake und Dawn gleichzeitig. Beide wussten, dass ich früher gecheert hatte und wie sehr es mir das Herz gebrochen hatte, als ich es aufgeben musste. Dawn wusste mehr als Blake, seit Mom und ich ihr alles über meinen Vater erzählt hatten, trotzdem sahen mich beide mit großen Augen an.

»Sie hat gesagt, sie würde sich über meine Bewerbung freuen«, ergänzte ich.

»Das ist doch großartig!«, rief Dawn aus.

»Aber hallo! Du wärst bei all unseren Auswärtsspielen dabei und könntest uns vom Rand aus anfeuern. Ein Traum.«

»Sie bewirbt sich als Assistenzcoach, nicht als Cheerleaderin, Blake«, warf Dawn ein.

»Und? Anfeuern kann sie trotzdem. Everly, du kannst mein Maskottchen werden. Mein Glücksbringer. Meine ganz persönliche Hasenpfote.«

»Ich weiß nicht mal, ob ich mich überhaupt bewerben soll«, widersprach ich und nahm einen großen Löffel Suppe. Ein Fehler. Sie war zwar süß, aber gleichzeitig so scharf, dass ich husten musste.

»Ich weiß, dass Cheerleading für dich noch mit negativen Erinnerungen verbunden ist, aber sieh das doch als Chance. Du könntest dich wieder mit dem Sport anfreunden.« Blake steckte sich ein ganzes Wantan in den Mund und sah mich erwartungsvoll an.

»Es ist aber auch völlig okay, wenn du noch nicht so weit bist«, fügte Dawn hinzu.

Die beiden kamen mir vor wie Engel und Teufel, die auf meinen Schultern Platz genommen hatten und mir nun unterschiedliche Ratschläge gaben.

»Es spricht so viel dagegen. Ich meine, ich habe schon einen Job. Und Assistenzcoach zu sein ist garantiert hart, vor allem, wenn man an den Wochenenden zu Wettkämpfen fahren und die ganze Organisation hinter den Kulissen übernehmen muss. Außerdem wollte ich das nächste Semester nutzen, um neue Dinge auszuprobieren.«

»Aber genau das würdest du damit doch tun«, meinte Blake mit vollem Mund. Ich musste mich anstrengen, ihn zu verstehen, als er fortfuhr. »Etwas Neues ausprobieren. Du würdest sogar Geld dafür bekommen. Und ich würde mich total freuen. Es ist eine Win-win-win-Situation.«

Dawn sah nachdenklich zwischen Blake und mir hin und her. »Ich muss zugeben, dass seine Argumente nicht schlecht sind.«

Das fand ich auch. Trotzdem wirbelten die Gedanken durch meinen Kopf. Nach meinem Gespräch mit Mom und der Studienberatung hatte ich beschlossen, alles, was geschehen war, als Chance zu sehen und diese voll und ganz auszunutzen. Konnte ich jetzt wirklich noch eine so große Aufgabe zusätzlich bewältigen und mich dieser Angst stellen, die ich immer noch hatte?

Ich horchte in mich hinein und kam zu keiner klaren Antwort. Aber ich konnte nicht leugnen, dass tief in meinem Inneren ein kleiner Funken entzündet worden war. Allein der Gedanke daran, mich auf die Stelle zu bewerben, weckte ein vertrautes Prickeln in mir, das ich schon seit Jahren nicht mehr gespürt hatte.

Als ich damals bei Blakes Spiel zugesehen hatte, hatte ich gedacht, dass ich mit auf dem Spielfeld hätte sein sollen, und war traurig darüber gewesen, dazu nicht mehr in der Lage zu sein. Was, wenn sich mir gerade die Möglichkeit bot, das, was ich damals aufgeben hatte müssen, in gewisser Hinsicht wiederzubekommen?

»Ich wäre jedenfalls dafür. Und ich könnte einen Glücksbringer beim nächsten Spiel wirklich brauchen«, sagte Blake und trank einen großen Schluck Wasser.

Ich verschob die Gedanken an die Ausschreibung auf später und nahm mir fest vor, zu Hause alles einmal genau durchzulesen. Dann konzentrierte ich mich wieder auf meine Freunde.

»Wieso brauchst du einen Glücksbringer?«, fragte ich an Blake gewandt.

Er kaute langsamer, und es sah aus, als hätte er plötzlich Schwierigkeiten beim Schlucken. »Anscheinend schauen beim nächsten Spiel einige NBA-Scouts zu. Ich muss mich also von meiner besten Seite zeigen und alles geben.«

»Wie aufregend«, sagte Dawn, und ich machte ein zustimmendes Geräusch.

»Das wird schon, Blake.«

Er lehnte sich mit einem Grinsen zurück, das aufgesetzt wirkte. »Mal schauen.«

»Du brauchst nicht nervös zu sein«, sagte ich.

»Wer sagt, dass ich nervös bin?«, entgegnete er mit hochgezogener Braue.

Ich nahm einen weiteren Löffel Suppe. »Inzwischen kenne ich dich schon ein bisschen.«

»Ich trommle die ganze Clique zusammen, und dann feuern wir dich alle gemeinsam an«, sagte Dawn. »Falls dir das hilft.«

Blakes Augen leuchteten auf. »Werdet ihr Schilder basteln?«

»Ich glaube, du hast dir genau die richtige Person als Anführerin deines Fanclubs ausgesucht«, sagte ich. »Dawn *liebt* Basteln.«

»Das passt perfekt. Ich habe gerade neue Glitzerstifte und Pappe gekauft.«

»Warum?«, fragte Blake.

Dawn zuckte mit den Achseln. »Weil es mich merkwürdig zufriedenstellt, Bastelkram zu kaufen.«

Blakes steifes Lächeln wurde weicher. »Auch wenn du ihn niemals wirklich benutzen wirst?«

»Ach, es finden sich immer Anlässe zum Basteln. Das Schild für dein Spiel beispielsweise. Oder Geburtstagskarten. Oder das Poster, das ich letzte Woche für die Schreibwerkstatt vorbereitet ha-« Sie hielt abrupt inne und sah mit geweiteten Augen zu mir.

Mein Magen zog sich beim Gedanken an Nolan schmerzhaft zusammen. Noch immer dachte ich jeden Tag und jede

Nacht an ihn, und jedes Mal tat es weh. Ich versuchte, mir meine Gefühle nicht anmerken zu lassen, und winkte schnell ab. »Ist schon okay. Du kannst vor mir über die Schreibwerkstatt reden.«

Dawn wirkte unentschlossen. »Ganz sicher?«

Ich nickte. »Ich möchte das einfach nur überwinden. Es soll nicht immer wie so ein Elefant im Raum stehen, wenn wir uns unterhalten. Und ich erwarte auch nicht von euch …«, ich sah kurz zu Blake, »… dass ihr den Kontakt zu Nolan abbrecht oder so.«

»Nur damit du's weißt: Dawn und ich haben schon einen Plan geschmiedet, wie wir ihn am besten ablenken können, damit einer von uns in seinen Büchern rumkritzelt«, sagte Blake, und Dawn nickte kräftig.

»Er hat mal gesagt, wie sehr er es hasst, wenn in Büchern rumgemalt wird. Was meinst du, wie es ihn ärgern würde, wenn ich meine Glitzerstifte nehme, und …« Dawn fuchtelte in der Luft herum. Mein Herz fühlte sich beim Gedanken an Nolan nach wie vor schwer an, aber immerhin bekam ich es hin zu grinsen.

»Das ist nicht nötig. Auch wenn ich euren Einsatz sehr zu schätzen weiß.«

Dawn hielt inne. Dann seufzte sie und begann, mit ihrer Gabel im Essen herumzustochern. Nach einer Weile blickte sie wieder auf und sah mich zerknirscht an. »Ich habe ihm auch die neuen Kapitel von *By My Side* geschickt. Aber natürlich müsst ihr mir euer Feedback nicht zusammen schicken oder so«, fügte sie schnell hinzu. »Das heißt, wenn du überhaupt weiterlesen möchtest.«

Das erinnerte mich an die Kapitel, die noch ungelesen auf meinem Laptop auf mich warteten. »Tut mir leid, dass ich so lange brauche. Aber ja, natürlich möchte ich weiterlesen. Ich lese alles test, was du schreibst. Du musst mich niemals fragen.«

Ein dankbares Lächeln machte sich auf ihrem Gesicht breit. »Du bist die Beste.«

Der Cursor blinkte im Suchfeld. Ich starrte schon so lange darauf, dass ich zwischenzeitlich angefangen hatte, das Blinken zu zählen.

Ich hatte mich noch nicht getraut, mir die Ausschreibung des Sport-Departments anzuschauen. Ich hatte mich noch nicht mal getraut, den Suchbegriff in das Feld einzugeben. Zum einen, weil ich mich davor fürchtete, tatsächlich zu dem Entschluss zu kommen, mich bewerben zu wollen. Zum anderen, weil dieser Funke in mir in den letzten Stunden nur noch größer geworden war und ich Angst hatte, die Anforderungen nicht zu erfüllen.

Ich öffnete einen neuen Tab, indem ich auf Netflix in meiner Symbolleiste klickte. An diesem Abend hatte ich zum ersten Mal seit einem Monat den Laptop wieder mit ins Schlafzimmer genommen. Es war eine Ausnahme, sagte ich mir, aber in meinem kuscheligen Bett konnte ich einfach viel besser nachdenken als auf der Couch im Wohnzimmer.

Ich schloss Netflix wieder – bereits zum dritten Mal an diesem Abend – und klickte zurück auf die Seite der Uni. Wieder blinkte mich der Cursor beinahe herausfordernd an.

Ich minimierte den Browser und begann stattdessen, meine Programme und Dateien zu sortieren, da mein Desktop zu voll für meinen Geschmack war. Als das erledigt war, klickte ich den Browser wieder an. Ich fragte mich, ob die Angewohnheit zu prokrastinieren möglicherweise ansteckend war, weil ich mich für einen kurzen Moment genau wie Dawn fühlte, wenn sie etwas bis in die Unendlichkeit hinauszögerte. Dann gab ich den Kampf gegen mich selbst auf und tippte »Stellenangebote« in das Suchfeld der Uniseite ein.

Es kamen unzählige Ergebnisse, und ich scrollte auf der ersten Seite nach unten. Die vorletzte Anzeige war die Ausschreibung, nach der ich suchte. Ich öffnete sie mit einem Klick.

Ich überflog den Text und spürte, wie sich ein nervöses Flattern in meinem Bauch bemerkbar machte. Der Job war genau so, wie Coach Carlson ihn beschrieben hatte. Es wurde jemand gesucht, der mit dem Sport vertraut und neben den regulären Stunden auch bereit war, an Wochenenden und während der Wettkampfphasen mehr zu arbeiten. Ich würde einen fortgeschrittenen Erste-Hilfe-Kurs besuchen und in absehbarer Zeit meinen Hochschulabschluss vorweisen müssen, außerdem wurde vorausgesetzt, dass ich die Regeln und Gesetze der Universität kannte.

Der Job würde nicht leicht sein – ganz und gar nicht. Alles in allem fühlte ich mich den Anforderungen aber gewachsen: Ich war nicht leicht aus der Ruhe zu bringen. Ich konnte mit Athleten umgehen und war das dynamische Umfeld eines Cheerleading-Teams noch von damals gewohnt – ich wusste genau, wie chaotisch und stressig die Stimmung kurz vor einem Wettkampf werden konnte. Doch das hatte mir damals immer gefallen. Ich mochte das Auf und Ab des Sports, die Routine und den Zusammenhalt des Teams.

Ich las die Ausschreibung ein zweites Mal. Und noch mal. Gerade als ich wieder nach oben scrollen wollte, kündigte mein Mailer den Eingang einer neuen Mail an. Ohne drüber nachzudenken, klickte ich die Nachricht an, in Gedanken bei den Cheerleadern und Coach Carlson. Als ich sah, von wem sie war, wurden meine Arme ganz starr.

Von: Nolan Gates <ngates@woodshill.edu>
Gesendet: Montag, 05. Dezember um 23:23
An: Everly Penn <epenn@woodshill.edu>
Betreff: By My Side

Liebe Everly,
anbei schicke ich dir die nächsten Kapitel von Dawns Roman mit meinen Kommentaren. Wenn du Fragen hast – hierzu oder zu irgendetwas anderem –, melde dich bei mir. Ich würde mich freuen, von dir zu hören. Auf welchem Weg auch immer.
Nolan

Mein Puls beschleunigte sich, als ich seine Worte mehrmals hintereinander las. Ich wusste nicht, was ich von der Mail halten sollte. Seit Nolan im Krankenhaus gewesen war, hatten wir nicht mehr miteinander gesprochen, dabei hatte ich ernst gemeint, was ich Dawn an diesem Nachmittag gesagt hatte – ich wollte nicht, dass die Sache mit Nolan zwischen uns allen stand. Am liebsten wäre ich ganz normal mit ihm umgegangen, als wäre nie etwas geschehen. Leider war das leichter gesagt als getan.

Ich atmete ein paarmal tief ein und aus, bevor ich den Anhang der Mail auf meinen Desktop zog. Ich öffnete das Dokument und fing an, langsam die nächsten Kapitel von Dawns Manuskript zu lesen. Ab und an fanden sich am Rand Kommentare von Nolan, bei denen ich jedes Mal die Luft anhielt, während ich sie mir ansah. Es war unmöglich, in der Geschichte zu versinken. Stattdessen erinnerte ich mich daran, wie sich Nolans Stimme über Skype angehört hatte, oder an die Nacht, in der ich ihm vorgelesen hatte, als es ihm schlecht gegangen war. Ich dachte an seine Berührungen, an sein gedankenverlorenes Lächeln, an seine warmen Hände und das Gefühl seiner Lippen auf meinen.

Er fehlte mir. So sehr. Und je mehr ich von seinen Kommentaren las, desto schmerzhafter wurde das Ziehen in meinem Brustkorb.

Es war dunkel draußen und schon spät. Ich kam nicht umhin, über die Gespräche nachzudenken, die wir um diese Zeit so oft geführt hatten. Ich warf einen Blick auf das kleine Skype-Symbol in der Ecke meines Desktops und schluckte schwer. Dann zwang ich mich, Dawns Manuskript weiterzulesen. Als ich am Ende des letzten Kapitels angekommen war, brauchte ich ein paar Minuten, um meine Gedanken zu ordnen. Dann ging ich Nolans Kommentare ein weiteres Mal durch und versuchte, sie dieses Mal so objektiv wie möglich zu bewerten.

Einige konnte ich nachvollziehen, weil ich dieselbe Meinung vertrat, andere wiederum machten mich stutzig und sorgten dafür, dass ich kurz davorstand, ein komplettes Essay als Antwort zu verfassen.

Wieder huschte mein Blick zum Skype-Symbol. Ich fuhr mit dem Finger über das Touchpad, bis der kleine Pfeil über dem S hängen blieb.

Ich würde mich freuen, von dir zu hören. Auf welchem Weg auch immer.

Wie von selbst öffnete ich das Programm und ballte die Hand danach zur Faust.

Was tat ich hier bloß?

Ich saß am späten Abend mit dem Laptop im Bett, weil ich wegen der Stellenausschreibung so aufgeregt war, dass ich unmöglich einschlafen konnte, und ich öffnete Skype, um zu schauen, ob Nolan da war. War das nicht ein Schritt in genau die Vergangenheit, von der ich mich hatte lossagen wollen?

Ich wollte das Programm gerade wieder schließen, als mir in der rechten oberen Ecke meines Bildschirms eine verpasste Nachricht angezeigt wurde. Automatisch klickte ich darauf.

NoGa: 0:00 Uhr. Du fehlst mir.

Das Herz sank mir in die Hose, und in meinem Brustkorb machte sich ein Flattern bemerkbar, das noch heftiger wurde, als ich neben Nolans Usernamen den kleinen grünen Kreis entdeckte.

Mit den Fingern über der Tastatur hielt ich inne. Ich fragte mich, ob ich gerade einen Fehler beging. Sollte ich es wirklich wagen, ihm zu schreiben? Ja, ich vermisste ihn. Und ihm schien es da nicht anders zu gehen. Und auch wenn das zwischen uns vorbei war, hasste ich unser Schweigen.

Irgendwie mussten wir es hinbekommen, wieder normal miteinander zu sprechen. Doch solange ich ihm nicht auf seine Mail antwortete, würde das nicht passieren.

In meinen Fingern kribbelte es. Sie würden sich jeden Moment selbstständig machen und etwas tippen. Genau wie früher. Nur dass jetzt unendlich viele Dinge zwischen uns standen, von denen ich nicht wusste, wie wir sie überbrücken sollten.

Mit einem frustrierten Seufzen rief ich wieder Dawns Manuskript auf. Mein Blick blieb an Nolans letztem Kommentar hängen.

Dann schob ich meine Bedenken beiseite, holte tief Luft und fing zögerlich an zu tippen.

Pengirl: Ich verstehe deinen Kommentar in Kapitel 21 nicht ganz. Wieso soll Lynn dort härter zu Greg sein? Immerhin ist sie wütend auf Carter. Meinst du wirklich, dass sie das an jemand anders auslassen sollte?

Ich drückte auf Enter und kaute danach auf meinen Nägeln herum. Mein Herz wummerte in meiner Brust, als ich sah, dass er eine Antwort eingab.

NoGa: Lynn ist an manchen Stellen zu rund geworden, so wirkt sie im Gegensatz zu Mackenzie in Band 1 ein wenig blass. Wenn sie ihren Frust über Carter an Greg auslässt, wäre das für mich eine menschliche, realistische Reaktion – aber das muss auch nicht sein. Du kannst deine Bedenken ja darunterschreiben, und dann schaut Dawn, was sich für den Text richtig anfühlt.

Ich schluckte schwer. Es war merkwürdig, mit ihm über eine Liebesgeschichte zu sprechen, wenn unsere eigene derart gescheitert war. Während meine Finger früher immer wie von selbst getippt hatten, überlegte ich jetzt mehrere Minuten lang, was ich darauf antworten sollte. Nolan nahm mir die Entscheidung ab, indem er mir eine weitere Nachricht schrieb.

NoGa: Wie geht es dir?

Wow.

Das war mit Abstand die merkwürdigste Frage, die er mir je gestellt hatte. Unsere Gespräche hatten sich meistens natürlich entwickelt. Wir hatten nie bloßen Small Talk miteinander geführt.

Pengirl: Ganz gut, und dir?

Ich zog eine Grimasse, als ich die Nachricht abschickte. Bei uns hatte es nie das übliche »Wie geht es dir? – Gut, und dir?« gegeben, und eigentlich wollte ich auch nicht, dass wir jetzt damit anfingen. Ein unangenehmer Schauer überkam mich. Ich wünschte, ich könnte die Nachricht wieder löschen.

NoGa: Auch ganz gut.

Am liebsten hätte ich meinen Kopf auf die Tastatur sinken lassen, weil dieses Gespräch so verkrampft war.

NoGa: Okay, ich nehme das, was ich gerade geschrieben habe, zurück. Small Talk ist etwas für Fremde, und das sind wir eindeutig nicht. Ich möchte nicht, dass wir jemals so miteinander reden müssen.
Pengirl: Ich auch nicht. Ich habe das Gefühl, wir haben verlernt, wie es richtig geht.
NoGa: Haben wir nicht. Die Umstände sind einfach … beschissen.
Pengirl: Ich glaube, ich habe dich noch nie das Wort »beschissen« benutzen sehen.

Es entstand eine kurze Pause, in der Nolan nichts schrieb und ich mich fragte, ob ich einen Fehler begangen hatte, indem ich online gekommen war. Ich wusste ja nicht mal, was ich hier tat oder was ich damit bezweckte. Die Normalität zwischen uns würden wir so jedenfalls nicht wieder hinbekommen. Ich war mir nicht sicher, ob das überhaupt jemals der Fall sein würde.

Aber eines war klar: So, wie es jetzt war, konnte es nicht weitergehen. Dass wir gar nicht miteinander redeten, kam mir schlichtweg falsch vor. Nolan war so lange ein fester Bestandteil meines Alltags gewesen – und jetzt? Hatte ich nicht nur meine große Liebe, sondern auch einen meiner besten Freunde verloren. Es tat weh, mit ihm zu schreiben, aber es tat auch weh, es nicht zu tun. Plötzlich leuchtete eine weitere Nachricht auf meinem Bildschirm.

NoGa: Ich habe noch mehr Flüche drauf.

Zögerlich tippte ich meine Antwort, nicht sicher, worauf er hinauswollte.

Pengirl: Ach ja?
NoGa: Unsinn.

Ich stieß ein Prusten aus.

Pengirl: Wow.
NoGa: Stuss.
Pengirl: Das wird ja immer besser.
NoGa: Blödquatsch.

Ich lächelte.

Pengirl: Ich weiß nicht, ob dir das schon mal jemand gesagt hat, aber du bist wirklich nicht gut im Fluchen.
NoGa: Nicht?
Pengirl: Leider nein.
NoGa: Siehst du? Wir haben es nicht verlernt.
Pengirl: Wie hätte ich nur je daran zweifeln können.

Als Nolans nächste Nachricht eintraf, ging ich fest davon aus, dass er irgendetwas geschrieben hatte, was mein Lächeln noch breiter werden ließ.

NoGa: Ich will dich nicht verlieren, Everly.

Ich musste seine Worte zweimal lesen, um sie zu verstehen. Als ich es tat, verblasste mein Lächeln, und ein Brennen trat in meine Augen. Ich tippte die nächsten Worte wie von selbst. Genau wie früher. Plötzlich war keine Verkrampftheit mehr zwischen uns.

Da waren nur noch wir.

Pengirl: Ich möchte dich auch nicht verlieren.

Ich fragte mich, ob Nolan gerade mit genauso stark pochendem Herzen vor seinem Laptop saß, als er die nächste Nachricht eingab.

NoGa: Es vergeht keine einzige Sekunde, in der ich nicht daran denke, wie sehr ich alles vermasselt habe. Und ich habe keine Worte dafür, wie leid mir das tut. Aber meinst du, wir könnten versuchen, wieder öfter miteinander zu reden?

Ich las seine Worte so oft hintereinander, bis sie vor meinen Augen verschwammen und eine Träne über meine Wange lief. Ich beugte mich vor, um die nächste Nachricht einzugeben.

Pengirl: Ich würde mich freuen, wenn wir das hinbekommen.

kapitel 35

»Ich glaube, das da unten sind sie«, sagte ich zu Dawn und deutete auf die Männer in Anzügen, die in der ersten Reihe auf der gegenüberliegenden Tribüne saßen.

»Sie sehen sehr wichtig aus«, gab sie zurück und stellte unser selbst gebasteltes Schild kurz ab, um ihre Sweatshirtjacke auszuziehen. Darunter trug sie – so wie wir alle – ein Trikot mit der Nummer neun und Blakes Namen. Falls das noch nicht Hinweis genug darauf war, für wen wir hier waren, stand auf dem Schild in dunkelblauen, mit Glitzer bemalten Lettern: *Can't Stop Our Boy #9!*

Dawns ganze Clique war gekommen, mit Ausnahme von Isaac und Sawyer. Dawn hatte mir erzählt, dass Isaacs Mom einen schweren Unfall gehabt hatte und beide jetzt für seine Familie da sein wollten. Ich hatte Isaac heute Morgen geschrieben, ob es irgendetwas gab, was ich für ihn tun konnte. Er hatte mir mal gesagt, dass ihm seine Familie alles bedeutete, und ich hoffte inständig, dass es seiner Mom bald besser gehen würde.

»Ich bin froh, dass du mich gefragt hast, ob ich dabei sein möchte«, sagte Scott zu meiner Rechten. Der Ansatz eines Lächelns umspielte seine Mundwinkel. »Das ist genau das, was ich jetzt brauche.«

Auch Scott machte gerade eine schwere Zeit durch. Sein

Freund hatte ihn vor Kurzem verlassen, und auch wenn er mir keine Details verraten hatte, sah man ihm den Liebeskummer deutlich an.

»Das wird schon alles wieder, Scott«, sagte ich und legte ihm einen Arm um die Schulter, um ihn an mich zu ziehen.

Seine Antwort ging in dem Jubel unter, der losbrach, als die Spieler nacheinander aufgerufen wurden und aufs Spielfeld gelaufen kamen. Zwar rissen einige von ihnen die Arme hoch, aber ich konnte ihnen trotzdem ansehen, wie angespannt sie waren – vor allem Blake. Während er sonst immer lächelte und die Aufmerksamkeit genoss, die er in solchen Momenten bekam, war sein Gesicht jetzt eine starre Maske.

Ich rief seinen Namen und hielt gemeinsam mit Dawn unser Schild in die Höhe, aber erst als Spencer laut auf zwei Fingern pfiff, hob Blake den Kopf und ließ seinen Blick suchend über die Tribüne schweifen. Schon nach wenigen Sekunden entdeckte er uns, und als er das Schild sah, breitete sich ein Grinsen auf seinem Gesicht aus, und er reckte uns seine beiden Daumen entgegen.

Danach begannen die Cheerleader mit ihrer Routine. Coach Carlson stand am Rand des Spielfelds und wirkte genauso aufgeregt wie die Basketballspieler. Schon nach wenigen Sekunden ließ sich das Publikum von den Beats und den präzisen Tanzschritten der Truppe mitreißen. Ich hatte das Gefühl, die halbe Tribüne und der Boden unter meinen Füßen würden beben. Ich beobachtete Becca, die ihre Bewegungen und Sprünge akkurat und synchron zu den anderen ausführte. Dann schaute ich zu dem Kerl, der immer ein bisschen zu schnell dran war, und stellte fest, dass sein Timing zwar noch nicht perfekt war, sich aber schon gebessert hatte. Ich konnte einen deutlichen Fortschritt erkennen und jubelte laut, als der nächste Stunt durchgeführt wurde.

Ich hieß das Kribbeln willkommen, das sich nach und nach in mir ausbreitete. Mein Herz blühte beim Anblick der Choreografie förmlich auf. Ich wippte mit, klatschte in die Hände und spürte ein aufgeregtes Pochen in meiner Brust.

Ich wusste noch genau, wie es sich anfühlte, Teil eines Teams zu sein. Und als ich die Mädchen und Jungs dabei beobachtete, wie sie über hundert Prozent gaben, verspürte ich den innigen Wunsch, wieder ein Teil davon zu sein.

In dieser Sekunde wurde mir bewusst, dass ich die Chance nutzen wollte, die sich mir auftat. Nein, ich *musste* sie sogar nutzen. Ich spürte das mit einer solchen Gewissheit, dass ich mich fragte, wie ich überhaupt daran hatte zweifeln können.

Als tosender Applaus ausbrach, drehte ich mich nach links zu Dawn und beugte mich zu ihr.

»Ich mach's«, rief ich. »Ich bewerbe mich auf die Stelle.«

Sie strahlte mich an. »Sie werden dich bestimmt nehmen. Die können sich glücklich schätzen, jemanden wie dich zu bekommen.«

Ich schlang einen Arm um ihren Rücken und lehnte mich kurz an sie. »Danke.«

Kurz darauf wurde das Spiel angepfiffen. Die gegnerische Mannschaft war verdammt gut und übte von der ersten Sekunde an Druck auf die Eagles aus. Blakes Team hatte Schwierigkeiten, im Ballbesitz zu bleiben, und kassierte schon nach wenigen Momenten die ersten beiden Körbe.

»Komm schon, Blake«, murmelte ich.

Seit dem Anpfiff war seine Aufregung wie weggeblasen. Er spielte konzentriert und sorgte dafür, dass der Ball immer wieder in den Besitz der Eagles und die gegnerische Spielfeldhälfte gelangte. Er blieb dicht bei der Drei-Punkte-Linie und leitete einige Spielzüge ein, wobei er genau zu wissen schien, wie sein Team tickte. Schon beim Training war mir stets aufgefallen, dass sich die Jungs blind verstanden – und das war auch jetzt der Fall.

Mit der Zeit holten die Eagles den anfänglichen Rückstand auf. Blake gab ein paar entscheidende Pässe ab und ließ der Defensive keine Chance, ihm den Ball abzunehmen. Einer der gegnerischen Spieler war allein dafür zuständig, Blake als Spielmacher zuzustellen, und versuchte alles, um seine Pässe zu unterbrechen. Ich warf einen Blick zu den Männern in den Anzügen und sah, wie einer von ihnen in die Richtung von Blake, Otis und Ezra zeigte. Sein Sitznachbar nickte und machte sich eine Notiz auf dem Klemmbrett. Ich sah wieder zu Blake, der gerade hochsprang, um einen Wurf zu blocken.

Und dann geschah alles wie in Zeitlupe.

Der gegnerische Spieler stieß in der Luft gegen Blake. Dieser verlor das Gleichgewicht, drehte sich und landete in einem ganz verkehrten Winkel. Sein Bein knickte unter ihm weg, und er ging zu Boden.

Alle Zuschauer auf der Tribüne sprangen auf, als abgepfiffen wurde. Ich reckte den Hals, aber die Leute vor mir waren zu groß, als dass ich etwas hätte sehen können. Ich spähte zwischen zwei Schultern hindurch und konnte bloß Blakes Beine erkennen. Er bewegte sich nicht. Ich sprang hoch, um ihn genauer sehen zu können. Der Mann, der vor mir stand, beugte sich zur Seite und sagte laut zu seiner Begleitung: »Der macht's nicht mehr.« Durch die Lücke, die durch seine Bewegung entstanden war, sah ich Blake. Er lag auf der Seite und hatte einen Arm über seine Augen gelegt, sein Mund war vor Schmerz verzerrt. Eine kalte Panik überkam mich.

Steh auf, flehte ich in Gedanken.

Leider wurde ich nicht erhört.

Der Schiedsrichter hockte neben Blake und redete auf ihn ein. Er brachte nur ein Kopfschütteln zustande. Bevor ich wusste, was geschah, kamen Sanitäter aufs Feld, die Blake vorsichtig auf eine Trage schnallten und vom Spielfeld trugen.

Wenig später wurde das Spiel wieder angepfiffen, und es ging weiter, als wäre nichts geschehen.

Eigentlich hatte ich nicht vorgehabt, allzu bald in ein Krankenhaus zurückzukehren – mein eigener kurzer Aufenthalt an Thanksgiving hatte mir mehr als gereicht. Doch nun stand ich schon zum zweiten Mal innerhalb weniger Tage vor dem Eingang des Woodshill Hospitals, um Blake zu besuchen. Beim ersten Mal war ich mit Dawn hier gewesen, einen Tag nach seinem Unfall, aber da hatte seine Mutter uns abgefangen und möglichst schonend beizubringen versucht, dass Blake niemanden sehen wolle. Sie hatte uns gesagt, dass die Bilder des MRTs gerade vom Teamarzt der Eagles ausgewertet worden waren und er wohl operiert werden musste.

Danach hatte ich Blake ein paarmal geschrieben, aber er hatte nicht geantwortet. Meine Sorge um ihn war während der letzten Tage immer weiter gestiegen, bis ich es heute schließlich nicht mehr ausgehalten und beschlossen hatte, mein Glück noch einmal zu versuchen. Ich hatte ihm einen Karamell-Macchiato in meinem Thermosbecher mitgebracht und hoffte inständig, dass ihn das vielleicht ein bisschen aufheitern würde.

Als ich bei seinem Zimmer ankam, trat gerade eine Krankenschwester aus der Tür. Fragend hob sie die Brauen. »Sind Sie für Mr Andrews hier?«

Ich nickte.

»Er hat gerade Besuch von einem anderen Freund, aber er wird sich bestimmt freuen, Sie zu sehen. Auch wenn er das gerade nicht zeigen kann.« Sie nickte mir höflich zu und verschwand schnellen Schrittes den Gang hinunter.

Ich atmete tief durch und zwang ein möglichst unbefangenes Lächeln auf meine Lippen, bevor ich anklopfte und eintrat.

»Ich habe dir was mitgebracht«, begrüßte ich ihn und zog die Tür hinter mir ins Schloss. Ich wollte noch mehr sagen, aber die Worte blieben mir im Hals stecken, als ich mich umdrehte und feststellte, wer der Freund war, von dem die Schwester eben gesprochen hatte.

Neben dem Bett stand Nolan.

Als er mich sah, öffnete sich sein Mund ein kleines Stück. Sein Blick glitt einmal über meinen ganzen Körper, und ich tat es ihm gleich und saugte seinen Anblick förmlich in mich auf. Er trug ein weißes Shirt, auf dem in einem schwarzen Rahmen *Blackpink* stand, eine schwarze Jeans und Chucks. Er hatte sich kein bisschen verändert, aber ich hätte ihn trotzdem stundenlang ansehen können.

In diesem Moment atmete Blake hörbar aus. Ich riss meinen Blick von Nolan los und wandte mich Blake zu, der im Bett lag und auf die weiße Decke starrte, die über ihm ausgebreitet war. Sein Haar war zerzaust, unter seinen Augen befanden sich bläuliche Ringe, und dunkle Stoppeln zogen sich über sein Kinn und seine Wangen. Neben seinem Bett hing ein Beutel, in dem sich blutige Flüssigkeit sammelte, die offenbar aus seinem Knie stammte.

Auf wackeligen Beinen trat ich an sein Bett und hielt ihm den Becher hin. »Ich habe dir einen Karamell-Macchiato mitgebracht.«

Blake blickte auf, und ich hielt den Atem an. Normalerweise war da immer eine Lebhaftigkeit in seinen Augen gewesen, ein schelmisches Funkeln, etwas, was einen zum Grinsen brachte – jetzt war davon nichts mehr zu erkennen. Sein Blick wirkte kalt und leblos. Als hätte man ihm jegliche Lebensenergie entzogen.

»Danke«, murmelte er. Er nahm den Becher entgegen und klappte den kleinen Verschluss oben auf. Er roch kurz an der Flüssigkeit, bevor er den Becher wieder sinken ließ. »Der Kaffee hier schmeckt widerlich.«

»Das ist ein Krankenhausphänomen«, warf Nolan ein. »Ich frage mich, ob sie das machen, um den Besuch schnellstmöglich zu verjagen.«

»Eine plausible Theorie«, murmelte ich.

Blake erwiderte nichts. Er starrte auf den Becher, konnte sich anscheinend aber nicht dazu durchringen, einen Schluck zu nehmen. Ich seufzte und stupste seinen Arm mit dem Finger an. Er sah zu mir hoch, und ich nickte zu seinem Bett, eine Augenbraue fragend nach oben gezogen. Daraufhin machte er eine Geste, die ich als Erlaubnis deutete, mich zu setzen. Das Bett knarzte, als ich mich auf der Kante niederließ.

»Du hast nicht auf meine Nachrichten geantwortet«, fing ich vorsichtig an.

Er schwieg.

»Ich habe mir Sorgen um dich gemacht. Und ich wollte dir eigentlich erzählen, dass ich zum Bewerbungsgespräch eingeladen wurde«, fuhr ich fort.

Er zeigte keine Regung.

»Das Gespräch ist heute, und ich dachte, ich schaue vorher noch mal bei dir vorbei. Immerhin hast du mich dazu überredet, den Schritt zu gehen.« Ich spürte, dass Nolan mich ansah, aber ich konzentrierte mich nur auf Blake – der weiterhin schwieg.

Nach einer Weile räusperte sich Nolan. »Ich bin deiner Mom vorhin kurz begegnet«, sagte er. »Sie meinte, die Operation ist gut verlaufen.«

»Das klingt doch toll«, sagte ich euphorisch. »Ich bin mir sicher, dass alles wieder gut wi-«

Blake stieß ein so verächtliches Schnauben aus, dass ich zusammenzuckte. Er sah mich aus schmalen Augen an. »Wenn du hergekommen bist, um mir denselben Quatsch wie zwanzig andere Menschen zu erzählen, kannst du gleich wieder verschwinden, Everly.«

Seine harten Worte versetzten mir einen Stich, und ich presste die Lippen fest aufeinander.

»Du brauchst deine Wut nicht an Everly auszulassen, Blake. Wir sind hier, weil wir dich unterstützen wollen«, ging Nolan sanft dazwischen.

Damit zog er Blakes Zorn auf sich. »Du brauchst überhaupt nicht so scheinheilig zu tun, Mann. Kümmert euch lieber um euren eigenen Scheiß.«

Nolan wurde ganz ruhig. Er legte den Kopf schräg und sah erst Blake, dann mich an. Ich konnte den Moment erkennen, in dem er verstand, worauf Blake anspielte.

»Blake …«, fing Nolan an, doch dieser schüttelte bloß den Kopf.

»Ich glaube, es wäre besser, wenn ihr geht. Ich bin im Moment nicht in der Stimmung für Besuch.«

Ich holte tief Luft und legte ihm eine Hand auf den Arm. Er sah mich an, wieder mit diesem kalten, leblosen Ausdruck in den Augen.

»Bitte melde dich, wenn du irgendetwas brauchst.«

Sein Mund wurde eine weiße Linie. Er starrte auf den Kaffeebecher, den ich ihm mitgebracht hatte, und fing an, am Verschluss herumzuspielen. Ich drückte seinen Arm kurz, bevor ich mich erhob.

Nolan lief um das Bett herum und in Richtung Zimmertür. Ich ging ihm hinterher, drehte mich aber noch einmal zu Blake um. Seine Kiefermuskeln traten deutlich hervor, und ich meinte, seine Hände beben zu sehen. Er tat mir unglaublich leid, vor allem, weil ich genau wusste, wie er sich gerade fühlte: als wäre seine Welt untergegangen.

Ich wünschte, ich hätte mehr für ihn tun können.

»Wenn irgendetwas ist, sag Bescheid«, sagte Nolan.

Als Blake nicht antwortete, öffnete er die Tür. Er ließ mir den Vortritt und folgte mir dann nach draußen in den Flur. Erst als er die Tür hinter uns geschlossen hatte, stieß ich ein tiefes Seufzen aus.

»Hey«, murmelte Nolan, und ich sah zu ihm hoch.

»Ich möchte irgendetwas für ihn tun«, sagte ich und hob hilflos eine Schulter. »Ich hasse es, zu sehen, wie schlecht es ihm geht.«

»Ich glaube, er braucht einfach ein bisschen Zeit.«

»Meinst du?«

Er brummte zustimmend. »Und auch wenn er das gerade nicht zeigen konnte: Ich bin mir sicher, dass er sich über den Besuch gefreut hat.«

»Ich weiß nicht«, sagte ich skeptisch. »Auf mich hat es gewirkt, als hätte er sich eher darüber geärgert. Ich habe genau das Falsche zu ihm gesagt.«

Nolan schüttelte den Kopf. »Das glaube ich nicht. Damals, nachdem …« Er hielt mitten im Satz inne.

»Nachdem was?«, fragte ich vorsichtig.

Einen Moment lang machte es den Eindruck, als würde er meiner Frage ausweichen wollen. Er schloss kurz die Augen und atmete tief durch. »Nach der Sache mit … Catherine«, fuhr er fort, und ein Ziehen machte sich in meinem Bauch bemerkbar, als ich sah, wie viel Überwindung es ihn kostete, allein ihren Namen auszusprechen. »Da habe ich auch alle Leute wieder weggeschickt, die mich bei meinen Eltern besucht haben. Trotzdem hat es mir viel bedeutet. Ich weiß nicht, ob man das mit Blakes Situation vergleichen kann, aber …« Er endete mit einem Schulterzucken und senkte den Blick auf seine Jacke. Er entwirrte die Ärmel und zog sie sich über, ohne mich anzusehen. Langsam bewegten wir uns in Richtung der Aufzüge.

Während ich in meinen eigenen Mantel schlüpfte, dachte ich darüber nach, was es wohl bedeutete, dass er mir das gerade erzählt hatte. Auf Skype hatte er mir gesagt, wie sehr er sich wünschte, wieder normal mit mir zu reden. Vielleicht war das sein Versuch, einen ersten Schritt in diese Richtung zu machen – auch wenn es ihm unglaublich schwerfallen musste, über diesen Teil seiner Vergangenheit zu sprechen. In meiner Brust breitete sich eine ungewohnte Wärme aus.

Wir stiegen hintereinander in den Aufzug. Ich drückte auf den Knopf für das Erdgeschoss, und die Türen schlossen sich wie in Zeitlupe. Unsicher trat ich von einem Bein aufs andere, als sich das Schweigen zwischen uns immer weiter ausdehnte.

»Wie lange hat es gedauert, bis du wieder …« Ich überlegte, wie ich es nennen sollte.

»Bis ich wieder ganz da war?«, half Nolan nach.

Ich sah zu ihm hoch und nickte. Sein Blick war dunkel und fast ein bisschen abwesend, als wäre er kurz davor, in Gedanken in die Vergangenheit zurückzukehren. Es fühlte sich an, als lägen Steine in meinem Magen, die mich nach unten zogen, ein Gefühl, das durch die Abwärtsbewegung des Aufzugs nur verstärkt wurde.

»Ich kann mich nicht mehr richtig erinnern. Wenn ich an die Zeit zurückdenke, verschwimmt alles miteinander. Ich schätze … ein halbes Jahr? Ich weiß noch, dass meine Mom in Tränen ausgebrochen ist, als ich mich zum ersten Mal wieder zu ihr und Dad an den Frühstückstisch gesetzt habe.«

Ich spürte, wie meine Kehle trocken wurde. Die Aufzugtüren schoben sich auseinander, und es kostete mich große

Mühe, einen Fuß vor den anderen zu setzen. Ich wollte Nolan in den Arm nehmen und ihn trösten, weil ihm so etwas Schreckliches widerfahren war, auch wenn es schon viele Jahre zurücklag.

»Aber ich habe es geschafft. Und wenn ich es geschafft habe, wird das bei Blake genauso sein«, sagte er zuversichtlich und vergrub die Hände in den Taschen seiner Jacke.

Ich nickte geistesabwesend, in Gedanken bei der Tatsache, dass er mir gerade etwas so Gewichtiges erzählt hatte. Mitten am Tag und ohne Anstalten zu machen, in der nächsten Sekunde abzuhauen. Ich wusste nicht, wie ich damit – mit ihm – umgehen sollte. Ihn so verletzlich zu sehen erschütterte etwas in mir. Meine Hand wollte sich selbstständig machen und nach seiner greifen, doch ich unterdrücke den Impuls mit aller Kraft und rief mir in Erinnerung, wie es sich angefühlt hatte, als Nolan verschwunden war und mich zurückgelassen hatte. Ich schluckte schwer, den Blick auf den glänzenden Krankenhausboden geheftet.

Wir hatten auf Skype gesagt, dass wir wieder miteinander reden wollten. Genau wie früher. Und dass er mir das anvertraut hatte, zeigte mir, dass er es ernst meinte. Vielleicht konnten wir es hinbekommen. Zumindest das mit dem Reden. Und in diesem Moment wollte ich ihm zeigen, dass es mir genauso ging. Ich holte tief Luft und räusperte mich.

»Mein Vater wurde festgenommen und muss sich vor Gericht verantworten«, brachte ich hervor.

Nolan wirkte wie eine Statue, so starr sah er plötzlich aus.

»Meine Mom hat ihn angezeigt«, fuhr ich fort, bevor er etwas erwidern konnte.

»Oh, Everly«, murmelte er. »Wie geht es dir damit?«

Ich schluckte hart. »Zwischendurch kann ich immer noch nicht glauben, dass Mom das wirklich getan hat.«

»Ich bin unglaublich froh, dass sie diesen Schritt gegangen ist und er keine Gefahr mehr für dich darstellt.«

Ich nickte. »Geht mir auch so. Wobei es mir fast unwirklich erscheint.«

Nolan brummte. »Das ist nachvollziehbar.«

Eine kurze Pause entstand, in der keiner von uns etwas sagte. Man sah Nolan die Erleichterung deutlich an, er meinte seine Worte von Herzen – und das rührte etwas in mir.

»In welche Richtung musst du?«, fragte er unvermittelt.

Ich blickte auf und realisierte, dass wir beim Ausgang angekommen waren. Mein Mund fühlte sich ganz trocken an, als die Türen aufgingen und wir ins Kalte traten.

Ich sah ihn von der Seite an. Eine dunkelblonde Strähne war ihm in die Stirn geweht, und es kribbelte mir in den Fingern, sie ihm nach hinten zu streichen. Ich steckte die Hände in meine Manteltaschen und atmete tief durch.

»Ich muss zur Uni. Ich ... ich habe dort mein Bewerbungsgespräch«, sagte ich schließlich und spürte, wie meine Wangen warm wurden.

Nolans Augen weiteten sich leicht. »Du hast dich bei der Uni beworben?«

Ich nickte. »Als ich bei Blakes Training zugesehen habe, hat Coach Carlson mich angesprochen und mich darauf aufmerksam gemacht, dass sie eine Assistenztrainerin suchen. Also habe ich mich beworben und wurde eingeladen«, erklärte ich. Jetzt, wo ich Nolan davon erzählte, fühlte sich das alles gleich noch viel realer an, und wie auf Knopfdruck setzte die Nervosität ein.

Er schüttelte den Kopf, und ein langsames Lächeln breitete sich auf seinem Gesicht aus. »Ich erinnere mich noch daran, wie deine Augen geleuchtet haben, als die Cheerleader getanzt haben. Stell dir vor, deine Berufung hat die ganze Zeit nur auf dich gewartet.«

Mein Herz machte einen kurzen Satz, als ich mich an unser Gespräch bei ihm zu Hause zurückerinnerte. Ich erwiderte sein Lächeln, und er hielt meinen Blick fest. Ich spürte, wie mein Puls in die Höhe schoss. Und in diesem Moment wurde mir bewusst, wie sehr er mir fehlte. Unsere Gespräche, in der Nacht sowie am Tag. Seine verschiedenen Arten zu lächeln. Seine Berührungen. Einfach alles.

Ich vermisste ihn. Und gerade sah er mich an, als würde es ihm genauso ergehen. Sein Blick wanderte über mein Gesicht, runter zu meinem Mund und wieder hoch, bis ein gequälter Ausdruck in seine Augen trat. Er schaute zu Boden und räusperte sich. Als er wieder hochsah, war sein Blick wieder genauso sanftmütig wie immer.

»Soll ich dich vielleicht mitnehmen?«, fragte er mit belegter Stimme.

Ich horchte in mich hinein und fragte mich, was die richtige Entscheidung war. Ich hatte Angst davor, verletzt zu werden. Aber gleichzeitig wollte ich Nolan unbedingt wieder in meinem Leben haben – auf welche Art auch immer. Unser Gespräch von gerade eben hatte mir das einmal mehr gezeigt.

Also nickte ich langsam.

Wir liefen zum Parkplatz, und nach kurzer Zeit entdeckte ich Nolans Wagen. Er hielt mir die Tür zum Beifahrersitz auf, und ich bedankte mich. Nachdem Nolan eingestiegen war und den Wagen gestartet hatte, atmete ich ein paarmal tief durch.

»Coach Carlson ist nett«, sagte er unvermittelt. »Aber es gibt ein paar Dinge, auf die sie besonders großen Wert legt.«

Ich warf ihm einen Blick von der Seite zu, während er den Wagen vom Parkplatz auf die Straße lenkte.

»Sie ist ein mindestens genauso pünktlicher Mensch wie ich«, fuhr er fort. »Und sie kann streng sein, wenn jemand gegen die Regeln verstößt. Wenn sie dich fragt, was du in einer schwierigen Situation tun würdest, zum Beispiel wenn sich ein Teammitglied danebenbenimmt, gib ihr am besten eine klare Antwort. Auch wenn die Frage noch so hypothetisch ist.«

Ich nickte und dachte an die vielen Artikel, die ich mir in Vorbereitung für das Gespräch durchgelesen hatte. Ich hatte mich intensiv auf den Termin vorbereitet – wahrscheinlich sogar mehr als für jede Prüfung, die ich bis jetzt an der Universität abgelegt hatte. Trotzdem war ich dankbar für jeden Tipp, den ich bekommen konnte.

»Ich habe ein paar Artikel ausgedruckt, die mich überzeugt haben, und meine persönliche Coaching-Philosophie schriftlich ausgearbeitet. Außerdem habe ich einen Entwurf für einen Trainingsplan für die Haupt- und Nebensaison gemacht und ein Sommer-Trainingsprogramm erstellt. Meinst du, dass das zu dick aufgetragen ist?«

Nolan schüttelte lächelnd den Kopf. »Ich finde, das ist ein hervorragender Weg, um zu zeigen, dass du dich nicht nur auf das Gespräch, sondern ernsthaft auf den Job vorbereitet hast und weißt, was auf dich zukommt.«

»Okay. Danke«, murmelte ich.

Den Rest der kurzen Fahrt schwiegen wir. Ich hielt meine Tasche fest umfasst und sah durchs Fenster. Die Kronen der Bäume waren schneeverhangen, und eine verschwommene Mischung aus Braun, Weiß und ganz vereinzelt Grün zog an uns vorbei. Beim Campus angekommen klopfte mein Herz rasend schnell. Nolan lenkte den Wagen auf den Parkplatz und schaltete die Zündung aus. Obwohl draußen eisige Kälte herrschte, schwitzte ich, und meine Handflächen fühlten sich klebrig an. Ich warf einen Blick auf meine Uhr. Ich hatte noch eine Viertelstunde bis zum Gespräch. Wahrscheinlich würden das die längsten fünfzehn Minuten meines Lebens werden.

Ich stieg aus, während Nolan zum Kofferraum ging und seine Tasche herausholte. Er hängte sie sich um und kam zu mir.

»Bereit?«, fragte er und deutete mit dem Kinn in Richtung Haupteingang.

Ich atmete tief ein und aus, um meinen Puls zu beruhigen, dann nickte ich. Wir begannen, nebeneinander durch den Schnee zu waten, und schon nach kurzer Zeit spürte ich meine Füße kaum noch. Bei den Treppenstufen angekommen, rutschte ich ein Stück über den Boden – und sofort war Nolans Arm da, der mich stützte.

Seine Hand auf meinem Rücken fühlte sich vertraut an. Ich sah zu ihm hoch und schluckte schwer. Seine Wangen waren genauso gerötet, wie sich meine eigenen anfühlten. Schnell griff ich nach dem Treppengeländer und setzte meinen Weg nach oben fort, Nolan in einigem Abstand neben mir.

Drinnen angekommen glaubte ich erst, Nolan müsste lediglich in dieselbe Richtung wie ich, doch als wir schließlich gemeinsam vor dem Büro des Sportdirektors zum Stehen kamen, wurde mir klar, dass er mich hierher begleitet hatte.

Ich wollte mich bedanken, aber ich war zu aufgeregt. Alles, was ich tun konnte, war die hohe Tür anzustarren, als wäre sie die Pforte zur Hölle.

»Du schaffst das«, sagte Nolan neben mir.

Ich drehte mich zu ihm und sah ihn zweifelnd an. Obwohl so viel zwischen uns geschehen war, kam es mir vor, als würde er mich immer noch besser als jeder andere Mensch auf dieser Welt verstehen. Und merkwürdigerweise spendete mir das in dieser Sekunde unglaublich viel Trost. Ich hatte das Gefühl, nicht allein zu sein. Weil Nolan bei mir war und mir dieses nachdenkliche und gleichzeitig wissende Lächeln schenkte.

»Ich möchte die Stelle wirklich gerne haben«, brachte ich heiser hervor.

Sein Kehlkopf bewegte sich, als er schluckte. Er sah über meine Schulter zur Tür und zurück in mein Gesicht. Zögernd hob er die Hand und strich mir eine Strähne aus dem Gesicht und hinters Ohr. Ich spürte, wie meine Wange, mein Hals und meine Ohrmuschel sich plötzlich noch viel wärmer anfühlten. In meinem Magen schien etwas in die Tiefe zu stürzen, und ich sah mich im Flur um, ob jemand in der Nähe war, der uns womöglich beobachtete. Nolan hatte mich in der Uni noch nie berührt. Schon gar nicht so innig. Und ich wusste nicht, was ich davon halten sollte.

Fragend sah ich zu ihm hoch.

»Du schaffst das«, wiederholte er. »Und ich hoffe ... ich hoffe, wir schaffen das auch.«

Ich wollte gerade fragen, was er damit meinte, als die Tür zum Büro des Sportdirektors aufging und Coach Carlson im Türrahmen erschien. Sofort machte ich einen Schritt rückwärts und betete, dass sie sich bei Nolans und meinem Anblick nichts dachte.

Falls sie es tat, ließ sie es nicht anmerken. Sie lächelte mich an, bevor sie sich an Nolan wandte und ihm freundlich zunickte.

»Wir wären so weit, Everly«, sagte sie und trat beiseite, damit ich in das Büro kommen konnte.

Ich warf Nolan noch einen Blick zu und wollte mich gerade für seine Begleitung bedanken, als er mir zuvorkam.

»Viel Glück«, sagte er rau.

»Danke«, gab ich genauso leise zurück.

Diese Begegnung hatte mich völlig aus dem Konzept gebracht, gleichzeitig hatte sie sich unfassbar richtig angefühlt. Genau wie damals. So war es schon immer gewesen, wenn ich mit Nolan gesprochen hatte. Wenn wir einander berührt hatten, wenn wir uns unsere Geheimnisse anvertraut hatten und ineinandergestürzt waren.

Alles in mir war durcheinander, ich war aufgeregt und nervös und überrumpelt. Ich fürchtete mich vor dem, was er immer noch in mir auslöste, aber gleichzeitig reagierte mein Körper noch genauso auf ihn wie bei unserer ersten Begegnung. Ihm nahe zu sein schmerzte und fühlte sich berauschend und verboten und viel zu schön an. Ich wusste nicht, wie ich damit umgehen sollte, und versuchte, meine wirren Gefühle unter Kontrolle zu bekommen, als ich mich von ihm abwandte und mit Coach Carlson das Büro des Sportdirektors betrat.

kapitel 36

»Erzähl mir alles«, sagte Mom und hakte sich bei mir unter.

Es war der Tag nach meinem Bewerbungsgespräch, und ich war zu ihr gefahren, weil wir zusammen Weihnachtsgeschenke für Dawn und Stanley besorgen wollten. In der Mall war es heiß, stickig, viel zu voll, und am liebsten hätte ich mich sofort wieder umgedreht und wäre vor den Menschenmassen geflohen. Allerdings hielt Mom meinen Arm wie ein Schraubstock umfasst, als sie uns durch das Gewimmel zu dem ersten Geschäft navigierte, das auf unserer Liste stand. Als Weihnachtselfen verkleidete Mitarbeiter begrüßten uns, als wir eintraten, und ich musste einen Schauer unterdrücken: Ihre Plastikohren und die geringelten Strumpfhosen erinnerten mich an einen furchtbaren Horrorfilm, den ich mal gesehen hatte.

»Ich kann es nicht richtig einschätzen, aber ich glaube, es lief ganz gut. Ich konnte viele der Fragen beantworten und habe sogar die Gelegenheit bekommen, die Entwürfe meiner Trainingspläne zu zeigen«, antwortete ich, hielt aber kurz inne, als einer der Weihnachtselfen mir ein grauenvolles Grinsen zuwarf. »Nach mir war schon direkt der nächste Bewerber dran. Er hatte auch einen Stapel Unterlagen in der Hand, wahrscheinlich hat er ihnen genau das Gleiche vorgelegt.« Ich seufzte.

Mom stupste mich von der Seite an. »Sei nicht so pessimistisch, Liebling.«

Ich versuchte es, aber ich hatte Coach Carlson und ihren Chef überhaupt nicht lesen können. Ich wusste nicht, ob es ihnen gefallen hatte, dass ich mich so intensiv vorbereitet hatte, oder ob ich damit übers Ziel hinausgeschossen war. Außerdem hatte ich bei einer Frage ein kurzes Blackout, weil ich krampfhaft versucht hatte, mich an meine Notizen zu erinnern, statt das zu antworten, was ich in den Tiefen meines Bewusstseins eigentlich genau wusste.

»Sie haben mich auch auf meine Verletzung angesprochen. Ich glaube, es ist wahrscheinlich nicht so gut, dass ich so lange nicht aktiv trainiert habe«, fuhr ich fort, und wieder stieß Mom mir in die Seite.

»Ich sagte: Sei nicht so pessimistisch, Liebling.«

Erneut ließ ich den Atem hörbar entweichen, versuchte aber, mir Moms Worte zu Herzen zu nehmen. Die Welt würde nicht untergehen, wenn ich den Job nicht bekam – ich hatte mir eine Menge neuer Kurse rausgesucht und würde das nächste Semester nutzen, um mich neu zu orientieren. Auf meiner Liste standen auch einige Didaktik- und Pädagogikkurse. Denn selbst wenn es nicht diese Stelle werden würde – ich konnte mir gut vorstellen, irgendwann an einer Highschool zu arbeiten und dort Cheerleader zu trainieren, und wollte zumindest alles dafür tun, um mich entsprechend darauf vorzubereiten.

Mom und ich bogen in die Herrenabteilung ein, und sie steuerte direkt die Krawatten an. Während sie zwischen einigen Modellen hin und her überlegte, machte ich es mir zur Aufgabe, nach dem kuriosesten Muster zu suchen, das ich finden konnte. Schon nach der dritten Krawatte lachten wir beide lauthals, den Rest gab uns allerdings eine, die über und über mit Quietscheentchen bedruckt war.

»Bist du dir sicher, dass es eine Krawatte sein soll?«, fragte ich, als Mom mir schließlich ihren Favoriten entgegenhielt.

Die Krawatte hatte diagonale dunkel- und hellblaue Streifen und glänzte im Licht. Mom sah sie an, als hätte sie einen kostbaren Schatz gefunden, und packte sie in den kleinen Korb, den wir vom Eingang mitgenommen hatten.

»Das ist das erste Mal, dass ich einen Lebensgefährten habe, mit dem ich – wir – Weihnachten verbringe«, gab sie zurück, als wir in die angrenzende Sockenabteilung liefen. Mom griff zielsicher nach einem furchtbaren Paar mit Rentieren drauf. Es landete ebenfalls im Korb. »Es muss alles so normal und spießig wie möglich sein.«

»Das klingt … sehr romantisch.«

Sie hörte die Ironie aus meiner Stimme heraus und warf mir ein Lächeln zu. Es war dasselbe Lächeln, mit dem sie Stanley immer anschaute. »Stanley hat ein normales Weihnachtsfest ohne jegliches Drama verdient.«

Ich sah sie eingehend an, während sie das Sockenregal ausgiebig in Augenschein nahm. »Ihr seid wirklich ein tolles Paar.«

Mom wandte sich mir zu und hob eine Schulter. »Eine ernsthafte Beziehung ist harte Arbeit. Es gibt viele Tage, an denen ich Ängste aus meiner Vergangenheit mitschleppe und mich schuldig fühle, weil das eigentlich das Letzte ist, was ich möchte.«

Ich dachte über ihre Worte nach, als wir die Abteilung wieder verließen und auf die Rolltreppen zusteuerten. Auf dem Weg kamen wir an den Büroartikeln vorbei, und ich entdeckte ein Buch, mit dem man Kratzbilder machen konnte. Unter der schwarzen Schicht, mit der die Seiten überzogen waren, befanden sich glitzernde Regenbogenfarben, und wenn man mit dem beiliegenden Holzstift über die schwarze Fläche kratzte, entstanden bunte Muster und Bilder.

»Das hier ist perfekt für Dawn«, murmelte ich abwesend und packte es zu unseren anderen Geschenken in den Korb.

Moms Worte hallten in meinem Kopf wider und erinnerten mich unwillkürlich an Nolan. Ich musste an unsere Begegnung im Krankenhaus denken. Wie richtig sich seine Gegenwart angefühlt hatte. Wie er mir Mut gemacht hatte – und was er gesagt hatte, kurz bevor wir uns verabschiedeten. Seine Worte hatten mich durch das Bewerbungsgespräch und bis in die Nacht hinein begleitet, aber ich hatte mich nicht mehr getraut, auf Skype nachzusehen, ob er da war. Dafür war ich viel zu durcheinander gewesen.

»Mom?«

»Ja?«

»Wie … wie geht Stanley damit um, dass du diese Ängste noch hast?«

Wir liefen dicht nebeneinander den Gang entlang, und als ich den Kopf zu ihr drehte, war ihr Blick nachdenklich. »Stanley ist der verständnisvollste, liebevollste Mann, den ich jemals kennengelernt habe«, sagte sie nach einer Weile. Sie blieb bei einem Ständer stehen, an dem Kalender für das nächste Jahr hingen, und drehte ihn gedankenverloren. Plötzlich leuchteten ihre Augen auf, und sie hing einen davon ab und hielt ihn mir mit einem fragenden Ausdruck im Gesicht entgegen. Ich nahm ihn in die Hand und betrachtete das Blumenmuster, dann ließ ich ihn – zusammen mit einem weiteren für Dawn – unauffällig in den Korb gleiten.

»Stanley und ich haben beide mit unserer Vergangenheit zu kämpfen. Am Anfang haben wir versucht, das zu verheimlichen, aber auf Dauer funktioniert das nicht. Als unsere Beziehung darunter gelitten hat, haben wir uns zusammengesetzt und schriftlich festgehalten, was uns wichtig ist und wo unsere Grenzen liegen. Dawns Mutter hat ihn sehr verletzt, und das ist auch an ihm nicht spurlos vorübergegangen.«

Mein Herz wurde schwer. Bislang hatte ich immer nur an

Mom gedacht und daran, wie ihre Probleme ihre Beziehung wohl zum Scheitern bringen würden. Ich hatte keinen Gedanken an Stanley und seinen Kummer verschwendet.

»Wenn einer von uns in alte Verhaltensmuster zurückrutscht oder an eine der Grenzen stößt, erinnern wir uns daran, was wir aufgeschrieben haben.«

Nolans Gesicht tauchte vor meinem inneren Auge auf, und ich schluckte schwer. Ich dachte an unseren Streit zurück und an den Tag, an dem er zu mir ins Krankenhaus gekommen war. Ich hatte ihn von mir gestoßen, weil er offensichtlich noch nicht mit seiner Vergangenheit abgeschlossen hatte. Ich hatte Angst gehabt, erneut von ihm verletzt zu werden – und ich wusste nicht, ob ich noch mal darüber hinwegkommen würde.

»Das muss doch sehr viel Energie und Geduld kosten«, sagte ich leise.

Mom brummte zustimmend und nahm den Korb in die andere Hand. »Ich habe noch nie so viel Geduld für jemanden aufgebracht wie für Stanley – und andersherum sieht es genauso aus. Aber wir wussten beide von Anfang an, wie ernst das mit uns war und dass wir bereit dazu sind, diesen Kampf anzutreten. Und jetzt …« Sie seufzte, und ein Lächeln stahl sich auf ihre Lippen. »Jetzt findet unsere Partnerschaft auf derselben Augenhöhe statt. Manchmal kann ich wirklich nicht glauben, jemanden gefunden zu haben, der so gut zu mir passt. Ganz gleich, wie oft mich meine Ängste heimsuchen, ich weiß, dass Stanley für mich da ist. Und umgekehrt ist es genauso.«

Meine Kehle fühlte sich staubtrocken an. Immer wieder dachte ich an Nolan. An den Kampf, von dem ich gedacht hatte, dass wir ihn verloren hätten. Aber vielleicht war ich zu voreilig gewesen. So, wie Mom ihre Beziehung mit Stanley beschrieb, schien es bei den beiden völlig normal zu sein, dass es schlechte Tage und Rückschläge gab. Sie ließen sich davon nur nicht beirren und kämpften immer weiter füreinander. Zwar konnten sie sich ihre Ängste nicht nehmen, aber sie schafften es trotzdem, ihre Beziehung immer wieder auf eine neue Ebene zu heben. Moms Worte rührten mich, und mir traten Tränen in die Augen. Schnell blinzelte ich sie weg.

»Das ist so schön, Mom«, sagte ich mit rauer Stimme. »Ich freue mich von Herzen für euch.«

Falls Mom sich wunderte, warum ich ihr diese Fragen gestellt hatte, ließ sie sich nichts anmerken. Sie strahlte mich an und warf dann einen Blick in ihren Korb. »Ich glaube, ich habe irgendetwas vergessen. Stanley hatte mich gebeten, etwas mitzubringen, aber ich kann mich gerade beim besten Willen nicht mehr daran erinnern, was es war.« Stirnrunzelnd griff sie erst an ihre vorderen, dann an ihre hinteren Hosentaschen. »Mist, ich habe mein Handy im Auto liegen lassen.«

»Warte«, sagte ich und kramte mein eigenes Handy aus der Tasche. »Du kannst meins nehmen.« Ich wollte es entsperren, stutzte aber, als ich auf dem Display zwei verpasste Anrufe von einer unbekannten Nummer sah.

»Moment«, murmelte ich und drückte auf »Rückruf«. Ich wandte mich von Mom ab und hielt mir mit einem Finger mein linkes Ohr zu, um besser hören zu können. Das Freizeichen erklang ein paarmal, bevor jemand abhob.

»Carlson«, bellte eine weibliche Stimme in den Hörer.

Mein Herz setzte einen Schlag aus, nur um dann umso schneller zu schlagen. »Coach Carlson? Hier ist Everly Penn. Sie haben versucht, mich zu erreichen?«, fragte ich und bemühte mich, meine Stimme so unaufgeregt wie möglich klingen zu lassen.

»Ah, Everly! Danke für deinen Rückruf. Ich wollte unbedingt diejenige sein, die dir die guten Nachrichten überbringt.«

Ich spürte, wie meine Hände sofort ganz klamm wurden. Ich drehte mich zu Mom, die mich mit großen Augen ansah.

»Die Universität würde dich gerne als Assistenzcoach der Cheerleadermannschaft einstellen. Meinen herzlichen Glückwunsch.«

Ich schlug mir die Hand vor den Mund. Noch nie hatte es mich mehr Kraft gekostet, ein Kreischen zu unterdrücken.

»Was? Was ist?«, formte Mom lautlos.

»Ich ... wow. Vielen, vielen Dank, Coach Carlson. Das ist das tollste Weihnachtsgeschenk aller Zeiten. Ich freue mich riesig«, brachte ich mühsam hervor. Meine Stimme zitterte. Es war, als wäre mein ganzer Körper mit Energie geladen – ich konnte es nicht fassen. Ich konnte es einfach nicht fassen.

»Sehr gerne. Die Personalabteilung schickt dir noch vor Weihnachten den ersten Entwurf des Vertrags. Es wäre toll, wenn du deine Änderungswünsche so schnell wie möglich durchgeben könntest. Wir möchten, dass du zu Beginn des neuen Semesters im Januar anfängst.«

»Ich schaue mir den Vertrag sofort an, wenn er bei mir ankommt«, sagte ich schnell.

»Ich freue mich, dass du mit an Bord bist.«

»Ich mich auch. Sie wissen gar nicht, wie sehr.«

Wenig später verabschiedete sich Coach Carlson von mir, und ich ließ langsam das Handy sinken. Ich war wie weggetreten, als Mom auf mich zukam und meine Oberarme umfasste. »Das klang nach einem guten Telefonat. Sag, dass es ein gutes Telefonat war.«

Wieder begannen meine Augen zu tränen – und diesmal konnte ich es nicht wegblinzeln. »Die Uni möchte mich einstellen. Ab dem neuen Semester bin ich Assistenzcoach der Cheerleader der Woodshill University.«

Mom fiel mir um den Hals und umarmte mich so fest, dass sie mir fast die Luft abdrückte. »Ich wusste es! Ich wusste, dass sie dich nehmen würden!« Sie löste sich von mir und strahlte mich an. »Komm. Wir gehen bezahlen, und danach wird gefeiert. Dawn und Stanley werden ausflippen, wenn wir nach Hause kommen.«

Sie schlang mir den Arm um die Schulter, und ich dachte über ihre Worte nach, als wir in Richtung Kasse liefen.

Vor wenigen Monaten hatte mir die Veränderung, die Stanleys Einzug mit sich brachte, noch eine Heidenangst eingejagt. Doch jetzt konnte ich es kaum erwarten, nach Hause zu kommen und ihm und Dawn von dem Telefonat zu erzählen. Und ich musste zugeben, dass es sich schön anfühlte, eine Familie zu haben.

So, so schön.

kapitel 37

Ich hatte das Gefühl, meine Finger und Zehen würden jeden Moment abfrieren, so kalt war es, als ich bei Blakes Haus ankam. In schnellen Schritten ging ich die Treppe zur Haustür hoch, merkte aber erst, dass sie völlig zugeeist war, als es fast zu spät war. In letzter Sekunde hielt ich mich am Geländer fest und verhinderte so, dass ich mich hinlegte – was wirklich kein guter Start ins neue Jahr gewesen wäre.

Ezra öffnete die Tür. Er trug ein graues Shirt und hatte eine grüne, glitzernde Plastikbrille mit der Zahl des neuen Jahres auf. »Komm rein«, sagte er und trat beiseite. Der ganze Flur war mit allem möglichen Zeug zugestellt, und unzählige Jacken und Mützen stapelten sich an der Garderobe. Aus dem Wohnzimmer dröhnte Musik, und ein paar Gäste tanzten bereits.

»Wie sieht's aus?«, fragte ich, während ich mir den Schal vom Hals wickelte.

Ezra zuckte mit den Schultern und schob sich die Brille ins sandfarbene Haar. Ein bisschen Glitzer hatte sich auf seinen Wangen verteilt, was überhaupt nicht zu seinem griesgrämigen Blick passen wollte. »Unverändert. Er kommt nicht aus seinem Zimmer. Ich hatte gehofft, dass ein Besuch von dir vielleicht hilft.«

»Er will mich schon seit dem Unfall nicht sehen. Mal gucken, ob er mir etwas an den Kopf wirft, wenn ich sein Zimmer betrete.«

Er zuckte bloß mit den Schultern. »Wenn du mich fragst, ist es das Risiko wert. Du findest den Weg selbst, oder? Ich würde sonst zurück zu den anderen.« Er deutete mit dem Daumen über die Schulter.

Ich nickte, wie jedes Mal begeistert von der puren Herzlichkeit, die Ezra ausstrahlte. Als er wieder zu seinen Gästen ging, machte ich mich auf den Weg nach oben.

Ich ging den Gang entlang und blieb vor Blakes geschlossener Tür stehen. Einen kurzen Moment lang zögerte ich, dann hob ich die Hand und klopfte an.

Keine Antwort.

Vorsichtig drehte ich am Knauf und öffnete die Tür.

Blake lag auf dem Bett. Sein Knie befand sich in einer großen schwarzen Schiene, unter die er ein Kissen geschoben hatte. Auf dem Fernseher lief ein Basketballspiel, das er mit leblosem Blick anschaute.

Ich betrat den Raum und schloss die Tür hinter mir. Dann lief ich zu ihm und zog mir den gepolsterten Stuhl von seinem Schreibtisch zu seinem Bett. Blakes Blick blieb auf den Fernseher gerichtet. Ich fragte mich, wann er zum letzten Mal geduscht oder sich rasiert, geschweige denn sein Zimmer sauber gemacht hatte. Der Boden war mit Krümeln übersät, und obwohl der Mülleimer bloß wenige Zentimeter von ihm entfernt stand, hatte er sich nicht die Mühe gemacht, seine leeren Chipstüten und Coladosen dort hineinzuwerfen.

»Bist du dir sicher, dass es eine gute Idee ist, sich das anzuschauen?«, fragte ich und deutete auf den Bildschirm.

Keine Antwort.

»Ich bin eigentlich hergekommen, weil ich dir erzählen wollte, dass ich meinen neuen Arbeitsvertrag unterschrieben habe.«

Er drehte den Kopf zu mir, so schnell, dass ihm ein paar Haarsträhnen in die Augen fielen. Ungeduldig strich er sie beiseite.

»Du hast die Stelle bekommen?«, fragte er. Seine Stimme klang so rau, als hätte er seit Tagen nicht mehr gesprochen.

»Ja«, sagte ich lächelnd. Das alles fühlte sich immer noch unwirklich an. Ich würde neue Kurse belegen und hatte einen Job bekommen, über den ich mich jetzt schon mehr freute als über alles andere.

In Blakes Augen blitzte es auf, und er setzte sich etwas aufrechter hin. »Moment mal – bedeutet das, dass du ab dem neuen Semester Teil des Kollegiums der Woodshill University sein wirst?«

Ich nickte und griff nach der Fernbedienung, die neben ihm lag. Ich drückte auf den roten Knopf, um den Fernseher auszuschalten.

»Und das bedeutet, dass du und Nolan endlich freie Fahrt hättet«, fuhr er fort.

Ich versteifte mich. Wenn Blake das sagte, klang es so leicht – als wären Nolans und meine Probleme mit einem Schlag verpufft, als ich das Jobangebot erhalten hatte. Dabei ging es bei uns längst nicht mehr nur darum.

Während der Feiertage hatte ich ununterbrochen an Nolan gedacht, hatte nachts wach gelegen und mich stundenlang mit Mom und Dawn unterhalten. Ich wusste auch nicht genau, worauf ich wartete. Ich wollte mit Nolan sprechen und ihm all das sagen, was mir klar geworden war, seit Mom mir erzählt hatte, wie geduldig und aufopferungsvoll sie und Stanley miteinander umgingen. Gleichzeitig fürchtete ich mich davor, noch einmal so von ihm verletzt zu werden. Und ich fragte mich, ob er nach wie vor bereit war, für uns zu kämpfen, so, wie er es im Krankenhaus versprochen hatte, oder ob er seine Meinung inzwischen geändert hatte.

»Das Problem ist schon lange nicht mehr, dass er mein Dozent ist«, gab ich schließlich zu.

»Wo liegt dann das Problem?«

Ich schluckte schwer. »Ich habe Angst.«

Blake schüttelte den Kopf. »Ich habe doch gesehen, wie ihr euch angesehen habt, als ihr mich im Krankenhaus besucht habt. Das zwischen euch ist etwas Besonderes. Du wirst dir auf ewig in den Hintern beißen, wenn du es nicht noch mal mit ihm versuchst.«

Ich zog eine Braue hoch, war aber gleichzeitig erleichtert, weil Blake endlich wieder wie er selbst klang. »Also, sich auf ewig in den Hintern zu beißen klingt nicht besonders spaßig.«

»Das stimmt. Und wäre es nicht viel spaßiger, wenn du stattdessen *ihm* in den Hintern beißen könntest?«

»Oh mein Gott«, murmelte ich. In mir kämpfte der Impuls, das Gesicht in den Händen zu vergraben, mit dem Wunsch, Blake eine zu verpassen. Letzterer gewann, und ich boxte seine Schulter.

Er wirkte unbeeindruckt von meinem Schlag und kramte sein Handy aus der Hosentasche. »Damit meine ich nur, dass ihr beide euch ein bisschen Glück verdient habt.«

»Was machst du da?«, fragte ich alarmiert, als er anfing, auf seinem Handy herumzutippen.

»Na, Nolan einladen natürlich. Ihr schafft das heute aus der Welt. So was wie im Krankenhaus will ich nämlich nicht noch mal miterleben müssen.«

»Blake!« Ich machte einen Satz auf ihn zu, doch er riss seinen Arm hoch und das Handy somit außer Reichweite.

»Ich meine das ernst«, sagte er mit bitterbösem Blick und tippte mit einer Hand weiter. »Ihr saht beide so gequält aus, dass ich mich noch beschissener gefühlt habe als ohnehin schon. Es war schrecklich.«

Mein Puls schoss in die Höhe. Ich wollte mit Nolan reden, wirklich. Nur hatte ich auf den richtigen Augenblick gewartet. Dass der heute sein könnte – darauf war ich nicht vorbereitet. Trotzdem gab ich den Versuch auf, Blake sein Handy abzunehmen. Ich sah ihn prüfend an, als er noch ein paarmal auf das Display tippte und das Handy dann wieder zurück in seine Jogginghose schob.

»Gut, das heißt aber jetzt, dass du mit nach unten kommen musst«, sagte ich mit einem Nicken in Richtung Tür. »Die anderen würden dein Gesicht wirklich gerne mal wieder sehen.«

Blakes Blick verfinsterte sich. Er wollte nach der Fernbedienung greifen, aber jetzt war ich diejenige, die sie außer Reichweite hielt.

»Komm schon. Feier mit uns ins neue Jahr.«

»Es gibt für mich nichts zu feiern, Everly. Im Gegensatz zu dir fängt meine Zukunft nicht an – sie ist gestorben, als ich mir das verdammte Kreuzband gerissen habe.« Er lächelte, aber es wirkte wie eine Grimasse. Ich hatte ihn noch nie so gesehen, und es gefiel mir überhaupt nicht.

»Ich weiß, wie beschissen das alles ist. Aber das bedeutet nicht, dass es keine Hoffnung mehr gibt«, sagte ich leise.

Er schnaubte und senkte den Blick auf seine Hände.

»Du wirst wieder zurück aufs Spielfeld kommen. Und wenn das passiert, wirst du stärker als vorher sein.«

Er sah mich skeptisch an, aber ich erwiderte seinen Blick fest, weil ich diese Worte von ganzem Herzen gemeint hatte.

»Wer bist du, und was zum Teufel hast du mit Everly gemacht?«, fragte er nach einer Weile.

»Ich habe gelernt, Hoffnung zu haben.« Ich stand auf und beugte mich runter, um seine Krücken aufzuheben. Dann hielt ich sie ihm auffordernd hin. »Und du kommst jetzt mit runter zu deinen Freunden.«

Er ließ den Kopf stöhnend zurückfallen.

»Es bringt nichts, sich vor den Menschen, die man liebt, zu verstecken. Komm jetzt. Ich erlaube dir auch, das da anzulassen.« Ich deutete auf sein vollgekrümeltes Outfit. »Und ich helfe dir.«

Er sah mich aus zusammengekniffenen Augen an. Dann robbte er ein Stück nach links, hob seine Beine aus dem Bett und schnappte sich die Krücken aus meiner Hand. »Ich brauche keine Hilfe«, sagte er stolz und erhob sich mit einem leisen Ächzen. Ich klopfte ihm auf die Schulter.

»Guter Mann«, murmelte ich.

Er versuchte, mir den Mittelfinger zu zeigen, aber dabei rutschte ihm die eine Krücke beinahe aus der Hand, und er gab es auf.

Zusammen gingen wir nach unten. Als wir durch den Flur ins Wohnzimmer kamen, brach Jubel unter den Gästen aus. Blake ignorierte sie alle, steuerte die Ledercouch an und ließ sich darauf sinken. Die Krücken fielen scheppernd zu Boden, und dann verschränkte er die Arme vor der Brust und sah auf den Boden. Ich schätzte, es war besser als nichts.

»Gut gemacht, Penn«, sagte Ezra neben mir. Er reichte mir ein Sektglas und stieß mit seiner Bierflasche dagegen. Ich nickte ihm zu und nahm einen Schluck. Danach setzte ich mich neben Blake, der missmutig mein Glas beäugte.

»Wegen der Schmerzmittel darf ich nicht mal was trinken. Jetzt muss ich auch noch allen anderen dabei zusehen, wie sie feiern und Spaß haben. Ich bin gerade am Überlegen, dir die Freundschaft zu kündigen«, sagte er bitter.

»Egal. Ich bin trotzdem für dich da.«

Er verzog die Mundwinkel und brummte bloß.

Während ich an meinem Sekt nippte, nahm ich mir fest vor, mit Otis, Ezra und Cam zu reden, sobald sie wieder nüchtern waren. Ich hatte Angst, dass Blake gerade dabei war, in etwas hineinzurutschen, aus dem er nicht mehr herausfand – und das wollte ich mit aller Macht verhindern.

»Hi, Everly«, erklang plötzlich eine weibliche Stimme. Ich blickte auf und sah ein Mädchen auf Blake und mich zukommen, das mir vage bekannt vorkam. »Ich habe gehört, dass du uns bald zusammen mit Coach Carlson trainieren wirst. Ich wollte dir nur kurz sagen, wie sehr wir uns alle freuen.«

Jetzt wusste ich, woher mir ihr Gesicht bekannt vorkam – sie war Mitglied bei den Cheerleadern. Ich spürte, wie mir warm ums Herz wurde, und erwiderte ihr strahlendes Lächeln. »Das ist so lieb von dir. Ich kann es auch kaum erwarten.«

Ich wollte noch mehr sagen, doch in diesem Moment stieß Blake mir seinen Ellenbogen in die Seite. Er hielt mir sein Handy entgegen. Auf dem Display wurde eine Nachricht von Nolan angezeigt.

Ich bin gleich da.

Mein Herz machte einen Satz, und ich fragte mich, unter welchem Vorwand ihn Blake wohl herbestellt hatte.

»Ich würde sagen, du machst die Tür auf. Schließlich ist das dein Besuch«, sagte Blake.

»Ich weiß gerade nicht, ob ich dich hauen oder umarmen soll.«

»Sorg einfach dafür, dass ich Trauzeuge werde, wenn ihr heiratet. Oder erste Brautjungfer.«

Darüber konnte ich nur den Kopf schütteln. Ich erhob mich und wandte mich an das Mädchen. »Würdest du mir einen Gefallen tun und dich ein bisschen um Blake kümmern?«, fragte ich sie.

Sie lächelte breit und nickte, bevor sie sich dicht neben ihn setzte und augenblicklich anfing, auf ihn einzureden. Blake warf mir einen mörderischen Blick zu, doch ich grinste nur und bahnte mir einen Weg durch das mit Leuten verstopfte Wohnzimmer. An der Haustür angekommen sah ich an mir hinab und überprüfte mein Outfit. Dann fuhr ich mir durch die Haare und frischte meinen Lipgloss auf. Als ich die kleine Tube verschloss und in meiner Tasche verstaute, dachte ich an all die Tage, an denen ich genau dasselbe getan hatte, bevor ich zu Nolans Seminar gegangen war. Ich war jeden Mittwoch so nervös gewesen. Ihn zu sehen war das Highlight meiner Woche gewesen, mit ihm zu sprechen besser als alles andere.

Die Erinnerungen überkamen mich, und ich hörte jedes unserer Gespräche in meinen Gedanken, als ich aus dem Augenwinkel jemanden durch die Milchglasscheibe auf den Eingang zukommen sah.

Bevor er klingeln konnte, atmete ich tief durch und öffnete die Tür.

Nolan stand mit in den Taschen vergrabenen Händen dort. Sein Anblick ließ die Erinnerungen sowohl in meinem Kopf als auch in meinem ganzen Körper nur noch lauter werden. Mein Herz stolperte aufgeregt.

»Hi«, flüsterte ich.

»Hi«, erwiderte er.

Ich trat beiseite, damit er reinkommen konnte, und deutete auf die Treppe, bevor ich die Haustür schloss. Nolan folgte mir nach oben in Blakes Zimmer und blieb unschlüssig in der Mitte des Raums stehen.

»Blake hat mir geschrieben, dass du mich sehen möchtest?«, fragte er.

Ich lehnte mich rücklings gegen die Tür. »War das sein Wortlaut?«

»Ich glaube, seinen genauen Wortlaut sollte ich besser nicht wiedergeben.« Obwohl er leicht lächelte, konnte ich in seinen Augen eine Mischung aus Wehmut und Schmerz erkennen. Ich hätte nichts lieber getan, als dafür zu sorgen, dass diese Gefühle verschwanden. Ich sehnte mich danach, die Distanz zwischen uns zu überbrücken, doch ich spürte auch, dass es dafür noch zu früh war.

»Ich wollte mich bei dir entschuldigen«, flüsterte ich.

Nolan öffnete den Mund und schloss ihn wieder. »Was?«, fragte er heiser.

»Es tut mir leid, dass ich uns so schnell aufgegeben habe. Ich hätte geduldiger mit dir sein müssen. Ich hätte kämpfen müssen, genau, wie du gesagt hast.«

»Everly ...«, flüsterte er und schüttelte den Kopf.

»Meine Mom hat mir gesagt, dass sie sich mit ihrem Freund hingesetzt hat, um Dinge schriftlich festzuhalten. Sie haben ihre Grenzen ausgearbeitet und gehen ihre Probleme gemeinsam an – und ich denke, dass wir so etwas auch hätten tun sollen. Ich ... ich hätte dir – uns – eine Chance geben sollen.«

Er war starr wie eine Statue. Keiner von uns bewegte sich. Wir blieben beide an Ort und Stelle, unfähig, die Blicke voneinander loszureißen.

»Du hast mir genug Chancen gegeben«, sagte Nolan schließlich kaum hörbar. Er räusperte sich. »Und du hattest recht mit dem, was du damals gesagt hast. Ich hätte mich früher mit meinen Dämonen auseinandersetzen sollen.«

Ein Kloß bildete sich in meinem Hals, der nicht verschwinden wollte, ganz gleich, wie häufig ich schluckte.

»Ich war bei Catherines Eltern«, sagte Nolan unvermittelt.

Ich glaubte, mich verhört zu haben. Mein Mund klappte auf, doch er ließ mich nichts auf dieses Geständnis erwidern.

»Nur mit ihnen zu telefonieren hat nicht gereicht. Ich habe gemerkt, dass ich das, was geschehen ist, so nicht verarbeiten konnte. Also habe ich sie besucht, um mit ihnen über alles zu sprechen. Sie haben mir Catherines Zimmer gezeigt. Wir haben uns Fotos angesehen, waren zusammen auf dem Friedhof und haben miteinander geweint. Es ... es tat gut, mit Leuten zu sprechen, denen Catherine ebenfalls so viel bedeutet hat. Damals stand ich so unter Schock, dass ich es nicht mal zur Beerdigung geschafft habe, und deswegen habe ich mir Jahre später noch Vorwürfe gemacht.«

Er sprach schnell, als würde ihm die Zeit davonlaufen. Dabei wollte ich ihm sagen, dass er sich alle Zeit der Welt nehmen konnte, um mit mir zu reden. Ich wollte mit ihm umgehen, wie Stanley es mit Mom tat: liebevoll und geduldig; wertschätzend und sanft. Ich wollte, dass er sich bei mir genauso sicher fühlte, wie ich es von Anfang an bei ihm getan hatte – auch wenn die Angst, dass er mich wieder verlassen könnte, in den Tiefen meines Inneren lauerte und wahrscheinlich auch noch eine Weile dort bleiben würde.

Er rieb sich die Stirn, als hätte er Schwierigkeiten, sich zu konzentrieren. »Als ich bei dir war – als ich gesehen habe, dass du dieselben Tabletten bei dir hast, die sie manchmal genommen hat, da habe ich mich zurückversetzt gefühlt. Ich habe nur noch darüber nachgedacht, was es mit mir anrichten würde, sollte ich dich verlieren. Und die Vorstellung hat mich beinahe um den Verstand gebracht, weil ...«, sagte er, und ich sah, dass Tränen in seinen Augen schimmerten. »Weil ich dich liebe, Everly. Ich liebe dich so sehr.«

Meine Augen brannten. Ich fragte mich, ob ich mich verhört hatte, als er weitersprach.

»Ich war damals am Boden zerstört und habe mich selbst nicht mehr erkannt. Ich wollte mich nie wieder so fühlen. Deshalb habe ich dagegen angekämpft, als sich etwas zwischen uns entwickelt hat. Dass ich dich so verletzt habe, tut mir unendlich leid. Ich wünschte, ich könnte es rückgängig machen.«

Ich schüttelte den Kopf. »Mir tut es auch leid. Ich hätte für dich da sein müssen, statt den Kampf aufzugeben.«

»Dazu habe ich dir überhaupt nicht die Gelegenheit gegeben. Dich von mir zu stoßen war ein Fehler, den ich für immer bereuen werde.«

»Es bringt nichts, wenn wir ununterbrochen über unsere Fehler nachdenken«, wisperte ich.

»Aber es bringt auch nichts, so zu tun, als hätte ich keine gemacht«, widersprach er. »Und ich wollte dir unbedingt sagen, dass ich mich mit der Sache auseinandergesetzt habe. Ich habe damit abgeschlossen. Es tut zwischendurch verdammt weh, und ich glaube, das wird auch in Zukunft so bleiben, aber ich bin bereit für einen Neuanfang, wenn …« Er räusperte sich. »Wenn es dir auch so geht.«

Ich schluckte den Kloß in meinem Hals runter und nickte. »Wenn wir es in Zukunft besser machen wollen, müssen wir uns auf das Jetzt konzentrieren. Der Moment, den wir jetzt haben, und alle, die noch kommen werden – das zählt. Nicht das, was geschehen ist.«

Er machte einen Schritt auf mich zu. »Es gibt nichts, was ich mehr möchte.«

Von unten drangen laute Rufe zu uns durch, und ich legte den Kopf in den Nacken, um Nolan richtig ansehen zu können.

»Zehn – neun – acht – sieben …«

Ich sah ihm in die grauen Augen, und eine Woge Wärme überkam mich, eine Sehnsucht, die tiefer ging als alles, was ich je zuvor in meinem Leben empfunden hatte. Der Abstand zwischen uns kam mir immer noch viel zu groß vor.

»Sechs – fünf – vier …«

»Es ist gleich zwölf«, flüsterte ich. »Wünsch dir was, Nolan.«

Er schüttelte den Kopf und umfasste mein Gesicht mit beiden Händen. »Ich liebe dich«, murmelte er genau in dem Moment, als unten lauter Jubel ausbrach. Und als die Welt draußen in einem einzigen Feuerwerk explodierte, legte er seine Lippen auf meine und entfachte in mir genauso viele bunte Funken.

»Ich liebe dich auch«, murmelte ich dicht an seinem Mund.

»Ich wünsche mir das hier.« Er unterbrach den Kuss und sah mir tief in die Augen. »Ich wünsche mir dich in meinem Leben. Ich wünsche mir einen Neuanfang mit dir. Ich wünsche mir …«

»Das war mehr als ein Wunsch«, unterbrach ich ihn flüsternd.

»Ich habe noch so viel mehr Wünsche – und du bist Teil eines jeden einzelnen.«

Ich schlang die Arme um seinen Hals, und seine nächsten Wünsche wurden Teil unseres Kusses, als das neue Jahr eingeläutet wurde – und mit ihm hoffentlich ein Neuanfang für Nolan und mich.

kapitel 38

Neben Coach Carlson durch die Gänge der Uni zu laufen war ein vollkommen neues Erlebnis für mich. Die anderen Studenten eilten an ihr vorbei und gingen ihr aus dem Weg, sodass mir die Gänge plötzlich doppelt so breit vorkamen.

»Und das hier ist unser Büro«, sagte Coach Carlson plötzlich und blieb vor einer Tür stehen. Sie schloss sie auf und ließ mich vor sich reingehen.

Der kleine Raum roch muffig und war mit den zwei Schreibtischen, die darin standen, beinahe komplett zugestellt. Die Sitzpolster der beiden Stühle waren an manchen Stellen schon so abgenutzt, dass das Innenfutter zum Vorschein kam, und die Tapete an der Wand hatte auch schon mal bessere Zeiten erlebt. Auf dem Schreibtisch, der nicht mit unzähligen Stapeln Papier überquoll, stand eine hübsche Topfpflanze mit einer Schleife drum.

»Ist die von Ihnen?«, fragte ich.

Die Trainerin nickte knapp. »Wollte es ein bisschen gemütlicher machen.«

Ich drehte mich einmal um mich selbst und nahm alles in Augenschein. »Es ist wundervoll. Vielen Dank«, sagte ich zum ungefähr zehnten Mal an diesem Tag.

»Immer noch: gern geschehen. Ich bin gespannt, wie lange dein Elan noch anhält«, sagte Coach Carlson und nickte in

Richtung Flur, damit wir die Tour fortsetzen konnten. Ich hatte inzwischen eine Schlüsselkarte für die großen Türen bekommen, mehrere richtige Schlüssel für die alten Seminarräume, einen riesigen Stapel Papier, den ich hatte unterschreiben müssen, und das Regelwerk der Universität, das sie noch einmal mit mir zusammen durchgegangen war.

Ich konnte mich nur schweren Herzens vom Anblick unseres – unseres! – Büros lösen, folgte ihr aber schließlich.

»Ich bin mir sicher, dass das noch lange anhalten wird«, erwiderte ich, während wir den Gang entlanggingen. Irgendwie konnte ich es immer noch nicht wirklich glauben, tatsächlich an der Universität angestellt zu sein.

»Das sagst du jetzt. Ich habe auch als Assistenzcoach angefangen, während ich noch studiert habe. Das war kein Zuckerschlecken.«

Ich nickte wissend. Als ich den Vertrag durchgelesen hatte, war mir augenblicklich klar gewesen, dass die kommenden Monate nicht leicht für mich werden würden. Zwar war die Bezahlung gut, und es gab sogar finanzielle Unterstützung für mein Studium – allerdings nur, wenn ich es schaffte, meinen Abschluss innerhalb der nächsten eineinhalb Jahre zu absolvieren. Ich versuchte, optimistisch zu sein, konnte aber nicht leugnen, dass mich das unter Druck setzte. Meine Studienberaterin hatte mir trotzdem empfohlen, neue Kurse auszuprobieren. Und auch wenn ich manchmal noch Angst hatte, alles falsch zu machen, konnte ich jetzt darüber mit Nolan, Mom, Dawn oder Blake sprechen, die mir dabei halfen, einen kühlen Kopf zu bewahren.

»Hier ist die Lounge für das Lehrpersonal«, sagte Coach Carlson und hielt ihre Schlüsselkarte vor das schwarze Feld, das neben der wuchtigen Holztür an der Wand angebracht war. Sie hielt mir auch diese Tür auf, und ich betrat den Raum vor ihr.

Staunend sah ich mich um. Der Raum war riesig und hübsch eingerichtet. In der Mitte stand auf einem beigen Teppich eine Sitzecke mit gesteppter Ledercouch und gepolsterten Sesseln, außerdem gab es noch eine Reihe weiterer Sitzgelegenheiten und sogar eine Küchenzeile, die sich über die hintere Wand erstreckte.

»Das ist der Rückzugsort für die Mitarbeiter der Universität. Man kommt hier ganz gut zur Ruhe – wenn nicht gerade Mittagszeit ist. Dort drüben kannst du dir Kaffee oder Tee nehmen, manchmal bringen Leute auch Kuchen oder andere Süßigkeiten mit. Da muss man dann mit der Zeit lernen zu widerstehen.«

»So ein Quatsch, man muss überhaupt nicht lernen zu widerstehen«, erklang eine weibliche Stimme dicht neben uns. Ich sah Ms Ford an einem der Tische sitzen – vor sich einen Teller mit einem riesigen Schokomuffin, der halb aufgegessen war. »Greifen Sie ruhig immer zu, wenn dahinten was steht.«

Coach Carlson rümpfte die Nase. »Hör auf, meiner Kollegin irgendetwas einzureden, Diana.«

Kollegin.

Sie hatte mich Kollegin genannt.

Ich versuchte mit aller Kraft, ein Grinsen zu unterdrücken, weil ich so professionell wie möglich wirken wollte.

Ms Ford zuckte bloß mit den Schultern und biss herzhaft in ihren Muffin.

»Hier finden öfters Workshops und andere Fortbildungen im kleinen Rahmen statt. Da werden dann Unterrichtsstrategien besprochen, Erneuerungen der Universität oder neue Initiativen, an denen wir uns beteiligen«, erklärte Coach Carlson weiter. »Außerdem kannst du hier gut Kontakte knüpfen. Die Uni ist riesig, aber als ich neu war, wurde ich hier mit offenen Armen willkommen geheißen. Die Stimmung ist immer sehr entspannt.« Sie hob die Hand und begrüßte einen Mann, den ich nicht kannte. »Wenn es dir nichts ausmacht, würde ich eine kurze Pause einlegen. Danach geht es weiter zum Training. Bediene dich gerne in der Küche, und nimm dir einen Moment, um durchzuatmen. Das war jetzt ganz schön viel auf einmal.«

Ich nickte und sah ihr nach, als sie zu dem Mann ging, dem sie eben zugewinkt hatte. Die beiden begrüßten sich herzlich und unterhielten sich sofort angeregt miteinander. Ich lief durch die Lounge zu der Küchenzeile und schnappte mir einen Becher, den ich mit Tee füllte. Dann nahm ich mir einen Muffin und drehte mich wieder um. Ich überblickte den Raum, in der Hoffnung, eine ganz bestimmte Person zu finden.

Als ich ihn entdeckte, machte mein Herz einen aufgeregten Satz.

Nolan hatte die Beine auf dem Tisch vor sich überkreuzt, und für die Leute, die um ihn herumsaßen, schien das kein ungewöhnlicher Anblick zu sein. In der Hand hielt er *Der große Gatsby*. Ich erinnerte mich daran, wie wir uns einmal über das Buch unterhalten hatten.

Ich atmete tief ein, strich mir das Haar hinters Ohr und durchquerte die Lounge langsam. Bei seinem Tisch angekommen setzte ich mich auf den Stuhl neben seinem. Ganz genau wie vor einem Jahr, als ich ihm zum ersten Mal begegnet war.

»Hi, ich bin Everly«, sagte ich.

Er ließ das Buch sinken und erwiderte meinen Blick. Auf seinen Lippen machte sich ein Lächeln breit, das Hitze durch meinen ganzen Körper schießen ließ. »Wunderschöner Name.«

Es fühlte sich genau so an wie vor einem Jahr. Doch im Gegensatz zu unserer allerersten Begegnung verspürte ich diesmal keine Angst, mein Herz an ihn zu verlieren.

Ganz im Gegenteil.

epilog

Zwei Wochen später

Es klingelte an der Tür, und ich sprintete, um sie aufzureißen.

»Katie!« Ich strahlte sie an und umarmte sie fest.

»Umarmst du mich gerade extrafest, weil du mich mit Zev allein im *Get Inked* gelassen und gekündigt hast?«, fragte sie und tätschelte mir den Rücken.

Ich löste mich von ihr und hielt ihre Schultern umfasst. »Ich habe dir schon zwanzigmal gesagt, dass es mir leidtut, aber ich sage es gerne noch mal: Es tut …«

»Ach, Schwamm drüber«, sagte Katie und grinste mich breit an. Erleichterung durchflutete mich, als sie beiseitetrat, damit ich auch Zev in den Arm nehmen konnte. Ich bat die beiden herein, und als Katie mir im Vorbeigehen eine Flasche in die Hand drückte, die mit einer kleinen Schleife versehen war, sagte Zev: »Ein kleines Geschenk zur Einweihung. Damit du die Korken knallen lassen kannst.«

Ich lächelte und führte die beiden ins Wohnzimmer, das bereits gerammelt voll war. Ich hatte mir ein paar Klappstühle von Spencer geliehen, Allie und Kaden hatten einen kleinen Tisch beigesteuert, auf dem ich Fingerfood und Getränke angerichtet hatte, und Dawn hatte mir dabei geholfen, die ganze Wohnung partytauglich zu dekorieren.

Entgegen meinen Bedenken hatte sich keiner meiner Freunde gewundert, wieso ich erst eineinhalb Jahre nach meinem Einzug eine Einweihungsparty feierte. Sie alle hatten ihre Hilfe angeboten und mich gefragt, was ich noch in meiner Einrichtung brauchen konnte. Inzwischen war ich Besitzerin eines Korkenziehers, einer ganzen Reihe an neuen Gewürzen, eines gehäkelten Wandteppichs, verschiedener Tees und einiger Topfpflanzen, die so viel Platz einnahmen, dass ich ein ganzes Gewächshaus damit vollstellen konnte – was ich großartig fand.

»Hey, Leute«, rief ich ins Wohnzimmer.

Zwar tönte Musik durch meine ganze Wohnung, aber gleich mehrere Leute blickten auf. Allie und Kaden, die beim Buffet standen, Isaac, der es sich auf meinem Lieblingssessel gemütlich gemacht hatte, Sawyer, die an meinem Laptop und den angeschlossenen Boxen stand und sich durch meine Playlist klickte, Blake, der das gesamte Sofa in Beschlag nahm, weil er sein Bein hochlagern musste, und Scott, der vor ihm auf dem Boden Platz genommen hatte und sich eine Schüssel Chips mit ihm teilte.

»Das hier sind Katie und Zev«, sagte ich laut und hoffte, dass Dawn, Spencer, Monica und Ethan das hörten, die vor ungefähr zehn Minuten in meinem Schlafzimmer verschwunden waren. Ich war mir nicht sicher, ob ich wissen wollte, was die vier dort taten, auch wenn die Tür bloß angelehnt war.

»Euch gehört das *Get Inked*, oder?«, fragte Isaac und sah zwischen den beiden hin und her.

Zev nickte. »Yep.«

»Meine Freundin will mich die ganze Zeit dazu bringen, mir ein Tattoo stechen zu lassen, aber ich bin noch nicht überzeugt«, sagte Isaac mit Blick auf Sawyer, die sich genau in dem Moment zu ihm umdrehte. Lächelnd durchquerte sie den Raum und setzte sich auf die Lehne von Isaacs Sessel.

»Du lässt das klingen, als wäre es meine Idee gewesen«, sagte sie und strich ihrem Freund durchs Haar. Die Geste war kurz, aber liebevoll, und Isaacs Wangen nahmen einen Rosaton an.

»War es nicht?« Er sah grinsend zu ihr hoch.

»War es nicht, Isaac Theodore. Und das weißt du auch ganz genau. Es war *dein* Vorschlag, ich habe dich nur dazu ermutigt, mal in ein Studio zu gehen, um zu gucken, ob dir irgendwas zusagt.«

Statt einer Antwort streckte Isaac die Hände nach oben, umfasste ihr Gesicht und küsste sie. Er murmelte irgendetwas, was ich nicht verstand, Sawyers Lächeln aber breiter werden ließ.

Ich freute mich sehr, dass die beiden wieder zueinandergefunden hatten. Sie waren mit Abstand das niedlichste Paar, das ich kannte – auch wenn ich das Dawn niemals auf die Nase binden würde. Nicht, dass Spencer dann davon Wind bekam und durchdrehte.

»Du kannst gerne mal bei uns vorbeikommen, Isaac. Wir haben auch ein Instagram-Profil oder ein Portfolio auf unserer Website, das du dir anschauen kannst«, sagte Katie und holte gleich ihr Handy raus, um ihm Bilder zu zeigen. Wenig später waren die vier in ein Gespräch über potenzielle Tattoo-Motive versunken.

Ich wollte gerade einen Blick in mein Schlafzimmer werfen, als es wieder klingelte. Mit klopfendem Herzen ging ich zur Tür und machte sie auf.

Nolan stand auf der Schwelle. Er hielt ein eingepacktes Geschenk in der einen und einen bunten Blumenstrauß in der anderen Hand. Für beides hatte ich kaum Augen, weil ich mich nicht an seinem Gesicht sattsehen konnte. Ihn hier zu haben war noch immer so ungewohnt und aufregend, als wäre es das erste Mal.

Ich trat einen Schritt zur Seite, damit er reinkommen konnte. Er warf einen flüchtigen Blick über meinen Kopf hinweg, bevor er einen Arm um meine Taille schlang und mich an sich zog. Er drückte einen Kuss auf meine Schläfe, meine Wange und schließlich mein Ohr. Dort verharrte er.

»Du hast mir gefehlt«, murmelte er.

Ich lehnte mich gegen ihn und schloss die Augen. »Du mir auch.«

Nach einem kurzen Moment lösten wir uns voneinander, und ich lächelte zu ihm hoch. »Bist du bereit, meine Freunde kennenzulernen?«

Er schluckte schwer, nickte aber entschlossen. Dann reichte er mir den Blumenstrauß und das Geschenk, das sich verdächtig nach einem dünnen Buch anfühlte. Er zog Jacke und Schal aus und legte beides auf dem Haufen ab, den die anderen bereits mit ihren Klamotten in meiner nicht vorhandenen Garderobe gebildet hatten.

Nolan legte eine Hand auf meinen Rücken, und gemeinsam betraten wir das Wohnzimmer. Ich räusperte mich.

»Leute«, rief ich in den Raum.

Alle drehten sich zu uns um.

»Das hier ist Nolan, mein … ähm. Mein Freund«, sagte ich und deutete an ihm herauf und herab, als wäre er ein brandneues Möbelstück, das ich präsentieren wollte. Ich spürte, wie meine Wangen glühten, als die anderen zwischen Nolan und mir hin- und hersahen. Seine Hand blieb weiter auf meinem Rücken, und als ich ihm einen Seitenblick zuwarf, sah er überhaupt nicht nervös aus. Sein Blick war voller Zuversicht, an der ich mich festklammerte.

Scott war der Erste, der sich zu Wort meldete. »So, so. Der legendäre Nolan.« Er musterte Nolan von oben bis unten und stieß dann einen tiefen Seufzer aus.

Nolan sah mich fragend von der Seite an. »Legendär?«, murmelte er.

»Frag lieber nicht«, gab ich genauso leise zurück.

In dem Moment kam Dawn aus meinem Schlafzimmer und strahlte, als sie Nolan neben mir stehen sah. Sie sprang auf uns zu und umarmte ihn stürmisch.

»Schön, dass du hergekommen bist«, sagte sie und legte ihre Hände auf seine Oberarme. Dann schüttelte sie ihn. »Argh, bin ich froh.«

»Es sieht eher aus, als würdest du ihn umbringen wollen«, merkte Spencer an, der ebenfalls zu uns getreten war.

»Nur weil ich mich so freue.« Dawn nahm mir den Blumenstrauß ab, den ich noch in der Hand hielt. »Gib her, ich stelle den kurz weg. Dann kannst du gleich die Vase einweihen, die Kaden dir geschenkt hat.«

Sie verschwand schneller mit dem Strauß, als ich etwas hätte sagen können.

»Mir gefällt deine Frisur«, sagte Spencer unvermittelt und beugte sich vor, um Nolans Haare zu inspizieren.

Nolan räusperte sich verhalten. »Danke.«

»Irgendwelche Tipps, wie man lange Haare am besten rockt?«, fragte Spencer weiter und fuhr sich durch seine schwarzen Strähnen. »Ich bin am Überlegen, das auch mal auszuprobieren.«

»Einfach wachsen lassen. Wichtig ist, bei der hässlichen Zwischenlänge nicht aufzugeben«, antwortete Nolan in einem Tonfall, bei dem ich nicht genau wusste, ob er es ernst oder als Witz meinte.

Spencer nickte und sah Nolan nachdenklich an. »Welches Shampoo benutzt du?«

»Das wäre dann wohl das Signal«, meldete sich Dawn zu Wort, die in diesem Moment mit der Vase wieder aus der Küche kam. Sie stellte den Strauß auf dem kleinen Tisch mit Geschenken ab und zog ihren Freund dann am Arm zurück in Richtung Schlafzimmer.

»Hey, ich war noch nicht fertig!«

»Nolan wird ab sofort bestimmt öfter dabei sein, du bekommst schon noch die Gelegenheit, ihm all deine merkwürdigen Fragen zu stellen. Lass ihn erst mal ankommen.« Sie sagte noch etwas, aber das konnte ich nicht mehr verstehen, da sie hinter der Tür verschwunden waren.

»Tut mir leid«, sagte ich an Nolan gewandt.

»Er ist lustig. Ich mag ihn.« Er lächelte mich schief an, und Erleichterung durchströmte mich. Ich nahm seine Hand und zog ihn mit mir zum Sofa, neben dem noch zwei Stühle frei waren. Nolan nahm auf dem Platz, der näher bei Blake stand, und beugte sich zu ihm.

»Blake, mein Guter. Was macht das Knie?«, fragte er.

Blake rang sich zu einem Lächeln durch, doch es erweckte einen sehr müden Eindruck. »Nicht viel, Master Gates. Und bei dir so?«

»Bei mir ist alles gut. Und ich habe das Gefühl, dass es in Zukunft nur noch besser wird.«

Blake hielt ihm die Hand hin, und Nolan schlug ein. »Das klingt doch mal vielversprechend, Mann.«

Ich wollte weiter zuhören, wurde aber von dem Geschenk abgelenkt, das ich noch nicht ausgepackt hatte. Ich stupste Nolan mit dem Ellenbogen an und hielt es hoch, woraufhin er lächelte.

»Mach es gerne auf.«

»Darf ich das denn vor den anderen?«, fragte ich leise. Scott hörte es trotzdem und richtete sich wie ein Erdmännchen vor dem Sofa auf.

»Es ist nichts Unanständiges drin, falls du das dachtest.«

Scott ließ sich enttäuscht wieder zurücksinken und nahm Blake die Chipsschüssel ab, um großzügig hineinzugreifen. Trotzdem sah er mir dabei zu, als ich anfing, das Geschenkpapier aufzureißen.

Zum Vorschein kam ein Buch mit schwarzem Einband. Fragend sah ich Nolan an, doch er wartete geduldig, bis ich die erste Seite aufgeschlagen hatte. Dort stand etwas in seiner Handschrift, und als ich genauer hinsah, erkannte ich, dass es das Rezept für das Pilz-Risotto war, das er damals für mich gemacht hatte.

»Du hast mir ein Kochbuch geschrieben?«, fragte ich perplex.

Er schüttelte den Kopf. »Ich habe dir ein Dinge-die-ich-mit-Everly-machen-möchte-Buch geschrieben«, antwortete er so leise, dass nur ich ihn verstehen konnte.

Ich blätterte langsam durch die nächsten Seiten. Auf manchen standen simple Sachen wie »Ein Spaziergang mit Bean in den Bergen«, »Einen *Buzzfeed-Unsolved*-Marathon machen« oder »Gemeinsam auf ein Konzert gehen«, auf anderen jedoch »Essen bei meinen Eltern, damit ihr euch richtig kennenlernen könnt« oder »Ein Urlaub in Großbritannien«. Ich wollte gerade die letzte Seite aufschlagen, doch Nolan stoppte mich, indem er seine Hand über meine legte. Ich warf ihm einen Blick zu.

»Willst du die letzte Seite jetzt wirklich schon aufschlagen, Everly?«, fragte er und strich mit dem Daumen über meine Haut.

Ich schluckte schwer. Meine Finger kribbelten, weil ich unbedingt sehen wollte, was dort stand, aber gleichzeitig wusste, dass ich mir damit womöglich etwas vorwegnehmen würde.

Also schüttelte ich langsam den Kopf.

»Nein«, sagte ich leise und beugte mich zu ihm. Ich hob die Hand an sein Gesicht und strich sanft über seine Wange. »Das hier ist genug. Und es ist so viel mehr, als ich jemals zu hoffen gewagt habe.«

Das Lächeln, das sich langsam auf seinen Lippen ausbreitete, gehörte nur mir. Genau wie dieser Abend mit meinen Freunden, der nächste Tag und alles, was darauf folgen würde. Mein Leben gehörte mir. Und ich würde es nicht wieder loslassen.

danksagung

Nach Woodshill zurückzukehren hat sich für mich wie nach Hause zu kommen angefühlt. Ich wollte Nolans und Everlys Geschichte schon am liebsten während Trust Again schreiben, musste aber noch ein bisschen warten, um tatsächlich loslegen zu können. Jetzt bin ich umso froher, das Buch bald in der Hand zu halten.

Ich danke meiner Lektorin Stephanie Bubley, die mir bei jeder Schreibkrise zur Seite steht und vollen Einsatz für meine Bücher zeigt, sowie dem gesamten Team des LYX-Verlags. Ich freue mich immer wieder, mit euch zusammenzuarbeiten.

Weiter danke ich meinen Agentinnen Gesa Weiß und Kristina Langenbuch Gerez für ihre Unterstützung.

Dank gebührt Sarah Saxx und Bianca Iosivoni für die gemeinsamen Schreibstunden und die Motivation, Sandra Regnier für die Ermutigung, meinen Testleserinnen Vanessa und Sabrina für die ihre wertvollen Anmerkungen und meinen Freundinnen Lucie, Anna, Maren, Elisa, Jasmin und Jenny für ihre offenen Ohren.

Von Herzen ein riesiges Dankeschön an meinen Mann Christian, der es mir möglich macht, selbst dann zu schreiben, wenn alles drunter und drüber geht, und der mir stets dabei hilft, einen kühlen Kopf zu bewahren. Wir sind das beste Team, und ich bin so stolz auf uns.

Und zum Schluss danke ich den Lesern für ihre Liebe und die warmen Worte, über die ich mich immer wieder freue und ohne die es nicht möglich gewesen wäre, diese Reihe fortzuführen. Wir sehen uns in Band 5 wieder!

leseprobe

mona kasten

dream again

Ich hasste den Winter und alles, was damit zu tun hatte: Kälte und Schnee, zehn Schichten Kleidung tragen zu müssen oder Schals und Mützen, die die Haare elektrisch aufluden. Wenn es nach mir ging, konnte das ganze Jahr über Sommer sein. Je wärmer es war, desto glücklicher war ich.

Und deshalb war ich im Moment auch sehr, sehr unglücklich.

Ende Januar war in Woodshill, Oregon alles zugeschneit. Und während ich den Winter ohnehin schon nicht ausstehen konnte, musste ich jetzt von dem kleinen Busbahnhof zu Fuß mit einer Reisetasche, einem Rucksack und einem Koffer im Schlepptau durch die halbe Stadt laufen.

Ich brauche dich nicht abzuholen, Jude, hatte mein dämlicher Bruder gesagt. *Zu mir sind es bloß zehn Minuten.*

Zehn Minuten, dass ich nicht lachte. Mittlerweile kämpfte ich mich seit über einer halben Stunde durch den braunen Matsch. Meine Schuhe waren durchweicht, meine Hände und Ohren abgefroren, und laut meinem Handy würde ich immer noch über zehn Minuten gehen müssen, bis ich ankam.

Kurzerhand beschloss ich, dass es Zeit für eine Pause war, und betrat ein Café am Straßenrand. Ein Kerl sah mich komisch von der Seite an, als ich mein Gepäck über die Schwelle hievte und dabei laut fluchte. Ich erwiderte seinen Blick so böse, dass er schnell wegsah und an mir vorbei nach draußen verschwand.

Normalerweise war ich nicht so angriffslustig. Aber in der Regel war ich auch nicht mehr als vierundzwanzig Stunden auf den Beinen, um vom einen Staat in den nächsten umzuziehen, mit nichts als ein paar Habseligkeiten und zerbrochenen Träumen im Gepäck.

Ich trat mühselig an die Theke und blies mir eine sandblonde Haarsträhne aus dem Auge, die unter der dicken Wollmütze hervorgekommen war.

»Was kann ich für dich tun?«, fragte die Barista und lächelte mich an.

Sie war der erste Mensch seit mehreren Tagen, der freundlich zu mir war, und am liebsten hätte ich sie umarmt. »Einen extragroßen Karamell-Macchiato bitte. Mit viel Sirup. Und viel Schaum. Und einer Portion Liebe, wenn's geht.«

Sie blinzelte ein paarmal. »Aber sicher. Kommt sofort«, sagte sie und beschriftete einen Becher.

Ich zog meinen Wollhandschuh mit den Zähnen aus und griff in meine hintere Hosentasche nach dem letzten bisschen Geld, das ich besaß. Es waren gerade mal zweieinhalb Dollar.

Ich zog eine Grimasse und schob das Geld über die Theke. »Das reicht vermutlich nicht, oder?«, fragte ich. Der Handschuh war noch immer in meinem Mund, weshalb die Worte kaum zu verstehen waren.

»Nein, aber wir nehmen Kreditkarten«, sagte sie mit einem Nicken auf das kleine Gerät, das mich mit seinem Blinken zu verhöhnen schien.

»Ich habe meine Karte leider nicht dabei«, log ich. Der Handschuh fiel aus meinem Mund auf den Boden.

»Dann fürchte ich, dass das mit deiner Bestellung nichts wird«, sagte die Barista und verzog die Mundwinkel mitleidig. Wie ich mich in ihr getäuscht hatte. Ich bückte mich und hob meinen Handschuh auf, wobei mir die Reisetasche halb von der Schulter rutschte und mir schmerzhaft eine Handvoll Haare rausriss. Ich stieß einen weiteren Fluch aus.

»Das geht auf mich«, erklang eine Stimme hinter mir.

Ich drehte mich um und sah ein hübsches Mädchen hinter mir stehen. Sie trug eine beige Baskenmütze, unter der welliges schwarzes Haar zum Vorschein kam. Sie hatte ein elfengleiches Gesicht und strahlend blaue Augen, auf die ich ein bisschen neidisch war. Zwar fand ich meine braunen Augen auch okay, aber ihre hielten einen förmlich gefangen. Bestimmt konnte sie Menschen damit hypnotisieren. Vielleicht tat sie das sogar in diesem Augenblick, denn ich brauchte einen Moment, bis ich geschnallt hatte, was sie gerade gesagt hatte.

»Im Ernst?«, fragte ich.

»Ja«, sagte sie und wandte sich dann wieder an die Barista. »Und für mich bitte einen Matcha Latte und einen schwarzen Kaffee. Ich habe zwei To-go-Becher dabei.« Sie schob zwei große Becher über die Theke, die aussahen, als bestünden sie aus Bambus.

»Dein Name?«, fragte die Barista, plötzlich wieder die Freundlichkeit in Person.

»Everly«, sagte das Mädchen und zückte ihre Karte. Sie legte sie auf das Gerät, das kurz piepte.

Ich konnte nicht glauben, dass das gerade wirklich geschah. Sie musste mein Schutzengel sein – ein Geschenk des Schicksals für die beschissenen letzten Wochen.

»Ich bin gerade am Überlegen, ob ich dich umarmen soll, Everly«, sagte ich und konnte mich nur mit großer Mühe zurückhalten.

Das Mädchen schenkte mir ein Lächeln. »Das ist nicht nötig. Nächstes Mal gibst du mir einfach einen aus.«

»Dafür brauche ich neben deinem Namen aber auch noch deine Nummer. Oder deinen Facebook-Namen. Oder dein Instagram«, sagte ich und griff nach meinem Handy.

Everly hielt perplex inne, und ihr Lächeln verrutschte ein Stück. Ich kannte diesen Ausdruck. Ich ging in der Regel offen und unbedarft auf Menschen zu, und so sahen sie meistens aus, wenn ich sie überrumpelt hatte. Ich erwog kurz, mich dafür zu entschuldigen, als Everly meine Taschen in Augenschein nahm.

»Du bist nicht von hier, oder?«, fragte sie.

Ich schüttelte den Kopf. »Nein. Ich komme gerade aus Kalifornien. Wo es übrigens angenehm warm ist.«

»Ich wollte schon immer mal nach Kalifornien.«

In dem Moment wurden unsere Getränke ausgerufen. Zusammen gingen wir an die rechte Seite der Theke, wo die beiden Becher standen. Ich koordinierte mich kurz neu und stopfte meinen Handschuh zurück in die Manteltasche.

»Was treibt dich nach Woodshill?«, fragte Everly mit schräg gelegtem Kopf.

»Das ist eine lange Geschichte«, sagte ich seufzend. »Ich besuche meinen Bruder.«

Sie nickte. »Das bedeutet, du kennst schon jemanden hier. Das ist doch gut.«

»Mein Bruder und seine Clique sind wahrscheinlich nicht unbedingt die Menschen, mit denen ich meine Freizeit verbringen werde, aber ja. Es ist gut, nicht komplett von vorne anfangen zu müssen«, sagte ich und griff nach meinem Becher.

Everly dachte kurz nach und streckte dann ihre Hand aus. »Gib mir dein Handy.«

Ich reichte es ihr, und sie tippte etwas ein. Dann gab sie es mir zurück. »Ich habe meine Nummer eingespeichert. Damit du dich für den Kaffee revanchieren kannst.«

Ich grinste bis über beide Ohren. »Dann mach dich drauf gefasst, dass ich mich bei dir melden werde, sobald ich richtig angekommen bin.«

»Super.« Sie warf einen Blick auf ihre Uhr. »Ich muss jetzt los, mein Freund wartet auf mich, und ich bin spät dran.«

»Klar, geh nur. Und danke noch mal für den Kaffee«, sagte ich mit erhobenem Becher. Sie stieß mit ihrem zum Abschied dagegen.

Ich sah ihr hinterher, als sie das Café verließ, dann sammelte ich meine Sachen zusammen und trat ebenfalls nach draußen. Ich nahm einen großen Schluck von meinem Kaffee. Er war noch viel zu heiß, schmeckte aber himmlisch und spendete mir die Kraft, die ich brauchte, um den restlichen Weg zu dem Haus meines Bruders anzutreten.

In Gedanken verfluchte ich Ezra. Garantiert hatte er einfach keine Lust gehabt, mich vom Bahnhof abzuholen. Er hielt mich für einen Nichtsnutz, genau wie unsere Eltern. Auch wenn weder er noch sie das je ausgesprochen hatten, fühlte ich mich in ihrer Gegenwart stets wie eine totale Versagerin. Deshalb durften Mom und Dad auch unter gar keinen Umständen erfahren, dass ich nicht mehr in Los Angeles war. Wenn es nach mir ging, hätte ich auch Ezra niemals etwas von meinem Scheitern erzählt. Aber er war meine letzte Rettung aus einer beschissenen Situation, und ich war auf ihn angewiesen – ob es mir gefiel oder nicht.

Immerhin hatte ich bereits eine Bekanntschaft geschlossen. Ich glaubte an das Schicksal und versuchte, in allem immer eine Botschaft zu erkennen. Und das Aufeinandertreffen mit Everly musste so ein Zeichen gewesen sein.

Scheiß auf L. A., dachte ich, während ich meinen Koffer durch den Matsch entlang der Hauptstraße zog. *Scheiß aufs Schauspielen, scheiß auf Agenten, scheiß auf Träume. Scheiß auf alles.*

Ich musste dieses Mantra immer und immer wiederholen, dann würde es irgendwann in meinem Unterbewusstsein ankommen. Schließlich hatte das schon einmal geklappt, als mein erster großer Traum zerplatzt war.

Ich ließ mich von der Karte auf meinem Handy leiten und bog an der nächsten Kreuzung ab. Die Straße war kleiner und ruhiger, und je weiter ich ging, desto weißer und weniger matschig wurde der Schnee – und desto schwieriger kam ich mit meinem Gepäck voran.

Als ich endlich vor dem grau verkleideten Haus angekommen war, das auf Ezras Beschreibung passte, war ich nass, halb erfroren und völlig außer Puste. Ich würde garantiert Muskelkater im Arm bekommen.

Der Vorgarten des Hauses war komplett zugeschneit. Nur der Gehweg war notdürftig gestreut worden, und einige Fußabdrücke waren zu erkennen. Mein Herz schlug beim Anblick dieser Abdrücke ein bisschen schneller.

Ich straffte meinen Rücken und richtete die Reisetasche auf meiner Schulter zurecht, bevor ich den kleinen Weg zur Eingangstür entlangging. Ich hievte meinen schweren Koffer die Stufen hinauf und klopfte mir kurz den Schnee von den Schultern. Während mein Gesicht eiskalt war, hatte ich unter der Daunenjacke begonnen, wie verrückt zu schwitzen. Ich war froh, dass ich endlich angekommen war, und hoffte, gleich unter die Dusche springen zu können.

Ich drückte auf die Klingel. Eigentlich wusste Ez, dass ich um diese Zeit ankommen würde. Ich hatte ihm geschrieben, als mein Flugzeug in Portland gelandet war, und auch, als ich anschließend in den Bus gestiegen war. Ich hatte meinen Bruder seit Thanksgiving nicht mehr gesehen und freute mich riesig, endlich hier zu sein – selbst wenn es unter diesen Umständen war.

Ich hörte ein Geräusch im Flur, ebenso ein leises Klicken, das ich nicht genau deuten konnte. Ich wollte mich gerade auf Zehenspitzen stellen, um durch das Milchglas zu schauen, als die Tür ruckartig aufgezogen wurde.

Ich schnappte nach Luft.

Darauf war ich absolut nicht vorbereitet gewesen.

Weder auf das vertraute Prickeln, das sich in meinem Körper ausbreitete, noch auf die grünen Augen, die sich in meine bohrten und in denen sich mein eigener Schock widerspiegelte.

Ich konnte mich nicht aufhalten und starrte genauso zurück. Ich nahm den Anblick vollkommen in mich auf: die dichten schwarzen Wimpern, das kantige Gesicht, die Bartstoppeln auf den Wangen, die damals dort noch nicht gewesen waren. Auch die braunen Haare sahen anders aus. Nur die Augen – die waren mir selbst nach achtzehn Monaten noch so vertraut, dass mein Magen einen Flickflack schlug.

»Hi, Blake«, krächzte ich. Auf dem Weg hierher war mir anscheinend meine Stimme abhandengekommen.

Er stand vor mir und stützte sich auf Krücken ab. Ich fragte mich, was mit ihm passiert war, doch bevor ich auch nur irgendetwas sagen konnte, zogen sich seine Brauen tief zusammen.

Er hob die Hand – und schlug mir die Tür vor der Nase zu.

Ich starrte sie perplex an und brauchte einen Moment, bis ich aus meiner Starre erwachte.

»Hey!«

Seine Schritte entfernten sich von der Tür, ebenso das Klicken, von dem ich jetzt wusste, dass es von den Krücken kam.

»Blake, ich erfriere hier draußen. Mach verdammt noch mal die Tür auf!«, rief ich.

Keine Reaktion.

»Soll ich Ezra anrufen und ihm sagen, dass du mich im Kalten stehen lassen hast?«

Das Klicken wurde wieder lauter. Kurz darauf riss Blake die Tür auf und sah mich mit genau demselben düsteren Blick an wie wenige Augenblicke zuvor.

»Du warst schon immer eine unerträgliche Petze.«

Autsch.

Das waren also die ersten Worte, die ich nach eineinhalb Jahren zum ersten Mal hörte. Es tat ein bisschen weh, das musste ich zugeben. Auf der anderen Seite wusste ich, dass ich das verdient hatte.

Ich wollte gerade etwas sagen, als er kehrtmachte und vor mir davonhumpelte. Ich zog meinen Koffer über die Türschwelle und stellte ihn zusammen mit meiner Reisetasche im Flur ab. Anschließend schälte ich mich aus den Wintersachen und legte sie auf den kleinen Stapel. Ich folgte Blake in Richtung Wohnzimmer. Ich hatte das alles bisher nur über Facetime gesehen, als ich mit Ez gesprochen hatte. In echt sah das Haus, das sich mein Bruder mit drei seiner Mannschaftskameraden teilte, ganz anders aus. Es roch unverkennbar nach meinem Bruder und nach Blake, und ein vertrautes Gefühl machte sich in meinem Magen breit.

»Was ist mit deinem Bein passiert?«, fragte ich, als ich Blake eingeholt hatte. Er setzte sich auf das schwarze Ledersofa und ließ die Krücken achtlos auf den Boden fallen, den Blick auf den Flachbildschirm gerichtet, der gegenüber an der Wand hing. Ohne mir zu antworten, nahm er den Controller in die Hand und setzte sein Spiel fort.

Ich unterdrückte ein Lächeln. Er hatte solche NBA-Spiele

früher immer mit Ez gespielt, und oft waren die beiden einander irgendwann an die Gurgel gegangen, sodass ich hatte dazwischengehen müssen.

Ich nahm die Schiene genauer in Augenschein, die er über der grauen Jogginghose an seinem Bein trug. Sie war groß und erstreckte sich von der Mitte seines Schienbeins bis zur Mitte seines Oberschenkels.

»Hast du dich beim Spielen verletzt?«, fragte ich weiter.

Blake tat so, als würde ich nicht existieren, während er wie besessen auf den Knöpfen des Controllers rumdrückte. Auch das erinnerte mich schmerzlich an früher. Ich riss mich zusammen und verdrängte die Erinnerungen, genau wie alles andere.

Im Verdrängen war ich mittlerweile ziemlich gut.

Dann setzte ich mich auch auf das Sofa, möglichst weit von ihm entfernt, und sah ihm eine Weile zu.

»Ist Ezra nicht zu Hause? Ich hatte ihm eigentlich gesagt, dass ich komme.«

Den Blick weiter auf den Fernseher geheftet fragte er: »Was willst du hier, Jude?«

Seine Stimme klang kratzig und genauso tief wie in meiner Erinnerung. Ich spürte ein Kitzeln in meinem Magen. Ich schob es auf den Hunger.

»Hat Ez nicht erzählt, dass ich komme?«, fragte ich.

»Hätte er das getan, hätte ich mein Veto eingelegt.«

Ich schluckte hart. Ezra hatte mich also angelogen, als er gesagt hatte, dass es okay für alle war, wenn ich vorerst hier unterkam. Verfluchter Mist. Ich hatte kein Geld, mir etwas anderes zu suchen, aber gleichzeitig wollte ich die alten Wunden zwischen Blake und mir nicht aufreißen, indem ich hier einzog. Als Ez mir versichert hatte, dass alle ihre Zustimmung erteilt hatten, hatte ich ihm blind geglaubt.

»Ich hatte eigentlich vor, ein bisschen hierzubleiben«, sagte ich zögerlich.

Blake pausierte das Spiel, sah mich aber immer noch nicht an. »Wie lange?«

»Nur zur Überbrückung. Ich versuche, einen Job zu finden und …«

»Wie lange?«, unterbrach er mich.

Ich biss die Zähne fest zusammen. Langsam riss mir der Geduldsfaden, aber ich ermahnte mich selbst, Ruhe zu bewahren. Das war unsere erste Begegnung seit einer halben Ewigkeit, und das, was zwischen uns vorgefallen war, war nicht so leicht wegzustecken. Ezra hatte mir von dem ersten Semester erzählt, in dem Blake ununterbrochen beim Training gewesen war und sich bis zur Besinnungslosigkeit verausgabt hatte. Auch von den vielen Frauen hatte er mir berichtet – meistens mit mehr Details, als ich je hatte erfahren wollen.

»Ich weiß es noch nicht, Blake«, antwortete ich nach einer Weile.

Als ich seinen Namen aussprach, schien sich sein ganzer Körper zu verkrampfen. Ruckartig stand er auf und stieß einen schmerzerfüllten Fluch aus. Ich erhob mich schnell.

»Warte, ich helfe dir«, sagte ich hastig und wollte seine Krücken vom Boden aufheben, doch er hielt mich mit einer Hand davon ab.

Er bückte sich selbst und hob die Krücken auf, wobei er auf einem Bein balancierte und mehrere Anläufe brauchte. Als er es geschafft hatte, blieb er vor mir stehen und sah zu mir runter. Ich hatte fast vergessen, wie groß er war.

»Nur damit wir uns richtig verstehen: Ich bin nicht damit einverstanden, dass du hierbleibst. Es wäre besser, wenn du dir schnellstmöglich etwas anderes suchst.«

Ich spürte einen heftigen Schmerz an der Stelle, wo eben

noch das Kitzeln gewesen war. Ich schluckte schwer und wollte eigentlich gerade zu einer Antwort ansetzen, aber da war er bereits an mir vorbei in Richtung Flur gehumpelt. Ich drehte mich um und sah ihm hinterher, als er auf die erste Stufe der Treppe stieg, eine Hand am Geländer, die Krücken unterm Arm.

Obwohl der Blick in seinen Augen derart vertraut gewesen war, war alles andere an ihm verändert. Nichts an diesem kalten, gebrochenen Mann erinnerte mich mehr an den humorvollen Jungen, der meine erste große Liebe gewesen war.

Und ich wusste ganz genau, dass das allein meine Schuld war.

Sie kommen aus unterschiedlichen Welten.
Und doch sind sie füreinander bestimmt.

Mona Kasten
SAVE ME
416 Seiten
ISBN 978-3-7363-0556-4

Geld, Glamour, Luxus, Macht – all das könnte Ruby Bell nicht weniger interessieren. Das Einzige, was sie sich wünscht, ist ein erfolgreicher Abschluss vom Maxton Hall College, eine der teuersten Privatschulen Englands. Vor allem mit James Beaufort, dem heimlichen Anführer des College, will sie nichts zu tun haben. Er ist zu arrogant, zu attraktiv und zu reich. Doch schon bald bleibt ihr keine andere Wahl ...

»Lache, weine und verliebe dich. Mona Kasten hat ein Buch geschrieben, das man nicht aus der Hand legen kann!« ANNA TODD über *Begin Again*

LYX